21世纪高等学校系列教材

CAIWU GUANLIXUE

财务管理学

主　编　吴　英
副主编　刘　杉　顾水彬
编　写　李　莉　许　珂
主　审　刘建民

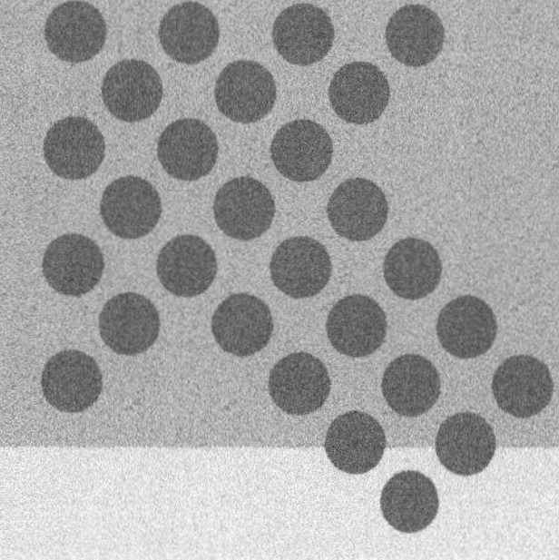

中国电力出版社
CHINA ELECTRIC POWER PRESS

内 容 提 要

本书为21世纪高等学校系列教材，是以培养应用型人才为目标的财务管理学教材。立足于财务管理学基本理论及应用技能的培养，由富有财务管理教学、科研和实际工作经验的教师编写。

本书共分十章。主要内容包括：财务管理概论，财务管理的价值观念，筹资管理，投资管理，营运资本管理，利润分配管理，财务预算，财务成本控制，财务分析，企业并购、重整与清算等。

《财务管理学》根据财政部最新颁布和实施的《企业会计准则》以及会计准则应用指南的精神，紧密结合企业财务管理的实践和财会教学的实际，以企业筹资、投资、资金营运、收益分配为主线，深入浅出地介绍了财务管理的基本概念、原理和方法，集理论性、实用性和可操作性于一体。针对财务管理学是一门应用性学科的特点，每章都配有学习重点、要点、小结和一定数量的习题，便于提高读者对知识的理解和应用能力。教材内容兼顾了课堂讲授、课内作业、课程实训和课外自学等教学环节的需要，可适应按不同的学时组织教学和进一步扩展知识的需要。

本书既可作为高等院校经济管理类专业本科教材，也可作为相应专业高职高专教材及非经济管理类本、专科选修课教材，还可作为成人教育和继续教育相关专业的教材，并可作为在职人员的专业培训用书。

图书在版编目（CIP）数据

财务管理学 / 吴英主编. —北京：中国电力出版社，2009.8
（2021.8 重印）
21 世纪高等学校规划教材
ISBN 978-7-5083-9138-0

Ⅰ. 财…　Ⅱ. 吴…　Ⅲ. 财务管理－高等学校－教材
Ⅳ. F275

中国版本图书馆 CIP 数据核字（2009）第 120381 号

中国电力出版社出版、发行
（北京市东城区北京站西街 19 号　100005　http://www.cepp.sgcc.com.cn）
北京天宇星印刷厂印刷
各地新华书店经售

*

2009 年 8 月第一版　2021 年 8 月北京第十一次印刷
787 毫米×1092 毫米　16 开本　21.75 印张　527 千字
定价 **55.00** 元

21世纪高等学校系列教材
（经济管理类）

编 审 委 员 会

出版说明

21 世纪是一个世界经济与社会进行重大变革和创新的世纪，也是一个充满历史机遇和严峻挑战的世纪。世界进入和平与发展的时代，人类社会进入与自然界和谐相处的时代。在世界经济和社会发展取得巨大进步的同时，资源、环境、体制和管理等各种深层次问题也突显出来，最近发生的全球性金融危机和经济衰退就是明证。从 20 世纪 70 年代末开始的改革开放，深刻地改变了中国的面貌。社会主义市场经济体系的建立，使中国成为保持着有效宏观调控的市场化国家；加入世界贸易组织之后，中国经济更加主动地融入经济全球化进程中。三十年来，中国经济高速持续稳定增长，社会财富充分涌流，人民生活水平显著提高。我国在全面建设小康社会的同时，提出以科学发展观构建和谐社会，并推动构建和谐世界的战略构想。科技和管理是推动经济和社会发展的两个轮子，管理在今天承担着更加重要的职责。

21 世纪是一个世界管理科学深化发展的世纪，也是中国特色的管理科学体系形成的世纪。从 20 世纪 80 年代起，管理科学发展进入第五个阶段，这个阶段被称为“后现代管理”或“第五代管理”即最新管理阶段。最新管理理论的丛林由数十种管理理论组成，其主要特点是：系统性、权变性、艺术性、实用性、战略性和文化性，并呈现出多样化、学科化、柔性化、集成化、人本化和东方化的发展趋势。改革开放以来，我国引进了西方管理理论，与我国管理实践相结合，取得了显著的成效。但事实也告诉人们，中国文化在人性假设、与自然的关系、与他人的关系、行为模式、时间定向、空间概念等维度上具有与西方文化不同的特色，中国有以人为中心的管理传统；在处理人与自然及社会的关系上强调“中庸”、“和为贵”，认为“管理的本质是和谐”；管理手段更多地诉诸于道德，管理方式倾向于注重人的感情需要的柔性管理等，表现出中国管理人文伦理的合理内核，这是中国管理的优势和长处。应当说，中国管理与西方管理从不同的角度揭示了管理规律，各有千秋，都是人类文明的结晶，应该将西方管理理性的科学内核和中国管理人文伦理的合理内核相结合，作为基本思维形式，建立具有中国特色的管理科学体系，这是 21 世纪中国管理理论和实践工作者的历史使命。

中共中央、国务院《关于深化教育改革全面推进素质教育的决定》指出：“当今世界，科学技术突飞猛进，知识经济已见端倪，国力竞争日趋激烈。教育在综合国力的形成中处于基础地位，国力的强弱越来越取决于劳动者的素质，取决于各类人才的质量和数量，这对于培养和造就我国 21 世纪的一代新人提出了更加迫切的要求。”目前，我国高等教育正由“精英教育”模式向“大众教育”模式转变。应用型高等学校为更好地满足经济和社会发展的需要，正在努力解决传统人才培养模式单一化与社会人才需求多样化的矛盾，将主要目标转向培养生产、建设、管理、服务第一线的高素质应用型人才。在教学模式中倡导素质教育、创新教育、自主教育、全人教育相结合的现代教育理念，以培养学生的基本素质和科技与管理等应用能力为主导，强调学用结合、学做结合、学创结合、产学研合作，造就多元化、复合型人才。研究型高校也在增开各种应用型课程。而培养更多高素质的经济管理类人才，已成为我国各类高等学校共同的重要任务。

教材是教学的主要依据，也是教学改革的重要环节。种种设想和试验，大都要通过教材建设来体现。许多高等学校提出了创特色、树品牌的目标。品牌学校要有品牌专业、精品课程。在大多数高等学校中，经济管理类本科专业通常是重点专业。课程建设是专业建设的重点，而能否采用既便于教学，又有创新和特色的精品教材，则是课程建设的关键。正是为了适应教学改革的需要，中国电力出版社从2003年起组织全国几十所高等学校，组织编著并出版了一批“21世纪高等学校系列教材”，其中，许多教材被评为“普通高等教育‘十一五’国家级规划教材”。在此基础上，追随学科发展和知识更新的步伐，从2009年起将组织编著和出版新一轮“21世纪高等学校系列教材”，经济管理类教材便是其中之一。

新一轮“21世纪高等学校系列教材（经济管理类）”编著出版的宗旨是：体现现代教育理念，依据对教学内容和教学方法的精心策划，建设一批符合新型人才培养目标和培养模式的，以应用型教育为特色，中西结合，有创新性，能反映管理科学最新发展成果和教学改革实践经验的新一轮的经济管理类精品教材。规划教材的具体特点如下：

（1）明确目标。围绕人才培养目标，体现现代教育观念——素质教育、创新教育、自主教育、全人教育，注重人才培养计划的整体性，在明确本专业培养目标、本课程与其他主干专业课程的衔接、交叉、分工关系的基础上，确定本课程的性质、任务和教学目标，确定课程的内容和整体结构。

（2）立足基础。以本课程本科教学大纲为指导，有明确的基础理论、知识和技能的目标系统。对主要概念、结论和方法的表述清晰、准确、通俗、规范，并阐明它们之间的内在联系，力求使学生既知其然，也知其所以然。

（3）突出应用。本着强化素质和能力培养的精神，与应用型教学方式相匹配，注重养成学生的科学思维和创新精神，并把重点放在概念、结论和方法的实际应用和技能训练上。紧密结合当前经济管理实践中遇到的热点问题，重在提高分析问题和解决问题的能力，并掌握自主学习和知识更新的能力。

（4）注重实践。根据加强实践性教学环节的要求，对理论讲解部分和实践教学部分的内容比例、学时分配和教学资源等全面考虑、合理安排。教材结合实例介绍理论，着重讲解当前人才培养所需的内容和关键点，尽量采用模块化组织，以案例或问题引出和阐述概念与知识，文、图、表有机结合，便于学生理解与记忆。计算部分，尽量应用计算机技术。教材编著注意准确性和统一性。做到取材翔实，概念定义确切，推理逻辑严密，数据可靠准确；全书名词、术语前后统一，数字、符号、图、表、公式书写统一，文字与图、表、公式配合统一，从而提高理论讲解的有效性。同时教材还包含大量例题、实战训练和操作、案例分析等实践教学内容，兼顾作业、复习、考核和自学等教学环节的需要。

（5）结构优化。强化基础核心，突出重点难点，并保持一定的弹性。考虑到各课程在高等学校中学时安排不同以及拓宽知识面的需要，既着重介绍必须掌握的基本内容，又以知识链接、知识博览、人物介绍等形式介绍与本学科前沿发展相关的拓展性内容。

（6）内容创新。在研究和借鉴国内外最新同类优秀教材的基础上，博采众长，吸纳本学科发展前沿新成果，结合作者教学科研和实践经验，在融会贯通的基础上，对教材知识体系进行创新，形成特色。力图在经济管理中实践以人为本、全面协调、可持续发展的科学发展观，在经济活动中体现以和谐为目标，在形成具有中国特色的管理模式上进行探索。

（7）集体创作。教材作者大都是多年在教学科研第一线工作的主讲教师，有的教师还具有教学和其他专业职称“双师”资格。采用集体创作方式，实行了老、中、青结合，来自不同的高等学校的作者各展所长，融合多方面的教学改革成果，扩大教材的实践考验面。

（8）适用面广。如上所述，教材着力体现科学性、实用性和可操作性的统一，基础性和拓展性的统一。教材还附有电子教案等支持性资源，为选择、购买和使用者提供便捷周到的服务。教材主要适用于经济管理类相应专业本科教学，同时也可供相应专业研究生教学或高职高专教学参考，并可作为成人教育、继续教育、干部培训教材和管理干部业务用书。

编著新一轮“21 世纪高等学校系列教材”是一项任重而道远的教材建设工程。我们欢迎工作在教学科研工作第一线的教师们参与这项工程，完善高质量的经济管理类教材体系，并希望全国高等学校的师生们在教学实践中积极提出意见和建议，以便对已出版的教材不断进行修订，为社会贡献更多、更新、更好的精品教材。

21 世纪高等学校系列教材（经济管理类）编审委员会

2009 年 7 月

前　言

中国资本市场的深入发展及我国企业财务管理环境的巨大变化，对传统财务管理理论与实务产生了强烈的冲击和深刻的影响，进而对人们在财务管理的观念、方法、手段以及方式等方面也产生重大的影响，使得利用更为科学、先进的管理方法与手段成为可能，也使新的财务管理理念、运行机制、管理模式得以形成和引入。这些导致财务管理的时空范围进一步拓展，运行效率大大提高，财务管理的理论与方法不断完善和创新，推动着财务管理学科朝着科学化、多样化和实用化的方向发展。财务管理是现代企业管理的中心，随着市场经济的发展和资本市场的完善，财务管理在经济管理中变得越来越重要。

随着近几年财务管理理论与实践的发展变化，2005 年以来，《公司法》《证券法》《上市公司收购管理办法》等法律法规的修订，特别是 2006 年 2 月 15 日财政部新修订、颁布了最新《企业会计准则》，2007 年 1 月 1 日正式施行《企业财务通则》，我们依据新的法规规定，紧密结合企业财务管理的实践和财会教学的实际需要，吸收和借鉴西方财务管理的先进理论、方法，以企业筹资、投资、资金营运、收益分配为主线，深入浅出地介绍了财务管理的基本概念、原理和方法。全书共分十章，主要内容包括财务管理概论、财务管理的价值观念、筹资管理、投资管理、营运资本管理、利润分配管理、财务预算、财务成本控制、财务分析、企业并购、重整与清算。

为了满足新形势下对财会教学的新要求，我们结合财务管理课程的特点，精心组织编写了本教材。本教材有三个特色。第一，本书的结构安排更加强调以企业价值为主线的逻辑性。本书以现代企业财务活动为主体，全面系统地阐述了资金的筹集、运用和分配的管理以及财务预算和财务分析等内容。在编写过程中我们力求吸收和借鉴西方财务管理的先进理论、方法，同时结合我国财务管理实践，在内容上体现现代财务管理的基本原理，同时强调知识的应用性和技能的可操作性。第二，根据 2005 年以来国家财政法律法规对专用名词、财务管理问题重新做的规范性定义，本书对与之相关的内容作了及时更新。另外，本书还根据近年来我国财务理论研究和实践发展的动态、教学的实际需要对各章内容作了调整。第三，本书侧重于现代财务管理学的基本概念、原理和方法，阐述力求准确、简洁、深入浅出、通俗易懂，而且每章都配有学习重点和要点、小结和一定数量的习题，使读者在掌握基本概念和分析方法的同时，便于提高其对知识的理解和应用能力。

教材内容兼顾了课堂讲授、课内作业、课程实训和课外自学等教学环节的需要，可适应按不同的学时组织教学和进一步扩展知识的需要。本书既可作为高等院校财经类专业和其他经济管理类本科专业教材，又可作为在职人员的专业培训、进修提高或自学用书。

本书由常州工学院吴英副教授主编，西安财经学院刘杉副教授、常州工学院顾水彬讲师副主编，李莉副教授、许珂讲师编写。吴英与刘杉、顾水彬协商确定总体框架设计，最后由吴英进行总纂和统稿。由西南政法大学刘建民博士主审。

在本书编写过程中，参考了大量的有关教材及文献资料，在此向这些作者致以诚挚的谢意。同时，本书的顺利出版与编审委员会石兴国主任的热情指导、中国电力出版社的通力支持和合作密不可分，在此一并表示感谢。由于编者水平有限，并且时间紧迫，书中难免有疏漏不当之处，恳请广大读者批评指正。

编　者

2009 年 5 月

目 录

第一章 财务管理概论

学习重点和要点

（1）了解财务管理的产生与发展。
（2）理解财务管理的概念、财务活动的内容及其所体现的财务关系。
（3）掌握利润最大化、每股收益最大化、股东财富最大化和企业价值最大化等财务管理目标。
（4）了解财务管理的环节、财务管理的环境及其对财务管理的影响。

第一节 财务管理的内容

一、财务管理的产生和发展

任何一门学科，其理论都是在历史的延续中逐渐形成和发展起来的。正确认识和了解企业财务管理的历史演进过程，对于学习和掌握现代企业财务管理的基本理论和实践问题，有着十分重要的意义。财务管理是基于人们对生产管理的需要而产生的。随着社会生产力的发展，财务管理也经历了一个由简单到复杂，由低级到高级的发展过程。财务管理作为一项独立的管理活动，其理论和实践还在不断发展和完善之中。

（一）财务管理的产生

财务管理是伴随人类社会生产的发展以及剩余产品的出现而产生的。15～16世纪，沿地中海的一些城市相继出现了原始的股份制企业。这些企业在经营过程中，面临许多问题，如如何向公众筹集资金、如何将筹集到的资金用于商业经营、如何派发红利、如何收回股本等，这时财务管理开始萌芽。

19世纪中叶，股份有限公司出现，市场体系特别是金融市场得到了建立，企业规模不断扩大，经营活动日趋复杂。企业面临着如何向社会公众募集资金、合理使用资金、分配企业盈利等问题。而且这些问题随着股份有限公司的发展壮大受到越来越多的关注。19世纪末20世纪初，许多公司成立了专门负责这方面工作的机构——财务管理部门，专业化的财务管理由此产生。

（二）财务管理的发展

西方财务管理的发展大致经历了以下三个阶段。

1. 传统财务管理阶段（从19世纪末到20世纪20年代）

在这一阶段，财务管理的职能主要是资金的筹集。因此，这一阶段也称筹资管理阶段。

股份公司的迅速发展使筹集企业发展所需的大量资金成为企业所面临的主要问题。因此，财务管理重点研究如何安排资本结构、企业成立、证券发行和企业合并等有关问题上，为企业筹资服务。这一时期，财务管理理论的研究重点也是筹资问题，主要著作有美国财务管理专家格林所著的《公司理财》、米德所著的《信托融资》和《公司融资》、杜温所著的《公司合并与重组》和《公司财务决策》等。这些著作都主要研究企业筹资问题以及公司合并等法律问题。

2. 综合财务管理阶段（从20世纪30年代至50年代）

在这一阶段，财务管理的主要职能是加强企业内部财务控制，最大限度地提高资金的利用效果，故该阶段也称为内部控制或内部决策财务管理阶段。

进入20世纪30年代，由于资本主义世界全面爆发经济危机，对企业财务管理的研究转移到注重企业内部控制上，包括合理运用资金、强化财务监督和降低财务风险等方面。这一阶段的财务管理著作主要有美国财务学者史蒂文·森所著的《财务组织与管理》、乔尔·迪安所著的《资本预算》。这些著作研究了有关公司资产管理的问题，包括预算控制、销售预测、生产过程财务控制、资产和费用财务控制以及财务协调等问题。

3. 现代财务管理阶段（从20世纪60年代至今）

20世纪60年代，财务管理的重心转移，大批财务管理理论研究成果的出现，标志着财务管理进入了一个全新的阶段。

20世纪60年代至70年代，财务管理的重点已转移到公司筹集资金时负债与股本构成及其比例关系、公司在风险一定的情况下使投资报酬率最大的投资组合的确定等方面。在财务理论研究中，统计学和运筹学等数学方法得到大量运用，形成了“资本结构理论与股利政策理论”、“资产组合理论与资本资产定价模型”、“期权定价理论”、“效率市场假说”、“代理理论”、“信息不对称理论”等一大批理论研究成果。20世纪80年代以来，财务管理的中心课题又转移到不确定条件下企业价值的评估、公司税收和个人税收对财务管理的作用以及通货膨胀对企业价值的影响等方面。

我国企业的财务管理也经历了一个很长的历史发展过程。在我国漫长的封建社会中，虽然商品生产和商品交换有了一定的发展，社会经济生活中有一定的钱财活动，但由于占统治地位的仍然是自给自足的自然经济，商品经济处于从属地位，其财务活动也很简单，即使在地主庄园和手工业作坊里财务活动也十分单一，因而这里没有专门的理财人员，更没有专门的财务管理部门。这时的财务管理只是处于一种萌芽状态。到了半封建半殖民地的旧中国，情况发生了一些变化。在这个时期，一部分大机器工业代替了落后的手工业作坊，商品经济有了进一步的发展，社会财务活动开始复杂起来，故一些较大的企业开始设置专门的财务管理部门，委派专职的财务管理人员，从而产生了独立的企业财务管理工作。但是，由于这时的社会经济发展仍然十分落后，受此影响财务管理的内容仍然比较单一，方法也比较简单，因而作为独立的企业财务管理工作还是长期处于一种滞后状态。

新中国成立以后，在前苏联的影响下，根据计划经济的特点，我国建立了集中计划管理和统收统支的财务管理体制，它对恢复我国经济和推动国民经济的高速发展曾起了十分重要的作用。但在此体制下，企业财务管理的任务是完成国家下达的计划指标，按计划取得资金，企业无自主筹集资金的必要，也无自主使用资金的权力，企业实现的盈利全部或大部分上缴国家，出现亏损由国家弥补，财务管理工作相对比较薄弱。改革开放以后，国家十分重视经济工作，对财务管理体制实施了一系列的改革措施，企业理财的自主权逐渐增多，财务管理内容逐步扩展与深化。特别是党的十四大以来，随着我国社会主义市场经济体制的逐步建立，国家主要运用间接调控手段对经济工作进行控制和管理，市场在国家宏观调控下对资源配置起基础性作用，企业成为直接面向市场，自主经营、自负盈亏、自我发展、自我积累的经济实体，成为自主理财、自担风险的财务主体，企业理财的环境和内容均有较大的变化，财务管理的地位和作用也不断加强。随着我国社会主义市场经济的发展，竞争日益激烈，财务管理在企业管理中的战略地位日益明显，强化财务管理，提高理财效益，是企业生存和发展的重要手段。

财务管理的产生和发展的历史表明：财务管理是商品经济条件下企业最基本的经济管理活动。经济越发展，财务管理越重要。发展社会主义市场经济，必须高度重视和大力加强企业的财务管理工作。

二、财务管理的概念

财务管理是基于企业再生产过程中客观存在的财务活动和财务关系而产生的，是企业组织财务活动、处理财务关系的一项综合性的价值管理工作。

资金是企业进行生产经营活动的基本要素。企业欲成立，首先要筹集若干资金。在企业建立后，资金转换为企业生产经营所需的各式各样的资产，如流动资产、长期投资、固定资产、无形资产、递延资产以及其他资产，而这些资产在生产经营过程中又渐渐转换为资金。这种周而复始、不断循环的流转过程，即是企业资金运动的过程（涉及资金的筹集、投放、使用、收回及分配等），也称财务活动。资金在其运动过程中不断实现增值，从而推动企业、社会经济的发展。财务管理工作的一项重要内容就是组织财务活动。

企业的资金运动，从表面上看是钱和物的增减变动。而钱和物的增减变动离不开各利益相关者之间的经济利益关系。这种由于资金运动所体现的经济利益关系，也就是财务关系。处理财务关系也是财务管理工作的一项内容。

在企业再生产过程中，劳动者将生产中所消耗的生产资料的价值转移到产品中去，并且创造出新的价值，通过实物商品的出售，使转移价值和新创造的价值得以实现。在这个过程中，资金的实质是再生产过程中运动着的价值。由于资金具有稀缺性特点，即资金对于企业来说总是不足（或相对不足）的，人们总是思考如何才能最充分地运用资金以实现利益的最大化，因而财务管理也是一项实现价值增值、增加股东财富的价值管理工作。

三、财务活动

企业的财务活动总是和资金运动相联系的。财务活动又称资金运动，是指资金的筹集、投放、使用、收回及分配等一系列活动。企业要开展经营，首先要筹集到能满足其经营规模要求的一定数额的资金，然后通过有效的资金配置和投放，转化为各类经营要素，再通过销售收回经营的成本资金，并获得经营利润，最后进行合理的收益分配，确保企业再生产活动得以继续。企业资金这种周而复始、不断循环的运动就是财务活动。财务活动主要包括以下四个方面。

1. 筹资活动

筹资是指企业为了满足生产经营投资的需要，筹措所需资金的过程。企业无论采取何种渠道和方式筹集资金，通常可以形成两种不同性质的资金来源：一是权益资金，企业可以接受投资者投入的资金、通过其生产经营而形成积累等方式取得；二是债务资金，企业可以通过借款或发行债券等方式取得。筹集资金，表现为企业资金的流入。偿还借款本金、支付利息和股利以及支付各种筹资费用等，则表现为企业资金的流出。这种因筹资而引起的财务活动，称为筹资活动。

2. 投资活动

投资是指以收回现金并取得收益为目的而发生的现金流出的行为。企业投资可分为广义的投资和狭义的投资两种。广义的投资是指企业将筹集的资金投入使用的过程，包括内部使用资金（如购置流动资产、无形资产、固定资产等）和对外投资（如与其他企业联营、证券投资等)。狭义的投资仅指对外投资。资金投放，企业需要支付资金。收回投资则会产生资金的流入。这种因投资而引起的财务活动，称为投资活动。

3. 资金营运活动

企业在日常生产经营活动中，会发生一系列的资金收付行为。企业进行生产和销售活动需要采购材料或商品，同时，还要支付工资和其他营业费用；当企业把商品或产品售出后，便可取得收入，收回资金。如果资金不能满足企业经营需要，还要利用短期借款等方式来融通资金。为满足企业日常经营活动的需要而垫支的资金，称为营运资金。因企业日常经营而引起的财务活动，称为资金营运活动。

4. 利润分配活动

企业通过投资和资金营运活动可以取得相应的收入，并实现资金的增值。企业取得的各种收入，首先要用以补偿生产经营耗费，以保证企业生产经营活动持续进行；其次，还应依据有关法律规定弥补亏损，依法缴纳所得税，支付罚款、滞纳金，提取盈余公积金；最后，剩余部分由企业管理当局，根据企业主、客观条件制定收益分配政策，向投资者分配或留存在企业。广义的分配是指对企业的各种收入进行分割和分派的行为；狭义的分配仅指对企业净利润的分配。这种因收益分配而引起的财务活动，称为分配活动。

上述财务活动的四个方面，是相互联系、相互依存又相对独立的。筹资是资金运动的起点，投资、营运是筹资的目的和归宿，收益分配影响到资金规模和结构，从而又反过来影响企业筹资和投资。它们共同构成了资金运动的全过程。

四、财务关系

财务关系是指企业在组织财务活动过程中与各利益相关者发生的经济利益关系。企业的筹资活动、投资活动、营运活动、分配活动都与企业内外各方面有着广泛的联系。企业的财务关系可概括为以下几个方面。

（一）企业与政府之间的财务关系

企业与政府之间的财务关系是指企业要按税法的规定依法纳税而与国家税务机关所形成的经济关系。一方面，政府作为社会管理者，主要依靠宏观经济调控和法律手段来促进国家产业政策在企业的贯彻和实现社会经济发展目标，为了行使其职能，政府必须凭借其政治权利，无偿参与企业利润的分配。另一方面，企业必须按照税法规定向政府缴纳各种税款，包括所得税、流转税、资源税、财产税和行为税等。企业与政府之间的这种财务关系体现为强制和无偿的分配关系。

（二）企业与投资者之间的财务关系

企业与投资者之间的财务关系是指企业的投资者向企业投入资金，企业向其投资者支付投资报酬所形成的经济关系。企业的投资者包括国家、法人、其他组织和个人。企业的投资者按照投资合同、协议、章程的约定履行出资义务形成企业资本。企业依法保全资本，并有效运用资本实现盈利，按出资比例或合同、章程的规定向其投资者支付报酬。企业与投资者之间的这种财务关系体现为所有权性质的受资和投资的关系。

（三）企业与债权人之间的财务关系

企业与债权人之间的财务关系是指企业向债权人借入资金，并按借款合同的规定按时支付利息和本金所形成的经济关系。企业除运用资本进行经营活动外，还要借入一定数量的资金，以便扩大企业经营规模，降低资金成本。企业的债权人主要有债券持有人、贷款机构、商业信用提供者、其他出借资金给企业的单位或个人。企业利用债权人的资金后，要按约定的利息率，及时向债权人支付利息，债务到期时，要合理调度资金，按时向债权人归还本金。企业同其债权人的财务关系在性质上属于债务与债权关系。

（四）企业与受资者之间的财务关系

企业与受资者之间的财务关系是指企业以购买股票或直接投资的形式向其他企业投资所形成的经济关系。随着市场经济的深入发展，企业经营规模和经营范围不断扩大，这种关系将会越来越广泛。企业向其他单位投资，应按约定履行出资义务，并根据其出资额参与受资者的经营管理和利润分配。企业与受资者的财务关系体现了所有权性质的投资与受资的关系。

（五）企业与债务人之间的财务关系

企业与债务人之间的财务关系是指企业将其资金以购买债券、提供借款或商业信用等形式出借给其他单位所形成的经济关系。企业将资金借出后，有权要求其债务人按约定的条件支付利息和归还本金。企业与债务人的关系体现的是债权与债务的关系。

（六）企业内部各单位之间的财务关系

企业内部各单位之间的财务关系是指企业内部各单位之间在生产经营各环节中相互提供产品或劳务所形成的经济关系。企业内部各职能部门和生产单位既分工又合作，共同形成一个企业系统。企业内部各子系统既要执行各自独立的职能，又要相互协调，只有这样，企业整个系统才具有稳定功能，从而实现企业预期的经营目标。因此，在实行厂内经济核算制和企业内部经营责任制的条件下，企业供、产、销各部门以及各生产单位之间，相互提供产品和劳务也要计价结算。这种在企业内部形成的资金结算关系，体现了企业内部各单位之间的利益关系。

（七）企业与职工之间的财务关系

企业与职工之间的财务关系是指企业向职工支付劳动报酬过程中所形成的经济关系。职工作为企业的劳动者，必须遵守企业的有关规章制度、服务于企业的整体目标和利益，以自身的劳动作为参加企业收益分配的依据。企业对劳动者的劳动进行评价，根据劳动者的劳动情况，用实现的收入，向职工支付工资、奖金、津贴等。这种财务关系体现了企业与职工在劳动成果上的分配关系。

财务关系是企业生产经营活动的一方面，为了保证生产经营活动的正常进行和企业财务管理目标的实现，要正确处理企业与各方面的财务关系，确保企业有一个良好的理财环境。

五、财务管理的内容

企业财务活动及其所体现的财务关系是财务管理的基本内容。财务管理的主要内容包括筹资管理、投资管理、营运资本管理和利润分配管理。

（一）筹资管理

企业筹集的资金不但要能满足企业正常经营和特定投资计划的要求，而且要能满足归还企业各项到期的债务和支付利息及股利方面的要求。所以，企业首先要制定一个完备的筹资规划，其主要内容包括以下几个方面。

1. 预测企业的资金需求量

企业的筹资不是盲目的，企业财务部门必须根据企业当时的具体经营方针和投资规模，运用科学的预测方法来正确地测定企业一定时期的资金需求量，并据以制订筹资计划。如果企业资金需求量预测不准，筹资不足将会使企业丧失良好的盈利机会；而盲目过量筹资，又会造成资金的浪费，提高资金的使用成本，同样会降低企业的盈利能力，甚至导致经营的失败。

2. 建立全面预算制度

通过财务的价值管理体系，将企业的各项经营活动所引起的资金增减变动情况，汇总体现在企业的全面预算之中。只有这样才能保证企业资金预测的正确性和财务控制的有效性，并能为以后的财务考核和评价提供直接的依据。

3. 选择合理的筹资渠道和筹资方式

企业资金的筹集可以从多种渠道，采用多种方式来进行，如可采用吸收直接投资、发行股票、发行债券、各类长短期借款、融资租赁和信用筹资等方法，来获得企业所需的资金。筹资渠道和筹资方式不同，其所筹资金总量、资金占用时期的长短、资金成本的高低、筹资风险的大小、附加限制条款的宽严等都是不同的。这就要求企业的财务管理部门，根据企业特定的经营目标和管理要求，将不同的筹资渠道与不同的筹资方式进行最有效的组合，确保筹资的效益最佳。

4. 确保企业资金结构的合理性

资金结构一方面是指权益资本与债务资金的比例关系；另一方面是指长期资金与短期资金的比例关系。债务资金与短期资金的资金成本较低，但偿债风险较大；权益资本与长期资金的偿债风险较小，但资金成本较高。企业财务部门必须权衡各种筹资方式的成本与风险，适度负债经营，追求最佳的资金结构，尽可能地降低企业综合资金成本。

（二）投资管理

各种资金的最有效组合并获得最大的投资收益，是投资管理所追求的目标。所以，投资管理的根本任务是依据企业具体经营目标和管理要求，合理配置各类资产并对有关投资事项作深入分析，提高企业的投资管理水平和盈利能力。

1. 确定企业投资管理的财务目标

企业投资管理的财务目标，实际上是如何根据企业的具体经营特点和管理要求及企业当时的财务状况来有效合理地配置资金，以确保资产结构的合理化。如经营资金与对外投资资金的合理结构；固定资产和无形资产占总资产的比例及营运资金占总资产的比例等。同时，要定期分析不同资产占用变化的原因及其规律，定期考核各类资产的盈利能力，为企业制定新的资产管理规划提供依据。

2. 实施投资项目的可行性研究

企业任何对内或对外的投资项目，在可能给企业带来收益的同时，也带有一定的风险性。企业财务管理部门应参与投资项目决策的全过程，科学预测投资项目的收益和风险，在权衡收益和风险的基础上，对投资项目的可行性进行正确评价，选择最佳投资方案，力求降低投资风险，提高企业的投资回报率。

3. 强化证券投资监督

证券投资是指企业将闲置资金投资于债券和股票等有价证券。由于证券投资的风险性极大，企业财务管理部门应该对其进行全面的监控，确定证券投资的限额比例，进行最佳的证券投资组合，并随时反映证券市场的瞬息变化，及时调整投资方针，确保证券投资的安全性、盈利性。

（三）营运资本管理

营运资本是指为了满足企业日常生产经营活动需要而垫支的流动资金。企业将资金投放于生产经营活动中的现金、应收账款、存货等形成企业的流动资产。流动资产随着生产经营过程的进行而不断变换其形态，其周转速度和使用效率直接影响企业的经营效益，因此，财务部门必须对企业营运资金的运作规律进行仔细地研究，分别制定企业的现金管理方针、信用政策、存货管理策略等。另外，还要研究确定营运资金内部现金、应收账款和存货等的比例关系，既要保证营运资金的有效运用，加速资金周转，提高资金的利用效率，又要确保企业具有充分的偿债能力。

（四）利润分配管理

制定合理的利润分配政策是利润分配管理的主要内容。财务部门应根据企业的实际经营状况和未来发展的要求，结合企业资本结构、筹资能力、资金成本、企业未来的投资机会、税法和投资者对当期收益和未来收益的相对偏好等具体情况，确定企业合理的利润分配率和必要的利润留存率。制定利润分配政策的基本原则是：既要有利于不断提高企业价值，又要能保持和提高企业的长远盈利能力；既要考虑股东目前的利益，又要考虑企业长期发展的要求。

对于股份制企业，还需选择适当的股利支付方式，如现金股利、股票股利、财产股利和负债股利等，同时还需充分考虑企业的现金流量状况能否满足股利分配的要求，并要关注企业股利分配后所引起企业市场表现指标的变化，可能对企业价值和投资人对企业长远发展信心的影响。

第二节 财务管理的目标

财务管理目标是企业在特定的理财环境中，通过组织财务活动，处理财务关系所要达到的目的。财务管理目标是企业财务管理活动所希望实现的结果。它是评价企业理财活动是否合理有效的基本标准，是企业财务管理工作的行为导向，是财务管理实践的出发点和归宿。明确财务管理目标是搞好财务管理的前提。

企业的财务管理目标是多元的，有主导目标，也有辅助目标。同时财务管理目标也是多层次的，有整体目标、分部目标和具体目标。财务管理目标按涉及的范围大小可分为总体目标和具体目标。总体目标是企业财务活动的出发点和归宿，它决定着整个财务管理过程的发展方向；具体目标是指在总体目标的制约下，从事某项具体的财务活动所要达到的目标。总体目标是所有具体目标的综合体现，并对具体目标起着主导作用和支配作用；具体目标是总体目标的明细化和具体化，总体目标的实现依赖于具体目标的实现。

一、财务管理的总体目标

根据现代财务管理的理论和实践，关于企业财务管理目标始终存在着争论，最具有代表性的观点有以下几种。

（一）利润最大化

利润最大化目标就是假定在投资预期收益确定的情况下，财务管理行为将朝着有利于企业利润最大化的方向发展。

以利润最大化作为财务管理目标，其合理性表现在以下几个方面。

（1）利润概念易被社会公众接受，是衡量企业最终财务成果的综合指标。投资者出资办企业都是以盈利为目的，企业实现利润的多少直接关系到投资者的收益，企业只有在盈利的前提下才能满足投资者的投资需求。

（2）利润最大化有利于资源的合理配置。在自由竞争的资本市场中，资本是以追逐利润为目的的，利润最大化是企业获取资本的有效途径，资本的使用权最终将属于获利最大的企业。

（3）利润最大化有利于提高企业的经济效益。企业追求利润最大化，就必须讲求经济核算，加强管理，改进技术，提高劳动生产率，降低产品成本。

（4）每个企业通过追求利润最大化的目标，可以使整个社会的财富实现极大化。因此，从社会角度看，"利润最大化"有利于社会的进步和发展。

利润最大化目标还存在着许多难以克服的缺陷：

（1）没有考虑利润取得的时间，忽视了资金的时间价值，难以正确判断不同时期利润的大小。

（2）没有考虑风险因素，高额利润往往要承担过大的风险。不考虑风险，一味追求利润最大化，会使财务决策优先选择高报酬同时又是高风险的项目，势必增加企业财务危机和破产的风险。

（3）没有反映所获利润与投入资本的关系，这有可能使企业财务决策优先选择高投入的项目，而不利于高效率项目的选择。

（4）片面追求利润最大化，可能导致企业短期行为。即只顾实现当前的或局部的利润最大，而不顾企业长远和整体的发展，甚至会损害企业长久发展的财务实力。可见，利润最大化作为企业财务管理目标具有一定的局限性，不能作为企业财务管理目标的最优选择。

（二）每股收益（权益资本净利率）最大化

每股收益是指归属于普通股东的净利润与发行在外的普通股股数之比。权益资本净利率是指企业一定时期的净利润与其权益资本之比。所有者作为企业的投资者，其投资目标是取得资本收益，具体可以用体现投资者投入资本回报能力的指标——每股收益（权益资本净利率）来反映。

每股收益（权益资本净利率）最大化目标将企业实现的利润额同投入的资本或股本数进行对比，能够反映企业资本的盈利水平，可以在不同资本规模的企业或同一企业不同时期之间进行比较，揭示其盈利水平的差异。但由于每股收益（权益资本净利率）仍是以利润为基础计算的，与利润最大化目标一样，该目标仍然没有考虑资金时间价值和风险因素，也不能避免企业的短期行为，可能会导致与企业的战略目标相背离。因此，每股收益（权益资本净利率）最大化同样不能作为企业财务管理目标的最优选择。

（三）股东财富最大化

股东投资于公司的主要目的在于创造尽可能多的财富，这种财富在股份公司里可以表现为股东持有的股份数和股票的市场价格的乘积，所以，股东财富最大化和公司的股票价格直接相关。有时股东财富最大化被表述为股价最大化。在股东持有股份数既定的情况下，股票价格最高时，股东的财富也就达到最大。此时股价最大化与股东财富最大化具有同等意义。

与利润最大化目标相比，股东财富最大化具有以下优点：①考虑了资金的时间价值和风险因素，因为时间价值的大小和风险的高低会对股票的价格产生重要的影响；②该目标在一定程度上能够克服公司在决策时的短期行为，因为股票的价格不仅和当期收益相关而且也会受到预期收益的影响；③由于股票价格客观、明确，股东财富就容易计量。

但是股东财富最大化目标也存在以下缺点：①它只适用上市公司，对于非上市公司很难适用，因为只有上市的公司其股票在证券市场上才会赋予一个客观明确的价格；②它只强调股东的利益，而对其他相关利益主体重视不够；③股票价格受多种不可控因素的影响，并不完全和公司经营业绩相关，把与公司无关的因素引入财务管理的目标是不合理的。

尽管股东财富最大化存在上述缺点，但如果一个国家的资本市场高度发达，市场效率极高，上市公司可以把股东财富最大化作为财务管理的目标。

（四）企业价值最大化

企业价值就是企业的市场价值，是企业所能创造的预计未来现金流量的现值，反映了企业潜在的或预期的获利能力和成长能力。未来现金流量的现值这一概念，包含了资金的时间价值和风险价值两个方面的因素。因为未来现金流量的预测包含了不确定性和风险因素，而现金流量的现值是以资金的时间价值为基础对现金流量进行折现计算得出的。

以企业价值最大化作为财务管理的目标，其优点主要表现在：①考虑了资金的时间价值和风险价值；②考虑了所有利益相关者的利益；③反映了对企业资产保值增值的要求，从某种意义上说，股东财富越多，企业市场价值就越大，追求股东财富最大化的结果可促使企业资产保值或增值；④有利于克服管理上的片面性和短期行为；⑤有利于社会资源合理配置。社会资金通常流向企业价值最大化或股东财富最大化的企业或行业，有利于实现社会效益最大化。

企业价值最大化的缺点就是其概念比较抽象，计量比较困难。对于上市公司来讲，尽管股票价格的变动在一定程度上揭示了企业价值的变化，但是股价是受多种因素影响的结果，所以在某一时点上，股价可能并不真正反映企业的价值；对于非上市公司来讲，企业价值不能依据股价来确定，而必须进行专门的资产评估。而在评估企业的资产时，由于受评估标准和评估方式的影响，这种估价不易做到客观和准确，这也导致企业价值确定的困难。

在现代企业的运营当中，企业的相关利益主体，包括股东、债权人、经营者等都要承担巨大的风险，都需要获得相应的收益。企业价值最大化扩大了考虑问题的范围，注重在企业价值增值中考虑各方利益关系，更符合我国的实际情况。因此，企业价值最大化的观点，体现了对经济效益的深层次认识，它是现代财务管理的最优目标。

二、财务管理的具体目标

财务管理的具体目标取决于财务管理的具体内容，因此，财务管理的具体目标可以概括为以下几个方面。

（一）筹资管理目标

任何企业，为了保证生产的正常进行或扩大再生产的需要，必须具有一定数量的资金。企业生产经营所需的资金可以从多种渠道、采取多种筹资方式取得。不同来源的资金，其可使用时间的长短、资本成本的高低、财务风险的大小和限制性条款约束的强弱等均有所不同。筹资管理的目标是：在满足生产经营资金需要的前提下，选择适当的筹资渠道和筹资方式，尽可能降低资本成本和筹资风险。

（二）投资管理目标

任何投资决策都带有一定的风险性，因此，在投资时必须认真分析影响投资决策的各项因素，科学地进行可行性研究。一方面要考虑投资给企业带来的投资报酬，另一方面也要考虑投资给企业带来的风险，以便在风险与报酬之间进行权衡，不断提高企业价值，实现企业财务管理的总体目标。企业投资管理的目标是：权衡投资的收益和风险，选择适当的投资项目，在提高投资报酬的同时，降低投资风险。

（三）营运资本管理目标

营运资本是为满足企业营运活动的要求而垫付的资金。在一定的时间内，资金周转的速度越快，就可以利用一定数额的资金生产出更多的产品，取得更多的收入和报酬，资金的利用效果就越好。因此，营运资本管理的目标是：合理使用资金，加速资金的周转，不断提高资金的利用效率。

（四）利润分配管理目标

利润分配就是将企业取得的利润在企业与相关利益主体之间进行分割。而利润分配方案的选择不仅关系到各利益主体的经济利益，而且关系到企业财务的稳定性和未来的长远发展，进而影响企业的价值。因此，企业利润分配管理的目标是：合理确定利润的分配比例和分配形式，兼顾投资者当前利益和企业长远发展的需要，提高企业的盈利能力从而提高企业的价值。

三、利益冲突的协调

将企业价值最大化目标作为企业财务管理目标的首要任务就是要协调相关利益群体的关系，化解他们之间的利益冲突。协调相关利益群体的利益冲突，要把握的原则是：力求企业相关利益者的利益分配均衡，也就是减少各相关利益群体之间的利益冲突所导致的企业总体收益和价值的下降，使利益分配在数量上和时间上达到动态的协调平衡。

（一）所有者与经营者的矛盾与协调

在现代企业中，所有者一般比较分散，经营者一般不拥有占支配权地位的股权，他们只是所有者的代理人，所有者期望经营者代表他们的利益工作，实现所有者财富最大化；而经营者则有其自身的利益考虑。对经营者来讲，他们所得到的利益来自于所有者。在西方，这种所有者支付给经营者的利益被称为享受成本。但问题的关键不是享受成本的多少，而是在增加享受成本的同时，是否更多地提高了企业价值。因而，经营者和所有者的主要矛盾就是经营者希望在提高企业价值和股东财富的同时，能更多地增加享受成本；而所有者和股东则希望以较小的享受成本支出带来更高的企业价值或股东财富。为了解决这一矛盾，应采取让经营者的报酬与绩效相联系的办法，并辅之以一定的监督措施。

1. 解聘

这是一种通过所有者约束经营者的办法。所有者对经营者予以监督，如果经营者未能使企业价值达到最大，就解聘经营者，经营者害怕被解聘而被迫实现财务管理目标。

2. 接收

这是一种通过市场约束经营者的办法。如果经营者经营决策失误、经营不力，未能采取一切有效措施使企业价值提高，该公司就可能被其他公司强行接收或吞并，相应经营者也会被解聘。为此，经营者为了避免这种接收，必须采取一切措施提高股东财富和企业价值。

3. 激励

激励是将经营者的报酬与其绩效挂钩，以使经营者自觉采取能提高股东财富和企业价值的措施。激励通常有两种基本方式。①“股票期权”方式。它是允许经营者以固定的价格购买一定数量的公司股票，当股票的市场价格高于固定价格时，经营者所得的报酬就越多。经营者为了获取更大的股票涨价益处，就必然主动采取能够提高股价的行动。②“绩效股”形式。它是公司运用每股收益、资产收益率等指标来评价经营者的业绩，视其业绩大小给予经营者数量不等的股票作为报酬。如果公司的经营业绩未能达到规定目标时，经营者也将部分丧失原先持有的“绩效股”。这种方式使经营者不仅为了多得“绩效股”而不断采取措施提高公司的经营业绩，而且为了使每股市价最大化，也采取各种措施使股票市价稳定上升，从而增加股东财富和企业价值。

（二）所有者与债权人的矛盾与协调

所有者的财务目标可能与债权人期望实现的目标发生矛盾。首先，所有者可能要求经营者改变举债资金的原定用途，将其用于风险更高的项目，这会增大偿债的风险，债权人的负债价值也必然会实际降低。若高风险的项目一旦成功，额外的利润就会被所有者独享；但若失败，债权人却要与所有者共同负担由此而造成的损失。这对债权人来说风险与收益是不对称的；其次，所有者或股东可能未征得现有债权人同意，而要求经营者发行新债券或举借新债，致使旧债券或老债券的价值降低（因为相应的偿债风险增加）。

为协调所有者与债权人的上述矛盾，通常可采用以下方式：

（1）限制性借债，即在借款合同中加入某些限制性条款，如规定借款的用途、借款的担保条款和借款的信用条件等。

（2）收回借款或停止借款，即当债权人发现公司有侵蚀其债权价值的意图时，采取收回债权和不给予公司增加放款，从而来保护自身的权益。

（三）财务管理目标与社会责任

追求企业价值最大化并不意味着企业可以忽略社会责任，甚至做出伤害社会公众利益的事情。从长远来看，财务管理目标与社会整体利益应该是一致的，但有时也会有冲突。

1. 财务管理目标与社会责任的一致性

为了实现企业价值最大化目标，首先，企业必须生产出能满足社会需要的产品，才能实现产品的价值；其次，企业的发展拓宽了企业的经营范围和领域，将大大增加社会的就业机会，也就实现了社会公众利益的最大化；再次，企业通过实现更多的利润来创造企业更多的财富，同时也就为社会提供了更多的税收和更好的社会福利条件，并使社会总财富的积累达到最大。

2. 财务管理目标与社会责任的冲突及其协调

从某一特定时间段来看，企业财务管理目标与社会责任之间会存在一定的冲突，因为社会责任的承担会在一定程度上减少投资者的财富，而逃避社会责任甚至损害社会利益，反而会提高企业的价值。因此，某些不法经营的企业会采用假冒伪劣或以次充好的手段来损害消费者利益，也会通过偷漏税款的方法逃避社会责任，甚至会有污染环境、做虚假广告的行为，对社会公众利益带来损害。要有效地协调这两者的关系，需从两个方面入手：一是国家必须通过立法的形式，来规定企业的基本行为规范及其必须履行的基本职责，并通过一些行政条例和行政命令等手段来制止企业对社会的伤害行为；二是企业在其经营活动中应自觉地遵守有关法规，并接受商业道德的约束和社会公众舆论监督，自愿承担起应负的社会责任。

第三节 财务管理的环节

为了实现企业价值最大化目标，充分发挥资本配置和资本利用的功能，财务管理人员要在遵循财务管理原则的基础上，采用灵活的财务管理方法，经过一系列的管理环节。财务管理的方法和环节具体包括财务预测、财务决策、财务计划、财务控制和财务分析。它们相互配合，紧密联系，形成首尾相接、周而复始的财务管理循环过程，构成完整的财务管理工作体系，如图 1-1 所示。

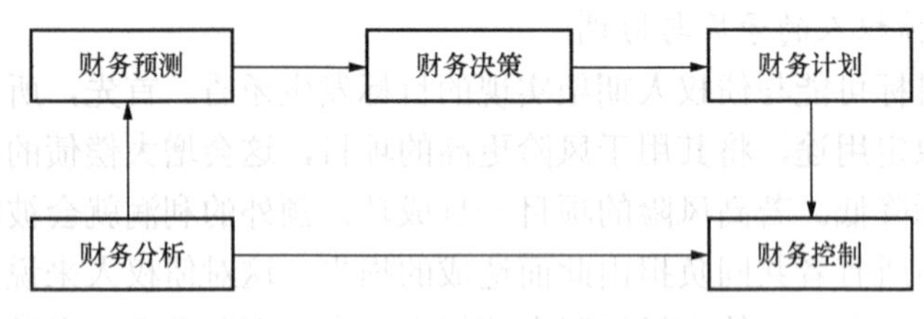

图 1-1 财务管理的基本环节

一、财务预测

财务预测是指利用企业过去的财务资料，结合市场变动情况，对企业财务活动的未来发展趋势做出科学的预计和推测。

财务预测的任务是通过测算企业财务活动的数据指标，为企业决策提供科学依据；通过测算企业财务收支变动情况，确定企业未来的经营目标；通过测算各项定额和标准，为编制计划、分解计划指标提供依据。

财务预测的内容涉及企业资本运作活动的全过程，一般包括流动资产需要量预测、固定资产需要量预测、成本费用预测、销售收入预测、利润总额与分配预测，以及有关长短期投资预测等。

财务预测是一个复杂的过程，其一般程序为如下几个步骤。

1. 明确预测目标

为了达到预测的效果，应根据决策需要的预测对象，确定财务预测的目标。

2. 搜集整理资料

根据预测目标和预测对象，有针对性地搜集有关资料，检查资料的可靠性、完整性和典型性，排除偶发因素对资料的影响，还要对各项资料进行必要的归类、汇总和调整，使资料符合预测需要。

3. 建立预测模型

按照预测的对象，找出影响预测对象的一般因素及其相互关系，建立相应的预测模型，对预测对象的发展趋势和水平进行定量描述，以此获得预测结果。

4. 论证预测结果

为了使预测结果符合预期要求，还需要对定量预测的结果进行必要的定性分析和论证，就可得到精确度较高的预测结果，为决策提供依据。

财务预测的方法包括定性预测方法和定量预测方法两大类。定性预测方法是由熟悉情况和业务的专职人员，根据过去的经验和专业知识，各自进行分析、判断，提出初步预测意见，然后通过一定的形式（如座谈会、讨论会、咨询调查、征求意见等）进行综合，作为预测未来的依据。这类方法受预测者主观因素影响较大，科学依据不足，可靠性较差，通常在企业缺乏完备、准确的历史资料的情况下采用。定性预测法具体包括：专家预测法、集合意见法及特尔菲法。定量预测方法主要依据历史的和现实的资料，建立数学模型，进行定量预测。常见的定量财务预测模型有因果关系预测模型、时间序列预测模型、回归分析预测模型等。在实际工作中，为提高预测的质量应当将它们结合起来使用。

二、财务决策

财务决策是指为实现预定的财务目标，财务人员运用专门的方法，从各种备选方案中选择最佳方案的过程。财务决策在实质上是决定财务目标和实施方案的选优过程。财务决策是在财务预测的基础上进行的，它又是财务计划的前提。

财务决策的内容非常广泛，一般包括筹资决策、投资决策、收益分配决策和其他决策。筹资决策是权衡比较各种筹资方案的风险和成本，并保持合理的资本结构，包括确定筹资渠道和方式、筹资数量与时间、筹资结构比例关系等，投资决策是权衡比较各种投资方案的收益与风险，解决投资对象、投资数量、投资时间、投资方式和投资结构的优化选择问题，收益分配决策主要解决收益的合理分配问题，包括确定股利支付比率、支付时间、支付数额等，其他决策包括企业兼并与收购决策、公司破产与重整决策等。

财务决策的基本程序为如下几个步骤。

1. 确定决策目标

以预测数据为基础，结合企业总体经营的规划和国家宏观经济的要求，从企业实际出发，确定决策期内企业需要实现的财务目标。

2. 提出实施方案

以确定的财务目标为主，考虑市场可能出现的变化，结合企业内外有关财务和业务活动资料以及调查研究材料，设计出实现财务目标的各种实施方案。

3. 评价选择方案

通过对各种可行的实施方案的分析论证和对比研究，主要是对备选方案经济效益的分析研究，运用合适的决策方法，做出最优财务决策。

4. 实施选定的方案，进行跟踪、再评价

财务决策的技术方法有确定性决策方法、不确定性决策方法和风险决策方法三类。决策树法、决策表法、大中取小法、小中取大法、对比法以及综合平衡法等，都是常用的决策方法。

三、财务计划

编制财务计划就是将决策提供的目标和选定的方案形成各种主要计划指标，拟定保证计划指标完成的具体措施，协调各项计划指标之间的相互关系，编制各项财务计划的过程。财务计划是财务预测和财务决策的数量化和具体化，是企业及其各部门工作的奋斗目标，是组织财务活动、协调财务关系、控制财务收支和考核财务业绩的依据。财务计划的编制要做到科学性、先进性和合理性，力求反映企业实际和客观经济规律的要求。

企业编制的财务计划主要包括筹资计划、固定资产增减和折旧计划、资产流动及其周转计划、成本费用计划、利润及利润分配计划、对外投资计划等。

财务计划的一般程序为如下几个步骤。

1. 制订计划指标

根据国家经济发展规划和产业政策的要求，按照企业供、产、销的条件和生产能力，运用科学方法，对决策提供的目标进行因素分析，确定对其有影响的各种因素，按照效益原则，制订出一系列主要计划指标。

2. 提出保证措施

从挖掘企业潜力、提高经济效益出发，合理安排企业人力、财力、物力，组织好财务收支的协调和平衡，制订出各部门、各单位增产节约、增收节支的措施，以保证企业计划指标的落实。

3. 具体编制计划

以企业经营目标为中心，计算出企业计划期内资本占用、成本费用、收入利润等各项指标，并检查各项计划指标是否相互衔接、协调和平衡。编制财务计划的方法有平衡法、余额法、限额法等，其中平衡法包括时期平衡法和时点平衡法。

应当注意的是，在企业实践中，财务计划通常以财务预算的形式表现出来。财务预算是一系列专门反映企业在未来一定预算期内预计财务状况、经营成果以及现金收支等价值指标的各种预算的总称。财务预算是企业全面预算体系的重要组成部分。财务预算以价值形式综合反映企业日常业务预算的结果，也称为总预算，包括现金预算、预计资产负债表、预计利润表、预计现金流量表。

编制财务预算的一般程序是：①根据财务预测所提供的数据及财务决策的结果，全面提出各项计划指标；②对各项计划指标进行协调，保持指标间的勾稽关系，实现计划的综合平衡；③具体落实各项计划指标的数字，按规范表格编制财务预算。

编制财务预算常用的方法有：固定预算法与弹性预算法，增量预算法与零基预算法，定期预算法与滚动预算法，概率预算法等。

四、财务控制

财务计划的执行要依靠财务控制。财务控制就是依据财务计划目标，按照特定的程序和方式，发现实际偏差与纠正偏差，确保企业及其内部机构和人员全面实现财务计划目标的过程。在企业内部控制系统中，财务控制是一种连续性、系统性和综合性最强的控制，也是财务管理经常进行的工作。

财务控制从不同的角度有不同的分类，从而形成了不同的控制内容、控制方式和控制方法。

1. 按控制的时间分为事前控制、事中控制和事后控制

事前控制是指在财务活动尚未发生前所进行的控制，如事前的申报审批制度；事中控制是指在财务活动过程中所进行的控制，如按财务计划的要求监督计划的执行过程；事后控制是指对财务活动过程的结果进行考核和奖惩。

2. 按控制的依据分为预算控制和制度控制

预算控制是以财务预算为依据对预算执行主体的财务收支活动所进行的控制；制度控制是以企业内部规章制度为依据进行的控制。前者具有激励性，后者具有防护性。

3. 按控制的对象分为收支控制和现金控制

收支控制是对企业和各责任单位的财务收支活动所进行的控制，控制的目的是增加收入，降低成本，实现利润最大化；现金控制是对企业和各责任单位的现金流入和现金流出活动所

进行的控制。由于会计采用权责发生制，导致利润不等于现金净流入，所以有必要对现金实施单独控制。

4. 按控制的手段分为绝对数控制和相对数控制

采用绝对数控制时，对激励性指标规定最低控制标准，对约束性指标规定最高控制限额；采用相对数控制时，要求做到投入与产出对比、开源与节流并重。

财务控制的一般程序为如下几个步骤。

1. 确定控制目标

财务控制目标一般可以按财务计划指标确定，对于一些综合性的财务控制目标应当按照责任单位或个人进行分解，使之能够成为可以具体掌握的可控目标。

2. 建立控制系统

按照责任制度的要求，落实财务控制目标的责任单位和个人，形成纵横交错的控制组织。

3. 信息传递与反馈

这是一个双向流动的信息系统，它不仅能够自下而上反馈财务计划的执行情况，也能够自上而下地传递调整财务计划偏差的要求，做到上情下达，下情上报。

4. 纠正实际偏差

根据信息反馈，及时发现实际脱离计划的情况和原因，采取措施加以纠正，以保证财务计划的实现。

5. 进行考核评价

根据岗位责任制，考核评价各项财务计划指标的执行结果，按照奖惩制度实行奖优罚劣，起到激励作用。

财务控制的方法一般有：财务目标控制法、财务预算控制法、财务制度控制法、内部管理审计控制法、财务分析控制法、标准（定额）控制法等。

五、财务分析

财务分析是以企业会计报表信息为主要依据，运用专门的分析方法，对企业财务状况和经营成果进行评价，以便于投资者、债权人、管理者以及其他信息使用者做出正确的经济决策。通过财务分析，可以掌握各项财务计划指标的完成情况，评价财务状况的优劣，研究和掌握财务活动的规律；通过财务分析，可以及时揭示财务管理中存在的问题，有助于采取有效的控制措施，保证财务计划、财务制度的执行；通过财务分析，可以总结经验教训，积累资料，为下一轮的财务预测、财务决策、财务计划提供依据，有利于进一步改进财务管理工作。总之，财务分析可以使企业总结过去，了解现在，展望未来。

财务分析常用的方法有对比分析法、因素分析法、趋势分析法和比率分析法。对比分析法是指将企业相关的财务指标进行对比，计算出财务指标变动的绝对数和相对数，并分析变动差异的一种方法。因素分析法是一种根据影响分析对象的主要因素，逐项分析各因素变动对分析对象影响程度的方法。趋势分析法是将两个或两个以上连续期间的财务指标或比率进行对比，计算其增减变动的方向、数额和幅度，据以预测财务指标变动趋势的一种分析方法。比率分析法是指在同一财务报表的不同项目之间，或在不同报表的有关项目之间进行比较，计算出财务比率，反映各项目之间的相互关系，据以评价企业的财务状况和经营成果的一种方法。

财务分析的具体内容和方法将在第九章中作详细介绍，在此不再赘述。

第四节 财务管理的环境

财务管理环境又称理财环境，是指对企业组织财务活动和处理财务关系产生影响的企业内外各种条件的统称。企业是在一个变化莫测的环境中生存和发展的。企业的财务活动必然受到环境的影响和制约。企业要做好财务管理工作，必须了解财务管理的环境，增强对环境的适应能力和应变能力，并根据环境的变化及时调整企业财务策略。因此，只有在理财环境的各种因素作用下实现财务活动的协调平衡，企业才能生存和发展。

以下主要介绍对企业财务管理影响比较大的经济环境、法律环境和金融环境。

一、经济环境

影响财务管理的经济环境因素主要有经济周期、经济发展水平和宏观经济政策等。

（一）经济周期

市场经济条件下，经济发展与运行带有一定的内在波动性，并呈现出一种由繁荣、衰退、萧条、复苏再到繁荣的周期性特征。经济周期是指经济运行中周期性出现的经济扩张与经济紧缩交替更迭、循环往复的一种现象。在经济周期波动的扩张阶段，市场需求旺盛，订货饱和，商品畅销，生产上升，资金周转灵活。经济周期波动的紧缩阶段，市场需求疲软，订货不足，商品滞销，生产下降，资金周转不灵。经济的周期性波动对财务管理有着非常重要的影响。在不同的经济周期，企业应采用不同的财务管理策略。因此，面对经济周期性波动，财务人员必须预测到经济变化情况，适当调整财务政策。

（二）经济发展水平

经济发展水平，对企业理财有重大影响。近几年，我国经济增长比较快。企业为了跟上这种发展并在其行业中维持它的地位，至少要有同样的增长速度。企业要相应增加厂房、机器、存货、工人、专业人员等。这种增长，需要大规模地筹集资金，需要借入巨额款项或增发股票。

经济发展的波动，即有时繁荣有时衰退，对企业理财有极大影响。这种波动，最先影响的是企业销售额。销售额下降会阻碍企业现金的流转，例如，产成品积压不能变现，需要筹资以维持运营。销售增加会引起企业经营失调，例如存货枯竭，需筹资以扩大经营规模。财务人员对这种波动要有所准备，筹措并分配足够的资金，用以调整生产经营。

（三）宏观经济政策

政府对企业的宏观调控主要通过一系列经济政策作导向。经济政策是政府指导和影响经济活动所规定并付诸实施的准则和措施。宏观调控的重要手段包括财税政策、金融政策、外汇政策、外贸政策、价格政策、投资政策、社会保障制度等。所有这些政策，深刻地影响着我国的经济生活、企业的发展和财务活动的运行。尤其是我国政府具有调控宏观经济的职能，其制定的国民经济的发展规划、国家的产业政策、经济体制改革的措施、政府的行政法规等，对企业的财务活动都有重大影响。反之，企业的财务活动会受到政府经济政策一定程度的限制。企业在财务决策时，要认真研究政府的经济政策，按照政策导向行事，才能趋利除弊，获得最大的报酬。需提醒注意的是，政府经济政策会因经济状况的变化而调整。企业在财务决策时应为这种变化留有余地，甚至能预见其变化的趋势，这样更有助于企业理财。

（四）通货膨胀

通货膨胀是指投入流通中的货币过多，大大超过流通实际需要的数量，因而引起物价上涨、货币贬值的现象。通货膨胀不仅对消费者不利，也给企业理财带来很大困难。通货膨胀会使企业遭遇资金短缺的困难。企业面对通货膨胀，为了实现期望的报酬率，必须加强收入和成本管理。同时，使用套期保值等办法减少损失，如提前购买设备和存货、买进现货卖出期货等。

（五）竞争

市场状况对企业财务管理的影响集中地体现在市场竞争中。竞争是指经济主体在市场上为实现自身的经济利益和既定目标而不断进行的角逐过程。市场竞争是企业外部环境中一种无形但又极为重要的因素，它广泛存在于市场经济之中，任何企业都不可回避。企业所处市场的竞争程度，决定着企业产品的市场占有率和销售价格。市场按照竞争程度不同可分为完全竞争市场、不完全竞争市场、寡头垄断市场和完全垄断市场四种类型，它们对企业在市场上的财务行为产生不同的影响。

1. 完全竞争市场

在完全竞争市场上，存在着很多不能控制市场的企业，商品价格是在竞争中形成的，同时又由商品供求调节。所以，处于完全竞争的企业，会面对竞争激烈、风险大、价格波动大、利润也随之波动的环境因素，因而不宜过多采用负债方式筹资，价格下降时也不应库存过多存货。在我国，农产品集市贸易有点近似这种市场。

2. 不完全竞争市场

在不完全竞争市场上，彼此之间存在竞争的企业很多。虽然产品之间存在差别，但交易双方也能得到较充分的信息量。如一般的日用品市场就属于这一类型，尽管生产商多，但竞争往往是具有资本、技术、人才、品牌、质量等优势的大型企业之间的竞争，要在竞争中取胜，关键是要使自己的产品创出特色、创出品牌。因此，处于这类市场的企业需花费大量资本在创品牌上，如应用于开发研究、技改、广告、售后服务方面的支出很大，相应地就要求企业广开筹资渠道，以满足产品创新的需要。

3. 寡头垄断市场

在寡头垄断市场上，只有为数不多的企业，它们之间存在着一定的默契，每个企业都能了解其他企业的行动，而且还会考虑企业自身的行动将会引起其他企业作出什么反应。这类市场多存在于汽车、钢铁、石油和有色金属等行业。这些企业虽垄断或占领绝大部分市场，但生产同种产品的企业之间的竞争仍很激烈，他们同样要花费很多资本以创名优产品和提供优质服务。

4. 完全垄断市场

在完全垄断市场上，卖方独此一家，由于各种条件的限制，其他企业不可能进入这一市场，也没有相近替代品。所以，企业的销售不成问题，能获得高额稳定的利润，风险较小，可采取大量负债来筹集资本。在我国，这种市场类型还近似存在于公用事业部门，如城市的供电、供水等。

企业财务决策者在各种激烈的市场竞争中必须保持清醒的头脑，努力抓住一切有利时机，审时度势、英明决断，才能在竞争中取胜。

二、法律环境

财务管理的法律环境是指企业和外部发生经济关系时所应遵守的各种法律、法规和规章。

市场经济的重要特征就在于它是以法律规范和市场规则为特征的经济制度。法律法规为企业经营活动规定了活动空间，也为企业在相应空间内自由经营提供了法律上和制度上的保护。财务管理的法律环境主要包括企业组织法律规范、税收法律规范等。

（一）企业组织法律规范

企业是市场经济的主体，其组织形式不同对企业财务管理有重要影响。一定的企业组织形式决定了企业的财务关系、财务结构及财务管理方式。涉及企业组织形式方面的法律规范主要包括《中华人民共和国公司法》、《中华人民共和国外资企业法》、《中华人民共和国中外合资经营企业法》、《中华人民共和国中外合作经营企业法》、《中华人民共和国个人独资企业法》、《中华人民共和国合伙企业法》等。这些法律规范既是企业的组织法，又是企业的行为法。了解企业的组织形式，有助于企业财务管理活动的开展。企业财务管理必须立足企业的组织形式。按其组织形式不同，可将企业分为独资企业、合伙企业和公司。

1. 独资企业

个人独资企业是指依法设立，由一个自然人投资，财产为投资人个人所有，投资人以其个人财产对公司债务承担无限责任的经营实体。我国的国有独资公司不属于此类企业，而是按有限责任公司对待。个人独资企业特点有：①只有一个出资者；②出资人对企业债务承担无限责任，在个人独资企业中，独资人直接拥有企业的全部资产并直接负责企业的全部负债，也就是说独资人承担无限责任；③独资企业不作为企业所得税的纳税主体。一般而言，独资企业并不作为企业所得税的纳税主体，其收益纳入所有者的其他收益一并计算交纳个人所得税。

独资企业具有结构简单、容易开办、利润独享、限制较少等优点。但也存在无法克服的缺点，一是出资者负有无限偿债责任；二是筹资困难，个人财力有限，企业往往会因信用不足、信息不对称而存在筹资障碍。

2. 合伙企业

合伙企业是依法设立，由各合伙人订立合伙协议，共同出资，合伙经营，共享收益，共担风险，并对合伙企业债务承担无限连带责任的营利组织。合伙企业的法律特征是：①有两个以上合伙人，并且都是具有完全民事行为能力，依法承担无限责任的人；②有书面合伙协议，合伙人依照合伙协议享有权利，承担责任；③有各合伙人实际缴付的出资，合伙人可以用货币、实物、土地使用权、知识产权或者其他属于合伙人的合法财产及财产权利出资，经全体合伙人协商一致，合伙人也可以用劳务出资，其评估作价由全体合伙人协商确定；④有关合伙企业改变名称、向企业登记机关申请办理变更登记手续、处分不动产或财产权利、为他人提供担保、聘任企业经营管理人员等重要事务，均须经全体合伙人一致同意；⑤合伙企业的利润和亏损，由合伙人依照合伙协议约定的比例分配和分担；合伙协议未约定利润分配和亏损分担比例的，由各合伙人平均分配和分担；⑥各合伙人对合伙企业债务承担无限连带责任。

合伙企业具有开办容易、信用相对较佳的优点，但也存在责任无限、权力不易集中、有时决策过程过于冗长等缺点。

3. 公司

公司是指依照公司法登记设立，以其全部法人财产，依法自主经营、自负盈亏的企业法人。公司享有由股东投资形成的全部法人财产权，依法享有民事权利，承担民事责任。公司股东作为出资者享有资产收益、参与重大决策和选择管理者等权利，并以其出资额或所持股份为限对公司承担有限责任。我国公司法所称公司指有限责任公司和股份有限公司。股份有限公司是现代企业的一种主要组织形式。现代公司财务管理的诸多理论一般都是针对股份有限公司展开研究的。

与独资企业和合伙企业相比，股份有限公司有如下几个特点。

（1）有限责任。股东对股份有限公司的债务承担有限责任，倘若公司破产清算，股东的损失以其对公司的投资额为限。而对独资企业和合伙企业，其所有者可能损失更多，甚至损失个人的全部财产。

（2）永续存在。股份有限公司的法人地位不受某些股东死亡或转让股份的影响，因此，其寿命较之独资企业或合伙企业更有保障。

（3）可转让性。一般而言，股份有限公司的股份转让比独资企业和合伙企业的权益转让更为容易。

（4）易于筹资。就筹集资本的角度而言，股份有限公司是最有效的企业组织形式。因其永续存在以及举债和增股的空间大，股份有限公司具有更大的筹资能力和弹性。

（5）对公司的收益重复纳税。作为一种企业组织形式，股份有限公司也有不足，最大的缺点是对公司的收益重复纳税：公司的收益先要交纳公司所得税；税后收益以现金股利分配给股东后，股东还要缴纳个人所得税。

（二）税收法律规范

税收是国家为了实现其职能，按照法律预先规定的标准，凭借政治权力，强制地、无偿地征收货币或实物的一种经济活动，也是国家参与国民收入分配和再分配的一种方法。税收是国家参与经济管理，实行宏观调控的重要手段之一。税收具有强制性、无偿性和固定性三个显著特征。

税收法律规范是国家税务机关和一切纳税单位及个人依法征税、依法纳税的行为准则，是保障国家利益和纳税人合法权益的法律规范。任何企业都有法定的纳税义务。有关税收的立法分为三类：所得税的法规、流转税的法规、其他地方税的法规。

国家财政收入的主要来源是企业所缴纳的税金，国家财政状况和财政政策，各种税种的设置、税率的高低、征收范围、减免规定、优惠政策等都对企业资金供应和税收负担有着重要的影响。而税负是企业的一种费用，会增加企业的现金流出，对企业理财有重要影响。任何企业无不希望在不违反税法的前提下减少税务负担。但税负的减少，只能靠精心安排和筹划投资、筹资和利润分配等财务决策，而不允许在纳税行为已经发生时去偷税漏税。因此，财务人员应当熟悉国家税收法律的规定，不仅要了解各种税种的计征范围、计征依据和税率、而且要了解差别税率的制定精神，减税、免税的原则规定，自觉按照税收政策导向进行经营活动和财务活动。

除上述法律规范外，与企业财务管理有关的其他经济法律规范还有许多，包括各种财务法规、证券法律规范、结算法律规范、合同法律规范等。财务人员要熟悉这些法律规范，在守法的前提下完成财务管理的职能，实现企业的财务目标。

三、金融环境

企业总是需要资金来从事投资和经营活动的。而资金的取得，除了自有资金外，主要从金融机构和金融市场取得。金融政策的变化必然影响企业的筹资、投资和资金运营活动。所以，金融环境是企业最为主要的环境因素之一。影响财务管理的金融环境因素主要有金融市场环境、金融机构、金融政策以及利率等。

（一）金融市场

1. 金融市场的含义与要素

金融市场是指资金供应者和资金需求者双方通过金融工具进行交易而融通资金的市场。广义的金融市场，是指一切资本流动的场所，包括实物资本和货币资本的流动。其交易对象包括货币借贷、票据承兑和贴现、有价证券的买卖、黄金和外汇买卖、办理国内外保险、生产资料的产权交换等。狭义的金融市场一般是指有价证券市场，其交易对象包括股票、债券的发行和买卖。

金融市场的构成要素主要包括市场主体、金融中介、金融工具和交易价格。

（1）市场主体，即参与金融市场交易活动融通资金的各经济单位。随着金融市场的发展，现代金融市场的参与者几乎已经扩大到社会经济生活的各个方面，包括企业、个人、政府机构、商业银行、中央银行、证券公司、保险公司、基金会等。资本供应者提供资本是为了获取利息或股利。资本需求者筹措资本，是为了获取超过筹资成本的利润。中介机构提供服务，是为了获取手续费收入或赚取差价收入。

（2）金融中介，在资金市场上资金转移方式有两种：一种是直接融资，指资金的供需双方不经过任何中介机构，直接协商借贷，或直接发行有价证券融通资金；另一种形式是间接融资，指资金的供需双方通过金融机构进行的融资活动。我国通常采用的是后一种方式，如银行吸收存款，将获得资金以贷款形式提供给资金需求者。通过金融中介机构融通资金，对于提高资金市场的效率和促使资金的合理流动等方面均有其特殊的作用。今后随着外资银行的进入，我国境内的金融中介机构将逐渐增多，资金市场也将逐步完善，并且会得到进一步发展，将逐步形成中央银行实施宏观调控、政策金融与商业金融分离、以股份商业银行为主体、多种金融机构并存的金融组织体系。

（3）金融工具，是能够证明债权债务关系和所有权关系并据以进行金融交易的合法凭证。金融工具一般具有流动性、收益性和风险性三个基本特征。它是金融市场的交易对象，资本供求者对借贷资本数量、期限和利率的多样化要求，决定了金融市场上金融工具的多样化，而多样化的金融工具不仅满足了资本供求者的不同需要，也由此形成了金融市场的各类子市场。

（4）交易价格，反映的是在一定时期内转让货币资金使用权的报酬。在金融市场上，利率是资本商品使用权的“价格”。利率的高低取决于社会平均利润率和资本供求关系，但是，利率又会对资本供求和资本流向起着重要的调节和引导作用。当资本供不应求时，利率上升，既加大了资本供应又减少了资本需求；当资金供过于求时，利率下降，既减少了资本供应又扩大了资本需求。因此，利率是金融市场上调节资本供求，引导资本合理流动的主杠杆。

从企业财务管理角度来看，金融市场作为资金融通的场所，企业无论作为投资者或资金的借贷者都会与金融市场发生密切联系，企业财务人员必须对金融市场有较深入的了解，才能有效地利用金融市场来筹措资金、进行资本投资等活动，做出最佳的筹资和投资决策，为企业发展创造条件。

2. 金融市场的种类

金融市场按组织方式的不同可划分为两部分：一是有组织的、集中的场内交易市场即证券交易所，它是证券市场的主体和核心；二是非组织化的、分散的场外交易市场，它是证券交易所的必要补充。以下主要对第一部分市场的分类作详细介绍。

（1）按期限划分为短期金融市场和长期金融市场。短期金融市场又称货币市场，是指以期限一年以内的金融工具为媒介，进行短期资金融通的市场。其主要特点有：①交易期限短；②交易的目的是满足短期资金周转的需要；③所交易的金融工具有较强的货币性。长期金融市场又称资本市场，是指以期限一年以上的金融工具为媒介，进行长期性资金交易活动的市场。其主要特点有：①交易的主要目的是满足长期投资性资金的供求需要；②收益较高而流动性较差；③资金借贷量大；④价格变动幅度大。

（2）按证券交易的方式和次数分为初级市场和次级市场。初级市场，也称一级市场或发行市场，是指新发行证券的市场，这类市场使预先存在的资产交易成为可能。次级市场，也称二级市场或流通市场，是指现有金融资产的交易场所。

（3）按金融工具的属性分为基础性金融市场和金融衍生品市场。基础性金融市场是指以基础性金融产品为交易对象的金融市场，如商业票据、企业债券、企业股票的交易市场；金融衍生品市场是指以金融衍生产品为交易对象的金融市场。所谓金融衍生产品，是一种金融合约，其价值取决于一种或多种基础资产或指数，合约的基本种类包括远期、期货、掉期（互换）、期权，以及具有远期、期货、掉期（互换）和期权中一种或多种特征的结构化金融工具。

除上述分类外，金融市场还可以按交割方式分为现货市场、期货市场和期权市场；按交易对象分为票据市场、证券市场、衍生工具市场、外汇市场、黄金市场等；按交易双方在地理上的距离而划分为地方性的、全国性的、区域性的金融市场和国际金融市场。

（二）金融机构

社会资金从资金供应者手中转移到资金需求者手中，大多要通过金融机构。金融机构主要包括银行和非银行金融机构。

1. 银行

银行业金融机构是指经营存款、放款、汇兑、储蓄等金融业务，承担信用中介的金融机构。银行的主要职能是充当信用中介、充当企业之间的支付中介、提供信用工具、充当投资手段和充当国民经济的宏观调控手段。我国银行主要包括中央银行、各种商业银行和政策性银行。

（1）中央银行，即中国人民银行，中央银行一般不经营普通银行业务，不以盈利为目的。它代表政府管理全国的金融机构和金融活动，管理国库。其主要职能是：制定金融工作的方针、政策、法令、制度，经批准后组织实施；调控货币供应量，促进国内信用和货币流通，保持币值稳定；对商业银行的经营管理、业务活动实行监督；代理国家发行债券；管理国家黄金和外汇储备等。

（2）商业银行，是以经营存款、放款、办理转账结算为主要业务，以营利为主要经营目标的金融企业。包括国有独资商业银行（如中国工商银行、中国农业银行、中国银行和中国建设银行）和其他商业银行（如交通银行、广东发展银行、招商银行、光大银行、中信实业银行、华夏银行、农村合作银行、城市合作银行及外资银行等）。

（3）政策性银行，是指由政府设立，以贯彻国家产业政策、区域发展政策为目的，不以营利为目的的金融机构。我国目前有中国进出口银行、国家开发银行、中国农业发展银行三家。国家开发银行和中国农业发展银行主要承担政策金融业务。例如，办理政策性国家重点建设贷款及贴息业务，承担支持农业开发，重点农副产品合同收购及国家粮油储备等政策性贷款，并代理财政拨付和监督使用支农资金等。进出口信贷银行主要为大型成套设备的进出口提供买方或卖方信贷。

2. 非银行金融机构

目前，我国主要的非银行金融机构有以下几种。

（1）保险公司，主要经营保险业务，包括财产保险、责任保险、保证保险和人身保险。目前，我国保险公司的资金运用被严格限制在银行存款、政府债券、金融债券和投资基金范围内。

（2）信托投资公司，主要是以受托人的身份代人理财。其主要业务有经营资金和财产委托、代理资产保管、金融租赁、经济咨询以及投资等。

（3）证券机构，是指从事证券业务的机构，包括：证券公司，其主要业务是推销政府债券、企业债券和股票，代理买卖和自营买卖已上市流通的各类有价证券，参与企业收购、兼并，充当企业财务顾问等；证券交易所，提供证券交易的场所和设施，制定证券交易的业务规则，接受上市申请并安排上市，组织、监督证券交易，对会员和上市公司进行监管等；登记结算公司，主要是办理股票交易中所有权转移时的过户和资金的结算。

（4）财务公司，通常类似于投资银行。我国的财务公司是由企业集团内部各成员单位入股，向社会募集中长期资金，为企业技术进步服务的金融股份有限公司。它的业务被限定在本集团内，不得从企业集团之外吸收存款，也不得对非集团单位和个人贷款。

（5）金融租赁公司，是指办理融资租赁业务的公司组织。其主要业务有动产和不动产的租赁、转租赁、回租租赁。

由此可知，各金融机构有着不同的业务范围，在资金市场中起着不同的作用。但这种状态并不是固定不变的，随着市场经济的发展、金融机构的增多、竞争的加剧，各类金融机构的经营形态和业务范围都会发生变化。公司财务人员应随时关注这种变化，不断修订筹资、投资决策，不断提高公司效益。

（三）利率

利率也称利息率，是利息占本金的比率。从资金的借贷关系看，利率是金融市场上进行资金交易的价格。利率的高低对投融资双方的利益有重要的影响，它直接影响到融资者的资金成本和投资者的收益。资金作为一种特殊商品，以利率为价格标准的融通，实质上是资源通过利率实行的再分配。利率在资金分配及企业财务决策中起着重要作用。因此，企业在理财时应注意研究理财环境中利率变动的影响。

1. 利率的种类

利率有多种表现形式，可以按照不同的标准进行分类。

（1）利率按照基本确定方式，可分为基准利率和套算利率。基准利率又称基本利率，是指在多种利率并存的条件下起决定作用的利率。基准利率变动，其他利率也相应变动。了解基准利率的变动趋势，也就可以了解整个利率体系的变动趋势。在西方国家中，基准利率通常是中央银行的再贴现率；在我国，基准利率是中国人民银行对商业银行贷款的利率。套算利率是在基准利率的基础上，各个金融机构根据借贷款项的特点换算出的利率。例如，某金融机构规定，贷款AAA级、AA级、A级企业的利率，应分别在基准利率基础上加0.5%、1%、1.5%，加总计算所得的利率便是套算利率。

（2）利率按照是否考虑通货膨胀因素，可分为实际利率和名义利率。实际利率是指物价不变、从而货币购买力不变条件下的利率，或者是在物价变化时扣除通货膨胀补偿后的利息率。名义利率是指包括对通货膨胀风险补偿的利息率。名义利率包含了通货膨胀因素的影响，实际利率则剔除了通货膨胀因素的影响。市场中表现出来的各种利率一般都是名义利率。在通货膨胀的条件下，实际利率等于名义利率与通货膨胀率之差，在已知名义利率的情况下，可根据这一关系推算实际利率。

（3）利率按照在借贷期内是否调整，可分为固定利率和浮动利率。固定利率是指在借贷期内不进行调整的利率。这种利率在整个借贷期内都保持固定不变，有利于借贷双方计算资金成本和投资收益。但是，在借款期限较长或市场利率变动较快的情况下，借款人或贷款人要承担利率变动的风险。浮动利率是指在借贷期内随市场利率变化而定期调整的利率。浮动利率的调整期限和所依据的市场利率，一般是在借贷关系发生时由借贷双方协商确定。采用浮动利率可以降低借贷双方所承担的利率变动风险,但利率的确定和利息的计算则比较繁杂。

（4）利率按照变动与市场的关系，可分为市场利率和官定利率。市场利率是指随着市场规律而变动的利率。官定利率是指由政府金融管理部门或中央银行确定的利率，它体现了政府调节经济的意向。在市场经济发达的西方国家，一般以市场利率为主，同时也有官定利率。

2. 利率的影响因素

在金融市场上，利率受多种因素的影响而不断地变动。一般情况下，主要有以下几种影响利率的因素。

（1）资金的供求关系。资金的供求关系是影响利率的最基本因素。在金融市场上，当资金供大于求时，利率下降；当资金供不应求时，利率上升；当资金供求达到新的平衡时，决定了新的市场利率。

（2）经济周期。经济周期的不同阶段对市场利率产生不同的影响。在经济周期的复苏和高涨阶段，资金需求增加会使利率水平上升；在经济周期的萧条和衰退阶段，资金需求减少会使利率水平下降。

（3）通货膨胀。持续的通货膨胀会引起货币贬值，使投资人的实际报酬下降。为补偿投资人因通货膨胀而遭受的损失，必须通过提高利率给予必要的补偿。一般情况下，利率随通货膨胀率的提高而提高。

（4）国家的财政和货币政策。国家的财政和货币政策影响金融市场的利率。例如：直接通过货币政策调节利率；通过制定有关利息、股息的税收政策影响利率；通过发行国家债券影响利率等。

除上述影响利率的主要因素外，还有其他因素也会影响利率水平，如国际市场利率水平及其变动趋势、外汇汇率的变动等。

3. 利率的决定因素

在金融市场上，利率是资金使用权的价格。一般情况下，资金的利率由三部分组成，即纯利率、通货膨胀补偿率和风险回报率。利率的计算公式为

$$利率=纯利率+通货膨胀补偿率+风险回报率 \tag{1.1}$$

（1）纯利率。纯利率是指无通货膨胀、无风险情况下的平均利率。例如，在没有通货膨胀时，国库券的利率可视为纯粹利率。纯利率的高低受平均利润率、资金供求关系、政府政策调整的影响。

首先，利息是利润的一部分，所以利息率依存于利润率，并受平均利润率的制约。一般说来，利息率总是在平均利润率和零之间上下摆动，并随平均利润率的提高而提高。利息率的最高限不能超过平均利润率，否则，企业无利可图，不会借入款项；利息率的最低界限大于零，不能等于或小于零，否则提供资金的人不会拿出资金。至于利息率占平均利润率的比重，则决定于金融业和工商业之间的博弈结果。其次，在平均利润率不变的情况下，金融市场上的供求关系决定市场利率的水平。在经济高涨时，资金需求量上升，若供应量不变则利率上升；在经济衰退时正好相反。最后，由于利率变动对经济有很大影响，因而，国家往往通过调节利率来调节经济。当经济过热时，政府通过中央银行减少货币供应量，则资金供应减少，利率上升；政府为刺激经济发展，增加货币发行，利率下降。

（2）通货膨胀补偿率。通货膨胀使货币贬值，投资者的真实报酬下降。因此，为了弥补通货膨胀造成的货币购买力损失，投资者在把资金交给借款人时，会在纯粹利率的水平上再附加通货膨胀补偿率。例如，每次发行国库券的利息率随预期的通货膨胀率变化，它近似等于纯粹利息率加预期通货膨胀率。

（3）风险回报率。投资者除了关心通货膨胀率以外，还关心资金使用者能否保证他们收回本金并取得一定的收益。这种风险越大，投资人要求的收益率越高。实证研究表明，公司长期债券的风险大于国库券，要求的收益率也高于国库券；普通股票的风险大于公司债券，要求的收益率也高于公司债券；小公司普通股票的风险大于大公司普通股票，要求的收益率也大于大公司普通股票。风险越大，要求的收益率也越高，风险和收益之间存在对应关系。风险回报率是投资者要求的除纯粹利率和通货膨胀之外的风险补偿。

对财务人员来说，最好是能准确预测未来利率的变动趋势，在其将要上升时筹措长期资金，在其将要下降时筹措短期资金。但实际上，利率变动很难准确预测，因此，企业通常只能合理搭配长短期资金来源。

小　　结

（1）财务管理是企业组织财务活动、处理财务关系的一项综合性重要的工作。

（2）财务活动包括筹资、投资、资金营运、和资金分配等一系列行为。筹资活动是指企业为了满足投资和资金营运的需要，筹集所需资金的行为；投资是指企业根据项目资金需要投出资金的行为；资金营运活动是指因企业日常经营而引起的资金收付活动；资金分配是指对企业各种收入进行分割和分派的行为或指对企业净利润的分配。

（3）财务关系是指企业资金投放在投资活动、资金运营、筹资活动和分配活动中与企业各相关者所产生的经济利益关系，包括企业与投资者、企业与债权人、企业与受资者、企业与债务人、企业与供货商、企业与客户、企业与政府、企业与内部各单位、企业与职工之间的财务关系。

（4）财务管理的目标是企业财务管理活动所希望实现的结果。它是企业财务管理的出发点和归宿，是评价企业财务管理活动是否合理的基本标准。财务管理的目标，取决于企业的总目标，并且受财务管理自身特点的制约。财务管理目标具有一定的层次性，可分解为总体目标和具体目标。财务管理的总体目标有利润最大化、每股收益或资本利润率最大化、股东财富最大化和企业价值最大化目标等多种不同观点。这些观点各有优缺点。在实现理财目标的过程中，企业需协调好与经营者、与债权人等相关利益群体的利益冲突，使企业相关利益者的利益分配均衡，减少利益冲突所导致的企业总体收益和价值的下降，使利益分配在数量和时间上达到动态的协调平衡。

（5）财务管理的环节是指财务管理的工作步骤与一般工作程序。这些基本环节包括：财务预测、财务决策、财务计划、财务控制、财务分析。它们相互配合，紧密联系，形成周而复始的财务管理循环，构成完整的财务管理工作体系。

（6）企业财务活动都是在特定环境里进行的。财务管理环境又称理财环境，是指对企业财务活动产生影响作用的各种因素条件。财务管理的环境涉及的范围很广，其中最重要的是经济环境、法律环境和金融环境。企业财务管理人员必须了解这些因素条件对财务管理的影响，合理规划自己的财务活动，提高财务活动对环境的适应能力、应变能力和利用能力，以便较好地实现企业的财务管理目标。在现实经济生活中，理财活动不仅受企业内部生产经营活动的影响，而且又与企业所处的外部环境有密切的联系。财务环境分析的着眼点在于让财务管理主体认识到，离开环境进行财务管理是不现实的，财务管理的过程应该是与环境的协调与耦合过程。因此，在特定的财务管理环境中，企业财务管理人员必须了解环境，适应环境，应用科学合理的财务管理方法，实现财务管理目标。

习　　题

简答题

1. 什么是财务活动？企业财务活动包括哪些内容？
2. 企业的财务关系主要有哪些？如何处理好企业与各方面的财务关系？
3. 试述财务管理的主要内容。
4. 什么是财务管理目标？它有几种表述？分析各种表述的优缺点。
5. 财务管理的环节有哪些？分析各个环节之间的关系。
6. 如何认识企业财务环境？它与财务管理有何关系？

第二章 财务管理的价值观念

学习重点和要点

（1）理解货币时间价值的概念、原理。
（2）掌握复利和年金的货币时间价值的计算。
（3）理解风险及风险价值的概念，掌握风险价值的衡量与应用。
（4）了解利率的种类，掌握影响利率的基本因素及其构成。

第一节 货币时间价值

货币时间价值是客观存在的经济范畴，任何企业的财务活动，都是在特定的时空中进行的。如果不考虑货币时间价值，就无法正确比较不同时期的财务收支。货币时间价值原理正确揭示了不同时间点上资金之间的换算关系，是现代财务管理的基础观念之一，也被称之为理财的“第一原则”。

一、货币时间价值的概念

货币时间价值，也称资金的时间价值，是指货币经历一段时间的投资和再投资所增加的价值。例如，将资金存入银行可以获得利息，资金运用于企业的经营活动可以获得利润，将资金用于对外投资可以获得投资收益，这些由于资金运用实现的利息、利润或投资收益表现为货币的时间价值。

但是，并不是所有的货币资金都具有时间价值。如果将资金闲置不用，不管保存多久，都不会增值。只有把它投入到生产或流通领域中才能增值。因此，货币投入生产经营过程后，随着时间的持续，货币总量在循环和周转中不断增长，是一种客观的经济现象。

从量的规定性来说，货币的时间价值是没有风险的，也没有通货膨胀条件下的社会平均资金利润率。由于竞争，市场经济中各部门投资的利润率趋于平均化。每个企业在投资某项目时，至少要取得社会的平均利润率，否则不如投资于另外的项目或另外的行业。因此，货币的时间价值成为评价投资方案的基本标准。

货币时间价值可以用绝对数表示，也可以用相对数表示，即以货币时间价值额或货币时间价值率来表示。绝对数形式即是一定量的资金在经历一定时间的周转使用后的增值额。如 10 万元存入银行，利率为 2%，1 年后可得到 10.2 万元。1 年后得到比 10 万元多出的 0.2 万元，即是时间价值的绝对数形式。相对数形式就是以增值额除以投资额的百分比表示，也就是上面例子中的利率 2%。在实际工作中货币时间价值通常以相对数进行计量。

表示货币时间价值的利息率是不同于一般的利息率的。一般的利息率如银行存款利率、贷款利率、债券利率等都是投资报酬率的表现形式，但不是时间价值，只有在没有通货膨胀和没有风险的情况下，时间价值才与上述各报酬率相等。

二、货币时间价值的计算

由于货币随时间的延续而增值，现在的 1 元钱和将来的 1 元钱经济价值不相等。由于不同时间单位货币的价值不相等，所以，不同时间的货币收入不宜直接进行比较，需要把它们换算到相同的时间点上，才能进行比较分析。

一般用“终值”和“现值”两个概念来表示不同时点的货币时间价值。终值，是指现在一定量的资金经过一定时间后包括本金和时间价值在内的未来价值，又称本利和。现值，是指以后年份收到或付出资金的现在价值。根据终值求现值，称为折现。“终值”和“现值”的计算有单利和复利两种方法。由于货币随时间的增长过程与复利的计算过程在数学上相似，因此，货币时间价值应按复利的方法计算。

计算货币时间价值的指标有多种，这里主要说明单利终值和现值、复利终值和现值、年金终值和现值的计算方法。为便于计算，有关符号的含义如下：F 为终值，P 为现值，i 为利率，n 为计息期。

（一）单利终值与现值

单利，是指只对本金计算利息，而以前计息期产生利息不加入到本金中去计算利息的方法。

1. 单利终值

单利终值是指现在一笔资金按单利计算的未来价值。计算公式为

$$F=P(1+i\times n) \tag{2.1}$$

【例 2-1】 将 100 元存入银行，年利率 2%，单利计算 3 年后的终值。

$$100\times(1+2\%\times3)=106\text{（元）}$$

2. 单利现值

单利现值是指在以后年份收到或付出资金按单利计算的现在价值。单利现值、终值的计算是互逆的，计算公式为

$$P=F/(1+i\times n) \tag{2.2}$$

【例 2-2】 某人为了在 3 年后从银行获得 2 000 元，年利率 2%，单利计算现在应存入多少钱？

$$P=F/(1+i\times n)=2\,000\div(1+2\%\times3)=1\,886.79\text{（元）}$$

（二）复利终值与现值

复利，是指在每经过一个计息期后，都要将所生利息加入本金，以计算下期的利息，逐期滚动计算，俗称“利滚利”。这里计息期是指相邻两次计息的时间间隔。除非特别说明，计息期一般为一年。

1. 复利终值

复利终值就是按复利计算的某一特定金额的本金在若干期后的本利和。其计算公式为

第一年终值 $F_1=P+P\times i=P(1+i)$

第二年终值 $F_2=P(1+i)+P(1+i)\times i=P(1+i)^2$

第三年终值 $F_3=P(1+i)^2+P(1+i)^2\times i=P(1+i)^3$

以此类推，第 n 年复利终值的计算公式为

$$F=P(1+i)^n \tag{2.3}$$

式中，$(1+i)^n$ 称为复利终值系数，记作（F/P，i，n）。例如（F/P，8%，5），表示利率为 8%，

5 期的复利终值系数。在实际工作中，复利终值系数可以通过“复利终值系数表”（见附录）获得。通过复利终值系数表，还可在已知 F、i 时查出 n；或在已知 F、n 时查出 i。

【例 2-3】 将 10 000 元存入银行，年利率 10%，计算 3 年后的终值。

$$F=P(F/P，i，n)=10\,000\times(F/P，10\%，3)=10\,000\times1.331\,0=13\,310\text{（元）}$$

2. 复利现值

复利现值是指未来一定时点的特定资金按复利计算的现在价值。根据复利终值的计算公式，复利现值的计算公式为

$$P=F\times\frac{1}{(1+i)^n}=F\times(1+i)^{-n} \tag{2.4}$$

式中，$(1+i)^{-n}$ 称为复利现值系数，记作（P/F，i，n）。例如（P/F，5%，4），表示利率为 5%，4 期的复利现值系数。复利现值系数可通过查“复利现值系数表”（见附录）求得。与复利终值系数表相似，通过复利现值系数表在已知 i，n 时查出 P；或在已知 P，i 时查出 n；或在已知 P，n 时查出 i。利用终值求现值，叫做折现，折现时所用的利率叫折现率。

【例 2-4】 某公司计划 4 年后进行技术改造，需要资金 1 000 万元，年利率 5%，公司现在应存入银行的资金为多少钱？

$$P=F(P/F，i，n)=F(P/F，5\%，4)=1\,000\times0.822\,7=822.7\text{（万元）}$$

（三）年金的终值和现值

年金是指一定时期内定期、等额的系列收支款项，通常记作 A。在企业的财务活动中，许多款项如折旧、利息、租金、保险费等收支都表现为年金的形式。年金按付款方式，可分为普通年金（后付年金）、即付年金（先付年金）、递延年金和永续年金。普通年金、即付年金是年金的基本形式，递延年金、永续年金是派生出来的年金。

1. 普通年金

普通年金是指在一定时期内，从第一期起每期期末收付的年金，又称后付年金。

（1）普通年金终值。普通年金终值是指最后一次支付年金时的本利和，也是每次支付年金后的复利终值之和。其计算过程如图 2-1 所示。

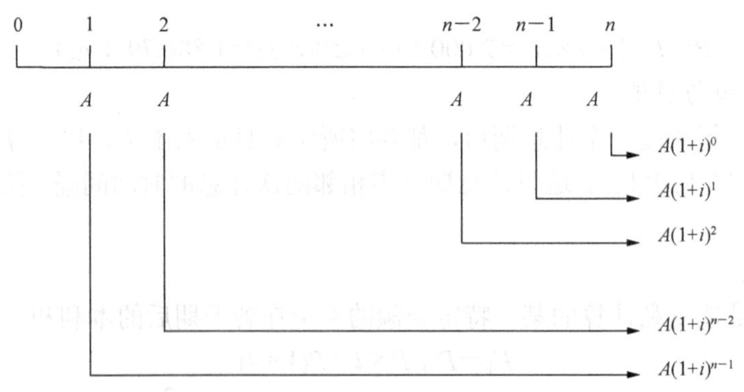

图 2-1 普通年金终值计算示意图

根据图 2-1 所示，可求出普通年金终值的一般计算公式为

$$F=A(1+i)^0+A(1+i)^1+A(1+i)^2+\cdots+A(1+i)^{n-3}+A(1+i)^{n-2}+A(1+i)^{n-1}$$

等式两边同乘（$1+i$），得

$$(1+i)F=A(1+i)^1+A(1+i)^2+\cdots+A(1+i)^{n-2}+A(1+i)^{n-1}+A(1+i)^n$$

上述两式相减，得

$$(1+i)F-F=A(1+i)^n-A$$

普通年金终值计算公式为

$$F=A\times\frac{(1+i)^n-1}{i} \tag{2.5}$$

式中，$\frac{(1+i)^n-1}{i}$称为“年金终值系数”，记作（F/A，i，n），可以通过查“年金终值系数表”（见附录）获得。例如，可以通过查表获得（F/A，6%，4）的年金终值系数为4.374 6，即每年年末收付1元，年利率6%，4期的年金终值为4.374 6元。在年金终值的公式中有四个变量F，A，i，n，已知其中任意三个变量都可以计算出第四个变量。

【例2-5】 某公司每年末在银行存入10 000元，计划在5年后更新设备，年利率2%，计算第5年末的终值。

$$F=A\times\frac{(1+i)^n-1}{i}=10\,000\times(F/A，2\%，5)=10\,000\times5.204\,0=52\,040（元）$$

【例2-6】 某公司计划在8年后获得400万元用于改造厂房，年利率4%，该公司在这8年中每年末应存入多少万元？

$$400=A\times(F/A，4\%，8)$$

$$400=A\times9.214\,2$$

$$A=43.41（万元）$$

该公司在银行存款利率为4%时，每年年末存入43.41万元，8年后可以获得400万元用于改造厂房。

由$F=A\times\frac{(1+i)^n-1}{i}$可知

$$A=F\times\frac{i}{(1+i)^n-1} \tag{2.6}$$

式中，$\frac{i}{(1+i)^n-1}$是普通年金终值系数的倒数，称为偿债基金系数，记作（A/F，i，n）。

（2）普通年金现值。普通年金现值是指一定时期内每期期末收付款项的复利现值之和。计算过程如图2-2所示。

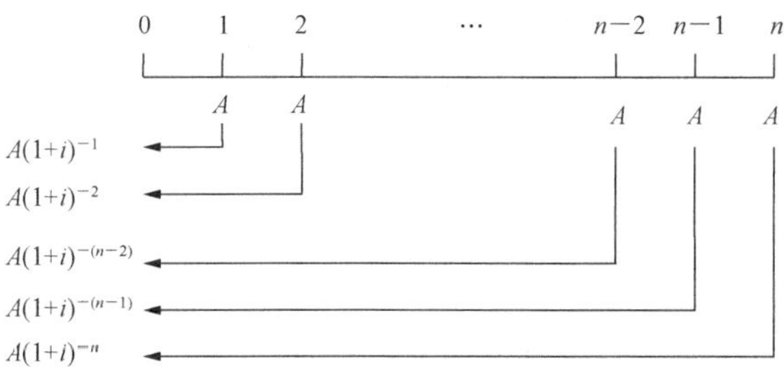

图2-2　普通年金现值计算示意图

根据图2-2所示，可求得普通年金现值的计算公式为

$$P=A(1+i)^{-1}+A(1+i)^{-2}+A(1+i)^{-3}+\cdots+A(1+i)^{-(n-2)}+A(1+i)^{-(n-1)}+A(1+i)^{-n}$$

等式两边同乘（$1+i$），得

$$(1+i)P=A+A(1+i)^{-1}+A(1+i)^{-2}+A(1+i)^{-3}+\cdots+A(1+i)^{-(n-2)}+A(1+i)^{-(n-1)}$$

后式减前式，得

$$(1+i)P-P=A-A(1+i)^{-n}$$

$$P\times i=\mathrm{A}\times[1-(1+i)^{-n}]$$

$$P=A\times\frac{1-(1+i)^{-n}}{i}$$

普通年金现值计算公式为

$$P=A\times\frac{1-(1+i)^{-n}}{i} \tag{2.7}$$

式中，$\frac{1-(1+i)^{-n}}{i}$称为年金现值系数，记作（P/A，i，n），可以通过查“年金现值系数表”（见附录）获得。该表的第一行是利率 i，第一列是计息期数 n。相应的年金现值系数在其纵横交叉之处。例如，可以通过查表获得（P/A，6%，4）的年金现值系数为 3.465 1，即每年末收付 1 元，年利率 6%，4 期的年金现值为 3.465 1 元。在年金现值的公式中有四个变量 P，A，i，n，已知其中的任意三个变量都可以计算出第四个变量。

【例 2-7】 某公司预计在 8 年中，每年末从一名顾客处收取 6 000 元的汽车贷款还款，贷款利率为 6%，该顾客借了多少资金，即这笔贷款的现值是多少？

$$P=A\times(P/A，i，n)=6\,000\times(P/A，6\%，8)=6\,000\times6.209\,8=37\,258.8（元）$$

【例 2-8】 现在投资 100 万元，项目投资期 5 年，利率 5%，每年应带来多少收益才是有利的？

$$100=A\times(P/A，8\%，3)$$

$$100=A\times2.577\,1$$

$$A=38.80（万元）$$

由 $P=A\times\frac{1-(1+i)^{-n}}{i}$ 可知

$$A=P\times\frac{i}{1-(1+i)^{-n}} \tag{2.8}$$

式中，$\frac{i}{1-(1+i)^{-n}}$是普通年金现值系数的倒数，称为投资回收系数，记作（A/P，i，n）。

2. 即付年金

即付年金是指从第一期起，在一定时期内每期期初收付的年金，又称先付年金或预付年金。即付年金与普通年金的区别仅在于付款时间的不同，即一个是在每期期初支付，另一个是在每期期末支付。即付年金支付形式如图 2-3 所示。

（1）即付年金终值。即付年金终值是指一定时期内每期期初等额收付款项的复利终值之和。即付年金终值的计算过程为

$$F=A(1+i)^{1}+A(1+i)^{2}+\cdots+A(1+i)^{n-2}+A(1+i)^{n-1}+A(1+i)^{n}$$

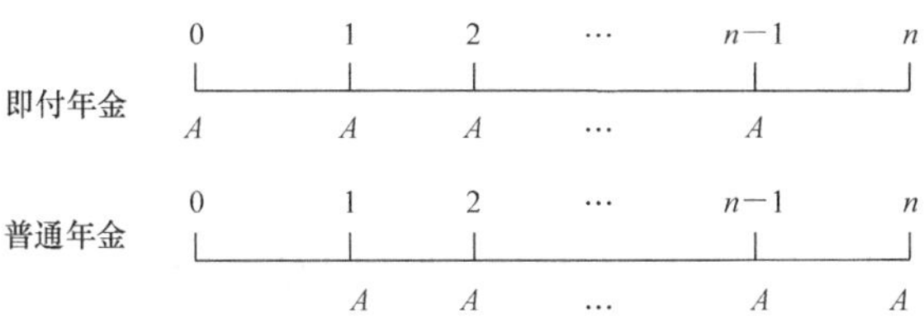

图 2-3　即付年金支付形式图

式中各项为等比数列，首项为 $A(1+i)$，公比为（$1+i$），根据等比数列的求和公式可知

$$F=\frac{A(1+i)[1-(1+i)^n]}{1-(1+i)}$$

$$F=A\frac{(1+i)-(1+i)^{n+1}}{-i}$$

即付年金终值的计算公式为

$$F=A\left[\frac{(1+i)^{n+1}-1}{i}-1\right] \tag{2.9}$$

式中，$\left[\frac{(1+i)^{n+1}-1}{i}-1\right]$通常称为即付年金终值系数，它是在普通年金终值系数的基础上，期数加 1，系数减 1 求得的，可记作［$(F/A，i，n+1)-1$］，可通过查“年金终值系数表”，得（$n+1$）期的值，然后减去 1 可得对应的即付年金终值系数的值。例如［$(F/A，6\%，4+1)-1$］，查（$F/A，6\%，4+1$）的值为 5.637 1，再减去 1，得即付年金终值系数为 4.637 1。

【例 2-9】　某公司租赁写字楼，每年年初支付租金 5 000 元，年利率为 8%，该公司计划租赁 12 年，需支付的租金终值为多少？

$$F=A\times[(F/A，i，n+1)-1]$$

$$F=5\,000\times[(F/A，8\%，12+1)-1]$$

查“年金终值系数表”得　$(F/A，8\%，12+1)=21.495$

$$F=5\,000\times(21.495-1)=102\,475\text{（元）}$$

（2）即付年金现值。即付年金现值的计算过程为

$$P=A+A(1+i)^{-1}+A(1+i)^{-2}+A(1+i)^{-3}+\cdots+A(1+i)^{-(n-2)}+A(1+i)^{-(n-1)}$$

式中各项为等比数列，首项是 A，公比是$(1+i)^{-1}$。根据等比数列求和公式

$$P=\frac{A[1-(1+i)^{-n}]}{1-(1+i)^{-1}}=A\frac{1-(1+i)^{-n}}{\frac{1+i}{1+i}-\frac{1}{1+i}}=A\frac{[1-(1+i)^{-n}]}{i}\times(1+i) \tag{2.10}$$

即付年金与普通年金的付款期数相同，但由于其付款时间的不同，即付年金现值比普通年金现值少折算一期利息。因此，可在普通年金现值的基础上乘以（$1+i$）就是即付年金的现值。

即付年金现值的计算公式为

$$P=A\left[\frac{1-(1+i)^{-(n-1)}}{i}+1\right] \tag{2.11}$$

式中，$\left[\frac{1-(1+i)^{-(n-1)}}{i}+1\right]$称为即付年金现值系数，它是在普通年金现值系数的基础上，期数减 1，而系数要加 1，可记作［$(P/A，i，n-1)+1$］。可利用“年金现值系数表”查得（$n-1$）期的值，然后加 1，得出 1 元的即付年金现值。例如［$(P/A，6\%，4-1)+1$］，查（P/A，6%，4－1）的值为 2.673，再加上 1，得即付年金现值系数为 3.673。

【例 2-10】 某人分期付款购买住宅，每年年初支付 6 000 元，20 年还款期，假设银行借款利率为 5%，该项分期付款如果现在一次性支付，需支付多少元？

$$P=A\times[(P/A，i，n-1)+1]=6\,000\times[(P/A，5\%，20-1)+1]$$

查“年金现值系数表”得 $(P/A，5\%，20-1)=12.085\,3$

$$P=6\,000\times(12.085\,3+1)=78\,511.8（元）$$

3. 递延年金

递延年金又称延期年金，是指在整个收付款项的期间，在最初的若干期（例如 m 期）没有年金收付，而后面若干期（例如 n 期）都有年金收付。即第一次收付发生在第二期或者第二期以后的年金。递延年金的支付形式如图 2-4 所示。从图中可以看出，前 m 期没有发生支付，一般用 m 表示递延期数，第一次支付在第 $m+1$ 期期末，连续支付 n 次。

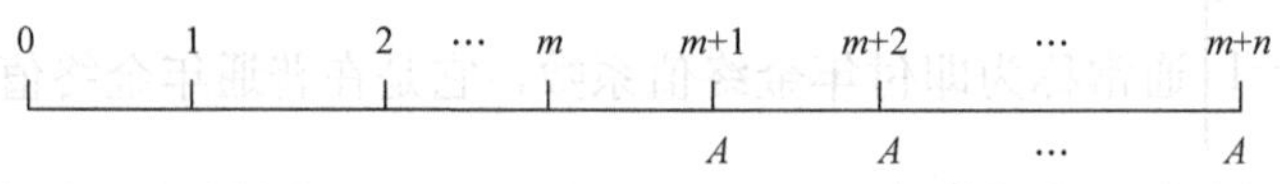

图 2-4 递延年金的支付形式图

（1）递延年金终值。递延年金终值的计算方法与普通年金终值的计算方法相似，其终值的大小与递延期无关。计算公式为

$$F=A(F/A，i，n) \tag{2.12}$$

（2）递延年金现值。递延年金现值是自若干时期后开始每期款项的现值之和。其现值计算方法有以下两种。

第一种方法，是把递延年金看作 n 期普通年金，计算出递延期末（m 期期末）的现值，然后将已计算出的现值折现到第一期期初（即图 2-4 中 0 的位置）。其计算公式为

$$P=A\times(P/A，i，n)\times(P/F，i，m) \tag{2.13}$$

第二种方法，是假设递延期中也进行支付，先求出（$m+n$）期的年金现值，然后，扣除实际并未支付的递延期（m）的年金现值，即可得出递延年金的现值。其计算公式为

$$\begin{aligned}P&=A\times(P/A，i，m+n)-A\times(P/A，i，m)\\&=A\times[(P/A，i，m+n)-(P/A，i，m)]\end{aligned} \tag{2.14}$$

【例 2-11】 借入一笔资金，年利率 6%，从第 3 年到第 6 年每年末偿还本息 100 元，其递延年金现值为多少？

$$A=100，i=6\%，m=2，n=4$$

方法一

$$\begin{aligned}P&=A\times(P/A，i，n)\times(P/F，i，m)\\&=100\times(P/A，6\%，4)\times(P/F，6\%，2)\\&=100\times3.465\,1\times0.89\\&=308.39（元）\end{aligned}$$

方法二

$$
\begin{aligned}
P&=A\times[(P/A,\ i,\ m+n)-(P/A,\ i,\ m)]\\
&=100\times[(P/A,\ 6\%,\ 2+4)-(P/A,\ 6\%,\ 2)]\\
&=100\times(4.917\,3-1.833\,4)\\
&=308.39\text{（元）}
\end{aligned}
$$

4. 永续年金

永续年金是指无限期支付的年金。现实中的存本取息，可视为永续年金的例子。由于永续年金持续期无限，没有终止时间，因此永续年金没有终值。永续年金可视为普通年金的特殊形式，即期限趋于无穷的普通年金。实际中，对期限较长（$n>20$）年金问题，可近似按永续年金处理。永续年金现值的计算公式可由普通年金现值公式推出，即

$$P=A\times\frac{1-(1+i)^{-n}}{i}$$

当 $n\to\infty$ 时，$(1+i)^{-n}$ 极限为 0，故上式可写成

$$P=\frac{A}{i} \tag{2.15}$$

【例 2-12】 某企业拟建立一项永久性的奖学金，每年计划颁发 5 000 元奖学金。若利率为 4%，现在应存入多少钱？

$$P=A\times\frac{1}{i}=5\,000\times\frac{1}{4\%}=125\,000\text{（元）}$$

三、货币时间价值的特殊问题

（一）不等额现金流量

前面介绍的年金都是每次收付款项相等的，而在实际工作中，更多的情况是每次收付款项并不相等。图 2-5 是不等额现金流量示意图。

0 1 2 … 3 … $n-1$ n

A_0 A_1 A_2 A_3 … A_{n-1} A_n

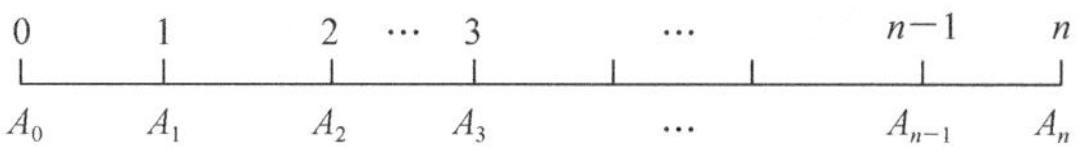

图 2-5 不等额现金流量示意图

从图 2-5 中看出，每期的收入或付出是不等额的。不等额现金流量的终值为各期现金流量终值之和；其现值也是各期现金流量现值之和。

【例 2-13】 有一笔现金流量见表 2-1，利率 5%，求这笔不等额现金流量第 4 年末的终值和现值。

表 2-1 **一 笔 现 金 流 量**

年	0	1	2	3
现金流量（万元）	100	200	150	300

不等额现金流量第 4 年末的终值为

$$
\begin{aligned}
F&=100\times(F/P,\ 5\%,\ 4)+200\times(F/P,\ 5\%,\ 3)+150\\
&\quad\times(F/P,\ 5\%,\ 2)+300\times(F/P,\ 5\%,\ 1)\\
&=100\times1.215\,5+200\times1.157\,6+150\times1.102\,5+300\times1.050\,0\\
&=833.45\text{（万元）}
\end{aligned}
$$

不等额现金流量现值为

$$
\begin{aligned}
P&=100+200\times(P/F,\ 5\%,\ 1)+150\times(P/F,\ 5\%,\ 2)+300\times(P/F,\ 5\%,\ 3)\\
&=100+200\times0.9524+150\times0.9070+300\times0.8638\\
&=721.67\text{（万元）}
\end{aligned}
$$

（二）年金和不等额现金流量混合

年金和不等额现金流量混合的情况下，属于年金的就用年金公式计算，不能用年金公式计算的，就用复利公式计算，然后把它们加总，便得出年金和不等额现金流量混合情况下的货币时间价值。

（三）复利计息频数

复利计息频数是指利息在一年中复利多少次。终值与现值通常是按年来计算的，但是在实际理财中，常出现以半年、季度、月甚至以天为期间的计息期，相应复利计息频数为每年 2 次、4 次、12 次、360 次。如贷款买房按月计息，计息为 12 个月。当计息期短于 1 年，而给出的是年利率，则计息期数和计息率均应按下式进行换算

$$r=i/m \tag{2.16}$$

$$t=m\times n \tag{2.17}$$

式中：r 为期利率；i 为年利率；t 为换算后的计息期数；m 为每年的计息次数；n 为年数。

其终值和现值的计算公式分别为

$$F=P\times\left(1+\frac{i}{m}\right)^{mn} \tag{2.18}$$

$$P=F\times\left(1+\frac{i}{m}\right)^{-mn} \tag{2.19}$$

【例 2-14】 现在存入银行 1 000 元，年利率 12%，计算按年、半年、季、月复利，1 年后的终值。

（1）按年复利的终值 $F=1\,000\times(1+12\%)=1\,120$（元）。

（2）按半年复利的终值 $F=1\,000\times(1+12\%/2)^2=1\,123.6$（元）。

（3）按季复利的终值 $F=1\,000\times(1+12\%/4)^4=1\,125.51$（元）。

（4）按月复利的终值 $F=1\,000\times(1+12\%/12)^{12}=1\,126.83$（元）。

【例 2-15】 1 年后从银行得到现金 10 000 元，年利率 12%，计算按年、半年、季、月复利，现在应存入多少元？

（1）按年复利的现值 $P=10\,000\times(1+12\%)^{-1}=8\,929$（元）。

（2）按半年复利的现值 $P=10\,000\times(1+12\%/2)^{-2}=8\,900$（元）。

（3）按季复利的现值 $P=10\,000\times(1+12\%/4)^{-4}=8\,885$（元）。

（4）按月复利的现值 $P=10\,000\times(1+12\%/12)^{-12}=8\,874$（元）。

从以上计算可以看出，一年中计息次数越多，其终值就越大，现值越小。这二者的关系与终值和计息次数的关系恰好相反。

（四）分数计息期

在前面的终值与现值的计算中，计息期都是整数。但是在实际中，会出现计息期是分数的情况，如 $n=8/3$。

1. 分数计息期的年金现值

【例 2-16】 某公司半年后，需每年支付 100 万元的 5 年期的年金，折现率为 6%，其现值是多少？

（1）公司要在半年后支付 5 年期的年金，若在半年前看，该年金是 5 年期的普通年金，可先用年金现值公式计算，即

$$P=A\times(P/A，i，n)=100\times(P/A，6\%，5)=100\times4.212\,4=421.24\text{（万元）}$$

（2）再将计算的结果看作是单一的现金流量，利用复利终值公式，复利半年（0.5 年）。

$$F=P\times(F/P，i，n)=421.24\times(F/P，6\%，0.5)=421.24\times1.029\,6=433.71\text{（万元）}$$

2. 分数计息期的年金终值

【例 2-17】 某公司一年后，需每年支付 100 万元年金，折现率为 6%，该公司 3 年期年金在 3.5 年的价值是多少？

（1）先计算该年金在 3 年末的终值

$$F=100\times(F/A，6\%，3)=100\times3.183\,6=318.36\text{（万元）}$$

（2）再将计算的结果看作是单一的现金流量，利用复利终值公式，复利半年（0.5 年）。

$$F=P\times(F/P，i，n)=318.36\times(F/P，6\%，0.5)=318.36\times1.029\,6=327.78\text{（万元）}$$

（五）折现率的计算

在前面的终值与现值的计算中，利率都是给定的，但在实际工作中，经常会碰到已知计息期数、终值与现值，求折现率的问题。对于可以通过终值系数表或现值系数表直接查到的系数，及其相对应利率的，则不需计算；否则应采用内插法或插值法计算折现率。

【例 2-18】 某人现在向银行存入 7 000 元，按复利计算，在利率为多少时，才能在 8 年后每年末得到 1 000 元？

$$P/A=(P/A，i，n)$$

$$7\,000/1\,000=(P/A，i，8)$$

$$7=(P/A，i，8)$$

查“年金现值系数表”，当利率为 3%时，系数是 7.019 7；当利率为 4%时，系数是 6.732 7。因此判断利率应在 3%～4%之间，用内插法计算 i 值。

$$\left\{\begin{matrix}\left\{\begin{matrix}3\% & 7.019\,7\\ i & 7\end{matrix}\right\}\\ 4\% \quad 6.732\,7\end{matrix}\right\}$$

$$(i-3\%)/(4\%-3\%)=(7-7.019\,7)/(6.732\,7-7.019\,7)$$

故 $i=3.07\%$。

（六）连续折现

在复利计息频数中我们得出的结论是：复利次数越多，终值越大；相反，折现次数越多，现值越小。在连续折现下，现值达到最小值。其现值的计算公式为

$$P=F\times(1+i/m)^{-mn} \tag{2.20}$$

式中，当 m 趋于无穷时，就是连续折现，而且公式 $(1+i/m)^{mn}$ 趋向于 e^{in}，其中 e 近似等于 2.718 28。因此，在利率为 i，终值为 F 时，连续折现下第 n 年年末收到的现金流量的现值为

$$P=F\times e^{-in} \tag{2.21}$$

【例 2-19】 某人在连续复利下，折现率为 10%，第 10 年年末收到的 6 000 元的现值是多少？

$$P=F\times e^{-in}=6\,000\times 2.718\,28^{-10\%\times 10}=6\,000\times 2.718\,28^{-1}=2\,207.28\text{（元）}$$

第二节 风 险 价 值

风险是客观存在的，企业的财务活动，几乎都是在有风险的情况下进行的，离开风险因素，就无法正确评价企业报酬的高低。因此，企业在理财时必须研究风险，计量并设法控制风险，以求最大限度地扩大企业财富。

一、风险概述

（一）风险的定义

在《现代汉语词典》中对风险的解释是“可能发生的危险”，把风险定义为危险的一种，意味着损失和失败。它对于主体来说是一种坏事而绝非好事，也不包含任何好的因素。一般认为风险是指不利事件或损失发生的可能性。发生损失的可能性越大，资产的风险也就越大。它可以用不同结果出现的概率来描述，结果可能是好的、也可能是坏的，其中坏结果出现的概率越大，就认为风险越大。这种认识与日常生活中风险的概念很相近，主要强调了风险可能带来的损失。

从财务管理角度讲，风险带来的不仅是可能的损失，也可能带来超出预期的收益。严格地讲，风险就是未来结果的不确定性，或者偏离预定目标的程度。它既包括负面效应的不确定性，也包括正面效应的不确定性。负面的不确定性是指损失发生及其程度的不确定性，即危险。对于这部分风险需要人们去防范和控制。而风险的概念要大于危险，即除了危险之外，风险中的另外一部分正面效应我们可以称之为机会。机会是投资收益超过预期的可能性，对于投资是有利的。所以，风险就是危险与机会并存。

（二）风险类型

从企业本身来看，风险分为经营风险和财务风险。

（1）经营风险。经营风险又叫商业风险，是指由于生产经营上的原因带来的收益不确定性。造成经营风险的因素主要有两类：一类是企业外部因素，如自然灾害、通货膨胀等不可控因素；另一类是企业内部生产经营管理方面的因素，如企业生产经营方向、成本水平、生产技术状况和供产销条件等。

（2）财务风险。财务风险也叫筹资风险，是指由于筹集资金方面的原因带来的收益不确定性，或者是由于借款而增加的风险。例如，企业投资 100 万元生产某产品，企业自有资金 100 万，产品畅销时每年可获利 25 万，则自有资金收益率为 25%；产品滞销时，每年要亏损 5 万，则自有资金收益率为－5%。假设企业预计今年产品会畅销，欲借入资金 100 万元扩大规模，借款利息率为 15%，则每年可增加收益 25 万元，支付利息后可增加收益 10 万元，自有资金收益率上升到 35%。这就是举债经营的好处。但如果借款后产品出现了滞销，企业付息前要亏损 5 万，付息后要亏损 20 万，自有资金收益率则下降到－25%，这就是举债经营的风险。可以看出，财务风险是因借入资金引起的，在自有资金利润率与借入资金利息率之间关系确定的情况下，借入资金比例越大，财务风险越大；反之，借入资金比例越小，财务风险越小。如果企业不借入资金，完全为自有资金，那么就不存在财务风险，只有经营风险。

从个别投资主体的角度看，风险分为市场风险和公司特有风险。

（1）市场风险。市场风险是指那些影响所有公司的因素引起的风险，如战争、经济衰退、通货膨胀、高利率等。这类风险涉及所有的投资对象，不能通过多角化投资来分散，因此又称不可分散风险或系统风险。例如，一个人投资于股票，不论买哪一种股票，他都要承担市场风险，经济衰退时各种股票的价格都不同程度下跌。

（2）公司特有风险。公司特有风险是指发生于个别公司的特有事件造成的风险，如罢工、新产品开发失败、没有争取到重要合同、诉讼失败等。这类事件是随机发生的，因而可以通过多角化投资来分散，即发生于一家公司的不利事件可以被其他公司的有利事件所抵消。这类风险又称可分散风险或非系统风险。例如，一个人投资于股票时，买几种不同的股票，比只买一种股票风险小。

（三）风险价值

货币的时间价值是投资者在无风险条件下进行投资所要求的报酬率（暂不考虑通货膨胀因素）。这里以确定的报酬率为计算依据，也就是以肯定能取得的报酬为条件。任何经济预测的准确性都是相对的，预测的时间越短，不确定的程度就越低。因此为了简化决策分析工作，在短期财务决策中一般不考虑风险因素。而在长期财务决策中，则不得不考虑风险因素，计量风险程度。

任何投资者都想要肯定的某一报酬率，而不愿意要不肯定的同一报酬率，这种现象叫做风险反感。在风险反感普遍存在的情况下，诱使投资者进行风险投资的是超过货币时间价值（也即无风险报酬率）的那部分额外报酬，即风险价值。

所谓投资风险价值，就是指投资者因冒风险进行投资而获得的超过货币时间价值的那部分额外收益，又称投资风险报酬、投资风险收益。

投资风险价值有两种表示方法：风险报酬额和风险报酬率。风险报酬额就是指投资者因冒风险进行投资而获得的超过货币时间价值的那部分额外收益；风险报酬额与投资额的比率，称为风险报酬率。在实际工作中，对两者并不严格区分，通常以相对数——风险报酬率来进行计量。

在不考虑物价变动的情况下，投资报酬率包括两部分：一部分是货币时间价值，它是不经受投资风险而得到的价值，即无风险投资报酬率；另一部分是风险价值，即风险投资报酬率。其关系式为：投资报酬率＝无风险投资报酬率＋风险投资报酬率。

二、单项资产的风险报酬

为了有效地做好财务管理工作，就必须弄清不同风险条件下的投资报酬率之间的关系，掌握风险报酬的计算方法。

风险报酬的计算是一个比较复杂的问题，下面结合实例加以说明。

1. 概率分布

一个事件的概率是指这一事件可能发生的机会。例如，一个企业的利润有70%的机会增加，有30%的机会减少。通常，把必然发生的事件的概率定为1，把不可能发生的事件的概率定为0，而一般随机事件的概率是介于0与1之间的一个数，概率越大，就表示该随机事件发生的可能性越大。如果把所有可能的事件或结果都列示出来，且每一事件都给予一种概率，把它们列示在一起，便构成了概率的分布。上例的概率分布见表2-2。

表 2-2 概 率 分 布 表

可能出现的结果（i）	概率（P_i）
利润增加	70%
利润减少	30%
合计	100%

随机事件的概率分布必须符合以下两个要求：

（1）所有随机事件的概率即 P_i 都在 0 和 1 之间，即 $0 \leqslant P_i \leqslant 1$；

（2）所有结果的概率之和应等于 1，即 $\sum_{i=1}^{n} P_i=1$，这里，n 为可能出现结果的个数。

【例 2-20】 A 公司和 B 公司股票的报酬率及其概率分布情况见表 2-3。

表 2-3 A 公司和 B 公司股票报酬率的概率分布

经济情况	该种经济情况发生的概率（P_i）	报酬率（K_i）	
		A 公司	B 公司
繁荣	0.20	40%	50%
一般	0.60	20%	20%
衰退	0.20	0	−10%

在这里，概率表示每一种经济情况出现的可能性，同时也就是各种不同预期报酬率出现的可能性。例如，未来经济情况出现繁荣的可能性有 0.2，假如这种情况真的出现，投资 A 公司可获得 40%的报酬率，这也就是说，A 公司获利 40%的可能性是 0.2。当然，报酬率作为一种随机变量，受多种因素的影响。我们这里为了简化，假设其他因素都相同，只有经济情况一个因素影响报酬率。

2. 离散型分布和连续型分布

把决策方案所有可能的结果及每一结果可能出现的机会都排列出来，则形成的概率分布可以是离散的，也可以是连续的。如果随机变量（如报酬率）只取有限个值，并且对应于这些值有确定的概率，则称随机变量是离散型分布。[例 2-20] 就属于离散型分布，它有 3 个值，如图 2-6 所示。离散型概率分布，可能出现的结果数目有限，因此也易于计算。在经济决策分析中，所应用的概率分布大多是离散型的概率分布。

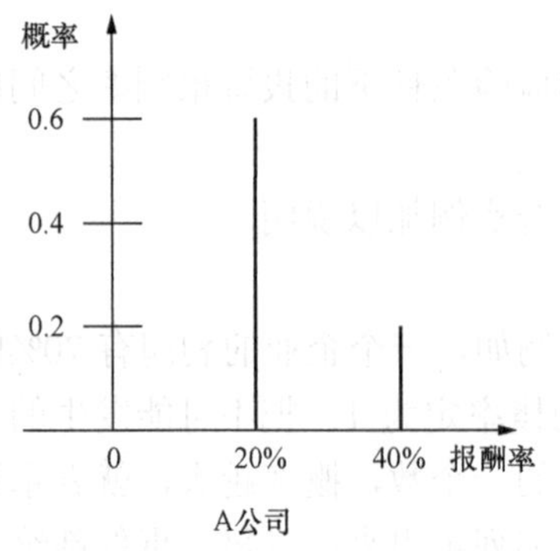

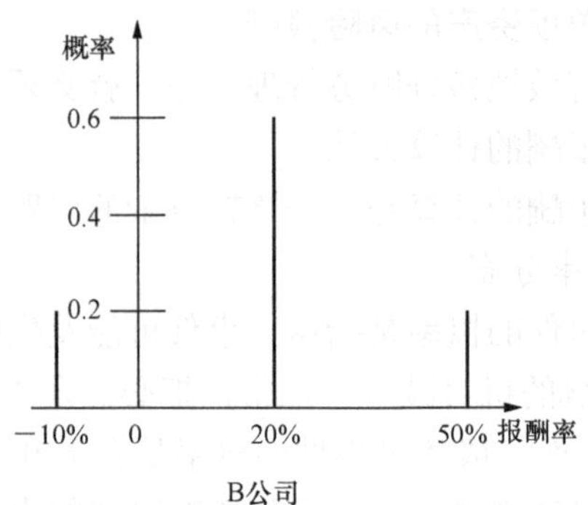

图 2-6 A 公司和 B 公司报酬率的概率分布图

实际上，出现的经济情况远不只三种，有无数可能的情况会出现。如果对每种情况都赋予一个概率，并分别测定其报酬率，则可用连续型分布描述，如图2-7所示。

3. 计算期望报酬率

期望报酬率是各种可能的报酬率按其概率进行加权平均得到的报酬率，它是反映集中趋势的一种量度。期望报酬率的计算公式为

$$\overline{K}=\sum_{i=1}^{n}K_iP_i \qquad (2.22)$$

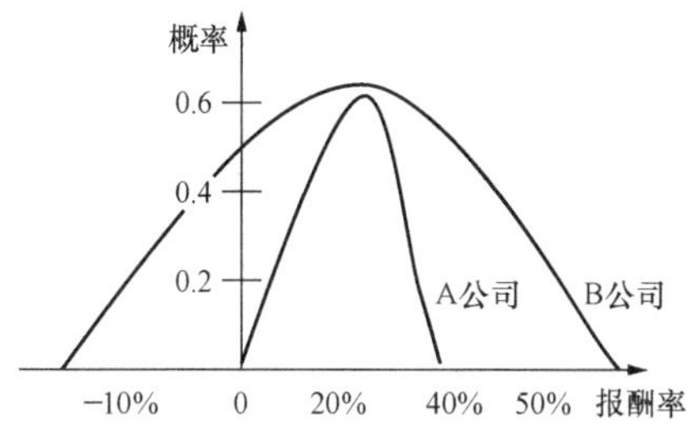

图 2-7　A 公司和 B 公司报酬率的概率连续分布图

式中：$\overline{K}$ 为期望报酬率；K_i 为第 i 种可能结果的报酬率；P_i 为第 i 种可能结果的概率；n 为可能结果的个数。

根据［例 2-20］资料，分别计算 A 公司和 B 公司的期望报酬率。

A 公司

$$\overline{K}_A=K_1P_1+K_2P_2+K_3P_3=40\%\times0.20+20\%\times0.60+0\times0.20=20\%$$

B 公司

$$\overline{K}_B=K_1P_1+K_2P_2+K_3P_3=50\%\times0.20+20\%\times0.60+(-10\%)\times0.20=20\%$$

两家公司股票的期望报酬率都是 20%，但其概率分布不同（如图 2-6 所示），A 公司各种情况下的报酬率比较集中，变动范围在 0～40%之间，而 B 公司却比较分散，变动范围在－10%～50%之间。这说明两个公司报酬率相同，但风险不同。A 项目的风险相对较小，上述分析仅从定性的角度说明了两个项目风险程度上存在的差异，还缺乏量化比较的依据。为了定量地衡量风险大小，还要使用统计学中衡量概率分布离散程度的指标。

4. 标准离差

标准离差是各种可能的报酬率偏离期望报酬率的综合差异，是反映离散程度的一种量度。标准离差的计算公式为

$$\sigma=\sqrt{\sum_{i=1}^{n}(K_i-\overline{K})^2\times P_i} \qquad (2.23)$$

式中：σ 为期望报酬率的标准离差；$\overline{K}$ 为期望报酬率；K_i 为第 i 种可能结果的报酬率；P_i 为第 i 种可能结果的概率；n 为可能结果的个数。

具体来讲，计算标准离差的程序有如下几步。

（1）计算期望报酬率。

$$\overline{K}=\sum_{i=1}^{n}K_iP_i$$

（2）把期望报酬率每一结果相减，得到每一种可能结果的报酬率与期望报酬率的差异。

$$D_i=K_i-\overline{K}$$

（3）计算每一差异的平方，再乘以与其相关的结果发生的概率，并把这些乘积汇总，得到概率分布的方差。也就是说，方差是各种可能结果值与期望报酬率之差的平方，以各种可能结果的概率为权数计算的加权平均数。常用σ^2 表示。

其计算公式为

$$\sigma^2=\sum_{i=1}^{n}(K_i-\overline{K})^2\times P_i$$

（4）对方差开方，得到标准离差。

$$\sigma=\sqrt{\sum_{i=1}^{n}(K_i-\overline{K})^2\times P_i}$$

将上例中 A 公司和 B 公司的资料代入上述公式得两家公司的标准离差，得

A 公司的标准离差为

$$\sigma_A=\sqrt{\sum_{i=1}^{n}(K_i-\overline{K})^2\times P_i}$$

$$=\sqrt{(40\%-20\%)^2\times 0.2+(20\%-20\%)^2\times 0.6+(0-20\%)^2\times 0.2}=12.65\%$$

B 公司的标准离差为

$$\sigma_B=\sqrt{\sum_{i=1}^{n}(K_i-\overline{K})^2\times P_i}$$

$$=\sqrt{(50\%-20\%)^2\times 0.2+(20\%-20\%)^2\times 0.6+(-10\%-20\%)^2\times 0.2}=18.97\%$$

标准离差越小，说明离散程度越小，风险也就越小。根据这种测量方法 B 公司的风险要大于 A 公司。

5. 标准离差率

标准离差是反映随机变量离散程度的一个指标。但它是一个绝对值，而不是一个相对量，只能用来比较期望报酬率相同的各项投资的风险程度，而不能用来比较期望报酬率不同的各项投资的风险程度。要对比期望报酬率不同的各项投资的风险程度，应该用标准离差同期望报酬率的比值，即标准离差率。标准离差率的计算公式为

$$V=\frac{\sigma}{\overline{K}}\times 100\% \tag{2.24}$$

式中：V 为标准离差率；σ 为期望报酬率的标准离差；$\overline{K}$ 为期望报酬率。

在上例中，A 公司的标准离差率为

$$V_A=\frac{\sigma}{\overline{K}}\times 100\%=12.65\%\div 20\%=63.25\%$$

B 公司的标准离差率为

$$V_B=\frac{\sigma}{\overline{K}}\times 100\%=18.97\%\div 20\%=94.85\%$$

通过计算，A 公司的标准离差率小于 B 公司的标准离差率。因此，投资 A 公司股票的风险小于 B 公司的风险。

综上所述，A，B 两个公司的平均报酬率相同，但是风险程度不同。投资 A 公司股票有可能获得高报酬，但发生亏损的可能性也很大；投资 B 公司股票取得高报酬的可能性较小，但是发生亏损的可能性也较小。

当然，在上例中，两家公司的期望报酬率相等，可直接根据标准离差来比较风险程度，但如果期望报酬率不等，则必须计算标准离差率才能对比风险程度。

假设上例 A 公司和 B 公司股票报酬的标准离差仍为 12.65%和 18.97%，但 A 公司股票的期望报酬率为 15%，B 公司股票的期望报酬率为 40%，那么，究竟哪种股票的风险更大呢？这时不能用标准离差作为判别标准，而要使用标准离差率。

A 公司的标准离差率为

$$V_{\mathrm{A}}=12.65\%\div15\%=84\%$$

B 公司的标准离差率为

$$V_{\mathrm{B}}=18.97\%\div40\%=47.43\%$$

这说明，在上述假设条件下，A 公司股票的风险要大于 B 公司股票的风险。

6. 风险报酬率

标准离差率虽然能正确评价投资风险程度的大小，但这还不是风险报酬率。要计算风险报酬率，还必须借助一个系数——风险报酬系数。风险报酬率、风险报酬系数和标准离差率之间关系的公式表示为

$$R_R=bV \tag{2.25}$$

式中：R_R 为风险报酬率；b 为风险报酬系数；V 为标准离差率。

那么，投资的总报酬率可表示为

$$K=R_F+R_R=R_F+bV \tag{2.26}$$

式中：K 为投资报酬率；R_F 为无风险报酬率。

无风险报酬率就是加上通货膨胀贴水以后的货币时间价值，西方一般把投资于国库券的报酬率视为无风险报酬率。

假设 A 公司的风险报酬系数为 5%，B 公司的风险报酬系数为 8%，则两家公司股票的风险报酬率分别为

A 公司　$R_R=bV=5\%\times63.25\%=3.16\%$

B 公司　$R_R=bV=8\%\times94.85\%=7.59\%$

如果无风险报酬率为 10%，则两家公司股票的投资报酬率应分别为

A 公司　$K=R_F+bV=10\%+5\%\times63.25\%=13.16\%$

B 公司　$K=R_F+bV=10\%+8\%\times94.85\%=17.59\%$

风险报酬系数是将标准离差率转化为风险报酬的一种系数。风险报酬系数的确定，通常可以借助于以下几种方法。

（1）根据以往的同类项目加以确定。风险报酬系数，可以参照以往同类投资项目的历史资料，运用上述有关公式来确定。例如，某企业准备进行一项投资，此类项目含风险报酬率的投资报酬率一般为 20%左右，其报酬率的标准离差率为 100%，无风险报酬率为 8%，则由公式 $K=R_F+bV$ 得

$$b=\frac{K-R_F}{V}=\frac{20\%-8\%}{100\%}=12\%$$

（2）由企业领导或企业组织有关专家确定。以上第一种方法必须在历史资料比较充分的情况下才能采用。如果缺乏历史资料，则可由企业领导，如总经理、财务副总经理、总会计师、财务主任等根据经验加以确定，也可由企业组织有关专家确定。实际上，风险报酬系数

的大小很大程度上取决于决策者对待风险的态度。风险承受能力强的公司，往往把风险报酬系数定得低些；反之，风险承受能力较差的公司，则常常把风险报酬系数定得高些。

（3）由国家有关部门组织专家确定。国家有关部门如财政部、国家银行等组织专家，根据各行业的条件和有关因素，确定各行业的风险报酬系数，并由国家定期公布，可以供投资者决策时参考。

三、证券投资组合的风险报酬

投资者在进行投资时，一般并不把其所有资金都投资于一种证券，而是同时持有多种证券。这种同时投资多种证券叫证券的投资组合，简称为证券组合或投资组合。由于投资组合能够降低风险，因此，银行、共同基金、保险公司和其他金融机构等一般都持有多种有价证券，即使是个人投资者，一般也持有证券的投资组合，而不是投资于一家公司的股票或债券。所以，必须了解证券投资组合的风险报酬。

1. 证券投资组合的风险

证券投资组合的风险可以分为两种性质完全不同的风险，即可分散风险和不可分散风险。

（1）可分散风险。可分散风险又叫非系统性风险或公司特别风险，是指某些因素对单个证券造成经济损失的可能性。如个别公司工人的罢工，公司在市场竞争中的失败等。这种风险，可通过证券持有的多样化来抵消。即多买几家公司的股票，其中某些公司的股票报酬上升，另一些股票的报酬下降，从而将风险抵消。因而，这种风险称为可分散风险。

【例 2-21】 假设 W 股票和 M 股票构成一证券组合，每种股票在证券组合中各占 50%，它们的报酬率和风险情况见表 2-4。

表 2-4 完全负相关（$r=-1.0$）的两种股票以及由它们构成的证券组合的报酬情况

年（t）	W 股票 K_W	M 股票 K_M	WM 的组合 K_p
2004	40%	−10%	15%
2005	−10%	40%	15%
2006	35%	−5%	15%
2007	−5%	35%	15%
2008	15%	15%	15%
平均报酬率 $\overline{K}$	15%	15%	15%
标准离差（σ）	22.6%	22.6%	0.00%

根据表 2-4 的资料，可以绘制出两种股票以及由它们构成的证券组合的报酬率的图示，如图 2-8 所示。

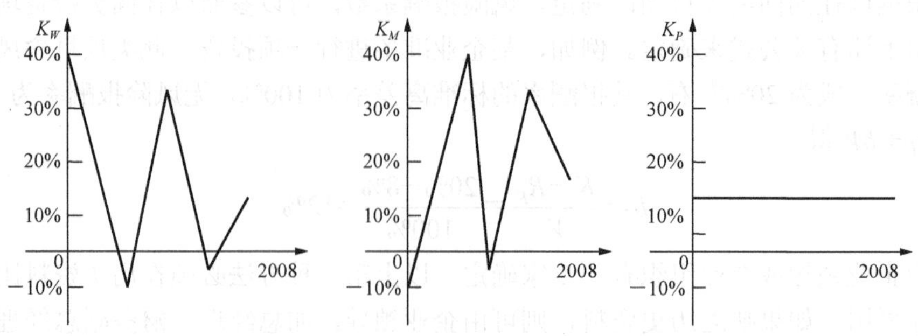

图 2-8 两种完全负相关股票的报酬图

从表 2-4 和图 2-8 中可以看出，如果分别持有两种股票，都有很大风险，但如果把它们组合成一个证券组合，则没有风险。

W 股票和 M 股票之所以能结合起来组成一个无风险的证券组合，是因为它们报酬率的变化正好成相反的循环——当 W 股票的报酬下降时，M 股票的报酬正好上升；反之亦然。我们把股票 W 和 M 叫做完全负相关。这里相关系数 $r=-1.0$。

与完全负相关相反的是完全正相关（$r=1.0$），两个完全正相关的股票的报酬将一起上升或下降，这样的两种股票组成的证券组合，不能抵消任何风险。

从以上分析我们知道，当两种股票完全负相关（$r=-1.0$）时，所有的风险都可以分散掉；当两种股票完全正相关（$r=+1.0$）时，从抵减风险的角度来看，分散持有股票没有好处。实际上，大部分股票都是正相关，但不是完全正相关，一般来说，随机取两种股票相关系数为＋0.6 左右的最多，而对绝大多数两种股票而言，r 将位于＋0.5～＋0.7 之间。在这种情况下，把两种股票组合成证券组合能抵减风险，但不能全部消除风险，不过，如果股票种类较多，则能分散掉大部分风险，而当股票种类足够多时，几乎能把所有的非系统风险分散掉。

（2）不可分散风险。不可分散风险又称系统性风险或市场风险，指的是由于某些因素给市场上所有的证券都带来经济损失的可能性，如宏观经济状况的变化、国家税法的变化、国家财政政策和货币政策变化、世界能源状况的改变都会使股票报酬发生变动。这些风险影响到所有的证券，因此，不能通过证券组合分散掉。换句话说，即使投资者持有的是经过适当分散的证券组合，也将遭受这种风险。因此，对投资者来说，这种风险是无法消除的，故称不可分散风险。但这种风险对不同的企业也有不同影响。例如，前例中的 A 公司和 B 公司在经济情况发生变化时，两家公司的风险是不同的。B 公司的风险要大于 A 公司的风险。

不可分散风险的程度，通常用 β 系数来计量。β 系数有多种计算方法，实际计算过程十分复杂，但幸运的是 β 系数一般不需投资者自己计算，而由一些投资服务机构定期计算并公布。表 2-5 列示了美国几家著名公司的 β 系数，表 2-6 列示了我国几家上市公司的 β 系数。

表 2-5　美国几家著名公司的 β 系数

公 司 名 称	β 系数
General Motor（通用汽车公司）	1.00
Apple Computer（苹果电脑公司）	1.25
Storage Technology（储存科技公司）	1.50
Chrysler（克莱斯勒汽车公司）	1.35
IBM 公司（国际商用机器公司）	0.95
AT&T（美国电话电报公司）	0.85
DU PONT（杜邦公司）	1.10

资料来源：Value Line Investment survey，May 31，1991。

表 2-6　我国几家上市公司的 β 系数

股票代码	公 司 名 称	β 系数
600886	湖北兴化	5.590 5
600887	伊利股份	0.612 6
600742	一汽四环	0.707 6
600874	渤海化工	1.166 0
600871	仪征化纤	1.252 8
600872	中山火炬	1.354 8

资料来源：《1997 年中国证券市场展望》，中国人民大学出版社，1997，第 94、95 页。

作为整体的证券市场的 β 系数为 1。如果某种股票的风险情况与整个证券市场的风险情况一致，则这种股票的 β 系数也等于 1；如果某种股票的 β 系数大于 1，说明其风险大于整个市场的风险；如果某种股票的 β 系数小于 1，说明其风险小于整个市场的风险。

以上说明了单种股票 β 系数的有关情况。证券组合 β 系数怎样计算呢？证券组合的 β 系数是单个证券 β 系数的加权平均，权数为各种股票在证券组合中所占的比重。

其计算公式为

$$\beta_P=\sum_{i=1}^{n}w_i\beta_i \tag{2.27}$$

式中：β_P 为证券组合的 β 系数；w_i 为证券组合中第 β 种股票所占的比重；β_i 为第 i 种股票的 β 系数；n 为证券组合中股票的数量。

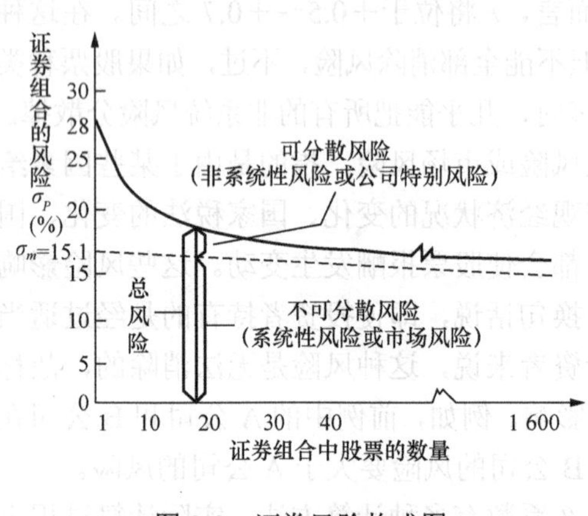

图 2-9　证券风险构成图

至此，可把上面的分析总结如下。

1）一种股票的风险由两部分组成，它们是可分散风险和不可分散风险。这可以用图 2-9 加以说明。

2）可分散风险可通过证券组合来消减，而大部分投资者正是这样做的。

从图 2-9 中可以看到，可分散风险随证券组合中股票数量的增加而逐渐减少。根据最近几年的资料，一种股票组成的证券组合的标准离差 σ_1 大约为 28%，由所有股票组成的证券组合叫市场证券组合，其标准离差为 15.1%，即 σ_m=15.1%。这样，如果一个证券组合包含有 40 种股票而且又比较合理，那么大部分可分散风险都能被消除。

3）股票的不可分散风险由市场变动而产生，它对所有股票都有影响，不能通过证券组合而消除。不可分散风险是通过 β 系数来测量的，一些标准的 β 值如下：

β=0.5，说明该股票的风险只有整个市场股票风险的一半；

β=1.0，说明该股票的风险等于整个市场股票的风险；

β=2.0，说明该股票的风险是整个市场股票风险的 2 倍。

2. 证券投资组合的风险报酬

投资者进行证券组合投资与进行单项投资一样，都要求对承担的风险进行补偿，股票的风险越大，要求的报酬就越高。但是，与单项投资不同，证券组合投资要求补偿的风险只是不可分散风险，而不要求对可分散风险进行补偿。如果可分散风险的补偿存在，善于科学地进行投资组合的投资者将购买这部分股票，并抬高其价格，其最后的期望报酬率只反映不可分散的风险。因此，证券组合的风险报酬是投资者因承担不可分散风险而要求的、超过时间价值的那部分额外报酬。其计算公式为

$$R_p=\beta_P(K_m-R_F) \tag{2.28}$$

式中：R_P 为证券组合的风险报酬率；β_P 为证券组合的 β 系数；K_m 为所有股票的平均报酬率，也就是由市场上所有股票组成的证券组合的报酬率，简称市场报酬率；R_F 为无风险报酬率，一般用国库券的利息率来衡量。

【例 2-22】　C 公司持有由甲、乙、丙三种股票构成的证券组合，它们的 β 系数分别是 2.0、1.0 和 0.5，它们在证券组合中所占的比重分别为 60%、30%和 10%，股票的市场报酬率为 14%，无风险报酬率为 10%，试确定该证券组合的风险报酬率。

（1）确定证券组合的 β 系数

$$\beta_P=\sum_{i=1}^{n} w_i\beta_i=60\%\times2.0+30\%\times1.0+10\%\times0.5=1.55$$

（2）计算该证券组合的风险报酬率

$$R_P=\beta_P(K_m-R_F)=1.55\times(14\%-10\%)=6.2\%$$

当然，计算出风险报酬率后，便可根据投资额和风险报酬率计算出风险报酬的数额。

从以上计算可以看出，调整各种证券在证券组合中的比重可改变证券组合的风险、风险报酬率和风险报酬额。

四、资本资产定价模型

1964 年，威廉·夏普（William Sharpe）根据投资组合理论提出了资本资产定价模型（CAPM）。这里的资本资产，是指股票、债券等有价证券，它代表对真实资产所产生的收益的求偿权利。资本资产定价模型的重要贡献在于它提供了一种与组合资产理论相一致的有关个别证券的风险量度。这种模型使投资者能够估计单项资产的不可分散风险，形成最优投资组合，引导投资者作出合适的投资决策。同时，这种模型对于财务学的发展有着极其重要的作用，并且被广泛地用于资本预算编制、资产估价以及确定股权资本的成本和解释利率的结构风险。

（一）资本资产定价模型定义及基本假设

1. 资本资产定价模型的定义

资本资产定价模型是一种描述风险与收益之间关系的模型。在这一模型的公式表示为

$$K_i=R_F+\beta_i\times(K_m-R_F) \tag{2.29}$$

式中：K_i 为第 i 种股票或第 i 种证券组合的必要收益率；R_F 为无风险收益率；β_i 为第 i 种股票或第 i 种证券组合的 β 系数；K_m 为市场组合的期望收益率。

2. 资本资产定价模型的基本假设

任何经济模型都是建立在一定假设的基础上的，资本资产定价模型也不例外。其基本假设为：

（1）资本市场是有效率的，信息可为所有投资者共享，信息的交易成本很低，投资的限制很少；

（2）所有投资者都有相同的预期，并且他们的预期都建立在一个共同的持有期（如年）之上；

（3）所有投资者都力图规避风险，并追求期终财富预期效用的最大化；

（4）存在无风险资产，所有投资者都可按无风险利率不受限制地借贷资金；

（5）所有的资产都是完全可以分割的，都是极具流动性的。

（二）特征线

特征线是用来描述单个证券的收益率和市场组合的收益率之间相互关系的一条直线。该直线的斜率用 β 表示。

在比较单个股票的期望收益率与市场组合的期望收益率时，由于无风险收益率是固定的，所以，只需比较超额收益率（期望收益率与无风险收益率之间的差额），便能说明两者的关系，如图 2-10 所示。

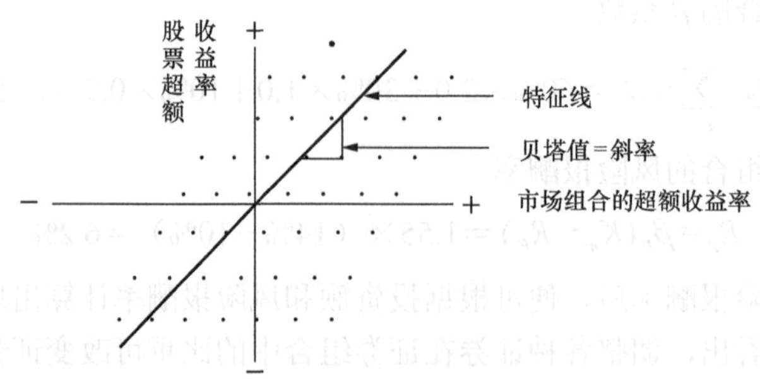

图 2-10 特征线

特征线是以经验数据为基础绘制的，散点图中的每一个点都代表特定月份内个股的超额收益率和市场股票平均超额收益率。特征线两侧散点区间越窄，说明个股期望收益率与市场组合期望收益率的关系越密切。

$$每月超额收益率=每月收益率-每月无风险收益率$$

$$每月收益率=\frac{已付股利+（期末价格-期初价格）}{期初价格}$$

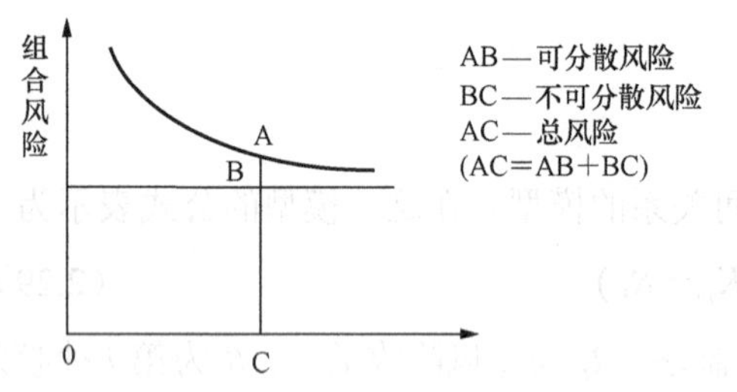

图 2-11 投资组合的两类风险

（三）贝塔系数

1. 证券风险的类型

在讨论贝塔系数（β）之前，有必要对证券投资的风险进行分类。从投资者的角度看，投资组合的风险可分为可分散风险和不可分散风险两类。这两类风险可用图 2-11 来表示。

2. 贝塔系数

贝塔系数是一种风险指数，它用于衡量个股收益率的变动对市场组合收益率变动的敏感性。组合的贝塔系数是组合中各股贝塔系数的加权平均数。贝塔系数是用以衡量证券投资风险的，但由于可分散风险可以通过投资多样化加以消除，所以，贝塔系数只用于衡量不可分散风险，即用于计量系统风险。

β 是特征线的斜率，即个股超额收益率的变化与市场组合超额收益率变化的比率，若 $\beta=1$，这意味着个股超额收益率与市场组合超额收益率等比例变化，说明个股风险与市场组合风险一致；若 $\beta>1$，说明个股风险大于市场组合风险；若 $\beta<1$，说明个股风险小于市场组合风险。上述三种情况如图 2-12 所示。

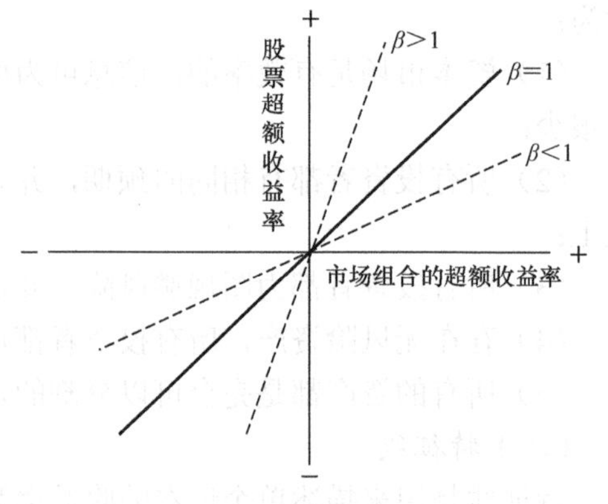

图 2-12 β 系数值与特征线

关于 β 系数值的来源，在美国有很多服务机构提供该公司的贝塔系数数据资料，表 2-7 为几家代表性公司的 β 系数值。这些贝塔系数资料通常是根据过去 3～5 年间的周收益率或月收益率为基础计算出来的。从这些服务机构取得贝塔数据较为方便。如果投资者认为某股票过去的系统风险适用于未来，则过去的 β 值可以代替预期的 β 值。

表 2-7 几家代表性公司的 β 系数值

普通股	β	普通股	β
苹果电脑	1.45	Hetshey 食品	1.04
波音	0.82	惠普	1.46
百时美—施贵宝	1.06	电信	0.80
数控系续	1.59	微软	0.94
道氏化学	0.87	耐克	1.18
通用电器	1.12	Wrigley 公司	0.93
乔治亚—太平洋	0.84		

资料来源：Van Home J.C.Wachowicz J.M “Fundamentals of Financial Management”, 1998.

证券投资组合的 β 系数是个别证券的 β 系数的加权平均数。因此，若个别证券的 β 系数低，则由它们所构成的投资组合的 β 系数也低。掌握这一关系可以正确进行投资决策。

【例 2-23】 某投资者持有 100 万元组合投资，该组合中共有三只股票，它们各自的金额及 β 系数值见表 2-8。

表 2-8 某投资者持有 100 万元组合投资状况

股票类别	黄海股份	长江股份	京沪股份	合计
投资额（万元）	50	30	20	100
投资比重（%）	50	30	20	100
β 系数值	0.5	0.6	0.6	—

则该投资组合的 β 系数值为

$$\beta_p = 50\% \times 0.5 + 30\% \times 0.6 + 20\% \times 0.6 = 0.55$$

若将京沪股份出售，买进同样金额的高科股份，其 β 系数为 1.0，则

$$\beta_p = 50\% \times 0.5 + 30\% \times 0.6 + 20\% \times 1.0 = 0.63$$

可见，组成投资组合的个别股票的 β 系数提高，则投资组合的 β 系数因此而提高，使得投资组合的风险加大；反之，风险减小。

（四）证券市场线

证券市场线（SML），是一条描述单个证券（或组合）的期望收益率与系统风险间的线性关系的直线，它和 β 系数所度量的关系是一样的。证券市场线的方程式即为资本资产定价模型。

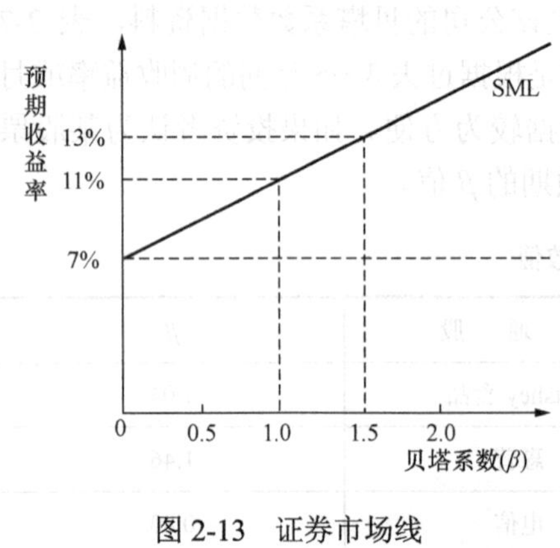

图 2-13 证券市场线

【例 2-24】 某公司持有 A 股票，$\beta=1.5$，无风险利率为 7%，市场投资组合的预期收益率为 11%，则该只股票的预期收益率为

$$K_i=7\%+1.5\times(11\%-7\%)=13\%$$

将上述各有关数据反映在坐标图上，如图 2-13 所示。

【例 2-25】 某投资者持有 100 万元的投资组合。该组合由三种股票组成：A 股票 50 万元，B 股票 30 万元，C 股票 20 万元；β 系数分别为 0.8，0.6，0.4。现行国库券的收益率为 8%，平均风险股票的收益率为 12%。试计算该投资组合的收益率。

$$\beta_p=50\%\times0.8+30\%\times0.6+20\%\times0.4=0.66$$

$$K_i=R_F+\beta_p(K_m-R_F)=8\%+0.66\times(12\%-8\%)=10.64\%$$

当预期的股票收益率（或投资组合收益率）大于该股票（或投资组合）必要收益率时，企业可以接受投资；反之，则拒绝。

第三节 利 率

一、利率的概念

利息率简称利率，是资金的增值额同投入资金价值的比率，是衡量资金增值程度的数量指标。从资金的借贷关系看，利率是在一定时期内运用资金这一资源的交易价格。资金作为一种特殊商品，以利率作为价格标准，其融通实质上是资源通过利率这个价格标准实行再分配。因此，利率在资金分配及企业财务决策中起着重要的作用。

利率是国家对经济实施宏观调控的重要经济杠杆，也是影响企业财务活动和财务决策的重要因素。为此，企业财务人员必须了解利率的概念和确定因素，了解利率变动对企业财务活动的影响，并在此基础上随时进行预测，掌握利率变动的规律，做好财务决策。

二、利率的分类

按照不同的标准可划分出多种利率类别，下面介绍几种主要的分类。

（一）按利率之间的变动关系分类

1. 基准利率

又称基本利率，是指在多种利率并存的条件下起决定作用的利率。所谓起决定作用是说基准利率变动，其他利率也相应变动。因而，了解了基准利率水平的变化趋势，也就可以了解全部利率体系的变化趋势。基准利率，在西方通常是中央银行的再贴现率，在中国是中国人民银行对专业银行贷款的利率。

2. 套算利率

套算利率是指基准利率确定后，各金融机构根据基准利率和借贷款项的特点而换算出的利率。例如，某金融机构规定，贷款给 AAA 级、AA 级、A 级企业的利率，应分别在基准利率基础上加 0.5%、1.0%和 1.5%，若基准利率是 8%，则 AAA 级、AA 级、A 级企业的贷款利率应分别是 8.5%、9%和 9.5%，这便是套算利率。

（二）按是否考虑通货膨胀因素分类

1. 实际利率

实际利率是指在物价不变从而货币购买力不变的情况下的利率，或是在物价有变化时，扣除通货膨胀补偿以后的利率。

2. 名义利率

名义利率是指包含对通货膨胀补偿的利率。因为物价不断上涨是一种普遍的趋势，所以，名义利率一般都高于实际利率，二者之间的关系是：名义利率＝实际利率＋预计通货膨胀率。

在通货膨胀条件下，市场上各种利率都是名义利率，而实际利率却不易直接观察到，通常是利用上式，根据名义利率和通货膨胀率推算出实际利率。

（三）按在借贷期内是否调整分类

1. 固定利率

固定利率是指在借贷期内固定不变的利息率。过去，利率都是指固定利率，因为这种利率对借贷双方确定成本和收益十分方便，但近几十年来，世界各国都存在不同程度的通货膨胀，实行固定利率会使债权人利益受到损害。

2. 浮动利率

浮动利率是指在借贷期内可以调整的利率。根据借贷双方的协定，由一方在规定的时间依据某种市场利率进行调整。采用浮动利率可为债权人减少损失，但这种利率的计算手续繁杂，工作量比较大。

（四）按利率变动与市场的关系分类

1. 市场利率

市场利率是指根据资金市场上的供求关系，随市场波动而自由变动的利率。

2. 法定利率

由政府金融管理部门或者中央银行确定的利率，通常叫法定利率。法定利率是国家进行宏观调控的一种手段。我国的利率属于法定利率，由国务院统一制定，中国人民银行统一管理。发达的市场经济国家，以市场利率为主，同时有法定利率，但一般法定利率与市场利率无显著脱节现象。

三、影响利率的因素

在金融市场上，利率受多种因素的影响而不断地变动。一般情况下，主要有以下几种影响利率的因素。

1. 资金的供求关系

资金的供求关系是影响利率的最基本因素。在金融市场上，当资金供大于求时，利率下降；当资金供不应求时，利率上升；当资金供求达到新的平衡时，决定了新的市场利率。

2. 经济周期

经济周期的不同阶段对市场利率产生不同的影响。在经济周期的复苏和高涨阶段，资金需求增加会使利率水平上升；在经济周期的萧条和衰退阶段，资金需求减少会使利率水平下降。

3. 通货膨胀

持续的通货膨胀会引起货币贬值，使投资人的实际报酬下降。为补偿投资人因通货膨胀而遭受的损失，必须通过提高利率给予必要的补偿。一般情况下，利率随通货膨胀率的提高而提高。

4. 国家的财政和货币政策

国家的财政和货币政策影响金融市场的利率。例如：直接通过货币政策调节利率；通过制定有关利息、股息的税收政策影响利率；通过发行国家债券影响利率等。

除上述影响利率的主要因素外，还有其他因素也会影响利率水平，如国际市场利率水平及其变动趋势、外汇汇率的变动等。

四、利率的构成要素

市场利率会随社会政治经济前景、投资者所冒风险的大小、借款企业信誉及借款时间长短的不同而变动。资金的利率通常由纯利率、通货膨胀补偿和风险报酬率三部分构成。其中，风险报酬率又分为违约风险报酬率、流动风险报酬率和期限风险报酬率三种。各个要素的具体含义如下。

1. 纯利率

纯利率是指没有风险和没有通货膨胀情况下的均衡点利率。纯利率不是固定不变的，它随资金供求的变化而不断变化，同时又受投资者将证券投资于实物资产所获取收益率的高低以及投资者对目前消费和未来消费时间选择的影响。精确地测定纯利率是非常困难的，在实际工作中，通常以无通货膨胀情况下的无风险证券的利率来代表纯利率。来自美国的统计资料表明，20 世纪 80 年代的纯利率大约在 2%～4%范围内浮动。

2. 通货膨胀补偿

它是指在通货膨胀条件下，资金供应者要求的实际收益率超过纯利率的部分，其目的是补偿因通货膨胀使货币实际购买力降低而带来的损失。所以，无风险证券的利率，除纯利率之外还应加上通货膨胀因素，以补偿通货膨胀所遭受的损失。例如，政府发行的短期无风险证券（如国库券）的利率就是由这两部分内容组成的。计算通货膨胀补偿时，所考虑的通货膨胀率是对未来通货膨胀率的预期值。

3. 违约风险报酬率

违约风险是指借款人无法按时支付利息或偿还本金而给投资人带来的风险。违约风险反映着借款人按期支付本金、利率的信用程度。借款人如经常不能按期支付本利，说明这个借款人的违约风险高。为了弥补违约风险，必须提高利率，否则，借款人就无法借到资金，投资人也不会进行投资。国库券等证券由政府发行，可以看作是没有违约风险，其利率一般较低。企业债券的违约风险则要根据企业信用程度来定，企业的信用程度可分若干等级。等级越高，信用越好，违约风险越低，利率水平也越低；信誉不好，违约风险高，利率水平自然也高。

4. 流动风险报酬率

流动性是指某项资产能否迅速转化为现金的可能性。如果一项资产能迅速转化为现金，说明其变现能力强，流动性好，流动性风险小；反之则说明其变现能力弱，流动性不好，流动性风险大。政府债券、大公司的股票与债券，由于信用好，变现能力强，所以流动性风险小，而一些不知名的中小企业发行的证券，流动性风险则较大。一般而言，在其他因素均相同的情况下，流动性风险小与流动性风险大的证券利率差距约介于 1%～2%之间，这就是所谓的流动性风险报酬。

5. 期限风险报酬率

它是指资金供应者在供应资金期内，承担利率变动风险所要求得到的补偿。补偿数额的大小取决于借贷资金期限的长短。一般来说，借款期越长。利率变动的可能性就越大，资金供应者所要求的期限风险报酬就越高。例如，同时发行的国库券，五年期的利率就比三年期的利率高，银行存贷款利率也一样。因此，长期利率一般要高于短期利率，这便是期限性风险报酬。当然，在利率剧烈波动的情况下，也会出现短期利率高于长期利率的情况，但这种偶然情况并不影响上述结论。

了解利率的组成因素后，只要对这些因素加以测定，就能较准确地掌握有关的利率水平。在资金市场中，即使是同样性质的借贷资金，其利率也会因时、因地、因人、因条件的不同而有所差别，因而在理财过程中应给予充分的关注。

小　结

（1）货币的时间价值和风险价值，是财务活动中客观存在的经济现象，无论是资金筹集、资金投放、收益分配，都必须考虑货币时间价值和风险价值问题。

（2）货币经历一定时间的投资和再投资所增加的价值，称为货币时间价值。在实践中它常用扣除风险报酬和通货膨胀贴水后的平均资金利润率或平均报酬率来表示。货币时间价值不仅是评价投资方案的基本标准，而且是资产估价的重要依据。货币时间价值理论的精华在于：不同时点上的货币，只有借助于货币时间价值换算为同一时点上的价值，才能比较和分析。计算货币时间价值，应当掌握现值（本金）、终值（本利和）、年金、利率（单利和复利）、时间五个要素，利用基本公式和终值、现值系数表，借助现金流量图；通常有计算单利终值与现值、复利终值与现值、年金终值与现值三种。在实际应用中要考虑不等额现金流量等特殊情况，解决复利计息频数、分数计息期、折现率内插法、连续折现等特殊问题。

（3）风险价值，是指投资者因冒风险进行投资而获得的超过货币时间价值的那部分额外收益，又称投资风险报酬、投资风险收益。投资风险价值有两种表示方法：风险报酬额和风险报酬率，通常用风险报酬率来表示。在不考虑物价变动的情况下，风险报酬率包括两部分：一部分是货币时间价值，即无风险投资报酬率；另一部分是风险价值，即风险投资报酬率。单项资产的风险报酬的计算方法为：先确定概率分布，再分步计算期望报酬率、标准离差、标准离差率，最后计算风险报酬率。投资组合的风险由两部分组成，一部分是可分散风险，又叫非系统性风险或公司特有风险，可通过投资组合来消减；另一部分是不可分散风险，又称系统性风险或市场风险，不能通过投资组合来消除，但可以通过 β 系数来测量，通过调整各种投资的比重可改变投资组合的风险报酬率。根据投资组合理论提出的资本资产定价模型，使投资者能够估计单项资产的不可分散风险，形成最优投资组合，并被广泛地用于资本预算编制、资产估价以及确定股权资本的成本和解释利率的结构风险。

（4）货币时间价值和投资风险价值通常是通过利率来表示的，利率按照不同的标准可划分为：基准利率和套算利率、实际利率和名义利率、固定利率和浮动利率、市场利率和法定利率等。资金的供给与需求，是影响利率的最基本因素。经济周期、通货膨胀、货币政策和财政政策、国际经济政治关系、国家利率管制程度等，对利率的变动均有程度不同的影响。资金的利率通常由纯利率、通货膨胀补偿和风险报酬率三部分构成。其中，风险报酬率又分为违约风险报酬率、流动风险报酬率和期限风险报酬率三种。

习 题

一、单项选择题

1．下列说法中错误的是（ ）。

A．利率＝时间价值＋通货膨胀补偿率＋风险收益率

B．在通货膨胀率很低的情况下，可以用政府债券利率来表示时间价值

C．如果银行存款利率为10%，则今天存入银行的1元钱，一年以后的价值是1.10元

D．资金的时间价值相当于没有风险条件下的社会平均资金利润率

2．某人分期购买一套住房，每年年末支付40 000元，分10次付清，假设年利率为2%，则该项分期付款相当于现在一次性支付（ ）元。（P/A，2%，10）＝8.982 6

A．359 304　B．400 000　C．55 265　D．43 295

3．某人于第一年年初向银行借款30 000元，预计在未来每年年末偿还借款6 000元，连续10年还清，则该项贷款的年利率为（ ）。（P/A，14%，10）＝5.216 1，（P/A，16%，10）＝4.833 2

A．20%　B．14%　C．16.13%　D．15.13%

4．下列各项中，代表即付年金现值系数的是（ ）。

A．[(P/A，i，$n-1$)＋1]　B．[(P/A，i，$n+1$)－1]

C．[(P/A，i，$n-1$)－1]　D．[(P/A，i，$n+1$)＋1]

5．王某希望在5年末取得本利和20 000元，则在年利率为2%，单利计息的方式下，此人现在应当存入银行（ ）元。

A．18 181.82　B．18 114

C．18 000　D．18 004

6．某企业进行一项投资，目前支付的投资额是10 000元，预计在未来6年内收回投资，在年利率是6%的情况下，为了使该项投资是合算的，那么企业每年至少应当收回（ ）元。（P/A，6%，6）＝4.917 3

A．1 433.63　B．2 033.64

C．2 023.64　D．1 443.63

7．某一项年金前3年没有流入，后5年每年年初流入4 000元，则该项年金的递延期是（ ）年。

A．4　B．3　C．2　D．1

8．某公司目前向银行存入200万元，银行存款年利率为3%，在复利计息的方式下，该公司希望5年后可以获得本利和（ ）万元。（F/P，3%，5）＝1.159 3

A．230　B．220.82

C．231.86　D．1 061.82

9．某种股票为固定成长股票，股利年增长率6%，预计第一年的股利为6元/股，无风险收益率为10%，市场上所有股票的平均收益率为16%，而该股票的β系数为1.3，则该股票的内在价值为（ ）元。

A．50.85　B．67.8　C．53.89　D．71.86

10．下列各个选项，表述错误的是（　　）。

A．票面价值是指股票票面上标明的票面金额

B．清算价值是股份有限公司进行清算时，股票每股所代表的实际价值

C．账面价值，就是指股票的股本额

D．市场价值是股票在股票市场交易过程中具有的价值

11．某公司发行 3 年期债券，债券的面值为 1 000 元，半年票面利率 5%，每半年付息一次，到期还本，投资者要求的年必要报酬率为 12%。则该债券的价值为（　　）元。

A．784.67　　B．769

C．1 000　　D．950.87

12．某人拟进行一项投资，投资额为 2 000 元，该项投资每半年可以给投资者带来 50 元的收益，则该项投资的年实际报酬率为（　　）。

A．4%　　B．5.06%　　C．6%　　D．5%

二、多项选择题

1．复利的计息期可以是（　　）。

A．一年　　B．月份　　C．季度　　D．日

2．年金是指一定时期内每期等额收付的系列款项，下列各项中属于年金形式的是（　　）。

A．按照直线法计提的折旧　　B．零存整取的零存额

C．融资租赁的租金　　D．养老金

3．下列说法正确的是（　　）。

A．普通年金终值系数和偿债基金系数互为倒数

B．复利终值系数和复利现值系数互为倒数

C．普通年金终值系数和普通年金现值系数互为倒数

D．普通年金现值系数和资本回收系数互为倒数

4．下列递延年金的计算式中正确的是（　　）

A．$P=A\times(P/A, i, n)\times(P/F, i, m)$

B．$P=A\times(F/A, i, n)\times(P/F, i, m)$

C．$P=A\times[(P/A, i, m+n)-(P/A, i, m)]$

D．$P=A\times(F/A, i, n)\times(P/F, i, n+m)$

5．决定短期债券持有期年均收益率的主要因素有（　　）。

A．票面利率　　B．持有期限

C．购买价格　　D．出售价格

三、判断题

1．某人拟进行一项投资，希望进行该项投资后每半年都可以获得 1 000 元的收入，年收益率为 10%，则目前的投资额应是 20 000 元。（　　）

2．某人贷款 5 000 元，该项贷款的年利率是 6%，每半年计息一次，则 3 年后该项贷款的本利和为 5 955 元。（　　）

3．当每年复利次数超过一次时，这样的年利率叫做名义利率，而每年只复利一次的利率才是实际利率。（　　）

4．递延年金有终值，终值的大小与递延期是有关的，在其他条件相同的情况下，递延期

长，则递延年金的终值越大。 （ ）

5．资金时间价值是指资金的价值量的差额。 （ ）

6．股票价格有广义和狭义之分，广义的股票价格包括股票发行价格和股票交易价格，狭义的股票价格仅是指股票发行价格，股票发行价格具有事先的不确定性和市场性。 （ ）

7．每半年付息一次的债券利息是一种年金的形式。 （ ）

8．利率不仅包含时间价值，而且也包含风险价值和通货膨胀补偿率。 （ ）

9．已知（F/P，3%，6）＝1.194 1，则可以计算出（P/A，3%，6）＝3.470。 （ ）

10．普通年金是指从第一期起，在一定时期内每期等额发生的系列收付款项。 （ ）

四、简答题

1．简述单利、复利、终值、现值、年金等概念。

2．简述普通年金终值系数与预付年金终值系数间的关系。

3．简述普通年金现值系数与预付年金现值系数间的关系。

4．简述永续年金与递延年金的概念。

5．简述名义利率与实际利率的关系。

6．什么是投资风险价值？

7．简述投资风险价值计算的主要环节。

8．简述确定风险报酬斜率的三种方法。

9．决定利率高低的基本因素。

五、计算题

1．向银行存入本金500元，银行年利率2%，五年后的终值为多少（分别用单利和复利计算）？

2．某人在三年后需使用一笔10 000元资金，银行年利率为3%，试计算现在应一次存入多少本金（分别用单利和复利计算）？

3．某人考虑在三年后还清20 000元的债务，从现在起每年年初应相等的存入一笔多少金额的款项（年利率10%，按复利计算）？

4．某人决定分别在2005年、2006年、2007年和2008年各年的1月1日存入5 000元，按10%利率，每年复利一次，要求计算2009年1月1日的余额是多少？

5．若使本金经过4年后增长1倍，且每半年复利一次，则年利率为多少？

6．某公司准备购买一套设备，有两种付款方案可供选择：

（1）A方案，从现在起每年年初付款200万元，连续支付5年共计1 000万元；

（2）B方案，从第6年起，每年年末付款300万元，连续支付5年，共计1 500万元。假定利率为10%，该公司应选择哪种付款方式？

7．某公司发行公司债券，面值为1 000元，票面利率为10%，期限为5年。已知市场利率为8%。计算并回答下列问题：

（1）债券为按年付息、到期还本，发行价格为1 020元，投资者是否愿意购买？

（2）债券为单利计息、到期一次还本付息债券，发行价格为1 010元，投资者是否愿意购买？

（3）债券为贴现债券，到期归还本金，发行价为700元，投资者是否愿意购买？

8．某投资项目与经济环境状况有关，有关概率分布与预期报酬率见表2-9。

表 2-9　概率分布与预期报酬率

经济状况	发生概率	报酬率	经济状况	发生概率	报酬率
很差	0.15	－10%	较好	0.4	20%
一般	0.25	14%	很好	0.2	25%

要求：

（1）计算该投资项目的期望值。

（2）计算该投资项目的标准离差。

（3）计算该投资项目的标准离差率。

第三章 筹资管理

学习重点和要点

（1）了解资本成本的概念与作用；了解资本结构的概念及其影响因素。
（2）掌握个别资本成本、加权平均资本成本的计算方法。
（3）掌握经营杠杆、财务杠杆和复合杠杆的计量方法。
（4）掌握确定最佳资本结构的每股收益无差别点法、比较资本成本法、公司价值分析法。

第一节 筹资管理概述

一、企业筹资

（一）企业筹资的含义与动机

企业筹资是企业根据生产经营等活动对资金的需要，通过一定的渠道，采取适当的方式，获取所需资金的一种行为。企业筹资的基本目的是为了自身的生存和发展。具体说来，企业筹资动机有以下几种：

（1）设立性筹资动机，是企业设立时为取得资本金而产生的筹资动机；

（2）扩张性筹资动机，是企业为扩大生产经营规模或增加对外投资而产生的追加筹资的动机；

（3）调整性筹资动机，是企业因调整现有资金结构的需要而产生的筹资动机；

（4）混合性筹资动机，是企业同时既为扩张规模又为调整资金结构而产生的筹资动机。

（二）筹资的分类

1. 按照资金的来源渠道不同分类

（1）权益筹资，是指企业通过发行股票、吸收直接投资、内部积累等方式筹集的资金，都属于企业的所有者权益，也称自有资金。企业采用吸收自有资金的方式筹集资金，财务风险小，但付出的资金成本相对较高。

（2）负债筹资，企业通过发行债券、向银行借款、融资租赁等方式筹集的资金属于企业的负债，也称借入资金。企业采用借入资金的方式筹集资金，一般承担风险较大，但相对而言，付出的资金成本较低。

2. 按照是否通过金融机构分类

（1）直接筹资，是指资金供求双方通过一定的金融工具直接形成债权债务关系或所有权关系的筹资形式。直接筹资的工具主要是商业票据、股票、债券，如企业直接发行股票和债券就是一种直接筹资。直接筹资的优点在于资金供求双方联系紧密，有利于资金的快速合理配置和提高使用效益。直接筹资也有其局限性，主要表现在：①资金供求双方在数量、期限、利率等方面受的限制比间接筹资多；②直接筹资的便利程度及其融资工具的流动性均受金融市场的发达程度的制约。

（2）间接筹资，是指资金供求双方通过金融中介机构间接实现资金融通的活动。典型的间接筹资是向银行借款。与直接筹资比较，间接筹资的优点在于灵活便利、规模经济。间接筹资的局限性主要有：①割断了资金供求双方的直接联系，减少了投资者对资金使用的关注和对筹资者的压力；②金融机构要从经营服务中获取收益，从而增加了筹资者的成本，减少了投资者的收益。

3. 按照资金的取得方式不同分类

（1）内源筹资，是指企业利用自身的储蓄（折旧和留存收益）转化为投资的过程。内源筹资具有原始性、自主性、低成本性和抗风险性等特点，是企业生存与发展不可或缺的重要组成部分。其中，折旧是以货币形式表现的固定资产在生产过程中发生的有形和无形损耗，它主要用于重置损耗的固定资产的价值；留存收益是再投资或债务清偿的主要资金来源。以留存收益作为融资工具，不需要实际对外支付利息或股息，不会减少企业的现金流量，也不需要支付融资费用。

（2）外源筹资，是指吸收其他经济主体的闲置资金，使之转化为自己投资的过程，包括股票发行、债券发行、商业信贷、银行借款等。外源筹资具有高效性、灵活性、大量性和集中性等特点。

4. 按照筹资的结果是否在资产负债表上反映分类

（1）表内筹资，是指可能直接引起资产负债表中负债与所有者权益发生变动的筹资。

（2）表外筹资，是指不会引起资产负债表中负债与所有者权益发生变动的筹资。表外筹资可分为两种。①直接表外筹资，是企业以不转移资产所有权的特殊借款形式直接筹资，最为常见的筹资方式有租赁（融资租赁除外）、代销商品、来料加工等。②间接表外筹资，是用另一个企业的负债代替本企业负债，使得本企业表内负债保持在合理的限度内。最常见的间接表外筹资方式是母公司投资于子公司和附属公司，母公司将自己经营的元件、配件拨给一个子公司和附属公司，子公司和附属公司将生产出的元件、配件销售给母公司。企业还可以通过应收票据贴现，出售有追索权的应收账款，产品筹资协议等把表内筹资化为表外筹资。

5. 按照所筹资金使用期限的长短分类

（1）短期资金，一般是指供一年以内使用的资金。短期资金主要投资于现金、应收账款、存货等，一般在短期内可收回。短期资金常采取利用商业信用和取得银行流动资金借款等方式来筹集。

（2）长期资金，一般是指供一年以上使用的资金。长期资金主要投资于新产品的开发和推广、生产规模的扩大、厂房和设备的更新，一般需几年甚至十几年才能收回。长期资金通常采用吸收投资、发行股票、发行公司债券、取得长期借款、融资租赁和内部积累等方式来筹集。

（三）筹资渠道与筹资方式

企业筹资活动需要通过一定的渠道并采用一定的方式来完成。

1. 筹资渠道

筹资渠道是指客观存在的筹措资金的来源方向与通道。认识和了解各筹资渠道及其特点，有助于企业充分拓宽和正确利用筹资渠道。我国企业目前筹资渠道主要包括以下六种。

（1）国家财政资金。国家对企业的直接投资是国有企业特别是国有独资企业获得资金的主要渠道。现有国有企业的资金来源中，其资本部分大多是由国家财政以直接拨款方式形成的，除此以外，还有些是国家对企业“税前还贷”或减免各种税款而形成的。不管是何种形式形成的，从产权关系上看，它们都属于国家投入的资金，产权归国家所有。

（2）银行信贷资金。银行对企业的各种贷款，是我国目前各类企业最为重要的资金来源。我国银行分为商业性银行和政策性银行两种。商业银行是以盈利为目的、从事信贷资金投放的金融机构，它主要为企业提供各种商业贷款。政策性银行是为特定企业提供政策性贷款。

（3）非银行金融机构资金。非银行金融机构主要指信托投资公司、保险公司、租赁公司、证券公司、财务公司等。它们所提供的各种金融服务，既包括信贷资金投放，也包括物资的融通，还包括为企业承销证券等金融服务。

（4）其他企业资金。企业在生产经营过程中，往往形成部分暂时闲置的资金，并为一定的目的而进行相互投资；另外，企业间的购销业务可以通过商业信用方式来完成，从而形成企业间的债权债务关系，形成债务人对债权人的短期信用资金占用。企业间的相互投资和商业信用的存在，使其他企业资金也成为企业资金的重要来源。

（5）居民个人资金。企业职工和居民个人的结余货币，作为“游离”于银行及非银行金融机构等之外的个人资金，可用于对企业进行投资，形成民间资金来源渠道，从而为企业所用。

（6）企业自留资金。它是指企业内部形成的资金，也称企业内部留存，主要包括提取公积金和未分配利润等。这些资金的重要特征之一是，它们无须企业通过一定的方式去筹集，而直接由企业内部自动生成或转移。

各种筹资渠道在体现资金供应量的多少时，存在着较大的差别。有些渠道的资金供应量多，如银行信贷资金和非银行金融机构资金等，而有些相对较少，如企业自留资金等。这种资金供应量的多少，在一定程度上取决于财务管理环境的变化，特别是宏观经济体制、银行体制和金融市场发展速度等因素。

2. 筹资方式

筹资方式是指可供企业在筹措资金时选用的具体筹资形式。我国企业目前筹资方式主要有以下几种：①吸收直接投资；②发行股票；③利用留存收益；④向银行借款；⑤利用商业信用；⑥发行公司债券；⑦融资租赁；⑧杠杆收购。其中：利用①～③方式筹措的资金为权益资金；利用④～⑧方式筹措的资金为负债资金。

（四）筹资原则

企业筹资决策涉及筹资渠道与方式、筹资数量、筹资时机、筹资结构、筹资风险、筹资成本，等等。其中筹资渠道受到筹资环境的制约，外部的筹资环境和企业的筹资能力共同决定了企业的筹资方式；筹资数量和筹资时机受到企业筹资战略的影响，反映了企业发展战略目标；筹资结构取决于企业所处的发展阶段，是企业通过控制和利用财务风险来实现企业价值最大化的决策，它和企业的经营风险以及财务风险大小有关。企业筹资应当有利于实现企业顺利健康成长和企业价值最大化。企业筹资制度必须在宏观筹资体制的框架下做出选择，因此受到国家金融制度安排的约束。

具体说来，企业筹资应遵循以下基本原则。

1. 规模适当原则

企业筹资规模受到注册资本限额、企业债务契约约束、企业规模大小等多方面因素的影响，且不同时期企业的资金需求量并不是一个常数。企业财务人员要认真分析科研、生产、经营状况，采用一定的方法，预测资金的需要数量，合理确定筹资规模。这样，既能避免因资金筹集不足，影响生产经营的正常进行，又可防止资金筹集过多，造成资金闲置。

2. 筹措及时原则

企业财务人员在筹集资金时必须熟知资金时间价值的原理和计算方法，以便根据资金需求的具体情况，合理安排资金的筹集时间，适时获取所需资金。这样，既能避免过早筹集资金形成资金投放前的闲置，又能防止取得资金的时间滞后，错过资金投放的最佳时间。一般说来，期限越长，手续越复杂的筹款方式，其筹款时效越差。

3. 来源合理原则

资金的来源渠道和资金市场为企业提供了资金的源泉和筹资场所，它反映资金的分布状况和供求关系，决定着筹资的难易程度。不同来源的资金，对企业的收益和成本有不同影响。因此，企业应该认真研究资金来源渠道和资金市场，合理选择资金来源。

4. 方式经济原则

在确定筹资数量、筹资时间、资金来源的基础上，企业在筹资时还必须认真研究各种筹资方式。企业筹集资金必然要付出一定的代价，不同筹资方式条件下的资金成本有高有低。为此，就需要对各种筹资方式进行分析、对比，选择经济、可行的筹资方式。与筹资方式相联系的问题是资金结构问题，企业应确定合理的资金结构，以便降低成本，减少风险。

（五）企业资金需要量预测

企业在筹资之前，应当采用一定的方法预测资金需要数量，只有这样，才能使筹集来的资金既能保证满足生产经营的需要，又不会有太多的闲置。现介绍预测资金需要量常用的方法。

1. 定性预测法

定性预测法是指利用直观的资料，依靠个人的经验和主观分析、判断能力，预测未来资金需要量的方法。其预测过程是：首先由熟悉财务情况和生产经营情况的专家，根据过去所积累的经验进行分析判断，提出预测的初步意见；然后，通过召开座谈会或发出各种表格等形式，对上述预测的初步意见进行修正补充。这样经过一次或几次以后，得出预测的最终结果。

定性预测法是十分有用的，但它不能揭示资金需要量与有关因素之间的数量关系。例如，预测资金需要量应和企业生产经营规模相联系。生产规模扩大，销售数量增加，会引起资金需求增加；反之，则会使资金需求量减少。

2. 比率预测法

比率预测法是依据有关财务比率与资金需要量之间的关系，预测资金需要量的方法。能用于资金预测的比率可能会很多，如存货周转率、应收账款周转率等，但最常用的是资金与销售额之间的比率。

（1）销售额比率法的含义与基本假定。销售额比率法是指以资金与销售额的比率为基础，预测未来资金需要量的方法。

应用销售额比率法预测资金需要量是建立在以下假定基础之上的：①企业的部分资产和负债与销售额成比例变化；②企业各项资产、负债与所有者权益结构已达到最优。

（2）销售额比率法的步骤。应用销售额比率法预测资金需要量通常须经过以下步骤：①预计销售额增长率；②确定随销售额变动而变动的资产和负债项目；③确定需要增加的资金数额；④根据有关财务指标的约束确定对外筹资数额。

【例 3-1】 某公司 2008 年 12 月 31 日的资产负债表见表 3-1。

表 3-1 资产负债表

2008 年 12 月 31 日 单位：万元

资产		负债与所有者权益	
现金	5 000	应付费用	10 000
应收账款	15 000	应付账款	5 000
存货	30 000	短期借款	25 000
固定资产	30 000	公司债券	10 000
		实收资本	20 000
		留存收益	10 000
资产合计	80 000	负债与所有者权益合计	80 000

假定公司 2008 年的销售收入为 100 000 万元，销售净利率为 10%，股利支付率为 60%，公司现有生产能力尚未饱和，增加销售无须追加固定资产投资。经预测，2009 年该公司销售收入将提高到 120 000 万元，公司销售净利率和利润分配政策不变。

其销售额比率法的预测程序说明如下。

（1）预计销售额增长率：

销售额增长率＝[(120 000－100 000)/100 000]×100%＝20%

（2）确定随销售额变动而变动的资产和负债项目。该公司资产负债表中，资产方除固定资产外都将随销售量的增加而增加，因为较多的销售量需要占用较多的存货，发生较多的应收账款，导致现金需求增加。在负债与所有者权益一方，应付账款和应付费用也会随销售的增加而增加，但实收资本、公司债券、短期借款等不会自动增加。公司的利润如果不全部分配出去，留存收益也会有适当增加。预计随销售增加而自动增加的项目列示在表 3-2 中。

表 3-2 某公司销售额比率表

资产	占销售收入（%）	负债与所有者权益	占销售收入（%）
现金	5	应付费用	5
应收账款	15	应付账款	10
存货	30	短期借款	不变动
固定资产	不变动	公司债券	不变动
		实收资本	不变动
		留存收益	不变动
合计	50	合计	15

在表 3-2 中，不变动是指该项目不随销售的变化而变化。表中的各项目占销售收入（%）反映的是企业资本（资产）的密集度，是以表 3-1 中有关项目的数字除以销售收入求得，如存货：30 000÷100 000＝30%。

（3）确定需要增加的资金。从表 3-2 中可以看出，销售收入每增加 100 元，必须增加 50 元的资金占用，但同时增加 15 元的资金来源。从 50%的资金需求中减去 15%自动产生的资金来源，还剩下 35%的资金需求。因此，每增加 100 元的销售收入，公司必须取得 35 元的资金来源。本例中，销售收入从 100 000 万元，增加到 120 000 万元，增加了 20 000 万元，按照 35%的比率可预测将增加 7 000 万元的资金需求。

（4）根据有关财务指标的约束确定对外筹资额。上述 7 000 万元的资金需求有些可通过企业内部来筹集。依题意，公司 2009 年净利润为 12 000 万元（120 000×10%），公司股利支付率为 60%，则将有 40%的利润即 4 800 万元被留存下来（留存收益率为 40%），从 7 000 万元中减去 4 800 万元的留存收益，则还有 2 200 万元的资金必须向外界来融通。

上述预测过程的公式表示为

$$对外筹资需要量=(A/S_1)\times\Delta S-(B/S_1)\times\Delta S-P\times E\times S_2 \quad (3.1)$$

或

$$对外筹资需要量=(\Delta S/S_1)\times(A-B)-P\times E\times S_2 \quad (3.2)$$

式中：A 为随销售变化的资产（变动资产）；B 为随销售变化的负债（变动负债）；S_1 为基期销售额；S_2 为预测期销售额；ΔS 为销售的变动额；P 为销售净利率；E 为收益留存比率；A/S_1 为单位销售额所需的资产数量，即变动资产占基期销售额的百分比；B/S_1 为单位销售额所产生的自然负债数量，即变动负债占基期销售额的百分比。

根据上述资料可求得 2009 年该公司对外筹资需要量为

$$50\%\times20\,000-15\%\times20\,000-10\%\times40\%\times120\,000=2\,200（万元）$$

从对外筹资需要量的计算公式可以看出，销售额增长率、资产利用率（特别是固定资产利用率）、资本密集度、销售净利率以及企业的利润分配政策（股利支付率和留存收益率）等因素都会对企业对外筹资需要量产生重要影响。

3. 资金习性预测法

资金习性预测法是指根据资金习性预测未来资金需要量的方法。所谓资金习性，是指资金的变动与产销量变动之间的依存关系。按照资金与产销量之间的依存关系，可以把资金区分为不变资金、变动资金和半变动资金。

不变资金是指在一定的产销量范围内，不受产销量变动的影响而保持固定不变的那部分资金。也就是说，产销量在一定范围内变动，这部分资金保持不变。这部分资金包括：为维持营业而占用的最低数额的现金，原材料的保险储备，必要的成品储备，以及厂房、机器设备等固定资产占用的资金。

变动资金是指随产销量的变动而同比例变动的那部分资金。它一般包括直接构成产品实体的原材料、外购件等占用的资金。另外，在最低储备以外的现金、存货、应收账款等也具有变动资金的性质。

半变动资金是指虽然受产销量变化的影响，但不成同比例变动的资金，如一些辅助材料所占用的资金。半变动资金可采用一定的方法划分为不变资金和变动资金两部分。

资金习性预测法有两种形式：一种是根据资金占用总额同产销量的关系来预测资金需要量；另一种是采用先分项后汇总的方式预测资金需要量。

设产销量为自变量 x，资金占用量为因变量 y，它们之间的关系表达式为

$$y=a+bx \quad (3.3)$$

式中：a 为不变资金；b 为单位产销量所需变动资金。其数值可采用高低点法或回归直线法求得。

（1）高低点法。资金预测的高低点法是指根据企业一定期间资金占用的历史资料，按照资金习性原理和 $y=a+bx$ 直线方程式，选用最高收入期的资金占用量之差，同这两个收入期

的销售额之差进行对比，先求 b 的值，然后再代入原直线方程，求出 a 的值，从而估计推测资金发展趋势。其计算公式为

b=（最高收入期资金占用量－最低收入期资金占用量）/（最高销售收入－最低销售收入） (3.4)

a=最高收入期资金占用量－b×最高销售收入 (3.5)

或=最低收入期资金占用量－b×最低销售收入 (3.6)

【例 3-2】 某企业历史上现金占用与销售收入之间的关系见表 3-3。

表 3-3 现金与销售收入变化情况表 单位：元

年　度	销售收入（X_i）	现金占用（Y_i）
2004	2 000 000	110 000
2005	2 400 000	130 000
2006	2 600 000	140 000
2007	2 800 000	150 000
2008	3 000 000	160 000

根据以上资料采用高低点法计算为

现金占用单位变动资金=(160 000－110 000)/(3 000 000－2 000 000)=0.05（元）

现金占用不变资金总额=160 000－0.05×3 000 000=10 000（元）

或=110 000－0.05×2 000 000=10 000（元）

存货、应收账款、流动负债、固定资产等也可根据历史资料作这样的划分，然后汇总列于表 3-4 中。

表 3-4 资金需要量预测表（分项预测） 单位：元

	年度不变资金（a）	每一元销售收入所需变动资金（b）
流动资产		
现　金	10 000	0.05
应收账款	60 000	0.14
存　货	100 000	0.22
小　计	170 000	0.41
减：流动负债		
应付账款及应付费用	80 000	0.11
净资金占用	90 000	0.30
固定资产		
厂房、设备	510 000	0
所需资金合计	600 000	0.30

根据表 3-4 的资料得出预测模型为

$$y=600\ 000+0.30x$$

如果 2009 年的预计销售收入为 3 500 000 元，则

2009 年的资金需要量=600 000+0.3×3 500 000=1 650 000（元）

高低点法简便易行，在企业的资金变动趋势比较稳定的情况下，较为适宜。

（2）回归直线法。回归直线法是根据若干期业务量和资金占用的历史资料，运用最小平方法原理计算不变资金和单位销售额的变动资金的一种资金习性分析方法。其计算公式为

$$a=\frac{\sum x_i^2\sum y_i-\sum x_i\sum x_iy_i}{n\sum x_i^2-(\sum x_i)^2} \tag{3.7}$$

$$b=\frac{n\sum x_iy_i-\sum x_i\sum y_i}{n\sum x_i^2-(\sum x_i)^2} \tag{3.8}$$

或

$$b=\frac{\sum y_i-na}{\sum x_i} \tag{3.9}$$

【例 3-3】 某企业产销量和资金变化情况见表 3-5。2009 年预计销售量为 150 万件，试计算 2009 年的资金需要量。

表 3-5　　产销量与资金变化情况表

年　度	产销量（X_i）（万件）	资金占用（Y_i）（万元）
2003	120	100
2004	110	95
2005	100	90
2006	120	100
2007	130	105
2008	140	110

（1）根据表 3-5 整理出表 3-6。

表 3-6　　资金需要量预测表(按总额预测)

年　度	产销量（X_i）（万件）	资金占用（Y_i）（万元）	X_iY_i	X_i^2
2003	120	100	12 000	14 400
2004	110	95	10 450	12 100
2005	100	90	9 000	10 000
2006	120	100	12 000	14 400
2007	130	105	13 650	16 900
2008	140	110	15 400	19 600
合计 n=6	$\sum X_i$=720	$\sum Y_i$=600	$\sum X_iY_i$=72 500	$\sum X_i^2$ =87 400

（2）把表 3-6 的有关资料分别代入式（3.7）～式（3.9），得

$$a=\frac{\sum x_i^2\sum y_i-\sum x_i\sum x_iy_i}{n\sum x_i^2-(\sum x_i)^2}=\frac{87\,400\times600-720\times72\,500}{6\times87\,400-720^2}=40\text{（万元）}$$

$$b=\frac{n\sum x_iy_i-\sum x_i\sum y_i}{n\sum x_i^2-(\sum x_i)^2}=\frac{6\times72\,500-720\times600}{6\times87\,400-720^2}=0.5\text{（万元）}$$

或
$$b=\frac{\sum y_i-na}{\sum x_i}=\frac{600-6\times 40}{720}=0.5\text{（万元）}$$

（3）把 $a=40$、$b=0.5$ 代入 $y=a+bx$ 得

$$y=40+0.5x$$

（4）把2009年预计 $x=150$ 万件代入上式得出

$$2009\text{年资金需要量}=40+0.5\times 150=115\text{（万元）}$$

从理论上说，回归直线法是一种计算结果最为精确的方法。

二、权益资金的筹集

（一）吸收直接投资

吸收直接投资（以下简称吸收投资）是指企业按照“共同投资、共同经营、共担风险、共享利润”的原则直接吸收国家、法人、个人投入资金的一种筹资方式。吸收投资与发行股票、留存收益都是企业筹集自有资金的重要方式，发行股票要有股票作媒介，而吸收直接投资则无需公开发行证券。吸收投资中的出资者都是企业的所有者，他们对企业具有经营管理权。企业经营状况好，盈利多，各方可按出资额的比例分享利润，但如果企业经营状况差，连年亏损，甚至被迫破产清算，则各方要在其出资的限额内按出资比例承担损失。

1. 吸收投资的种类

企业采用吸收投资方式筹集的资金一般可分为吸收个人投资、吸收法人投资、吸收国家投资等三类。

2. 吸收投资中的出资方式

企业在采用吸收投资方式筹集资金时，投资者可以用现金、厂房、机器设备、材料物资、无形资产等作价出资。

3. 吸收投资的优缺点

（1）吸收投资的优点包括以下几个方面。①有利于增强企业信誉。吸收投资所筹集的资金属于自有资金，能增强企业的信誉和借款能力，对扩大企业经营规模、壮大企业实力具有重要作用。②有利于尽快形成生产能力。吸收投资可以直接获取投资者的先进设备和先进技术，有利于尽快形成生产能力，尽快开拓市场。③有利于降低财务风险。吸收投资可以根据企业的经营状况向投资者支付报酬，企业经营状况好，要向投资者多支付一些报酬，企业经营状况不好，就可不向投资者支付报酬或少支付报酬，比较灵活，所以财务风险较小。

（2）吸收投资的缺点包括以下几个方面。①资金成本较高。一般而言，采用吸收投资方式筹集资金所需负担的资金成本较高，特别是企业经营状况较好和盈利较强时，更是如此。因为向投资者支付的报酬是根据其出资的数额和企业实现利润的多寡来计算的。②容易分散企业控制权。采用吸收投资方式筹集资金，投资者一般都要求获得与投资数量相适应的经营管理权，这是接受外来投资的代价之一。如果外部投资者的投资较多，则投资者会有相当大的管理权，甚至会对企业实行完全控制，这是吸收投资的不利因素。

（二）发行普通股

1. 股票的含义、特征与分类

（1）股票的含义与特征。股份有限公司的资本金称为股本，是通过发行股票方式筹集的。股票是指股份有限公司发行的、用以证明投资者的股东身份和权益并据以获得股利的一种可

转让的书面证明。股票的具体形式是股票证书，具有以下性质：

1）法定性，股票是经过国家主管部门核准发行的，具有法定性；

2）收益性，投资者凭所持有的股票，有权按公司章程从公司领取股息和分享公司的经营红利，股票持有者还可以利用股票获取差价和保值；

3）风险性，认购股票必须承担一定的风险，因为股票的赢利要随着股份有限公司的经营状况和赢利水平上下浮动，并且受到股票交易市场的行情影响；

4）参与性，股东有权出席股东大会，选举公司的董事会，参与公司的经营决策，权利大小取决于其持有的股票份额的多少；

5）无限期性，在股份有限公司的存续期间，股票是一种无限期的法律凭证，它反映着股东与股份有限公司之间比较稳定的经济关系；

6）可转让性，股票是流通性很高的证券，股票可以在股票市场上，作为买卖对象和抵押品随时转让；

7）价格波动性，股票的波动性是指股票价格经常与股票票面价值不一致。

（2）股票的分类。根据不同标准，可以对股票进行不同的分类，现介绍几种主要分类方式。

1）按股东权利和义务分类。以股东享受权利和承担义务的大小为标准，可把股票分成普通股票和优先股票。普通股票简称普通股，是股份公司依法发行的具有管理权、股利不固定的股票。普通股具备股票的最一般特征，是股份公司资本的最基本部分。优先股票简称优先股，是股份公司依法发行的具有一定优先权的股票。从法律上讲，企业对优先股不承担法定的还本义务，是企业自有资金的一部分。

2）按股票票面是否记名分类。以股票票面上有无记名为标准，可把股票分成记名股票与无记名股票。记名股票是在股票上载有股东姓名或名称并将其记入公司股东名册的一种股票。记名股票要同时附有股权手册，只有同时具备股票和股权手册，才能领取股息和红利。记名股票的转让、继承都要办理过户手续。无记名股票是指在股票上不记载股东姓名或名称的股票。凡持有无记名股票，都可成为公司股东。无记名股票的转让、继承无需办理过户手续，只要将股票交给受让人，就可发生转让效力，移交股权。公司向发行人、国家授权投资的机构和法人发行的股票，应当为记名股票。对社会公众发行的股票，可以为记名股票，也可以为无记名股票。

3）按股票票面有无金额分类。以股票票面上有无金额为标准，可把股票分为有面值股票和无面值股票。有面值股票是指在股票的票面上记载每股金额的股票。股票面值的主要功能是确定每股股票在公司所占有的份额；另外，还表明在有限公司中股东对每股股票所负有限责任的最高限额。无面值股票是指股票票面不记载每股金额的股票。无面值股票仅表示每一股在公司全部股票中所占有的比例。也就是说，这种股票只在票面上注明每股占公司全部净资产的比例，其价值随公司财产价值的增减而增减。

4）按股票发行时间的先后分类。以发行时间的先后为标准，可将股票分为始发股和新发股。始发股是公司设立时发行的股票。新发股是公司增资时发行的股票。无论是始发股还是新发股，其发行条件、发行目的、发行价格都不尽相同，但股东的权利和义务却是一样的。

5）按发行对象和上市地区分类。以发行对象和上市地区为标准，可将股票分为 A 股、B

股、H股和N股等。在我国内地，有A股、B股。A股是以人民币标明票面金额并以人民币认购和交易的股票。B股是以人民币标明票面金额，以外币认购和交易的股票。另外，还有H股和N股，H股为在香港上市的股票，N股是在纽约上市的股票。

2. 股票的价值、价格与股价指数

（1）股票价值。股票价值是用货币衡量的作为获利手段的价值。股票价值有四种形式：①票面价值，通常指面值，是股份有限公司在其发行的股票上标明的票面金额；②账面价值，又称净值，是股票包含的实际资产价值；③清算价值，是股份有限公司进行清算时，股票每股所代表的实际价值；④市场价值，是股票在股票市场进行交易过程中具有的价值。

（2）股票价格。股票价格有广义和狭义之分。狭义的股票价格就是股票交易价格。广义的股票价格则包括股票的发行价格和交易价格两种形式。股票交易价格的特点包括：①事先的不确定性，股票交易价格总处在不断变动之中，而且这种变动是连续性的、非间断性的，这与其他价格形式明显不同；②股票交易价格的市场性。股票交易价格一般不受其发行价格的制约，也不受股份有限公司的直接支配，而是取决于股票市场的供求关系，随市场供求关系的变化而变化。

（3）股价指数。股价指数，亦即股票价格指数，是指金融机构通过对股票市场上一些有代表性的公司发行的股票价格进行平均计算和动态对比后得出的数值，它是用以表示多种股票平均价格水平及其变动并衡量股市行情的指标。根据股价指数反映的价格走势所涵盖的范围，可以将股价指数划分为反映整个市场走势的综合性指数和反映某一行业或某一类股票价格走势的分类指数。例如，恒生指数反映的是香港股市整体走势，而恒生国企指数反映的是在香港上市的H股价格走势，恒生红筹股指数则反映香港股市中红筹股的价格走势。按照编制股价指数时纳入指数计算范围的股票样本数量，可以将股价指数划分为全部上市股票价格指数和成分股指数。前者是指将指数所反映出的价格走势涉及的全部股票都纳入指数计算范围，如上海证券交易所发布的上海证券交易所综合指数，就是把全部上市股票的价格变化都纳入计算范围，上海证券交易所工业股价格指数、商业股价格指数等则分别把全部的工业类上市股票和商业类上市股票纳入各自的指数计算范围。成分股指数，是指从指数所涵盖的全部股票中选取一部分较有代表性的股票作为指数样本，称为指数的成分股，计算时只把所选取的成分股纳入指数计算范围。例如，深圳证券交易所成分股指数，就是从深圳证券交易所全部上市股票中选取40种，计算得出的一个综合性成分股指数。通过这个指数，可以近似地反映出全部上市股票的价格走势。深圳证券交易所发布的工业股成分指数，是从深圳证券交易所上市的工业股中选取20家成分股为代表计算得出的。在编制成份指数时，为了保证所选样本具有充分的代表性，国际上惯用的做法是，综合考虑样本股的市价总值及成交量在全部上市股本中所占的比重，并要充分考虑到所选样本股公司的行业代表性。指数公布后，还要根据市场变化状况定期或不定期地更换样本股。

编制股价指数时通常采用以过去某一时刻（基期）部分有代表性的或全部上市公司的股票行情状况为标准参照值，将当期部分有代表性的或全部上市公司的股票行情状况与标准参照值相比的方法。股价指数的计算方法有简单算术平均法、综合平均法、几何平均法和加权综合法等。

下面介绍几种常见的股价指数。

1）道•琼斯股票价格平均指数，又称道氏指数，包括：道氏工业平均指数，由30家工业公司的股票价格平均数构成；道氏公用事业平均指数，由15家公用事业公司的股票价格平均数构成；道氏运输业平均指数，由20家运输公司的股票价格平均数构成；道氏65种股票价格平均数，由上述工业、运输业、公用事业的65家公司的股票价格混合构成。道·琼斯股票价格平均指数以1928年10月1日为基期，在纽约交易所交易时间每30分钟公布一次，用当日当时的股票价格算术平均数与基期的比值求得，是被西方新闻媒介引用最多的股票指数。

2）上证股价指数，最初是由中国工商银行上海分行信托投资公司静安证券业务部根据上海股市的实际情况，参考国外股价指标的生成方法编制而成的。上证指数以1990年12月19日为基期，1991年7月15日开始公布。由于采取全部股票进行计算，因此，上证指数可以较为贴切地反映上海股价的变化情况。

3）深圳股价指数，是由深圳证券交易所编制的。它以1991年4月3日为基期，以在深圳证券交易所上市交易的全部股票为计算对象，用每日各种股票的收盘价分别乘以其发行量后求和得到的市价总值，除以基期市价总值后乘以100求得。

3. 普通股股东的权利

普通股股票的持有人叫普通股股东，普通股股东一般具有如下权利。

（1）公司管理权。普通股股东具有对公司的管理权。对大公司来说，普通股股东成千上万，不可能每个人都直接对公司进行管理。普通股股东的管理权主要体现为在董事会选举中有选举权和被选举权。通过选出的董事会代表所有股东对企业进行控制和管理。具体来说，普通股股东的管理权主要表现为以下几个方面。

1）投票权。普通股股东有权投票选举公司董事会成员并有权对修改公司章程、改变公司资金结构、批准出售公司重要资产、吸收或兼并其他公司等重大问题进行投票表决。

2）查账权。从原则上来讲，普通股股东具有查账权。但由于保密的原因，这种权利常常受到限制。因此，并不是每个股东都可自由查账，但股东可以委托会计师事务所代表他去查账。

3）阻止越权经营的权利。当公司的管理当局越权经营时，股东有权阻止。

（2）分享盈余权。分享盈余也是普通股股东的一项基本权利。盈余的分配方案由股东大会决定，每一个会计年度由董事会根据企业的盈利数额和财务状况来决定分发股利的多少并经股东大会批准通过。

（3）出让股份权。股东有权出售或转让股票，这也是普通股股东的一项基本权利。股东出让股票的原因可能有以下几个因素。

1）对公司的选择。有的股东由于与管理当局的意见不一致，又没有足够的力量对管理当局进行控制，便出售其股票而购买其他公司的股票。

2）对报酬的考虑。有的股东认为现有股票的报酬低于所期望的报酬，便出售现有的股票，寻求更有利的投资机会。

3）对资金的需求。有的股东由于一些原因需要大量现金，不得不出售其股票。

（4）优先认股权。优先认股权是普通股股东拥有的权力，即普通股股东可优先于其他投资者购买公司增发新股票的权力。当公司增发普通股票时，原有股东有权按持有公司股票的比例，在一定期限内以低于市价的认购价格购买新股。

优先认股权的存续期分为附权期和除权期两部分。附权期是从公司宣布配股之日起至配股登记日止；除权期是从配股登记日至到期日。附权期内的股票称为“附权股票”，优先认股权附在股票上进行交易，股票交易价格中包含优先认股权的价值，这时股票价格会相应上升；除权期内的股票称为“除权股票”，原来的附权股票价值就分为股票的价值和优先认股权价值两部分。这既可以作为发行普通股的一种促销手段，又能维持原股东在公司的控制权。

（5）剩余财产要求权。当公司解散、清算时，普通股股东对剩余财产有要求权。但是，公司破产清算时，财产的变价收入，首先要用来清偿债务，然后支付优先股股东，最后才能分配给普通股股东。所以，在破产清算时，普通股股东实际上很少能分到剩余财产。

4. 股票的发行

股票的发行是利用股票筹集资金的一个最重要问题，现简介如下。

（1）股票发行的条件。按国际惯例，股份公司发行股票必须具备一定的发行条件，取得发行资格，并在办理必要手续后才能发行。

（2）股票发行的程序。根据国际惯例，各国股票的发行都有严格的法律规定程序，任何未经法定程序发行的股票都不发生效力。公开发行股票的基本程序包括以下几个步骤：①公司作出新股发行决议；②公司做好发行新股的准备工作，编写必备的文件资料和获取有关的证明材料；③提出发行股票的申请；④有关机构进行审核；⑤签署承销协议；⑥公布招股说明书；⑦按规定程序招股；⑧认股人缴纳股款；⑨向认股人交割股票。

（3）股票发行价格。股票发行价格通常有等价、时价和中间价三种。等价是指以股票面额为发行价格，即股票的发行价格与其面额等价，也称平价发行或面值发行。时价，是以公司原发行同种股票的现行市场价格为基准来选择增发新股的发行价格，也称市价发行。中间价是取股票市场价格与面额的中间值作为股票的发行价格。以中间价和时价发行都可能是溢价发行，也可能是折价发行。值得注意的是，我国《公司法》规定公司发行股票不准折价发行，即不准以低于股票面额的价格发行。

根据我国《证券法》的规定，股票的发行价格由发行人与承销的证券公司协商确定，并报中国证监会核准。发行公司应当参考公司经营业绩、净资产、发展潜力、发行数量、行业特点、股市状态等，提供定价分析报告，说明确定发行价格的依据。

发行底价或者发行价格区间可以采用下列方法来估计。

1）市盈率定价法。市盈率定价法是指依据注册会计师审核后的发行人盈利预测计算出发行人的每股收益，然后根据二级市场的平均市盈率、发行人的行业情况、发行人的经营状况及其成长性等拟订发行市盈率，最后依据发行市盈率与发行人每股收益的乘积决定发行价格。其计算公式为

$$\text{发行价格}=\text{每股收益}\times\text{发行市盈率} \tag{3.10}$$

式中，每股收益的确定方法有两种：一是完全摊薄法，即用发行当年预测全部净利润除以总股本，直接得出每股净利润；二是加权平均法。其计算公式为

$$\text{每股收益}=\text{发行当年预测净利润}/\left[\text{发行前总股本数}+\text{本次公开发行股本数}\times(12-\text{发行月份数})/12\right] \tag{3.11}$$

市盈率又称本益比（P/E），是指公司股票市场价格与公司盈利的比率。发行市盈率通常根据二级市场的平均市盈率、发行公司所处行业的情况（同类行业公司股票的市盈率）、发行公司的经营状况及其成长性等拟订。其计算公式为

$$\text{市盈率}=\text{每股市价}/\text{每股净收益} \tag{3.12}$$

2）净资产倍率法。净资产倍率法又称资产净值法，是指通过资产评估和相关会计手段确定发行公司拟募股资产的每股净资产值，然后根据证券市场的状况将每股净资产值乘以一定的倍率，以此确定股票发行价格的方法。净资产倍率法在国外常用于房地产公司或资产现值要重于商业利益的公司的股票发行，但在国内一直未采用。以此种方式确定每股发行价格不仅应考虑公平市值，还须考虑市场所能接受的溢价倍数。以净资产倍率法确定发行股票价格的计算公式为

$$发行价格=每股净资产值\times溢价倍数 \tag{3.13}$$

3）竞价确定法。投资者在指定时间内通过证券交易场所交易网络，以不低于发行底价的价格并按限购比例或数量进行认购委托，申购期满后，由交易场所的交易系统将所有有效申购按照“价格优先、同价位申报时间优先”的原则，将投资者的认购委托由高价位向低价位排队，并由高价位到低价位累计有效认购数量，当累计数量恰好达到或超过本次发行数量的价格，即为本次发行的价格。如果在发行底价上仍不能满足本次发行股票的数量，则底价为发行价。发行底价由发行公司和承销商根据发行公司的经营业绩、盈利预测、项目投资的规模、市盈率、发行市场与股票交易市场上同类股票的价格及影响发行价格其他因素共同研究协商确定。由于在此种方法下，机构大户易于操纵发行价格，因此，经试验后即停止使用了。

4）现金流量折现法。现金流量折现法又称贴现现金流量定价法，该方法是通过预测公司未来盈利能力，据此计算出公司净现值，并按一定的折现率折算，从而确定股票发行价格的方法。其基本要点是：首先是用市场接受的会计手段预测公司每个项目若干年内每年的净现金流量，再按照市场公允的折现率，分别计算出每个项目未来的净现金流量的净现值。公司的净现值除以公司股份数，即为每股净现值。采用此法应注意两点。第一，由于未来收益存在不确定性；发行价格通常要对上述每股净现值折让 20%～30%。第二，用现金流量折现法定价的公司，其市盈率往往远高于市场平均水平，但这类公司发行上市时套算出来的市盈率与一般公司发行的市盈率之间不具可比性。这一方法在国际主要股票市场主要用于对新上市公路、港口、桥梁、电厂等基建公司的估值发行的定价。这类公司的特点是前期投资大，初期回报不高，上市时的利润一般偏低，如果采用市盈率法发行定价则会低估其真实价值，而对公司未来收益（现金流量）的分析和预测能比较准确地反映公司的整体和长远价值。

5. 股票上市

股祟上市指股份有限公司公开发行的股票经批准在证券交易所进行挂牌交易。经批准在交易所上市交易的股票称为上市股票。股票获准上市交易的股份有限公司简称为上市公司。我国《公司法》规定，股东转让其股份，即股票流通必须在依法设立的证券交易场所进行。

股票上市作为一种有效的筹资方式，对公司的成长起着重要的作用。发达国家的绝大部分发展迅速的公司都选择了上市。然而，股票上市也会给公司带来一些负面效果，因此，在做出股票上市的决定前，公司管理者应该非常慎重地考虑，并且应该尽可能向专家或有过类似经历的企业家进行咨询，做好股票上市的利弊分析，以便做出的决策能够达到预期目的。

（1）股票上市可为公司带来的益处主要有以下几种。①有助于改善财务状况。公司公开发行股票可以筹得自有资金，能迅速改善公司财务状况，并有条件得到利率更低的贷款。同时，公司一旦上市，就可以在今后有更多的机会从证券市场上筹集资金。②利用股票收购其

他公司。一些公司常用出让股票而不是付现金的方式去对其他企业进行收购。被收购企业也乐意接受上市公司的股票。因为上市的股票具有良好的流通性，持股人可以很容易将股票出手而得到资金。③利用股票市场客观评价企业。对于已上市的公司来说，每日每时的股市，都是对企业客观的市场估价。④利用股票可激励职员。上市公司利用股票作为激励关键人员的手段是卓有成效的。公开的股票市场提供了股票的准确价值，也可使职员的股票得以兑现。⑤提高公司知名度，吸引更多顾客。股票上市公司为社会所知，并被认为经营优良，这会给公司带来良好的声誉，从而吸引更多的顾客，扩大公司的销售。

（2）股票上市可能对公司产生的不利影响主要有以下几种。①使公司失去隐私权。一家公司转为上市公司，其最大的变化是公司隐私权的消失。国务院证券监督管理机构要求上市公司将关键的经营情况向社会公众公开。②限制经理人员操作的自由度。公司上市后其所有重要决策都需要经董事会讨论通过，有些对企业至关重大的决策则需全体股东投票决定。股东们通常以公司盈利、分红、股价等来判断经理人员的业绩，这些压力往往使得企业经理人员注重短期效益而忽略长期效益。③公开上市需要很高的费用。这些费用包括：资产评估费用、股票承销佣金、律师费、注册会计师费、材料印刷费、登记费等。这些费用的具体数额取决于每一个企业的具体情况、整个上市过程的难易程度和上市数额等因素。公司上市后尚须花费一些费用为证券交易所、股东等提供资料，聘请注册会计师、律师等。

6. 普通股筹资的优缺点

（1）普通股筹资的优点。发行普通股是公司筹集资金的一种基本方式，其优点主要有以下几点。①没有固定利息负担。公司有盈余，并认为适合分配股利，就可以分给股东；公司盈余较少，或虽有盈余但资金短缺或有更有利的投资机会，就可少支付或不支付股利。②没有固定到期日，不用偿还。利用普通股筹集的是永久性的资金，除非公司清算才需偿还。它对保证企业最低的资金需求有重要意义。③筹资风险小。由于普通股没有固定到期日，不用支付固定的利息，此种筹资实际上不存在不能偿付的风险，因此风险最小。④能增加公司的信誉。普通股本与留存收益构成公司所借入一切债务的基础。有了较多的自有资金，就可为债权人提供较大的损失保障，因而，普通股筹资既可以提高公司的信用价值，同时也为使用更多的债务资金提供了强有力的支持。⑤筹资限制较少。利用优先股或债券筹资，通常有许多限制，这些限制往往会影响公司经营的灵活性，而利用普通股筹资则没有这种限制。

（2）普通股筹资的缺点。普通股筹资的缺点主要有以下几点。①资金成本较高。一般来说，普通股筹资的成本要大于债务资金。这主要是股利要从净利润中支付，而债务资金的利息可在税前扣除，另外，普通股的发行费用也比较高。②容易分散控制权。利用普通股筹资，出售了新的股票，引进了新的股东，容易导致公司控制权的分散。③新股东分享公司未发行新股前积累的盈余，会降低普通股的每股净收益，从而可能引起股价的下跌。

（三）发行优先股

1. 优先股的性质

优先股是一种特别股票，它与普通股有许多相似之处，但又具有债券的某些特征。但从法律的角度来讲，优先股属于自有资金。

优先股股东所拥有的权利与普通股股东近似。优先股的股利不能像债务利息那样从税前扣除，而必须从净利润中支付。但优先股有固定的股利，这与债券利息相似，优先股对盈利的分配和剩余资产的求偿具有优先权，这也类似于债券。

另外，公司的不同利益集团，对优先股有不同的认识。普通股的股东一般把优先股看成是一种特殊债券，这是因为，它必须在普通股之前取得收益，分享资产。投资人在购买普通股票时也往往把优先股看作债券。但是，从债券的持有人来看，优先股则属于股票，因为它对债券起保护作用，可以减少债券投资的风险，属于主权资金。从公司管理当局和财务人员的观点来看，优先股则具有双重性质，这是因为，优先股虽没有固定的到期日，不用偿还本金，但往往需要支付固定的股利，成为财务上的一项负担。所以，当公司利用优先股集资时，一定要考虑它这两方面的特性。

2. 发行优先股的动机

筹资是股份公司发行优先股的基本目的，但由于优先股具有其特征，因此，发行公司往往还有其他的动机。表现在以下四个方面。

（1）防止公司股权分散化。优先股股东一般无表决权，发行优先股就可以避免公司股权分散，保障公司老股东的原有控制权。

（2）调剂现金余缺。公司在需要现金资本时可发行优先股，在现金充裕时可赎回部分或全部优先股，从而调剂现金余缺。

（3）改善公司的资金结构。公司在安排借入资本与自有资本的比例关系时，可较为便利地利用优先股的发行、转换、赎回等手段进行资金结构和自有资本内部结构的调整。

（4）维持举债能力。公司发行优先股，有利于巩固自有资本的基础，维持乃至增强公司的举债能力。

3. 优先股的种类

按不同标准，可对优先股作不同分类，现介绍几种最主要的分类方式。

（1）按股利能否累积分类。

1）累积优先股，是指在任何营业年度内未支付的股利可累积起来，由以后营业年度的盈利一起支付的优先股股票。也就是说，当公司营业状况不好，无力支付固定股利时，可把股利累积下来，当公司营业状况好转，盈余增多时，再补发这些股利。一般而言，一个公司只有把所欠的优先股股利全部支付以后，才能支付普通股股利。

2）非累积优先股是仅按当年利润分取股利，而不予以累积补付的优先股股票。也就是说，如果本年度的盈利不足以支付全部优先股股利，对所积欠的部分，公司不予累积计算，优先股股东也不能要求公司在以后年度中予以补发。

显然，对投资者来说，累积优先股比非累积优先股具有更大的吸引力，所以，累积优先股发行比较广泛，而非累积优先股则因认购者少而发行量小。

（2）按是否可转换为普通股股票分类。

1）可转换优先股，是指股东可在一定时期内按一定比例把优先股转换成普通股的股票。转换的比例是事先确定的，其数值大小取决于优先股与普通股的现行价格。例如，每股可转换优先股的价格为 100 元，每股普通股的现行价格为 25 元，这时就可能规定在今后一定时期（如 2 年）内，以 1 股优先股转换 4 股普通股。显然，在规定的 2 年内，只有当普通股价格超过 25 元，或优先股的价格不超过 100 元时，这种转换才有利于优先股股东。

2）不可转换优先股，是指不能转换成普通股的股票。不可转换优先股只能获得固定股利报酬，而不能获得转换收益。

（3）按能否参与剩余利润分配分类。

1）参与优先股，是指不仅能取得固定股利，还有权与普通股一同参与利润分配的股票。根据参与利润分配的方式不同，又可分为全部参与分配的优先股和部分参与分配的优先股。前者表现为优先股股东有权与普通股股东共同等额分享本期剩余利润，后者则表现为优先股股东有权按规定额度与普通股股东共同参与利润分配，超过规定额度部分的利润，归普通股股东所有。

2）非参与优先股，是指不能参与剩余利润分配，只能取得固定股利的优先股。其特点是优先股股东对股份公司的税后利润，只有权分得固定股利，对取得固定股利后的剩余利润，无权参与分配。

（4）按是否有赎回优先股票的权利分类。

1）可赎回优先股，又称可收回优先股，是指股份公司可以按一定价格收回的优先股票。在发行这种股票时，一般都附有收回性条款，在收回条款中规定了赎回该股票的价格。此价格一般略高于股票的面值。至于是否收回，在什么时候收回，则由发行股票的公司来决定。

2）不可赎回优先股，是指不能收回的优先股股票。因为优先股都有固定股利，所以，不可赎回优先股一经发行，便会成为一项永久性的财务负担。因此，在实际工作中，大多数优先股均是可赎回优先股，而不可赎回优先股则很少发行。

从以上介绍可以看出，累积优先股、可转换优先股、参与优先股均对股东有利，而可赎回优先股则对股份公司有利。

4. 优先股股东的权利

优先股的“优先”是相对普通股而言的，这种优先权主要表现在以下几个方面。

（1）优先分配股利权。优先分配股利的权利，是优先股的最主要特征。优先股通常有固定股利，一般按面值的一定百分比来计算。另外，优先股的股利除数额固定外，还必须在支付普通股股利之前予以支付。对于累积优先股来说，这种优先权就更为突出。

（2）优先分配剩余资产权。在企业破产清算时，出售资产所得的收入，优先股位于债权人的求偿之后，但先于普通股。其金额只限于优先股的票面价值，加上累积未支付的股利。

（3）部分管理权。优先股股东的管理权限是有严格限制的。通常，在公司的股东大会上，优先股股东没有表决权，但是，当公司研究与优先股有关的问题时有权参加表决。例如，如果讨论把一般优先股改为可转换优先股时，或推迟优先股股利的支付时，优先股股东都有权参加股东大会并有权表决。

5. 优先股筹资的优缺点

（1）利用优先股筹资的优点，主要有以下几个。①没有固定到期日，不用偿还本金。事实上等于使用的是一笔无限期的贷款，无偿还本金义务，也无需做再筹资计划。但大多数优先股又附有收回条款，这就使得使用这种资金更有弹性。当财务状况较弱时发行，而财务状况转强时收回，有利于结合资金需求，同时也能控制公司的资金结构。②股利支付既固定，又有一定弹性。一般而言，优先股都采用固定股利，但固定股利的支付并不构成公司的法定义务。如果财务状况不佳，则可暂时不支付优先股股利，那么，优先股股东也不能像债权人一样迫使公司破产。③有利于增强公司信誉。从法律上讲，优先股属于自有资金，因而，优先股扩大了权益基础，可适当增加公司的信誉，加强公司的借款能力。

（2）利用优先股筹资的缺点，主要有以下几个。①筹资成本高。优先股所支付的股利要从税后净利润中支付，不同于债务利息可在税前扣除。因此，优先股成本很高。②筹资限制多。发行优先股，通常有许多限制条款，例如，对普通股股利支付上的限制，对公司借债限制等。③财务负担重。如前所述，优先股需要支付固定股利，但又不能在税前扣除，所以，当利润下降时，优先股的股利会成为一项较重的财务负担，有时不得不延期支付。

（四）发行认股权证

1. 认股权证的含义与特征

认股权证是由股份公司发行的，能按特定的价格，在特定的时间内购买一定数量该公司股票的选择权凭证。它赋予持有者在一定期间以事先约定的价格优先购买发行公司一定数量普通股票的权利。它的发行可以随附优先股或债券，也可以与优先股或债券相分离。公司发行认股权证的主要目的是吸引广大投资者和某些投资机构购买公司发行的债券或优先股票。

认股权证的特征主要有三个。①对发行公司而言，发行认股权证是一种特殊的筹资手段。发行认股权证的主要目的，通常是为了吸引广大投资者和某些投资机构购买公司发行的新债券或优先股股票，它是促销的一种手段。②认股权证本身含有期权条款，其持有人在认股之前，对发行公司既不拥有债权也不拥有股权，而只是拥有股票认购权。③认股权证具有价值和市场价格。用认股权证购买普通股票，其价格一般低于市价。这样认股权证就有了价值。发行公司可以通过发行认股权证筹得现金，还可以用于公司成立时对承销商的一种补偿。

2. 认股权证的种类

（1）按允许购买的期限分类：①短期认股权证，认股期限一般在 90 天以内；②长期认股权证认股期限通常超过 90 天以上，更有长达数年或永久。

（2）按认股权证的发行方式分类：①附带发行认股权证，是指依附于债券、优先股、普通股或短期票据发行的认股权证；②单独发行认股权证是指不依附于公司债券、优先股、普通，股或短期票据而单独发行的认股权证。

认股权证的发行，最常用的方式是认股权证在发行债券或优先股之后发行。这是将认股权证随同债券或优先股一同寄往认购者。在无纸化交易制度下，认股权证将随同债券或优先股一并由中央登记结算公司划入投资者账户。

3. 认股权证的基本要素

认股权证的基本要素包括四个。

（1）认购数量：指每一份认股权证可认购股票的数量，又称转换比率。

（2）认购价格：指认股权证持有者行使认股权时的结算价格。

（3）认购期限：指认股权证的有效期限。

（4）赎回条款：指在规定的期限内，公司有权赎回其发行在外的认股权证。

4. 认股权证的价值

（1）理论价值。认股权证在其有效期限内具有价值。认股权证有理论价值与实际价值之分。其理论价值的计算公式为

$$V=(P-E)\times N \tag{3.14}$$

式中：V 为认股权证理论价值；P 为普通股股票市场价格；E 为认购价格或执行价格；N 为认股权证换股比率，即一张认股权证可买到的股票数。

影响认股权证理论价值的主要因素有四个。①换股比率。认股权证一权所能认购的普通股股数越多，其理论价值就越大；反之，则越小。②普通股市价。市价越高，认股权证的理

论价值越大。③执行价格。执行价格越低，认股权证的持有者为换股而支付的代价就越小，普通股市价高于执行价格的机会就越大，认股权证的理论价值就越大。④剩余有效期间。认股权证的剩余有效期间越长，市价高于执行价格的可能性就越大，认股权证的理论价值就越大。

【例 3-4】 瑞奇股份有限公司发行认股权证筹资，规定每张认股权证可按 20 元认购 1 股普通股票。公司普通股票每股市价是 23 元，则认股权证理论价值为

$$V=(P-E)\times N=(23-20)\times 1=3\text{（元）}$$

（2）实际价值。认股权证的实际价值是认股权证在证券市场上的市场价格或售价。一般情况下，实际价值通常高于理论价值。认股权证的实际价值受市场供求关系的影响，由于套购活动存在套购利润，认股权证的实际价值最低限为理论价值。认股权证的实际价值大于理论价值的部分称为超理论价值的溢价。由于认股权证的投资具有较大的投机性，给予了投资者以高度的获利杠杆作用，所以形成认股权证的超理论价值的溢价。

5. 认股权证的作用

（1）为公司筹集额外现金。认股权证不论单独发行还是附带发行，都能为公司额外筹取一笔现金，从而增强公司的资本实力。

（2）促进其他筹资方式的运用。单独发行认股权证有利将来发售股票。附带发行认股权证可促进相关证券筹资的效率。如果认股权证依附债券或优先股等发行，可增加投资于公司证券的吸引力和诱惑力，从而促进债券和优先股等的发售。

三、负债资金的筹集

（一）向银行借款

向银行借款就是由企业根据借款合同从有关银行或非银行金融机构借入所需资金的一种筹资方式，又称银行借款筹资。

1. 银行借款的种类

可供选择的银行借款的种类很多，可按不同标准进行不同的分类。

（1）按借款的期限分类：①短期借款，是指借款期限在 1 年以内（含 1 年）的借款。②中期借款，是指借款期限在 1 年以上（不含 1 年）5 年以下（含 5 年）的借款。③长期借款，是指借款期限在 5 年以上（不含 5 年）的借款。

（2）按借款的担保条件分类：①信用借款，是指以借款人的信誉为依据而获得的借款，企业取得这种借款，无需以财产做抵押。②担保借款，是指以一定的财产做抵押或以一定的保证人做担保为条件所取得的借款。③票据贴现，是指企业以持有的未到期的商业票据向银行贴付一定的利息而取得的借款。

（3）按提供贷款的机构分类：①政策性银行贷款，一般是指执行国家政策性贷款业务的银行向企业发放的贷款。如国家开发银行为满足企业承建国家重点建设项目的资金需要提供贷款；进出口信贷银行为大型设备的进出口提供买方或卖方信贷。②商业银行贷款，是指由各商业银行向工商企业提供的贷款。这类贷款主要为满足企业生产经营的资金需要。此外，企业还可从信托投资公司取得实物或货币形式的信托投资贷款，从财务公司取得各种贷款等。

2. 银行借款筹资的程序

企业向银行借款，通常要经过以下几个步骤。

（1）企业提出借款申请。企业向银行借入资金，必须向银行提出申请，填写包括借款金

额、借款用途、偿还能力以及还款方式等主要内容的《借款申请书》，并提供以下资料：①借款人及保证人的基本情况；②财政部门或会计师事务所核准的上年度财务报告；③原有的不合理借款的纠正情况；④抵押物清单及同意抵押的证明，保证人拟同意保证的有关证明文件；⑤项目建议书和可行性报告；⑥贷款银行认为需要提交的其他资料。

（2）银行审查借款申请。银行接到企业的申请后，要对企业的申请进行审查，以决定是否对企业提供贷款。这一般包括如下几个方面。①对借款人的信用等级进行评估；②进行相关调查，贷款人受理借款人的申请后，应当对借款人的信用及借款的合法性、安全性和盈利性等情况进行调查，核实抵押物、保证人情况，测定贷款的风险；③贷款审批。

（3）银企签订借款合同。为了维护借贷双方的合法权益，保证资金的合理使用，企业向银行借入资金时，双方签订借款合同。借款合同主要包括如下四方面内容。①基本条款。这是借款合同的基本内容，主要规定双方的权利和义务。具体包括借款数额、借款方式、款项发放的时间、还款期限、还款方式、利息支付方式；利息率的高低等。②保证条款。这是保证款项能顺利归还的一系列条款，包括借款按规定的用途使用、有关的物资保证、抵押财产、担保人及其责任等内容。③违约条款。这是对双方若有违约行为时应该如何处理的条款，主要载明对企业逾期不还或挪用贷款等如何处理和银行不按期发放贷款的处理等内容。④其他附属条款。这是与借贷双方有关的其他条款，如双方经办人、合同生效日期等条款。

（4）企业取得借款。双方签订借款合同后，贷款银行要按合同的规定按期发放贷款，企业便可取得相应的资金。贷款人不按合同约定按期发放贷款的，应该偿付违约金。借款人不按合同的约定用款的，也应该偿付违约金。

（5）企业还本付息。企业应该按借款合同的规定按时足额归还借款本息。一般而言，贷款银行会在短期贷款到期一个星期之前，中长期贷款到期一个月之前，向借款的企业发送还本付息通知单。企业在接到还本付息通知单后，要及时筹备资金，按期还本付息。如果企业不能按期归还借款，应在借款到期之前，向银行申请贷款展期，但是否展期，由贷款银行根据具体情况决定。

3. 与银行借款有关的信用条件

按照国际惯例，银行发放贷款时，往往涉及以下信用条款。

（1）信贷限额。信贷限额亦即贷款限额，是银行对借款人规定的无担保贷款的最高限额。如借款人超过规定限额继续向银行借款，银行则停止办理。此外，如果企业信誉恶化，即使银行曾经同意按信贷限额提供贷款，企业也可能得不到借款。这时，银行不会承担法律责任。

（2）周转信贷协定。周转信贷协定是银行具有法律义务地向企业承诺提供不超过某一最高限额的贷款协定。在协定的有效期内，只要企业借款总额未超过最高限额，银行必须满足企业任何时候提出的借款要求。企业享用周转协定，通常要对贷款限额的未使用部分付给银行一笔承诺费。

【例 3-5】 某企业与银行商定的周转信贷额为 2 000 万元，承诺费率为 0.5%，借款企业年度内使用了 1 400 万元，余额为 600 万元。则借款企业应向银行支付承诺费的金额为多少？

$$承诺费=600\times0.5\%=3（万元）$$

（3）补偿性余额。补偿性余额是银行要求借款人在银行中保持按贷款限额或实际借用额的一定百分比（通常为 10%～20%）的最低存款余额。补偿性余额有助于银行降低贷款风险，补偿其可能遭受的损失；但对借款企业来说，补偿性余额则提高了借款的实际利率，加重了

企业的利息负担。补偿性余额贷款实际利率的计算公式为

$$补偿性余额贷款实际利率=\frac{名义利率}{1-补偿性余额比率}\times 100\% \quad (3.15)$$

【例 3-6】 某企业按年利率 8%向银行借款 100 万元，银行要求保留 20%的补偿性余额，企业实际可以动用的借款只有 80 万元。则该项借款的实际利率为多少？

$$补偿性余额借款的实际利率=[8\%/(1-20\%)]\times 100\%=10\%$$

（4）借款抵押。银行向财务风险较大、信誉不好的企业发放贷款，往往需要有抵押品担保，以减少自己蒙受损失的风险。借款的抵押品通常是借款企业的应收账款、存货、股票、债券以及房屋等。银行接受抵押品后，将根据抵押品的账面价值决定贷款金额，一般为抵押品账面价值的 30%～50%。这一比率的高低取决于抵押品的变现能力和银行的风险偏好。抵押借款的资金成本通常高于非抵押借款，这是因为银行主要向信誉好的客户提供非抵押贷款，而将抵押贷款视为一种风险贷款，因而收取较高的利息；此外，银行管理抵押贷款比管理非抵押贷款更为困难，为此往往另外收取手续费。企业取得抵押借款还会限制其抵押财产的使用和将来的借款能力。

（5）偿还条件。无论何种借款，一般都会规定还款的期限。根据我国金融制度的规定，贷款到期后仍无能力偿还的，视为逾期贷款，银行要照章加收逾期罚息。贷款的偿还有到期一次偿还和在贷款期内定期等额偿还两种方式。一般来说，企业不希望采用后种方式，因为这会提高贷款的实际利率；而银行则不希望采用前种方式，因为这会加重企业还款时的财务负担，增加企业的拒付风险，同时会降低实际贷款利率。

（6）以实际交易为贷款条件。当企业发生经营性临时资金需求，向银行申请贷款以求解决时，银行则以企业将要进行的实际交易为贷款基础，单独立项，单独审批，最后做出决定并确定贷款的相应条件和信用保证。如某承包商因完成某项承包任务缺少资金而向银行借款，当他收到委托承包者付款时，立即归还此笔借款。对这种一次性借款，银行要对借款人的信用状况、经营情况进行个别评价，然后才能确定贷款的利息率、期限和数量。

除了上述所说的信用条件外，银行有时还要求企业为取得借款而做出其他承诺，如及时提供财务报表，保持适当资产流动性等。如企业违背作出的承诺，银行可要求企业立即偿还全部贷款。

4. 借款利息的支付方式

（1）利随本清法。利随本清法又称收款法，是在借款到期时向银行支付利息的方法。采用这种方法，借款的名义利率（亦即约定利率）等于其实际利率（亦即有效利率）。

（2）贴现法。贴现法是银行向企业发放贷款时，先从本金中扣除利息部分，而到期时借款企业再偿还全部本金的一种计息方法。采用这种方法，企业可利用的贷款额只有本金扣除利息后的差额部分，因此，其实际利率高于名义利率。贴现贷款实际利率的计算公式为

$$贴现贷款实际利率=\frac{利息}{贷款金额-利息}\times 100\% \quad (3.16)$$

或

$$贴现贷款实际利率=\frac{名义利率}{1-名义利率}\times 100\% \quad (3.17)$$

【例 3-7】 某企业从银行取得借款 200 万元，期限 1 年，名义利率 10%，利息 20 万元。按照贴现法付息，企业实际可动用的贷款为 180 万元（200 万元－20 万元），该项贷款的实际

利率为

$$贴现贷款实际利率=20\div(200-20)\times100\%=11.11\%$$

或

$$贴现贷款实际利率=10\%\div(1-10\%)\times100\%=11.11\%$$

5. 银行借款筹资的优缺点

（1）银行借款筹资的优点主要有以下几点。①筹资速度快。发行各种证券筹集长期资金所需时间一般较长。做好证券发行的准备，如印刷证券、申请批准等，以及证券的发行都需要一定时间。而向银行借款与发行证券相比，一般所需时间较短，可以迅速地获取资金。②筹资成本低。就目前我国情况来看，利用银行借款所支付的利息比发行债券所支付的利息低，另外，也无需支付大量的发行费用。③借款弹性好。企业与银行可以直接接触，可通过直接商谈，来确定借款的时间、数量和利息。在借款期间，如果企业情况发生了变化，也可与银行进行协商，修改借款的数量和条件。借款到期后，如有正当理由，还可延期归还。

（2）银行借款筹资的缺点主要有以下几点。①财务风险较大。企业举借长期借款，必须定期还本付息，在经营不利的情况下，可能会产生不能偿付的风险，甚至会导致破产。②限制条款较多。企业与银行签订的借款合同中，一般都有一些限制条款，如定期报送有关报表、不准改变借款用途等，这些条款可能会限制企业的经营活动。③筹资数额有限。银行一般不愿借出巨额的长期借款。因此，利用银行借款筹资都有一定的上限。

（二）发行公司债券

1. 债券的含义与特征

债券是债务人依照法律程序发行，承诺按约定的利率和日期支付利息，并在特定日期偿还本金的书面债务凭证。债券的发行人是债务人，投资于债券的人是债权人。债券的特点：一是通过券面载明的财产内容表明财产权；二是权利义务的变更和债券的转让同时发生。

公司债券是由企业或公司发行的有价证券，是企业或公司为筹措资金而公开负担的一种债务契约，表示公司借款后，有义务偿还其所借金额的一种期票。即发行债券的企业以债券为书面承诺，答应在未来的特定日期，偿还本金并按照事先规定的利率付给利息。发行债券是企业主要筹资方式之一。

公司债券与股票都属于有价证券，对于发行公司来说，都是一种筹资手段，而对于购买者来说，都是投资手段。但二者有很大区别，主要有以下几点。①债券是债务凭证，是对债权的证明；股票是所有权凭证，是对所有权的证明。债券持有人是债权人，股票持有人是所有者。债券持有者与发行公司只是一种借贷关系，而股票持有者则是发行公司经营的参与者。②债券的收入为利息，利息的多少一般与发行公司的经营状况无关，是固定的；股票的收入是股息，股息的多少是由公司的盈利水平决定的，一般是不固定的。如果公司经营不善发生亏损或者破产，投资者就得不到任何股息，甚至连本金也保不住。③债券的风险较小，因为其利息收入基本是稳定的；股票的风险则较大。④债券是有期限的，到期必须还本付息；股票除非公司停业，一般不退还股本。⑤债券属于公司的债务，它在公司剩余财产分配中优先于股票。

2. 债券的基本要素

债券的基本要素包括以下几项。

（1）债券的面值。债券面值包括两个基本内容：一是币种，二是票面金额。面值的币种可用本国货币，也可用外币，这取决于发行者的需要和债券的种类。债券的发行者可根据资金市场情况和自己的需要选择适合的币种。债券的票面金额是债券到期时偿还债务的金额。面额印在债券上，固定不变，到期必须足额偿还。

（2）债券的期限。债券都有明确的到期日，债券从发行之日起，至到期日之间的时间称为债券的期限。在债券的期限内，公司必须定期支付利息，债券到期时，必须偿还本金，也可按规定分批偿还或提前一次偿还。

（3）债券的利率。债券上通常都载明利率，一般为固定利率，近些年也有浮动利率。债券上标注的利率一般是年利率，在不计复利的情况下，面值与利率相乘可得出年利息。

（4）债券的价格。理论上，债券的面值就应是它的价格，事实上并非如此。由于发行者的种种考虑或资金市场上供求关系、利息率的变化，债券的市场价格常常脱离它的面值，有时高于面值，有时低于面值，但其差额并不很大，不像普通股那样相差甚远。也就是说，债券的面值是固定的，它的价格却是经常变化的。发行者计息还本，是以债券面值为根据，而不是以其价格为根据。

3. 债券的种类

债券可以从各种不同的角度进行分类，现说明其主要的分类方式。

（1）按有无抵押担保分类，可分为以下几种。

1）信用债券，包括无担保债券和附属信用债券。无担保债券是仅凭债券发行者的信用发行的、没有抵押品作抵押或担保人作担保的债券；附属信用债券是对债券发行者的普通资产和收益拥有次级要求权的信用债券。企业发行信用债券往往有许多限制条件，这些限制条件中最重要的称为反抵押条款，即禁止企业将其财产抵押给其他债权人。由于这种债券没有具体财产做抵押，因此，只有历史悠久，信誉良好的公司才能发行这种债券。

2）抵押债券，是指以一定抵押品作抵押而发行的债券。这种债券在西方比较常见，当企业没有足够的资金偿还债券时，债权人可将抵押品拍卖以获取资金。抵押债券按抵押物品的不同，又可分为不动产抵押债券、设备抵押债券和证券抵押债券。

3）担保债券，是指由一定保证人作担保而发行的债券。当企业没有足够的资金偿还债券时，债权人可要求保证人偿还。保证人应是符合《担保法》的企业法人，且应同时具备以下条件：净资产不能低于被保证人拟发行债券的本息；近三年连续盈利，且有良好的业绩前景；不涉及改组、解散等事宜或重大诉讼案件；中国人民银行规定的其他条件。

（2）按债券是否记名分类，可分为以下几种。

1）记名债券，是指在券面上注明债权人姓名或名称，同时在发行公司的债权人名册上进行登记的债券。转让记名债券时，除要交付债券外，还要在债券上背书和在公司债权人名册上更换债权人姓名或名称。投资者须凭印鉴领取本息。这种债券的优点是比较安全，缺点是转让时手续复杂。

2）无记名债券，是指债券票面未注明债权人姓名或名称，也不用在债权人名册上登记债权人姓名或名称的债券。无记名债券在转让同时随即生效，无需背书，因而比较方便。

债券除按上述标准分类外，还有其他一些形式的债券，这些债券主要有以下几种。

1）可转换债券，是指在一定时期内，可以按规定的价格或一定比例，由持有人自由地选择转换为普通股的债券。

2）零票面利率债券，是指票面上不标明利息，按面值折价出售，到期按面值归还本金的债券。债券的面值与买价的差异就是投资人的收益。

3）浮动利率债券，是指利息率随基本利率（一般是国库券利率或银行同业拆放利率）变动而变动的债券。发行浮动利率债券的主要目的是为了对付通货膨胀。

4）收益债券，是指在企业不盈利时，可暂时不支付利息，而到获利时支付累积利息的债券。

此外，债券还可按用途分为直接用途债券和一般用途债券；按偿还方式分为提前收回债券和不提前收回债券，分期偿还债券和一次性偿还债券等。

4. 公司债券的发行

公司债券的发行需要经过做好有关准备、向有关部门提出申请、选择合适的承销人、向社会公布债券出售说明书，以及发行债券等若干步骤，这里不再详述。现仅就债券发行的几个特殊问题简要说明如下。

（1）债券发行的条件。《公司法》对企业债券发行的条件进行了明确规定。我国《公司法》规定，发行公司债券，必须符合下列条件：股份有限公司的净资产额不低于3 000万元，有限责任公司的净资产额不低于6 000万元；累计债券总额不超过公司净资产的40%；最近3年平均可分配利润足以支付公司债券1年的利息；筹集资金投向符合国家产业政策；债券的利率不得超过国务院限定的利率水平；国务院规定的其他条件。发行公司债券筹集的资金，必须用于审批机关批准的用途，不得用于弥补亏损和非生产性支出。

发行可转换的公司债券，除应该具备上述条件外，还应该符合股票发行的条件，并报请国务院证券管理部门批准。

（2）债券的发行价格。债券的发行价格有三种：等价发行、折价发行和溢价发行。等价发行又称按面值发行，是指按债券的面值出售；折价发行是指以低于债券面值的价格出售；溢价发行是指按高于债券面值的价格出售。

债券之所以会存在溢价发行和折价发行，这是因为资金市场上的利息率是经常变化的，而企业债券一经发行，就不能调整其票面利息率。从债券的开印到正式发行，往往需要经过一段时间，在这段时间内如果资金市场上的利率发生变化，就要靠调整发行价格的方法来使债券顺利发行。在按期付息，到期一次还本，且不考虑发行费用的情况下，债券发行价格的计算公式为

$$\text{债券发行价格}=\frac{\text{面值}}{(1+\text{市场利率})^n}+\sum_{t=1}^{n}\frac{\text{面值}\times\text{票面利率}}{(1+\text{市场利率})^t} \tag{3.18}$$

或

$$=\text{面值}\times(P/F,\ i_1,\ n)+\text{面值}\times i_2\times(P/A,\ i_1,\ n) \tag{3.19}$$

式中：n为债券期限；i_1为市场利率；i_2为票面利率。

【例3-8】 某公司发行面值为1 000元，票面年利率为10%，期限为10年，每年年末付息的债券。在公司决定发行债券时，认为10%的利率是合理的。如果到债券正式发行时，市场上的利率发生变化，那么就要调整债券的发行价格。现按以下3种情况分别讨论。

（1）资金市场上的利率保持不变，该公司的债券利率为10%仍然合理，则可采用等价发行。债券的发行价格为

$$\begin{aligned}&1\,000\times(P/F,\ 10\%,\ 10)+1\,000\times10\%\times(P/A,\ 10\%,\ 10)\\&=1\,000\times0.385\,5+100\times6.144\,6\\&\approx1\,000\text{（元）}\end{aligned}$$

（2）资本市场上利率有较大幅度的上升，达到15%，则应采用折价发行。发行价格为

$$1\,000\times(P/F,\ 15\%,\ 10)+1\,000\times10\%\times(P/A,\ 15\%,\ 10)$$
$$=1\,000\times0.2472+100\times5.018\,8$$
$$\approx749（元）$$

也就是说，只有按 749 元的价格出售，投资者才能购买此债券，并获得 15%的报酬。

（3）资本市场上利率有较大幅度的下降，达到 5%，则可采用溢价发行。发行价格为

$$1\,000\times(P/F,\ 5\%,\ 10)+1\,000\times10\%\times(P/A,\ 5\%,\ 10)$$
$$=1\,000\times0.613\,9+100\times7.721\,7$$
$$\approx1\,386（元）$$

也就是说，投资者把 1 386 元的资金投资于该公司面值为 1 000 元的债券，便可获得 5%的报酬。

如果企业发行不计复利、到期一次还本付息的债券，则其发行价格的计算公式为

$$债券发行价格=面值\times(1+i_2\times n)\times(P/F,\ i_1,\ n) \tag{3.20}$$

【例 3-9】 债券发行价格的计算——不计复利，到期一次还本付息。

A 公司发行面值为 1 000 元，票面年利率为 6%（不计复利），期限为 10 年，到期一次还本付息的债券。已知目前市场利率为 5%，则其发行价格为

$$债券发行价格=1\,000\times(1+6\%\times10)\times(P/F,\ 5\%,\ 10)$$
$$=1\,000\times(1+6\%\times10)\times0.613\,9$$
$$=982.24（元）$$

5. 债券的偿还

（1）债券的偿还时间。债券偿还时间按其实际发生与规定的到期日之间的关系，分为到期偿还、提前偿还与滞后偿还三类。

1）到期偿还。到期偿还又包括一次偿还和分批偿还两种，其中常见的债券到期偿还的方式是到期一次全部偿还。如果一个企业在发行同一种债券的当时就为不同编号或不同发行对象的债券规定了不同的到期日，这种债券就是分批偿还债券。因为各批债券的到期日不同，它们各自的发行价格和票面利率也可能不相同，从而导致发行费较高；但由于这种债券便于投资人挑选最合适的到期日，因而便于发行。

2）提前偿还。提前偿还又称提前赎回或收回，是指在债券尚未到期之前就予以偿还。只有在企业发行债券的契约中明确规定了有关允许提前偿还的条款，企业才可以进行此项操作。提前偿还所支付的价格通常要高于债券的面值，并随到期日的临近而逐渐下降。具有提前偿还条款的债券可使企业融资有较大的弹性。当企业资金有结余时，可提前赎回债券；当预测利率下降时，也可提前赎回债券，而后以较低的利率来发行新债券。

3）滞后偿还。债券在到期日之后偿还叫滞后偿还。这种偿还条款一般在发行时便定立，主要是给予持有人延长持有债券的选择权。

（2）债券的付息。债券的付息主要表现在利息率的确定、付息频率和付息方式三个方面。

1）利息率的确定。利息率的确定有固定利率和浮动利率两种形式。浮动利率一般指由发行人选择一个基准利息率，按基准利息率水平在一定的时间间隔中对债务的利率进行调整。

2）付息频率。付息频率越高，资金流发生的次数越多，对投资人的吸引力越大。付息频率高就有效地缩短了债券的期限。债券付息频率主要有按年付息、按半年付息、按季付息或

按月付息和一次性付息（利随本清、贴现发行）五种。

3）付息方式。付息方式有两种方式：一种是采取现金、支票或汇款的方式；一种是息票债券的方式。付息方式多随付息频率而定，在一次付息的情况下，或用现金或用支票。如果是贴现发行，发行人以现金折扣的形式出售债券，并不发生实际的付息行为。在分次的情况下，记名债券的利息以支票或汇款的形式支付，不记名债券则按息票付息。

6. 债券筹资的优缺点

（1）债券筹资的优点主要有以下几点。①资金成本较低。利用债券筹资的成本要比股票筹资的成本低。这主要是因为债券的发行费用较低，债券利息在税前支付，有一部分利息由政府负担了。②保证控制权。债券持有人无权干涉企业的管理事务，如果现有股东担心控制权旁落，则可采用债券筹资。③可以发挥财务杠杆作用。不论公司赚钱多少，债券持有人只收取固定的有限的利息，而更多的收益可用于分配给股东，增加其财富，或留归企业以扩大经营。

（2）债券筹资的缺点主要有以下几点。①筹资风险高。债券有固定的到期日，并定期支付利息。利用债券筹资，要承担还本、付息的义务。在企业经营不景气时，向债券持有人还本、付息，无异于釜底抽薪，会给企业带来更大的困难，甚至导致企业破产。②限制条件多。发行债券的契约书中往往有一些限制条款。这种限制比优先股及短期债务严得多，可能会影响企业的正常发展和以后的筹资能力。③筹资额有限。利用债券筹资有一定的限度，当公司的负债比率超过了一定程度后，债券筹资的成本要迅速上升，有时甚至会发行不出去。

7. 可转换债券

（1）可转换债券的性质。可转换公司债券是指发行人依照法定程序发行，在一定时间内依据约定的条件可以转换成股份的公司债券。一般意义上的可转换公司债券是一种典型的混合金融产品，兼具债券、股票和期权的某些特征。可转换债券赋予持有者一种特殊的选择权，即按事先约定在一定时间内将其转换为公司股票的选择权，在转换权行使之前属于公司的债务资本，权利行使之后则成为发行公司的所有权资本。

（2）可转换债券的基本要素。

1）基准股票。又称相关股票，即可转换债券的标的物，一般是发行公司的普通股。

2）票面利率。可转换债券的利率一般低于普通债券，因为其持有人有一种特殊的选择权。

3）转换价格。转换价格是指可转换债券在转换期内转换成普通股的每股价格。转换价格一般高于发行当时相关股票价格的 10%～30%，在转换期内，随着股票分割或股利分配要调整其转换价格。转换价格的计算公式为

$$转换价格=债券面值/转换比率 \tag{3.21}$$

4）转换比率。转换比率是指每份可转换债券可转换成普通股的股数。

$$转换比率=转换普通股数/可转换债券数 \tag{3.22}$$

5）转换期限。转换期限是指可转换债券转换成股票的起始日至结束日。一般有两种规定：一种是发行公司制定一个特定的转换期限；另一种是不限制转换的具体期限。

6）赎回条款。赎回条款是指发行公司有权在某一预定的期限内按事先约定的价格买回尚未转换的可转换债券。赎回条款通常包括赎回期、赎回价格、赎回条件等。如果公司打算赎回债券，一般要给债券持有人一个宽限期。在宽限期内，债券持有人有三种选择：按转换比

率将债券转换成普通股；在市场上出售可转换债券；将可转换债券出售给发行公司。一般投资者会选择第一种，因此赎回条款具有强制转换的作用。

7）回售条款。回售条款是指公司股票价格在一定时期内连续低于转换价格达到某一幅度时，债券持有人可以按事先约定的价格将债券出售给发行公司。这一条款有利于降低债券投资者的风险。

8）转换调整条款或保护条款。转换调整条款又称向下修正条款，允许发行公司在约定时间内将转换价格向下修正为原转换价格的70%～80%。

（3）可转换债券筹资的优缺点。可转换债券筹资的优点：①可节约利息支出，其利率低于普通债券；②有利于稳定股票市价，其转换价格通常高于公司当前股价，转换期限较长，有利于稳定股票市价；③增强筹资灵活性。不会受其他债权人的反对。

可转换债券筹资的缺点：①增强了对管理层的压力，若股价低迷，也面临兑付债券本金的压力；②存在回售风险；③存在股价大幅度上扬风险，减少筹资数量。

（三）融资租赁

1. 融资租赁的含义

租赁是指出租人在承租人给予一定收益的条件下，授予承租人在约定的期限内占有和使用财产权利的一种契约性行为。

融资租赁又称财务租赁，是区别于经营租赁的一种长期租赁形式，由于它可满足企业对资产的长期需要，故有时也称为资本租赁。融资租赁是现代租赁的主要形式。

2. 融资租赁的形式

融资租赁可细分为如下三种形式。

（1）售后租回。根据协议，企业将某资产卖给出租人，再将其租回使用。资产的售价大致为市价。采用这种租赁形式，出售资产的企业可得到相当于售价的一笔资金，同时仍然可以使用资产。当然，在此期间，该企业要支付租金，并失去了财产所有权。从事售后租回的出租人为租赁公司等金融机构。

（2）直接租赁。直接租赁是指承租人直接向出租人租入所需要的资产，并付出租金。直接租赁的出租人主要是制造厂商、租赁公司。除制造厂商外，其他出租人都是先从制造厂商购买资产，再出租给承租人。

（3）杠杆租赁。杠杆租赁要涉及承租人、出租人和资金出借者三方当事人。从承租人的角度来看，这种租赁与其他租赁形式并无区别，同样是按合同的规定，在基本租赁期内定期支付定额租金，取得资产的使用权。但对出租人却不同，出租人只出购买资产所需的部分资金（如30%），作为自己的投资；另外以该资产作为担保向资金出借者借入其余资金（如70%）。因此，它既是出租人又是借款人，同时拥有对资产的所有权，既收取租金又要偿付债务。如果出租人不能按期偿还借款，那么资产的所有权就要转归资金出借者。

3. 融资租赁的程序

（1）选择租赁公司。企业决定采用租赁方式筹取某项设备时，首先需了解各个租赁公司的经营范围、业务能力以及与其他金融机构的关系和资信情况，取得租赁公司的融资条件和租赁费率等资料，并加以比较，从而择优选定。

（2）办理租赁委托。企业选定租赁公司后，便可向其提出申请，办理委托。这时，筹资企业需填写“租赁申请书”，说明所需设备的具体要求，同时还要提供企业的财务状况文件，包括资产负债表、利润表和现金流量表等。

（3）签订购货协议。由承租企业与租赁公司的一方或双方合作组织选定设备制造厂商，并与其进行技术与商务谈判，签署购货协议。

（4）签订租赁合同。租赁合同系由承租企业与租赁公司签订，它是租赁业务的重要法律文件。融资租赁合同的内容可分为一般条款和特殊条款两部分。

1）一般条款。一般条款主要包括以下几项。①合同说明：主要明确合同的性质、当事人身份、合同签订的日期等。②名词解释：释义合同中重要名词以避免歧义。③租赁设备条款：详细列明租赁设备的名称、规格型号、数量、技术性能、交货地点及使用地点等。④租赁设备交货、验收和税款、费用条款。⑤租期和起租日期条款。⑥租金支付条款：规定租金的构成、支付方式和货币名称。这些内容通常以附表形式列作合同附件。

2）特殊条款。特殊条款主要规定：①购货合同与租赁合同的关系；②租赁设备的所有权；③租期中不得退租；④对出租人免责和对承租人保障；⑤对承租人违约和对出租人补救；⑥设备的使用和保管、维修和保养；⑦保险条款；⑧租赁保证金和担保条款；⑨租赁期满对设备的处理条款等。

（5）办理验货与投保。承租企业收到租赁设备，要进行验收。验收合格签发交货及验收证书并提交给租赁公司，租赁公司据以向厂商支付设备价款。同时，承租公司向保险公司办理投保事宜。

（6）支付租金。承租企业按合同规定的租金数额、支付方式等，向租赁公司支付租金。

（7）处理租赁期满的设备。融资租赁合同期满时，承租企业应按租赁合同的规定，实行退租、续租或留购。租赁期满的设备通常都以低价卖给承租企业或无偿赠送给承租企业。

4. 融资租赁租金的计算

在租赁筹资方式下，承租企业要按合同规定向租赁公司支付租金。租金的数额和支付方式对承租企业的未来财务状况具有直接的影响，也是租赁筹资决策的重要依据。

（1）融资租赁租金的构成。融资租赁的租金包括设备价款和租息两部分，其中租息又可分为租赁公司的融资成本、租赁手续费等。①设备价款，是租金的主要内容，它由设备的买价、运杂费和途中保险费等构成。②融资成本，是指租赁公司为购买租赁设备所筹资金的成本，即设备租赁期间的利息。③租赁手续费，包括租赁公司承办租赁设备的营业费用和一定的盈利。租赁手续费的高低一般无固定标准，可由承租企业与租赁公司协商确定。

（2）租金的支付方式。租金的支付方式也影响到租金的计算。租金通常采用分次支付的方式，具体又分为以下几种类型。①按支付时期的长短，可以分为年付、半年付、季付和月付等方式。②按支付时期先后，可以分为先付租金和后付租金两种。先付租金是指在期初支付；后付租金是指在期末支付。③按每期支付金额，可以分为等额支付和不等额支付两种。

（3）租金的计算方法。在我国融资租赁业务中，计算租金的方法一般采用等额年金法。等额年金法是利用年金现值的计算公式经变换后计算每期支付租金的方法。因租金有先付租金和后付租金两种支付方式，需分别说明。

1）后付租金的计算。承租企业与租赁公司商定的租金支付方式，大多为后付等额租金，即普通年金。根据年资本回收额的计算公式，可确定出后付租金方式下每年年末支付租金数

额的计算公式为

$$A=P/(P/A, i, n) \tag{3.23}$$

【例 3-10】 某企业采用融资租赁方式于 2008 年 1 月 1 日从某租赁公司租入一台设备，设备价款为 40 000 元，租期为 8 年，到期后设备归企业所有，为了保证租赁公司完全弥补融资成本、相关的手续费并有一定盈利，双方商定采用 18%的折现率，试计算该企业每年年末应支付的等额租金。

$$A=40\,000/(P/A, 18\%, 8)=40\,000/4.077\,6\approx 9\,809.69\text{（元）}$$

2）先付租金的计算。承租企业有时可能会与租赁公司商定，采取先付等额租金的方式支付租金。根据即付年金的现值公式，可得出先付等额租金的计算公式为

$$A=P/[(P/A, i, n-1)+1] \tag{3.24}$$

【例 3-11】 假如上例采用先付等额租金方式，则每年年初支付的租金额可计算如下

$$A=40\,000/[(P/A, 18\%, 8-1)+1]=40\,000/(3.811\,5+1)=8\,313.42\text{（元）}$$

5. 融资租赁筹资的优缺点

（1）融资租赁筹资的优点。①筹资速度快。租赁往往比借款购置设备更迅速、更灵活，因为租赁是筹资与设备购置同时进行，可以缩短设备的购进、安装时间，使企业尽快形成生产能力，有利于企业尽快占领市场，打开销路。②限制条款少。如前所述，债券和长期借款都定有相当多的限制条款，虽然类似的限制在租赁公司中也有，但一般比较少。③设备淘汰风险小。当今，科学技术在迅速发展，固定资产更新周期日趋缩短。企业设备陈旧过时的风险很大，利用租赁集资可减少这一风险。这是因为融资租赁的期限一般为资产使用年限的 75%，不会像自己购买设备那样整个期间都承担风险；且多数租赁协议都规定由出租人承担设备陈旧过时的风险。④财务风险小。租金在整个租期内分摊，不用到期归还大量本金。许多借款都在到期日一次偿还本金，这会给财务基础较弱的公司造成相当大的困难，有时会造成不能偿付的风险。而租赁则把这种风险在整个租期内分摊，可适当减少不能偿付的风险。⑤税收负担轻。租金可在税前扣除，具有抵免所得税的效用。

（2）融资租赁筹资的缺点。融资租赁筹资的最主要缺点就是资金成本较高。一般来说，其租金要比举借银行借款或发行债券所负担的利息高得多。在企业财务困难时，固定的租金也会构成一项较沉重的负担。

（四）利用商业信用

商业信用是指商品交易中的延期付款或延期交货所形成的借贷关系，是企业之间的一种直接信用关系。利用商业信用，又称商业信用融资，是一种形式多样、适用范围很广的短期资金筹措方式。

1. 可利用的商业信用的形式

利用商业信用融资，主要有应付账款、预收账款、应付票据等形式。

2. 商业信用条件

所谓信用条件是指销货人对付款时间和现金折扣所作的具体规定，如“2/10，n/30”，便属于一种信用条件。信用条件从总体上来看，主要有以下几种形式。

（1）预收货款。这是企业在销售商品时，要求买方在卖方发出货物之前支付货款的情形。一般用于以下两种情况：①企业已知买方的信用欠佳；②销售生产周期长、售价高的产品。在这种信用条件下，销货单位可以得到暂时的资金来源，购货单位则要预先垫支一笔资金。

（2）延期付款，但不涉及现金折扣。这是指企业购买商品时，卖方允许企业在交易发生后一定时期内按发票金额支付货款的情形，如“n/45”，是指在 45 天内按发票金额付款。这种条件下的信用期间一般为 30～60 天，但有些季节性的生产企业可能为其顾客提供更长的信用期间。在这种情况下，买卖双方存在商业信用，买方可因延期付款而取得资金来源。

（3）延期付款，但早付款可享受现金折扣。在这种条件下，买方若提前付款，卖方可给予一定的现金折扣，如买方不享受现金折扣，则必须在一定时期内付清账款。如“2/10，n/30”便属于此种信用条件。应用现金折扣的目的主要是为了加速账款的收现。现金折扣一般为发票金额的 1%～5%。

在这种条件下，双方存在信用交易。买方若在折扣期内付款，则可获得短期的资金来源，并能得到现金折扣；若放弃现金折扣，则可在稍长时间内占用卖方的资金。

3. 现金折扣成本的计算

在采用商业信用形式销售产品时，为鼓励购买单位尽早付款，销货单位往往都规定一些信用条件，这主要包括现金折扣和付款期间两部分内容。如果销货单位提供现金折扣，购买单位应尽量争取获得此项折扣，因为丧失现金折扣的机会成本很高。可按下式计算

$$放弃现金折扣的成本=[CD/(1-CD)]\times(360/N)\times100\% \qquad (3.25)$$

式中：CD 为现金折扣的百分比；N 为失去现金折扣延期付款天数，等于信用期与折扣期之差。

【例 3-12】 某企业拟以“2/10，n/30”信用条件购进一批原料。这一信用条件意味着企业如在 10 天之内付款，可享受 2%的现金折扣；若不享受现金折扣，货款应在 30 天内付清。

$$放弃现金折扣的成本=[2\%/(1-2\%)]\times[360/(30-10)]\times100\%=36.73\%$$

这表明，只要企业筹资成本不超过 36.73%，就应当在第 10 天付款。

4. 商业信用融资的优缺点

（1）商业信用融资的优点主要有以下几点。①筹资便利。利用商业信用筹措资金非常方便。因为商业信用与商品买卖同时进行，属于一种自然性融资，不用做非常正规的安排。②筹资成本低。如果没有现金折扣，或企业不放弃现金折扣，则利用商业信用集资没有实际成本。③限制条件少。如果企业利用银行借款筹资，银行往往对贷款的使用规定一些限制条件，而商业信用则限制较少。

（2）商业信用融资的缺点。商业信用的期限一般较短，如果企业取得现金折扣，则时间会更短，如果放弃现金折扣，则要付出较高的资金成本。

（五）杠杆收购筹资

1. 杠杆收购筹资的含义

杠杆收购筹资是以企业兼并、重组活动为背景的，是指某一企业拟收购其他企业进行结构调整和资产重组时，以被收购企业资产和将来的收益能力做抵押，从银行筹集部分资金用于收购行为的一种筹资活动。在一般情况下，借入资金占收购资金总额的 70%～80%，其余部分为自有资金，通过财务杠杆效应便可成功的收购企业或其部分股权。通过杠杆收购方式重新组建后的企业总负债率为 85%以上，且负债中的主要成分为银行的借贷资金。

2. 杠杆收购筹资的特点

杠杆收购筹资较之传统的企业融资方式而言，具有不少自身的特点。

（1）筹资企业的杠杆比率高。筹资企业只需要投入少量的资金便可以获得较大金额的银行

贷款以用于收购目标企业，即杠杆收购筹资的财务杠杆比率非常高，十分适合资金不足又急于扩大生产规模的企业进行融资。

（2）有助于促进企业优胜劣汰。以杠杆融资方式进行企业兼并、改组，有助于促进企业的优胜劣汰。进行企业兼并、改组，是迅速淘汰经营不良、效益低下的企业的一种有效途径，同时效益好的企业通过收购、兼并其他企业能壮大自身的实力，进一步增强竞争能力。

（3）贷款安全性强。对于银行而言，由于有拟收购企业的资产和将来的收益能力做抵押，因而其贷款的安全性有较大的保障，银行乐意提供这种贷款。

（4）可以获得资产增值。筹资企业利用杠杆收购筹资有时还可以得到意外的收益，这种收益主要来源于所收购企业的资产增值，因为在收购活动中，为使交易成功，被收购企业资产的出售价格一般都低于资产的实际价值。

（5）有利于提高投资者的收益能力。杠杆收购由于有企业经营管理者参股，因而可以充分调动参股者的积极性，提高投资者的收益能力。

第二节 资 本 成 本

一、资本成本的概念与作用

（一）资本成本的概念

资本成本是指企业为筹集和使用资金而付出的代价。在市场经济条件下，企业不能无偿使用资金，必须向资金提供者支付一定数量的费用作为补偿。企业使用资金就要付出代价，所以，企业必须节约使用资金。

资本成本包括用资费用和筹资费用两部分内容。

1. 用资费用

用资费用是指企业在生产经营、投资过程中因使用资金而支付的代价，如向股东支付的股利、向债权人支付的利息等，这是资本成本的主要内容。

2. 筹资费用

筹资费用是指企业在筹措资金过程中为获取资金而支付的费用，如向银行支付的借款手续费，因发行股票、债券而支付的发行费等。筹资费用与用资费用不同，它通常是在筹措资金时一次支付的，在用资过程中不再发生。

资本成本可以用绝对数表示，也可用相对数表示，但在财务管理中，一般用相对数表示，即表示为用资费用与实际筹得资金（即筹资数额扣除筹资费用后的差额）的比率。其通用计算公式为

$$资本成本=每年用资费用/（筹资总额-筹资费用） \quad (3.26)$$

（二）资本成本的作用

资本成本在许多方面都可加以应用，主要用于筹资决策和投资决策。

1. 资本成本在企业筹资决策中的作用

资本成本是企业选择资金来源、拟订筹资方案的依据。资本成本对企业筹资决策的影响主要有以下几个方面。

（1）资本成本是影响企业筹资总额的重要因素。随着筹资数额的增加，资本成本不断变化。当企业筹资数额很大，资金的边际成本超过企业承受能力时，企业便不宜再增加筹资数

额。因此，资本成本是限制企业筹资数额的一个重要因素。

（2）资本成本是企业选择资金来源的基本依据。企业的资金可以从许多方面来筹集，就长期借款来说，可以向商业银行借款，也可向保险公司或其他金融机构借款，还可向政府申请借款。企业究竟选用哪种来源，首先要考虑的因素就是资本成本的高低。

（3）资本成本是企业选用筹资方式的参考标准。企业可以利用的筹资方式是多种多样的，在选用筹资方式时，需要考虑的因素很多，但必须考虑资本成本这一经济标准。

（4）资本成本是确定最优资本结构的主要参数。不同的资本结构，会给企业带来不同的风险和成本，从而引起股票价格的变动。在确定最优资本结构时，考虑的因素主要有资本成本和财务风险。

资本成本并不是企业筹资决策中所要考虑的唯一因素。企业筹资还要考虑财务风险、资金期限、偿还方式、限制条件等。但资本成本作为一项重要的因素，直接关系到企业的经济效益，是筹资决策时需要考虑的一个首要问题。

2. 资本成本在投资决策中的作用

资本成本在企业评价投资项目的可行性、选择投资方案时也有重要作用。

（1）在计算投资评价指标净现值指标时，常以资本成本作折现率。当净现值为正时，投资项目可行；反之，如果净现值为负，则该项目不可行。因此，采用净现值指标评价投资项目时，离不开资本成本。

（2）在利用内部收益率指标进行项目可行性评价时，一般以资本成本作为基准收益率。即只有当投资项目的内部收益率高于资本成本时，投资项目才可行；反之，当投资项目的内部收益率低于资本成本时，投资项目不可行。因此，国际上通常将资本成本视为投资项目的“最低收益率”或是否采用投资项目的取舍率，是比较、选择投资方案的主要标准。

二、个别资本成本

个别资本成本是指各种筹资方式的成本。其中主要包括债券成本、银行借款成本、优先股成本、普通股成本和留存收益成本，前两者可统称负债资本成本，后三者统称权益资本成本。现分别说明如下。

（一）债券成本

债券成本中的利息在税前支付，具有减税效应。债券的筹资费用一般较高，这类费用主要包括申请发行债券的手续费、债券注册费、印刷费、上市费以及推销费用等。债券成本的计算公式为

$$债券成本=\frac{年利息\times(1-所得税税率)}{债券筹资额\times(1-债券筹资费率)}\times 100\% \qquad (3.27)$$

【例 3-13】 某企业发行一笔期限为 10 年的债券，债券面值 1 000 万元，票面利率 12%，每年付息一次，发行费率为 3%，所得税税率为 25%，债券按面值发行。则该笔债券的成本为

$$债券成本=\frac{1\,000\times 12\%\times(1-25\%)}{1\,000\times(1-3\%)}\times 100\%=9.3\%$$

（二）银行借款成本

银行借款成本的计算基本与债券一致，其计算公式为

$$银行借款成本=\frac{年利息\times(1-所得税税率)}{银行借款筹资总额\times(1-银行借款筹资费率)}\times 100\% \qquad (3.28)$$

【例 3-14】 A 公司欲从银行取得一笔长期借款 1 000 万元，手续费 0.1%，年利率 5%，期限 3 年，每年付息一次，到期一次还本。公司所得税率 25%。则该笔银行借款的资本成本为

$$银行借款成本=\frac{1000\times5\%\times(1-25\%)}{1\,000\times(1-0.1\%)}\times100\%=3.7\%$$

由于银行借款的手续费很低，上式中的筹资费率常常可以忽略不计，则上式可简化为

$$银行借款成本=借款年利率\times（1-所得税率） \quad (3.29)$$

（三）优先股成本

企业发行优先股，既要支付筹资费用，又要定期支付股利。它与债券不同的是股利在税后支付，且没有固定到期日。优先股成本的计算公式为

$$优先股成本=\frac{优先股每年的股利}{发行优先股总额\times(1-优先股筹资费率）}\times100\% \quad (3.30)$$

【例 3-15】 某企业按面值发行 100 万元的优先股，筹资费率为 4%，每年支付 12%的股利，则优先股的成本为

$$优先股成本=\frac{100\times12\%}{100\times(1-4\%)}\times100\%=12.5\%$$

企业破产时，优先股股东的求偿权位于债券持有人之后，优先股股东的风险大于债券持有人的风险，这就使得优先股的股利率一般要大于债券的利息率。另外，优先股股利要从净利润中支付，不减少公司的所得税，所以，优先股成本通常要高于债券成本。

（四）普通股成本

普通股的资本成本率就是普通股投资的必要收益率，其测算方法一般有三种：股利折现模型、资本资产定价模型和无风险利率加风险溢价法。

1. 股利折现模型

股利折现模型的基本形式是

$$P_0=\sum_{t=1}^{n}\frac{D_t}{(1+K_s)^t} \quad (3.31)$$

式中：P_0 为普通股筹资净额，即发行价格扣除发行费用；D_t 为普通股第 t 年的股利；K_s 为普通股投资必要收益率，即普通股资本成本。

运用上面的模型测算普通股资本成本，因具体的股利政策而有所不同。

如果公司采用固定股利政策，即每年分派现金股利 D 元，则资本成本可按下式测算

$$K_s=(D/P_0)\times100\%$$

即

$$普通股成本=\frac{每年固定股利}{普通股发行价\times(1-普通股筹资费率）}\times100\% \quad (3.32)$$

【例 3-16】 某公司拟发行普通股，发行价格每股 12 元，每股筹资费用 2 元，预定每年分派现金股利每股 1.2 元。其资本成本为

$$K_s=[1.2/(12-2)]\times100\%=12\%$$

如果公司采用固定股利增长率的政策，股利固定增长率为 g，则资本成本需按下式测算

$$K_s=D_1/P_0+g$$

即 $$普通股成本=\frac{第1年预期股利}{普通股发行价\times(1-普通股筹资费率)}\times100\%+股利固定增长率 \tag{3.33}$$

【例 3-17】 某公司准备增发普通股，每股发行价格 15 元，筹资费率为 20%。预定第一年分派现金股利每股 1.5 元，以后每年股利增长 2.5%。其资本成本为

$$K_s=\frac{1.5}{15\times(1-20\%)}\times100\%+2.5\%=15\%$$

2. 资本资产定价模型

资本资产定价模型给出了普通股期望收益率 K_s 与它的市场风险 β 之间的关系为

$$K_s=R_F+\beta(R_m-R_F) \tag{3.34}$$

式中：K_s 为普通股成本；R_m 为市场投资组合的期望收益率；R_F 为无风险利率；β 为某公司股票收益率相对于市场投资组合期望收益率的变动幅度。当整个证券市场投资组合的收益率为1%时，如果某公司股票的收益率增加 2%，那么，该公司股票的 β 为 2；如果另外一家公司股票的收益率仅上升 0.5%，则其 β 值为 0.5。

【例 3-18】 假定某股份公司普通股股票的 β 值为 1.2，无风险利率为 5%，市场投资组合的期望收益率为 10%，则按资本资产定价模型计算该公司普通股的资本成本为

$$K_s=5\%+1.2\times(10\%-5\%)=11\%$$

3. 无风险利率加风险溢价法

该方法认为，由于普通股的求偿权不仅在债权之后，而且还次于优先股，因此持有普通股股票的风险要大于持有债权的风险。这样，股票持有人就必然要求获得一定的风险补偿。一般情况来看，通过一段时间的统计数据，可以测算出某公司普通股股票期望收益率超出无风险利率的大小，即风险溢价 R_p。无风险利率 R_F 一般用同期国库券收益率表示，这是证券市场最基础的数据。因此，用无风险利率加风险溢价法计算普通股的资本成本公式为

$$K_s=R_F+R_p \tag{3.35}$$

【例 3-19】 假定某股份公司普通股的风险溢价估计为 8%，而无风险利率为 5%，则该公司普通股的资本成本为

$$K_s=5\%+8\%=13\%$$

普通股股利支付不固定。企业破产后，股东的求偿权位于最后，与其他投资者相比，普通股股东所承担的风险最大，普通股的报酬也应最高。所以，在各种资金来源中，普通股的成本最高。

（五）留存收益成本

一般企业都不会把全部收益以股利形式分给股东，所以，留存收益是企业资金的一种重要来源。企业留存收益，等于股东对企业进行追加投资，股东对这部分投资与以前缴给企业的股本一样，也要求有一定的报酬，所以，留存收益也要计算成本。留存收益成本的计算与普通股基本相同，但不用考虑筹资费用。股利固定其计算公式为

$$留存收益成本=（每年固定股利/普通股发行价）\times100\% \tag{3.36}$$

普通股股利固定增长的企业则为

$$留存收益成本=（第一年预期股利/普通股发行价）\times100\%+股利年固定增长率 \tag{3.37}$$

三、加权平均资本成本

企业可以从多种渠道、用多种方式来筹集资金，而各种方式的筹资成本是不一样的。

为了正确进行筹资和投资决策，就必须计算企业的加权平均资本成本。加权平均资本成本一般是以各种资本占全部资本的比重为权数，对个别资本成本进行加权平均确定的。其计算公式为

加权平均资本成本＝Σ（某种资本占总资本的比重×该种资本的成本） (3.38)

【例 3-20】 某企业共有资金 100 万元，其中债券 30 万元，优先股 10 万元，普通股 40 万元，留存收益 20 万元，各种资金的成本分别为 6%、12%、15.5%和 15%。试计算该企业的加权平均资本成本。

（1）计算各种资本所占的比重。

债券占总资本的比重＝(30/100)×100%＝30%

优先股占总资本的比重＝(10/100)×100%＝10%

普通股占总资本的比重＝(40/100)×100%＝40%

留存收益占总资本的比重＝(20/100)×100%＝20%

（2）计算加权平均资本成本。

加权平均资本成本＝30%×6%＋10%×12%＋40%×15.5%＋20%×15%＝12.2%

应当指出的是，上述计算中的个别资本占全部资本的比重，通常是按账面价值确定的，其资料容易取得。但当资本的账面价值与市场价值差别较大时，如股票、债券的市场价格发生较大变动，计算结果会与资本市场现行实际筹资成本有较大的差距，从而贻误筹资决策。为了克服这一缺陷，个别资本占全部资本比重的确定还可以按市场价值或目标价值确定，分别称为市场价值权数、目标价值权数。

市场价值权数指债券、股票以市场价格确定权数。这样计算的加权平均资本成本能反映企业目前的实际情况。同时，为弥补证券市场变动频繁的不便，也可选用平均价格。

目标价值权数是指债券、股票以未来预计的目标市场价值确定权数。这种权数能体现期望的资本结构，而不是像账面价值权数和市场价值权数那样只反映过去和现在的资本结构，所以按目标价值权数计算得出的加权平均资本成本更适用于企业筹措新资金。然而，企业很难客观合理地确定证券的目标价值，又使这种计算方法不易推广。

四、边际资本成本

边际资本成本是指资本每增加一个单位而增加的成本。这是财务管理中的重要概念，也是企业投资、筹资过程中必须加以考虑的问题。

加权平均资本成本，是企业过去筹集的或目前使用的资本的成本。但是，企业各种资本的成本，是随时间的推移或筹资条件的变化而不断变化的，加权平均资本成本也不是一成不变的。一个企业进行投资，不能仅仅考虑目前所使用的资本的成本，还要考虑为投资项目新筹集的资本的成本，这就需要计算边际资本成本。

边际资本成本需要采用加权平均法计算，其权数应为市场价值权数，不应使用账面价值权数。

【例 3-21】 某公司目前有资金 100 000 万元，其中长期债务 20 000 万元，优先股 5 000 万元，普通股 75 000 万元。现在公司为满足投资要求，准备筹集更多的资金，试计算确定边际资本成本。这一计算过程须按如下步骤进行。

（1）确定公司的最佳资本结构。公司的财务人员经过认真分析，认为目前的资本结构即为最佳资本结构，因此，在今后筹资时，继续保持长期债务占 20%，优先股占 5%，普通股

占 75%的资本结构。

（2）确定各种筹资方式的资本成本。公司的财务人员认真分析了目前金融市场状况和企业筹资能力，认为随着公司筹资规模的不断增加，各种筹资成本也会增加，详细情况见表 3-7。

表 3-7 公 司 筹 资 资 料

筹资方式	目标资本结构（%）	新筹资的数量范围（万元）	个别资本成本（%）
长期债务	20	0～1 000 1 000～4 000 大于 4 000	6 7 8
优先股	5	0～250 大于 250	10 12
普通股	75	0～2 250 2 250～7 500 大于 7 500	14 15 16

（3）计算筹资总额分界点。根据目标资本结构和各种筹资方式资本成本变化的分界点，计算筹资总额分界点，其具体计算公式为

筹资总额分界点＝某种筹资方式的成本分界点/目标资本结构中该种筹资方式所占比重 （3.39）

该公司计算的筹资总额分界点见表 3-8。

表 3-8 筹资总额分界点计算表

筹资方式	个别资本成本（%）	特定筹资方式的筹资范围（万元）	筹资总额分界点（万元）	筹资总额的范围（万元）
长期债务	6 7 8	0～1 000 1 000～4 000 大于 4 000	1 000/0.2＝5 000 4 000/0.2＝20 000 —	0～5 000 5 000～20 000 大于 20 000
优先股	10 12	0～250 大于 250	250/0.05＝5 000 —	0～5 000 大于 5 000
普通股	14 15 16	0～2 250 2 250～7 500 大于 7 500	2 250/0.75＝3 000 7 500/0.75＝10 000 —	0～3 000 3 000～10 000 大于 10 000

在表 3-8 中，分界点是指特定筹资方式成本变化的分界点。例如，对长期债务而言，在 1 000 万元以内，其成本为 6%，而在目标资本结构中，债务的比重为 20%，这表明在债务成本由 6%上升到 7%之前，企业可筹集 5 000 万元（1 000/0.20）的资金。当筹资总额在 5 000～20 000 万元之间时，债务成本上升到 7%。

（4）计算边际资本成本。根据第三步计算的筹资总额分界点，可得出如下 5 组新的筹资范围：①0～3 000 万元；②3 000～5 000 万元；③5 000～10 000 万元；④10 000～20 000 万元；⑤20 000 万元以上。对以上 5 个筹资范围计算加权平均资本成本，便可得到各种筹资范围的边际资本成本。这一计算过程可通过表 3-9 来进行。

表 3-9 边际资本成本计算表

序号	筹资总额的范围（万元）	筹资方式	目标资本结构（%）	个别资本成本（%）	边际资本成本（%）
1	0～3 000	长期债务	20	6	1.2
		优先股	5	10	0.5
		普通股	75	14	10.5
			第一个范围的边际资本成本＝12.2%		
2	3 000～5 000	长期债务	20	6	1.2
		优先股	5	10	0.5
		普通股	75	15	11.25
			第二个范围的边际资本成本＝12.95%		
3	5 000～10 000	长期债务	20	7	1.4
		优先股	5	12	0.6
		普通股	75	15	11.25
			第三个范围的边际资本成本＝13.25%		
4	10 000～20 000	长期债务	20	7	1.4
		优先股	5	12	0.6
		普通股	75	16	12
			第四个范围的边际资本成本＝14%		
5	20 000 以上	长期债务	20	8	1.6
		优先股	5	12	0.6
		普通股	75	16	12
			第五个范围的边际资本成本＝14.2%		

第三节 杠 杆 原 理

一、杠杆效应的含义

自然界中的杠杆效应，是指人们通过利用杠杆，可以用较小的力量移动较重物体的现象。财务管理中也存在着类似的杠杆效应，表现为：由于特定费用（如固定成本或固定财务费用）的存在而导致的，当某一财务变量以较小幅度变动时，另一相关财务变量会以较大幅度变动。合理运用杠杆原理，有助于企业合理规避风险，提高资金营运效率。

财务管理中的杠杆效应有三种形式，即经营杠杆、财务杠杆和复合杠杆，要了解这些杠杆的原理，需要首先了解成本习性、边际贡献和息税前利润等相关术语的含义。

二、成本习性、边际贡献与息税前利润

（一）成本习性及分类

1．成本习性

成本习性，是指成本总额与业务量之间在数量上的依存关系。按照成本习性对成本进行分类，对于正确地进行财务决策，有十分重要的意义。

2. 成本按习性分类

按成本习性可把全部成本划分为固定成本、变动成本和混合成本三类。

（1）固定成本。固定成本，是指其总额在一定时期和一定业务量范围内不随业务量发生任何变动的那部分成本。属于固定成本的主要有按直线法计提的折旧费、保险费、管理人员工资、办公费等，这些费用每年支出水平基本相同，即使产销业务量在一定范围内变动，它们也保持固定不变。正是由于这些成本是固定不变的，因而，随着产量的增加，意味着它将分配给更多数量的产品，也就是说单位固定成本将随产量的增加而逐渐变小。

固定成本还可进一步区分为约束性固定成本和酌量性固定成本两类。

1）约束性固定成本。约束性固定成本属于企业“经营能力”成本，是企业为维持一定的业务量所必须负担的最低成本。厂房、机器设备折旧费、长期租赁费等都属于这类成本。企业的经营能力一经形成，在短期内很难有重大改变，因而这部分成本具有很大的约束性，管理当局的决策行动不能轻易改变其数额。要想降低约束性固定成本，只能从合理利用经营能力入手。

2）酌量性固定成本。酌量性固定成本属于企业“经营方针”成本，即根据企业经营方针由管理当局确定的一定时期（通常为一年）的成本。广告费、研究与开发费、职工培训费等都属于这类成本。这些成本的支出，是可以随企业经营方针的变化而变化的。一般在一个预算年度开始，管理当局要根据企业经营方针和财务状况，斟酌这部分成本的开支情况。因此，要降低酌量性固定成本，就要在预算时精打细算，合理确定这部分成本的数额。

应当指出的是，固定成本总额只是在一定时期和业务量的一定范围内保持不变。这里所说的一定范围，通常为相关范围。超过了相关范围，固定成本也会发生变动。因此，固定成本必须和一定时期、一定业务量联系起来进行分析。从较长的时间来看，所有的成本都在变化，没有绝对不变的固定成本。

（2）变动成本。变动成本是指其总额随着业务量成正比例变动的那部分成本。直接材料、直接人工等都属于变动成本。但从产品的单位成本来看，则恰好相反，产品单位成本中的直接材料、直接人工将保持不变。

与固定成本相同，变动成本也要研究“相关范围”问题，也就是说，只有在一定范围之内，产量和成本才能完全成同比例变化，即完全的线性关系，超过了一定范围，这种关系就不存在了。例如，当一种新产品还是小批量生产时，由于生产还处于不熟练阶段，直接材料和直接人工耗费可能较多，随着产量的增加，工人对生产过程逐渐熟练，可使单位产品的材料和人工费用降低。在这一阶段，变动成本不一定与产量完全成同比例变化，而是表现为小于产量增减幅度。在这以后，生产过程比较稳定，变动成本与产量成同比例变动，这一阶段的产量便是变动成本的相关范围。然而，当产量达到一定程度以后，再大幅度增产可能会出现一些新的不利因素，使成本的增长幅度大于产量的增长幅度。

（3）混合成本。有些成本虽然也随业务量的变动而变动，但不成同比例变动，不能简单地归入变动成本或固定成本，这类成本称为混合成本。混合成本按其与业务量的关系又可分为半变动成本和半固定成本（如图 3-1 和图 3-2 所示）。

1）半变动成本。这是混合成本的基本类型，它通常有一个初始量，类似于固定成本，在这个初始量的基础上随产量的增长而增长，又类似于变动成本。例如，在租用机器设备时，有的租约规定租金同时按如下两种标准计算：①每年支付一定租金数额（固定部分）；②每运转一小时支付一定租金数额（变动部分）。此外，企业的公共事业费，如电费、水费、电话费等均属半变动成本。

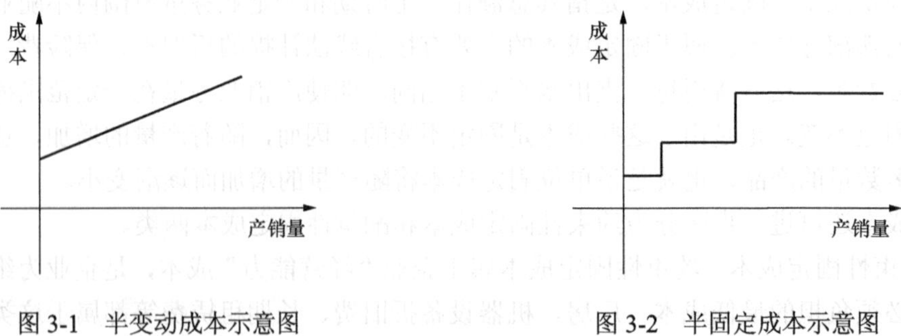

图 3-1　半变动成本示意图　　图 3-2　半固定成本示意图

2）半固定成本。这类成本随产量的变化而呈阶梯形增长，产量在一定限度内，这种成本不变，当产量增长到一定限度后，这种成本就跳跃到一个新水平。化验员、质量检查人员的工资都属于这类成本。

(4) 总成本习性模型。从以上分析我们知道，成本按习性可分成变动成本、固定成本和混合成本三类，但混合成本又可以按一定方法分解成变动部分和固定部分，这样，总成本习性模型可用下式表示

$$y=a+bx \tag{3.40}$$

式中：y 为总成本；a 为固定成本；b 为单位变动成本；x 为产销量。

显然，若能求出公式中 a 和 b 的值，就可以利用这个直线方程来进行成本预测、成本决策和其他短期决策，所以，总成本习性模型是一个非常重要的模型。

(二) 边际贡献及其计算

边际贡献是指销售收入减去变动成本以后的差额，这是一个十分有用的价值指标。其计算公式为

$$M=px-bx=(p-b)x=mx \tag{3.41}$$

式中：M 为边际贡献；p 为销售单价；b 为单位变动成本；x 为产销量；m 为单位边际贡献。

(三) 息税前利润及其计算

息税前利润是指企业支付利息和交纳所得税之前的利润。成本按习性分类后，息税前利润可用下列公式计算

$$EBIT=px-bx-a=(p-b)x-a=M-a \tag{3.42}$$

式中：$EBIT$ 为息税前利润；a 为固定成本。

显然，不论利息费用的习性如何，它不会出现在计算息税前利润公式之中，即，在上式的固定成本和变动成本中不应包括利息费用因素。息税前利润也可以用利润总额加上利息费用求得。

三、经营杠杆

(一) 经营杠杆的含义

在其他条件不变的情况下，产销量的增加虽然不会改变固定成本总额，但会降低单位固定成本，从而提高单位利润，使息税前利润的增长率大于产销量的增长率。反之，产销量的减少会提高单位固定成本，降低单位利润，使息税前利润下降率也大于产销量下降率。如果

不存在固定成本，所有成本都是变动的，那么边际贡献就是息税前利润，这时息税前利润变动率就同产销量变动率完全一致。这种由于固定成本的存在而导致息税前利润变动率大于产销量变动率的杠杆效应，称为经营杠杆。

（二）经营杠杆的计量

只要企业存在固定成本，就存在经营杠杆效应的作用。但不同企业或同一企业不同产销量基础上的经营杠杆效应的大小是不完全一致的，为此，需要对经营杠杆进行计量。对经营杠杆进行计量最常用的指标是经营杠杆系数。所谓经营杠杆系数，是指息税前利润变动率相当于产销量变动率的倍数［这里的产销业务量变动率既可以按产量或销量计算（假定产销平衡），也可以按销售收入计算，其结果相同。］。其计算公式为

$$\text{经营杠杆系数}=\text{息税前利润变动率}/\text{产销量变动率} \tag{3.43}$$

或

$$DOL=\frac{\Delta EBIT/EBIT}{\Delta x/x}=\frac{\Delta EBIT/EBIT}{\Delta(px)/px} \tag{3.44}$$

式中：DOL 为经营杠杆系数；$EBIT$ 为变动前的息税前利润；$\Delta EBIT$ 为息税前利润的变动额；px 为变动前的销售收入；$\Delta(px)$为销售收入的变动额；x 为变动前的产销量；Δx 为产销量的变动数。

【例 3-22】 北方公司有关资料见表 3-10，试计算该企业 2008 年的经营杠杆系数。

表 3-10 北方公司经营资料 单位：万元

项目	2007 年	2008 年	变动额	变动率
销售额	1 000	1 200	200	20%
变动成本	600	720	120	20%
边际贡献	400	480	80	20%
固定成本	200	200	0	—
息税前利润	200	280	80	40%

根据上述公式，得

$$\text{经营杠杆系数（}DOL\text{）}=\frac{80/200}{200/1\,000}=40\%/20\%=2$$

上述公式是计算经营杠杆系数的理论公式，但利用该公式，必须以已知变动前后的相关资料为前提，比较麻烦，而且无法预测未来（如 2009 年）的经营杠杆系数。经营杠杆系数还可以按以下简化公式计算

$$\text{经营杠杆系数}=\text{基期边际贡献}/\text{基期息税前利润} \tag{3.45}$$

或

$$DOL=M/EBIT \tag{3.46}$$

按表 3-10 中 2007 年的资料可求得 2008 年的经营杠杆系数，为

$$DOL=400/200=2$$

计算结果表明，两个公式计算出的 2008 年经营杠杆系数是完全相同的。

同理，可按 2008 年的资料求出 2009 年的经营杠杆系数，为

$$DOL=480/280=1.71$$

（三）经营杠杆与经营风险的关系

引起企业经营风险的主要原因，是市场需求和成本等因素的不确定性，经营杠杆本身并不是利润不稳定的根源。但是，产销业务量增加时，息税前利润将以 DOL 倍数的幅度增加；

而产销业务量减少时，息税前利润又将以 DOL 倍数的幅度减少。可见，经营杠杆扩大了市场和生产等不确定因素对利润变动的影响。而且经营杠杆系数越高，利润变动越激烈，企业的经营风险就越大。于是，企业经营风险的大小和经营杠杆有重要关系。一般来说，在其他因素不变的情况下，固定成本越高，经营杠杆系数越大，经营风险越大。其关系可表示为

经营杠杆系数＝基期边际贡献/（基期边际贡献－基期固定成本） (3.47)

或 经营杠杆系数＝［（基期销售单价－基期单位变动成本）×基期产销量］/［（基期销售单价－基期单位变动成本）×基期产销量－基期固定成本］ (3.48)

上式表明，影响经营杠杆系数的因素包括产品销售数量（即市场供求情况），产品销售价格，单位变动成本和固定成本总额等因素。经营杠杆系数将随固定成本的变化呈同方向变化，即在其他因素一定的情况下，固定成本越高，经营杠杆系数越大。同理，固定成本越高，企业经营风险也越大；如果固定成本为零，则经营杠杆系数等于 1。

【例 3-23】 A，B 两家企业的有关资料见表 3-11。

表 3-11　　A，B 企业的经营状况　　单位：万元

企业名称	经济情况	概率	销售量（件）	单价	销售额	单位变动成本	变动成本总额	边际贡献	固定成本	息税前利润
A	好	0.20	120	10	1 200	6	720	480	200	280
	中	0.60	100	10	1 000	6	600	400	200	200
	差	0.20	80	10	800	6	480	320	200	120
B	好	0.20	120	10	1 200	4	480	720	400	320
	中	0.60	100	10	1 000	4	400	600	400	200
	差	0.20	80	10	800	4	320	480	400	80

为了计算两家企业风险的大小，先计算两企业最有可能的经营杠杆系数。

A 企业的期望边际贡献为

$$\overline{M}_A = 480 \times 0.20 + 400 \times 0.60 + 320 \times 0.20 = 400\text{（万元）}$$

A 企业的期望息税前利润为

$$\overline{EBIT}_A = 280 \times 0.20 + 200 \times 0.60 + 120 \times 0.20 = 200\text{（万元）}$$

A 企业最有可能的经营杠杆系数为

$$DOL_A = \frac{\overline{M}_A}{\overline{EBIT}_A} = 400/200 = 2$$

B 企业的期望边际贡献为

$$\overline{M}_B = 720 \times 0.20 + 600 \times 0.60 + 480 \times 0.20 = 600\text{（万元）}$$

B 企业的期望息税前利润为

$$\overline{EBIT}_B = 320 \times 0.20 + 200 \times 0.60 + 80 \times 0.20 = 200\text{（万元）}$$

B 企业最有可能的经营杠杆系数为

$$DOL_B = \frac{\overline{M}_B}{\overline{EBIT}_B} = 600/200 = 3$$

从上述计算可知，B 企业的经营杠杆系数比 A 企业大。为了说明经营杠杆对风险程度的影响，下面计算两家企业息税前利润的标准离差。

$$A\text{ 企业息税前利润的标准离差}=\sqrt{(280-200)^2\times0.2+(200-200)^2\times0.6+(120-200)^2\times0.2}=50.6$$

$$B\text{ 企业息税前利润的标准离差}=\sqrt{(320-200)^2\times0.2+(200-200)^2\times0.6+(80-200)^2\times0.2}=75.9$$

计算表明，虽然 A，B 两家企业的期望息税前利润相同，但 B 企业的标准离差大，说明 B 企业的经营风险更大。也就是说，固定成本高，经营杠杆系数大，则经营风险大。

四、财务杠杆

（一）财务杠杆的含义

不论企业营业利润多少，债务的利息和优先股的股利通常都是固定不变的。当息税前利润增大时，每一元盈余所负担的固定财务费用（如利息、优先股股利、融资租赁租金等）就会相对减少，这能给普通股股东带来更多的盈余；反之，当息税前利润减少时，每一元盈余所负担的固定财务费用就会相对增加，这就会大幅度减少普通股的盈余。这种由于固定财务费用的存在而导致每股收益变动率大于息税前利润变动率的杠杆效应，称作财务杠杆。现用表 3-12 加以说明。

表 3-12　　甲、乙公司的资本结构与普通股收益表

时　间	项　目	甲 公 司	乙 公 司	备　注
2007 年	普通股发行在外股数（股）	2 000	1 000	（1）已知
	普通股股本（每股面值：100 元）	200 000	100 000	（2）已知
	债务（年利率 8%）	0	100 000	（3）已知
	资本总额	200 000	200 000	（4）＝（2）＋（3）
	息税前利润	20 000	20 000	（5）已知
	债务利息	0	8 000	（6）＝（3）×8%
	利润总额	20 000	12 000	（7）＝（5）－（6）
	所得税（税率 25%）	5 000	3 000	（8）＝（7）×25%
	净利润	15 000	9 000	（9）＝（7）－（8）
	每股收益（元）	7.5	9	（10）＝（9）÷（1）
2008 年	息税前利润增长率	20%	20%	（11）已知
	增长后的息税前利润	24 000	24 000	（12）＝（5）×［1＋（11）］
	债务利息	0	8 000	（13）＝（6）
	利润总额	24 000	16 000	（14）＝（12）－（13）
	所得税（税率 25%）	6 000	4 000	（15）＝（14）×25%
	净利润	18 000	12 000	（16）＝（14）－（15）
	每股收益（元）	9	12	（17）＝（16）÷（1）
	每股收益增加额	1.5	3	（18）＝（17）－（10）
	普通股每股收益增长率	20%	33.3%	（19）＝（18）÷（10）

在表 3-12 中，甲、乙两个公司的资金总额相等，息税前利润相等，息税前利润的增长率也相同，不同的只是资本结构。甲公司全部资金都是普通股，乙公司的资金中普通股和债券

各占一半。在甲乙两公司息税前利润均增长20%的情况下，甲公司每股收益增长20%，而乙公司却增长了 33.3%，这就是财务杠杆效应。当然，如果息税前利润下降，乙公司每股收益的下降幅度要大于甲公司每股收益的下降幅度。

（二）财务杠杆的计量

从上述分析可知，只要在企业的筹资方式中有固定财务费用支出的债务和优先股，就会存在财务杠杆效应。但不同企业财务杠杆的作用程度是不完全一致的，为此，需要对财务杠杆进行计量。对财务杠杆进行计量的最常用指标是财务杠杆系数。所谓财务杠杆系数是普通股每股收益的变动率相当于息税前利润变动率的倍数。其计算公式为

$$财务杠杆系数=普通股每股收益变动率/息税前利润变动率 \quad (3.49)$$

或

$$DFL=[\Delta EPS/EPS]/[\Delta EBIT/EBIT] \quad (3.50)$$

式中：DFL 为财务杠杆系数；ΔEPS 为普通股每股收益变动额；EPS 为基期每股收益。

【例 3-24】 以表 3-12 中所列甲、乙公司为例，将有关资料代入上述公式，可求得甲乙两公司 2008 年的财务杠杆系数为

$$甲公司财务杠杆系数=20\%/20\%=1$$

$$乙公司财务杠杆系数=33.33\%/20\%=1.67$$

上述公式是计算财务杠杆系数的理论公式，必须以已知变动前后的相关资料为前提，比较麻烦。通常可用以下简化公式计算

$$财务杠杆系数=基期息税前利润/（基期息税前利润-基期利息） \quad (3.51)$$

对于同时存在银行借款、融资租赁，且发行优先股的企业来说，其财务杠杆系数的计算公式为

$$财务杠杆系数=\frac{息税前利润}{息税前利润-利息-融资租赁租金-优先股股利/(1-所得税税率)} \quad (3.52)$$

从上式可见，影响企业财务杠杆系数的因素包括息税前利润、企业资金规模、企业的资本结构、固定财务费用水平等多个因素。财务杠杆系数将随固定财务费用的变化呈同方向变化，即在其他因素一定的情况下，固定财务费用越高，财务杠杆系数越大。同理，固定财务费用越高，企业财务风险也越大；如果企业固定财务费用为零，则财务杠杆系数为 1。

必须说明的是，上式中的息税前利润、利息和优先股股利均为基期值。

将表 3-12 中 2007 年的有关资料代入上式，可求得甲、乙两公司 2008 年的财务杠杆系数。

$$甲公司财务杠杆系数=20\,000/(20\,000-0)=1$$

$$乙公司财务杠杆系数=20\,000/(20\,000-8\,000)=1.67$$

这说明，在利润增加时，乙公司每股收益的增长幅度大于甲公司的增长幅度；当然，当利润减少时，乙公司每股收益减少得也更快。因此，公司息税前利润较多，增长幅度较大时，适当地利用负债性资金，发挥财务杠杆的作用，可增加每股收益，使股票价格上涨，增加企业价值。

同理，按表 3-12 中 2008 年资料，可求出两公司 2009 年财务杠杆系数分别为 1 和 1.5。

（三）财务杠杆与财务风险的关系

财务风险是指企业为取得财务杠杆利益而利用负债资金时，增加了破产机会或普通股收益大幅度变动的机会所带来的风险。企业为取得财务杠杆利益，就要增加负债，一旦企业息税前利润下降，不足以补偿固定利息支出，企业的每股收益就会下降得更快。

【例 3-25】 丙、丁公司资本结构及获利水平等资料见表 3-13。从表 3-13 中可以看出，丙公司没有负债，就没有财务风险；丁公司有负债，当息税前利润比计划减少时，就有了比较大的财务风险。如果不能及时扭亏为盈，可能会引起破产。

表 3-13 丙、丁公司资本结构与财务风险 单位：万元

项 目	丙 公 司	丁 公 司	备 注
普通股股本	20 000	10 000	①已知
公司债券（年利率 8%）	0	10 000	②已知
资本总额	20 000	20 000	③=①+②
计划息税前利润	2 000	2 000	④已知
实际息税前利润	600	600	⑤已知
借款利息	0	800	⑥=②×8%
利润总额	600	−200	⑦=⑤−⑥

下面，结合每股收益标准离差和标准离差率的计算，来说明财务杠杆与财务风险的关系。

【例 3-26】 B，C，D 三家企业的资本构成情况见表 3-14。其他有关情况三家企业完全一致，见表 3-11 中的 B 企业的情况。试计算每股收益、财务杠杆系数、每股收益的标准离差和标准离差率。

表 3-14 B，C，D 企业的资本构成 单位：万元

项 目	B 企业	C 企业	D 企业
资金总额	2 000	2 000	2 000
普通股①	2 000	1 000	1 000
负债②	0	1 000	1 000
负债利息	0	60	120

①普通股面值均为 10 元/股，B 企业发行在外 200 万股，C，D 企业发行在外各 100 万股；

②企业负债的年利率为 6%，D 企业负债的年利率为 12%。

根据以上资料，可通过表 3-15 计算每股收益等资料。

根据表 3-15 资料计算的三家企业的期望每股收益、每股收益的标准离差、标准离差率和财务杠杆系数分别为如下所示。

表 3-15 B，C，D 企业指标计算表

企业名称	经济情况	概率	息税前利润（万元）	利息	利润总额（万元）	所得税（25%）	净利润（万元）	普通股股数（万股）	每股收益（元）
B	好	0.20	320	0	320	80	240	200	1.2
	中	0.60	200	0	200	50	150	200	0.75
	差	0.20	80	0	80	20	60	200	0.3
C	好	0.20	320	60	260	65	195	100	1.95
	中	0.60	200	60	140	35	105	100	1.05
	差	0.20	80	60	20	5	15	100	0.15
D	好	0.20	320	120	200	50	150	100	1.5
	中	0.60	200	120	80	20	60	100	0.6
	差	0.20	80	120	−40	0	−40	100	−0.4

（1）计算三家企业的期望每股收益

B 企业的期望每股收益＝0.2×1.2＋0.60×0.75＋0.20×0.3＝0.75（元）

C 企业的期望每股收益＝0.2×1.95＋0.60×1.05＋0.20×0.15＝1.05（元）

D 企业的期望每股收益＝0.2×1.5＋0.60×0.6＋0.20×(－0.4)＝0.58（元）

（2）计算三家企业每股收益的标准离差

B 企业每股收益的标准离差

$$=\sqrt{(1.2-0.75)^2\times0.2+(0.75-0.75)^2\times0.6+(0.3-0.75)^2\times0.2}\approx0.285$$

C 企业每股收益的标准离差

$$=\sqrt{(1.95-1.05)^2\times0.2+(1.05-1.05)^2\times0.6+(0.15-1.05)^2\times0.2}\approx0.569$$

D 企业每股收益的标准离差

$$=\sqrt{(1.5-0.58)^2\times0.2+(0.6-0.58)^2\times0.6+(-0.4-0.58)^2\times0.2}\approx0.601$$

（3）计算三家企业每股收益的标准离差率

B 企业每股收益的标准离差率＝0.285/0.75≈0.38

C 企业每股收益的标准离差率＝0.569/1.05≈0.542

D 企业每股收益的标准离差率＝0.601/0.58≈1.036

（4）计算三家企业的财务杠杆系数

B，C，D 三家企业的期望息税前利润均为

期望息税前利润＝0.2×320＋0.60×200＋0.20×80＝200（万元）

B 企业财务杠杆系数＝200/(200－0)＝1

C 企业财务杠杆系数＝200/(200－60)≈1.43

D 企业财务杠杆系数＝200/(200－120)＝2.5

从以上分析可知，B 企业全部靠自有资金经营，其期望每股收益为 0.75 元，财务杠杆系数为 1，标准离差率为 0.38。C 企业利用了利息率为 6%的负债 1 000 万元，自有资金与负债资金的比率为 1:1，负债比率为 50%，则 C 企业的期望每股收益上升到 1.05 元，财务杠杆系数上升到 1.43，标准离差率上升到 0.542。企业期望每股收益上升，说明应用财务杠杆取得了比较好的效益，当然，随之也加大了财务风险。D 企业利用了利息率为 12%的负债 1 000 万元，负债比率也为 50%，但 D 企业的期望每股收益却下降到 0.58 元，财务杠杆系数上升到 2.5，标准离差率为 1.036。说明此时利用财务杠杆只能加大企业财务风险，而不能取得财务杠杆利益。这就是说，企业利用财务杠杆，可能会产生好的效果，也可能会产生坏的效果。

五、复合杠杆

（一）复合杠杆的概念

如前所述，由于存在固定成本，产生经营杠杆效应，使息税前利润的变动率大于产销量的变动率；同样，由于存在固定财务费用（如固定利息、优先股股利），产生财务杠杆效应，使企业每股收益的变动率大于息税前利润的变动率。如果两种杠杆共同起作用，那么销售额稍有变动就会使每股收益产生更大的变动。这种由于固定成本和固定财务费用的共同存在而导致的每股收益变动率大于产销量变动率的杠杆效应，称为复合杠杆。

【例 3-27】 某企业有关资料见表 3-16，要求分析复合杠杆效应并计算复合杠杆系数。

表 3-16 **某 企 业 经 营 资 料** 单位：万元

项　　目	2007	2008	变动率
销售收入（单位售价 10 元）	1 000	1 200	+20%
变动成本（单位变动成本 4 元）	400	480	+20%
边际贡献	600	720	+20%
固定成本	400	400	0
息税前利润（*EBIT*）	200	320	+60%
利息	80	80	0
利润总额	120	240	+100%
所得税（所得税税率 25%）	30	60	+100%
净利润	90	180	+100%
普通股发行在外股数（万股）	100	100	0
每股收益（*EPS*，元）	0.9	1.8	+100%

从表 3-16 中看到，在复合杠杆的作用下，业务量增加 20%，每股收益便增长 100%。当然，如果业务量下降 20%，企业的每股收益也会下降 100%。

（二）复合杠杆的计量

从以上分析中得知，只要企业同时存在固定成本和固定财务费用等财务支出，就会存在复合杠杆的作用。但不同企业，复合杠杆作用的程度是不完全一致的，为此，需要对复合杠杆作用的程度进行计量。对复合杠杆进行计量的最常用指标是复合杠杆系数。所谓复合杠杆系数，是指每股收益变动率相当于产销量变动率的倍数。其理论公式为

复合杠杆系数（*DCL*）＝普通股每股收益变动率/产销量变动率　　（3.53）

或
$$DCL=\frac{\Delta EPS/EPS}{\Delta(px)/px}=\frac{\Delta EPS/EPS}{\Delta x/x} \tag{3.54}$$

式中：*DCL* 为复合杠杆系数。

根据表 3-16 中的有关数据可求出 2008 年的复合杠杆系数为

$$DCL=(\Delta 9/0.9)/(\Delta 200/1\ 000)=100\%/20\%=5$$

复合杠杆系数与经营杠杆系数、财务杠杆系数之间的关系式为

$$DCL=DOL\times DFL$$

即　　复合杠杆系数＝经营杠杆系数×财务杠杆系数　　（3.55）

复合杠杆系数亦可直接按以下公式计算

复合杠杆系数＝边际贡献/［息税前利润－利息－租金
－（优先股股利/（1－所得税税率））］　　（3.56）

若企业没有融资租赁，亦未发行优先股，其复合杠杆系数的计算公式为

复合杠杆系数＝边际贡献/息税前利润－利息　　（3.57）

或
$$DCL=M/(EBIT-I)=[(p-b)x]/[(p-b)x-a-I] \tag{3.58}$$

将表 3-16 中 2007 年的数据代入上式，可求得 2008 年的复合杠杆系数为

$$DCL=600/(200-80)=5$$

这就是说，在本例中，企业的产销量每增减 1%，每股收益就会相应增减 5%，因此，产

销量有一个比较小的增长，每股收益便会大幅度增长；反之，产销量有比较小的下降，每股收益便会大幅度下降。

同理，可利用2008年数据计算出2009年的复合杠杆系数为

$$DCL=720/(320-80)=3$$

（三）复合杠杆与企业风险的关系

从以上分析看到，在复合杠杆的作用下，当企业经济效益好时，每股收益会大幅度上升，当企业经济效益差时，每股收益会大幅度下降。企业复合杠杆系数越大，每股收益的波动幅度越大。由于复合杠杆作用使每股收益大幅度波动而造成的风险，称为复合风险。在其他因素不变的情况下，复合杠杆系数越大，企业风险越大，复合杠杆系数越小，企业风险越小。

【例3-28】 X，Y，Z三家企业的有关资料见表3-17，试计算三家企业的期望复合杠杆及其每股收益的标准离差和标准离差率。

表3-17 **X，Y，Z企业经营资料** 金额单位：万元

企业名称	经济情况	概率	销售量（件）	单价	销售额	单位变动成本	变动成本总额	边际贡献	固定成本	息税前利润	利息	利润总额	普通股股数	每股收益
X	好	0.20	120	10	1 200	8	960	240	0	240	0	240	200	0.9
	中	0.60	100	10	1 000	8	800	200	0	200	0	200	200	0.75
	差	0.20	80	10	800	8	640	160	0	160	0	160	200	0.6
Y	好	0.20	120	10	1 200	4	480	720	400	320	0	320	200	1.2
	中	0.60	100	10	1 000	4	400	600	400	200	0	200	200	0.75
	差	0.20	80	10	800	4	320	480	400	80	0	80	200	0.3
Z	好	0.20	120	10	1 200	4	480	720	400	320	60	260	100	1.95
	中	0.60	100	10	1 000	4	400	600	400	200	60	140	100	1.05
	差	0.20	80	10	800	4	320	480	400	80	60	20	100	0.15

说明：①三家企业适用的所得税税率均为25%；②三家企业的资本总额均为2 000万元，X，Y两家企业无负债，发行普通股200万股，每股面值10元，Z企业利用了年利率为6%的负债1 000万元，利用普通股筹资1 000万元，普通股股数为100万股。

（1）计算三家企业的复合杠杆。三家企业期望销售量均为

$$0.20\times120+0.60\times100+0.20\times80=100\text{（件）}$$

根据有关资料，计算三家企业的复合杠杆系数为

$$X\text{企业复合杠杆系数}=[(10-8)\times100]/[(10-8)\times100-0-0]=200/(200-0)=1$$

$$Y\text{企业复合杠杆系数}=[(10-4)\times100]/[(10-4)\times100-400-0]=600/(200-0)=3$$

$$Z\text{企业复合杠杆系数}=[(10-4)\times100]/[(10-4)\times100-400-60]=600/(200-60)=4.3$$

（2）计算三家企业的期望每股收益。

$$X\text{企业的期望每股收益}=0.20\times0.9+0.60\times0.75+0.20\times0.6=0.75\text{（元）}$$

$$Y\text{企业的期望每股收益}=0.2\times1.2+0.60\times0.75+0.20\times0.3=0.75\text{（元）}$$

$$Z\text{企业的期望每股收益}=0.2\times1.95+0.60\times1.05+0.20\times0.15=1.05\text{（元）}$$

（3）计算三家企业每股收益的标准离差。

X企业每股收益的标准离差

$$=\sqrt{(0.9-0.75)^2\times0.2+(0.75-0.75)^2\times0.6+(0.6-0.75)^2\times0.2}=0.095$$

Y 企业每股收益的标准离差

$$=\sqrt{(1.2-0.75)^2\times0.2+(0.75-0.75)^2\times0.6+(0.3-0.75)^2\times0.2}=0.285$$

Z 企业每股收益的标准离差

$$=\sqrt{(1.95-1.05)^2\times0.2+(1.05-1.05)^2\times0.6+(0.15-1.05)^2\times0.2}=0.569$$

（4）计算三家企业每股收益的标准离差率。

X 企业每股收益的标准离差率＝0.095/0.75＝0.127

Y 企业每股收益的标准离差率＝0.285/0.75＝0.38

Z 企业每股收益的标准离差率＝0.569/1.05＝0.542

根据以上计算可知，复合杠杆越大，每股收益的标准离差率越高，企业风险越大。

第四节 资 本 结 构

一、资本结构概述

（一）资本结构的含义

资本结构是指企业各种资本的构成及其比例关系。资本结构是企业筹资决策的核心问题。企业应综合考虑有关影响因素，运用适当的方法确定最佳资本结构，并在以后追加筹资中继续保持。企业现有资本结构不合理，应通过筹资活动进行调整，使其趋于合理化。

在实务中，资本结构有广义和狭义之分。狭义的资本结构是指长期资本结构；广义的资本结构是指全部资本（包括长期资本和短期资本）的结构。

企业资本结构是由企业采用的各种筹资方式筹集资金而形成的，各种筹资方式不同的组合类型决定着企业资本结构及其变化。企业筹资方式虽然很多，但总的来看分为负债资本和权益资本两类，因此，资本结构问题总的来说是负债资本的比例问题，即负债在企业全部资本中所占的比重。

（二）影响资本结构的因素

1. 企业财务状况

企业获利能力越强、财务状况越好、变现能力越强，就越有能力负担财务上的风险。因而，随着企业变现能力、财务状况和盈利能力的增进，举债筹资就越有吸引力。当然，有些企业因为财务状况不好，无法顺利发行股票，只好以高利率发行债券来筹集资金。衡量企业财务状况的指标主要有流动比率、利息周转倍数、固定费用周转倍数、投资收益率等。

2. 企业资产结构

企业资产结构会以多种方式影响企业的资本结构：①拥有大量固定资产的企业主要通过长期负债和发行股票筹集资金；②拥有较多流动资产的企业，更多依赖流动负债来筹集资金；③资产适用于抵押贷款的公司举债额较多，如房地产公司的抵押贷款就相当多；④以技术研究开发为主的公司则负债很少。

3. 企业产品销售情况

企业产品销售是否稳定对企业资本结构具有重要影响。如果企业的销售比较稳定，其获利能力也相对稳定，则企业负担固定财务费用的能力相对较强；如果销售具有较强的周期性，则负担固定的财务费用将冒较大的财务风险。另外，企业销售的增长速度，也决定财务杠杆能在多大程度上扩大每股收益，如果销售增长较高，使用具有固定财务费用的债务筹资，就会扩大普通股的每股收益。

4. 投资者和管理人员的态度

企业投资者和管理人员的态度对资本结构也有重要影响，因为企业资本结构的决策最终是由他们做出的。

一个企业的股票如果被众多投资者所持有，谁也没有绝对的控制权，这个企业可能会更多地采用发行股票的方式来筹集资金，因为企业所有者并不担心控制权的旁落。反之，有的企业被少数股东所控制，股东们是很重视控制权问题的，企业为了保证少数股东的绝对控制权，一般尽量避免普通股筹资，而是采用优先股或负债方式筹集资金。

管理人员对待风险的态度，也是影响资本结构的重要因素。喜欢冒险的财务管理人员，可能会安排比较高的负债比例；反之，一些持稳健态度的财务人员则会只使用较少的债务。

5. 贷款人和信用评级机构的影响

每位企业财务经理对如何运用财务杠杆都有自己的分析，但贷款人和信用评级机构的态度实际上往往成为决定财务结构的关键因素。

一般而言，企业财务管理人员都会与贷款人和信用评级机构商讨其财务结构，并充分尊重他们的意见。大部分贷款人都不希望企业的负债比例太大，如果企业坚持使用过多债务，则贷款人可能拒绝贷款。同样，如果企业债务太多，信用评级机构可能会降低企业的信用等级，这样会影响企业的筹资能力，提高企业的资本成本。

6. 行业因素

不同行业，资本结构有很大差别。财务经理必须考虑本企业所处的行业，以便考虑最佳的资本结构。

7. 所得税税率的高低

企业利用负债可以获得减税利益，因此，所得税税率越高，负债的好处越多；反之，如果税率很低，则采用举债方式的减税利益就不十分明显。

8. 利率水平的变动趋势

利率水平的变动趋势也会影响到企业的资本结构。如果企业财务管理人员认为利息率暂时较低，但不久的将来有可能上升的话，便会大量发行长期债券，从而在若干年内把利率固定在较低水平上。

（三）资本结构理论

最早提出资本结构理论这一问题的是美国经济学家戴维·杜兰德，杜兰德认为，早期企业的资本结构是按照净收益法、净营业收益法和传统折衷法建立的。1958年莫迪格莱尼和米勒又提出了著名的MM理论。在此基础上，后人又进一步提出了平衡理论、代理理论和等级筹资理论。

1. 净收益理论

该理论认为，利用债务可以降低企业的综合资本成本。这是因为，负债在企业全部资本中所占的比重越大，综合资本成本越接近债务成本，又由于债务成本一般较低，所以，负债程度越高，综合资本成本越低，企业价值越大。当负债比率达到100%时，企业价值将达到最大。

2. 净营业收益理论

该理论认为，资本结构与企业的价值无关，决定企业价值高低的关键要素是企业的净营业收益。如果企业增加成本较低的债务资金，即使债务成本本身不变，但由于加大了企业风险，也会导致权益资本成本的提高。这一升一降，相互抵消，企业综合资本成本仍保持不变。也就是说，不论企业的财务杠杆程度如何，其整体的资本成本不变，企业的价值也就不受资本结构的影响。这就意味着不存在一个最佳资本结构。

3. 传统折衷理论

这一理论是对净收益理论和净营业收益理论的折衷。该理论认为，企业利用财务杠杆尽管会导致权益成本上升，但在一定范围内并不会完全抵消利用成本较低的债务所带来的好处，因此会使综合资本成本下降、企业价值上升。但一旦超过某一限度，权益成本的上升就不再能为债务的低成本所抵消，综合资本成本又会上升。此后，债务成本也会上升，从而导致了综合资本成本的更快上升。综合资本成本由下降变为上升的转折点，便是其最低点，此时，资本结构达到最优。

4. MM 理论

1958 年，莫迪格莱尼和米勒提出了著名的 MM 理论。MM 理论认为，在没有企业和个人所得税的情况下，任何企业的价值，不论其有无负债，都等于经营利润除以适用于其风险等级的收益率。由于权益成本会随着负债程度的提高而增加，这样，增加负债所带来的利益完全被上涨的权益成本所抵消。因此，风险相同的企业，其价值不受有无负债及负债程度的影响。但 MM 理论认为在考虑所得税的情况下，由于存在税额庇护利益，企业价值会随负债程度的提高而增加，股东也可获得更多好处。于是，负债越多，企业价值也会越大。

5. 平衡理论

20 世纪 70 年代，人们发现制约企业无限追求免税优惠或负债最大化的关键因素在于债务上升而形成的企业风险和费用。企业债务增加使企业陷入财务危机甚至破产的可能性也增加。随着企业债务增加而提高的风险和各种费用会增加企业的额外成本，从而其市场价值下降。因此，企业最佳资本结构应当是在负债价值最大化和债务上升带来的财务危机成本之间的平衡，被称为平衡理论。这一理论可以说是对 MM 理论的再修正。该理论认为，当负债程度较低时，企业价值因税额庇护利益的存在会随负债水平的上升而增加；当负债达到一定界限时，负债税额庇护利益开始为财务危机成本所抵消。当边际负债税额庇护利益等于边际财务危机成本时，企业价值最大，资本结构最优；若企业继续追加负债，企业价值会因财务危机成本大于负债税额庇护利益而下降，负债越多，企业价值下降越快。

6. 代理理论

代理理论的创始人詹森和麦克林认为，企业资本结构会影响经理人员的工作水平和其他行为选择，从而影响企业未来现金收入和企业市场价值。比如说，当经理人不作为内部股东而作为代理人时，其努力的成本由自己负担，而努力的收益却归于他人；其在职消费的好处由自己享有，而消费成本却由他人负责。这时，他可能偷懒或采取有利于自身效用的满足而损害委托人利益的行动。该理论认为，债权筹资有更强的激励作用，并将债务视为一种担保机制。这种机制能够促使经理多努力工作，少个人享受，并且做出更好的投资决策，从而降低由于两权分离而产生的代理成本。但是，负债筹资可能导致另一种代理成本，即企业接受债权人监督而产生的成本。这种债权的代理成本也得由经营者来承担，从而举债比例上升导致举债成本上升。均衡的企业所有权结构是由股权代理成本和债权代理成本之间的平衡关系来决定的。

7. 等级筹资理论

由于上述传统的筹资优序理论与现实的差异，梅耶斯等学者提出了一种新的优序筹资理论。梅耶斯于 1984 年通过建立一个投资项目信息不对称的简单模型，提出了等级筹资假设。首先，外部筹资的成本不仅包括管理和证券承销成本，包括新发行证券被低估的成本；而且还包括不对称信息所产生的“投资不足效应”而引起的成本。在信息不对称条件下，企业可能会选择不发行证券；即使净现值为正的投资机会，也有可能放弃。为消除“投资不足效应”而引起的成本，企业可以选择用内部积累的资金去保障净现值为正的投资机会。所以，通过比较外部筹资和内部筹资的成本，当企业面临投资决策时，理论上首先考虑运用内部资金。其次，梅耶斯认为债务筹资优于股权筹资。他认为总的原则是先发行安全的证券，然后才是风险性证券，这样就能很好地从理论上解释清优序筹资理论的两个中心思想：①偏好内部筹资；②如果需要外部筹资，则偏好债务筹资。

由于企业所得税的节税利益，负债筹资可以增加企业的价值，即负债越多，企业价值增加越多，这是负债的第一种效应；但是，财务危机成本期望值的现值和代理成本的现值会导致企业价值的下降，即负债越多，减少额越大，这是负债的第二种效应。负债比率较小时，第一种效应大；负债比例较大时，第二种效应大。上述两种效应相抵消，企业应适度负债，所以公司的资本结构中应有一定数量的负债。最后，由于非对称信息的存在，企业要保留一定的负债容量以便有利可图的投资机会来临时可发行债券，避免以太高的成本发行新股。

从成熟的证券市场来看，企业的筹资优序模式首先是内部筹资，其次是借款、发行债券、可转换债券，最后是发行新股筹资。但是对于新兴证券市场来说却未必如此。20 世纪 80 年代新兴证券市场上企业股票筹资增长迅速，虽然信息不对称的情形比之于成熟市场严重得多，但是企业对股票筹资十分热情，具有明显的股票筹资偏好，企业筹资秩序的选择几乎与等级筹资模型是背道而驰的。例如，在我国，资本市场不发达、市场法律环境不完善、存在严重的信息不对称和股东的监控较薄弱，大多数企业的筹资偏好顺序是：内部筹资（多留存收益）优于发行股票，而前两种筹资方式（即多留存收益和股票筹资）又都优于举债筹资；如果可能（股票发行与上市条件宽松），肯定是将发行股票放在最优先的位置上。目前，全国在创业板市场排队等待发行股票并上市的数千家企业就是明证；即使是上市公司，也通过配股或增发等手段拼命“圈钱”。

股票筹资偏好的主要原因有以下三点：第一，在不健全的资本市场机制前提下，市场和股东对代理人（企业董事会和经理）的监督效率很低，经理们有较多的私人信息和可自由支配的现金流量；第二，代理人认为企业股权筹资的成本是以股利来衡量的，而股利的发放似乎是按代理人的计划分配的，从而使他们认为股票筹资的成本是廉价的；第三，经理利用股权筹资可使他们承担较小的破产风险。在我国现阶段的证券市场，企业的股利支付率很低，使代理人错误地认为股权筹资的成本很低。另外，在我国企业的财务实务中，有相当多的代理人还没有把最优债务比理论和筹资优序理论应用到企业筹资中去，多半是以简单的直观判断和表面的资本成本来选择筹资方式，这无疑走进了股权筹资偏好的误区。实际上，在我国证券市场进行股票筹资的成本是较高的，远远高于银行目前的贷款利率，对于处于稳定成长期或成熟期的企业来讲，股票筹资并不经济。

由此可得如下启示：股票筹资的成本并不低，也不是上市公司或拟上市公司筹资的唯一途径。特别是对于已经进入稳定成长期或成熟期的企业来说，其筹资的最优策略选择应是发行债券及可转换债券，或通过银行等金融机构进行商业借贷更为合理。无理性地进行大规模的股票筹资，不仅带来资本成本的提高，而且其经营业绩压力也是不可忽视的。这也是西方国家在企业进入成熟期后举债筹资回购股票的主要原因。因此，股票筹资并不是企业筹资策略的唯一选择。

二、最佳资本结构的确定

从上述分析可知，利用负债资金具有双重作用，适当利用负债，可以降低企业资本成本，但当企业负债比率太高时，会带来较大的财务风险。为此，企业必须权衡财务风险和资本成本的关系，确定最佳的资本结构。所谓最佳资本结构是指在一定条件下使企业加权平均资本成本最低、企业价值最大的资本结构。

确定最佳资本结构的方法有每股收益无差别点法、比较资本成本法和公司价值比较法。

（一）每股收益无差别点法

负债的偿还能力是建立在未来盈利能力基础之上的。研究资本结构，不能脱离企业的盈利能力。企业的盈利能力，一般用息税前利润（EBIT）表示。

负债筹资是通过它的杠杆作用来增加股东财富的。确定资本结构不能不考虑它对股东财富的影响。股东财富用每股收益（EPS）来表示。

每股收益无差别点法，又称息税前利润—每股收益分析法（EBIT—EPS 分析法），是通过分析资本结构与每股收益之间的关系，计算各种筹资方案的每股收益的无差别点，进而来确定合理的资本结构的方法。这种方法确定的最佳资本结构亦即每股收益最大的资本结构。

【例 3-29】 甲公司目前有资金 75 000 万元，现因生产发展需要准备再筹集 25 000 万元资金，这些资金可以利用发行股票来筹集，也可以利用发行债券来筹集。表 3-18 列出了原资本结构和筹资后资本结构情况。

表 3-18　　甲公司资本结构变化情况表　　单位：万元

筹资方式	原资本结构	增加筹资后资本结构	
		增发普通股（A 方案）	增发公司债券（B 方案）
公司债券（利率 8%）	10 000	10 000	35 000
普通股（每股面值 10 元）	20 000	30 000①	20 000
资本公积	25 000	40 000②	25 000
留存收益	20 000	20 000	20 000
资本总额合计	75 000	100 000	100 000
普通股股数（万股）	2 000	3 000	2 000

①、②发行新股票时，每股发行价格为 25 元，筹资 25 000 万元须发行 1 000 万股，普通股股本增加 10 000 万元，资本公积增加 15 000 万元。

根据资本结构的变化情况，我们可采用 EBIT－EPS 分析法分析资本结构对普通股每股收益的影响。详细的分析情况见表 3-19。

表 3-19 **甲公司不同资本结构下的每股收益** 单位：万元

项　　目	增发股票	增发债券
预计息税前利润（EBIT）	20 000	20 000
利息	800	2 800
利润总额	19 200	17 200
所得税（税率 25%）	4 800	4 300
净利润	14 400	12 900
普通股股数（万股）	3 000	2 000
每股收益（元）	4.8	6.45

从表中可以看到，在息税前利润为 20 000 万元的情况下，利用增发公司债的形式筹集资金能使每股收益上升较多，这可能更有利于股票价格上涨，更符合理财目标。

那么，究竟息税前利润为多少时发行普通股有利，息税前利润为多少时发行公司债有利呢？这就要测算每股收益无差别点处的息税前利润。

其计算公式为

$$\frac{(\overline{EBIT}-I_1)(1-T)-D_1}{N_1}=\frac{(\overline{EBIT}-I_2)(1-T)-D_2}{N_2} \tag{3.59}$$

式中：$\overline{EBIT}$ 为每股收益无差别点处的息税前利润；I_1，I_2 为两种筹资方式下的年利息；D_1，D_2 为两种筹资方式下的优先股股利；N_1，N_2 为两种筹资方式下的流通在外的普通股股数。

现将甲公司的资料代入上式，得

$$\frac{(\overline{EBIT}-800)\times(1-25\%)-0}{3\,000}=\frac{(\overline{EBIT}-2\,800)\times(1-25\%)-0}{2\,000}$$

求得　$\overline{EBIT}=6\,800$（万元）

此时　$EPS_1=EPS_2=1.5$（元）

这就是说，当息税前利润大于 6 800 万元时，利用负债筹资较为有利；当息税前利润小于 6 800 万元时，不应再增加负债，以发行普通股为宜；当息税前利润为 6 800 万元时，采用两种方式没有差别。甲公司预计息税前利润为 20 000 万元，故采用发行公司债的方式较为有利。

每股收益无差别点处的息税前利润亦可直接利用下列公式计算

$$\overline{EBIT}=\frac{N_2\times[I_1\times(1-T)+D_1]-N_1[I_2\times(1-T)+D_2]}{(N_2-N_1)(1-T)} \tag{3.60}$$

如公司没有发行优先股，上式可简化为

$$\overline{EBIT}=(N_2\times I_1-N_1\times I_2)/(N_2-N_1) \tag{3.61}$$

将甲公司的资料代入上式得

$$\overline{EBIT}=(2\,000\times 800-3\,000\times 2\,800)/(2\,000-3\,000)=6\,800\text{（万元）}$$

应当说明的是，这种分析方法只考虑了资本结构对每股收益的影响，并假定每股收益最大，股票价格也就最高。但把资本结构对风险的影响置于视野之外，是不全面的。因为随着负债的增加，投资者的风险加大，股票价格和企业价值也会有下降的趋势，所以，单纯地用EBIT—EPS分析法有时会做出错误的决策。但在资本市场不完善的时候，投资人主要根据每股收益的多少来做出投资决策，每股收益的增加也的确有利于股票价格的上升。

每股收益无差别点的原理比较容易理解，测算过程较为简单。它以普通股每股收益最高为决策标准，也没有考虑财务风险因素，其决策目标实际上是每股收益最大化而不是企业价值最大化，可用于资本规模不大、资本结构不太复杂的股份有限公司。

（二）比较资本成本法

比较资本成本法，是通过计算各方案加权平均的资本成本，并根据加权平均资本成本的高低来确定最佳资本结构的方法。这种方法确定的最佳资本结构亦即加权平均资本成本最低的资本结构。

【例3-30】 华光公司原来的资本结构见表3-20。普通股每股面值1元，发行价格10元，目前价格也为10元，今年期望股利为1元/股，预计以后每年增加股利5%。该企业适用的所得税税率假设为25%，假设发行的各种证券均无筹资费。

表3-20 华光公司资本结构 单位：万元

筹资方式	金额
债券（年利率10%）	8 000
普通股（每股面值1元，发行价10元，共800万股）	8 000
合计	16 000

该企业现拟增资4 000万元，以扩大生产经营规模，现有如下三个方案可供选择。

甲方案：增加发行4 000万元的债券，因负债增加，投资人风险加大，债券利率增至12%才能发行，预计普通股股利不变，但由于风险加大，普通股市价降至8元/股。

乙方案：发行债券2 000万元，年利率为10%，发行股票200万股，每股发行价10元，预计普通股股利不变。

丙方案：发行股票363.6万股，普通股市价增至11元/股。

为了确定上述三个方案哪个最好，下面分别计算其加权平均资本成本。

（1）计算计划年初加权平均资本成本。各种资金的比重和资本成本分别为

$$W_b=(8\,000/16\,000)\times100\%=50\%$$

$$W_s=(8\,000/16\,000)\times100\%=50\%$$

$$K_b=10\%\times(1-25\%)=7.5\%$$

$$K_s=1/10+5\%=15\%$$

计划年初加权平均资本成本为

$$K_{W0}=50\%\times7.5\%+50\%\times15\%=11.25\%$$

（2）计算甲方案的加权平均资本成本。各种资本的比重和资本成本分别为

$$W_{b1}=(8\,000/20\,000)\times100\%=40\%$$

$$W_{b2}=(4\,000/20\,000)\times100\%=20\%$$

$$W_s=(8\,000/20\,000)\times100\%=40\%$$

$$K_{b1}=10\%\times(1-25\%)=7.5\%$$

$$K_{b2}=12\%\times(1-25\%)=9\%$$

$$K_s=1/8+5\%=17.5\%$$

甲方案的加权平均资本成本为

$$K_{W1}=40\%\times7.5\%+20\%\times9\%+40\%\times17.5\%=11.8\%$$

（3）计算乙方案的加权平均资本成本。各种资本的比重分别为 50%、50%；资本成本分别为 7.5%、15%（计算过程略）。

乙方案加权平均资本成本为

$$K_{W2}=50\%\times7.5\%+50\%\times15\%=11.25\%$$

（4）计算丙方案的加权平均资本成本。各种资本的比重分别为 40%、60%；资本成本分别为 7.5%、14.1%（计算过程略）。

丙方案的加权平均资本成本为

$$K_{W3}=40\%\times7.5\%+60\%\times14.1\%=11.46\%$$

从以上计算可以看出，乙方案的加权平均资本成本最低，所以应选用乙方案，即该企业应保持原来的资本结构，50%为负债资金，50%为自有资金。

这种方法通俗易懂，计算过程也不是十分复杂，是确定资本结构的一种常用方法。但因所拟定的方案数量有限，故有把最优方案漏掉的可能。

（三）公司价值分析法

公司价值分析法，是通过计算和比较各种资本结构下公司的市场总价值进而确定最佳资本结构的方法。这种方法的出发点是，从根本上讲，财务管理的目标在于追求公司价值的最大化。然而只有在风险不变的情况下，每股收益的增长才会导致股价上升，实际上经常是随着每股收益的增长，风险也加大。如果每股收益的增长不足以弥补风险增加所需的报酬，尽管每股收益增加，股价仍可能下降。所以最佳资本结构应当是可使公司的总价值最高，而不是每股收益最大的资本结构。同时公司的总价值最高的资本结构，公司的资本成本也是最低的。

公司的市场总价值＝股票的总价值＋债券的价值　（3.62）

为简化起见，假设债券的市场价值等于其面值。股票市场价值的计算公式如下

股票市场价格＝［（息税前利润－利息）×（1－所得税税率）］/普通股成本（3.63）

式中普通股的成本，可采用资本资产定价模型计算

$$K_s=R_i=R_F+\beta\times(R_m-R_F) \quad (3.64)$$

式中：R_i 为第 i 种股票的预期收益率；R_F 为无风险收益率（如国库券收益率）；R_m 为平均风险股票的必要收益率；β 为第 i 种股票的贝塔系数；（R_m-R_F）为市场风险收益率；$\beta\times$（R_m-R_F）为第 i 种股票的风险收益率。

而公司的资本成本，则应采用加权平均资本成本（K_W）来表示。公式为

加权平均资本成本＝债务资本成本×债务额占总资本的比重＋普通股成本×股票额占总资本的比重　（3.65）

【例 3-31】 某公司息税前利润为 500 万元，资本全部由普通股组成，股票账面价值 2 000 万元，公司适用的所得税税率均为 25%。该公司认为目前的资本结构不合理，准备用发行债券购回部分股票的方法予以调整。经咨询调查，目前的债务利率和权益资本成本情况见表 3-21。

表 3-21 **债券利率与权益资本成本**

债券的市场价值 B（百万元）	债券利率（%）	股票的贝塔系数（β）	无风险收益率（R_F）%	平均风险股票的必要收益率（R_m）%	权益资本成本（K_s）%
0	0	1.20	10	14	14.80
2	10	1.25	10	14	15.00
4	10	1.35	10	14	15.40
6	12	1.40	10	14	15.60
8	14	1.55	10	14	16.20
10	16	2.10	10	14	18.40

根据表 3-21，可计算出该公司筹措不同金额的债务时的公司价值和资本成本，见表 3-22。

表 3-22 **公司价值与资本成本**

债券市场价值（百万元）	股票市场价值（百万元）	公司市场价值（百万元）	债券占全部资本的比重（%）	股票占全部资本的比重（%）	债券资本成本（%）	权益资本成本%	加权平均资本成本（K_W）%
0	25.34	25.34	0	100	0	14.80	14.80
2	24.00	26.00	10	90	7.5	15.00	14.25
4	22.40	26.40	20	80	7.5	15.40	13.82
6	20.58	26.58	30	70	9	15.60	13.62
8	17.96	25.96	40	60	10.5	16.20	13.92
10	13.86	23.86	50	50	12	18.40	15.2

从表 3-22 可以看出，在没有债务的情况下，公司的总价值就是其原有股票的市场价值。当公司用债务资本部分地替换权益资本时，一开始公司总价值上升，加权平均资本成本下降。当债务资本达到 600 万元时，公司总价值最高，加权平均资本成本最低。当债务资本超过 600 万元时，公司总价值下降，加权平均资本成本上升。可见，债务为 600 万元时的资本结构是该公司最佳的资本结构。

确定资本结构的定量分析方法和定性分析方法各有优缺点，在实际工作中应结合起来加以运用，以便合理确定资本结构。

三、资本结构的调整

当企业现有资本结构与目标资本结构存在较大差异时，企业需要进行资本结构的调整。

资本结构调整的方法有存量调整、增量调整和减量调整。

1. 存量调整

在不改变现有资产规模的基础上，根据目标资本结构要求，对现有资本结构进行必要的调整。存量调整的方法有：①债转股、股转债；②增发新股偿还债务；③调整现有负债结构，如与债权人协商，将短期负债转为长期负债，或将长期负债列入短期负债；④调整权益资本结构，如优先股转换为普通股，以资本公积转增股本。

2. 增量调整

即通过追加筹资量，从增加总资产的方式来调整资本结构。其主要途径是从外部取得增量资本，如发行新债、举借新贷款、进行筹资租赁、发行新股票等。

3. 减量调整

即通过减少资产总额的方式来调整资本结构。如提前归还借款，收回发行在外的可提前收回债券，股票回购减少公司股本，进行企业分立等。

小　　结

（1）企业筹资是企业根据生产经营等活动对资金的需要，通过一定的渠道，采取适当的方式，获取所需资金的一种行为。按照资金使用时间的长短，可把企业筹资分为短期资金筹集与长期资金筹集两种。按照资金的来源渠道不同，可将企业筹资分为权益筹资和负债筹资两种。筹资方式是指可供企业在筹措资金时选用的具体筹资形式。我国企业目前的筹资方式主要有：①吸收直接投资；②发行股票；③利用留存收益；④向银行借款；⑤利用商业信用；⑥发行公司债券；⑦融资租赁。通过前三种方式筹措的资金为权益资金；通过后四种方式筹措的资金为负债资金。企业筹资的基本原则包括：①规模适当原则；②筹措及时原则；③来源合理原则；④方式经济原则。企业资金需要量的预测可以采用定性预测法、比率预测法和资金习性预测法。

（2）资本成本是指企业为筹集和使用资金而发生的代价，包括用资费用和筹资费用两部分。在财务管理中，一般用相对数表示：资本成本＝每年的用资费用/（筹资数额－筹资费用）。个别资本成本是指各种筹资方式的成本，包括债券成本、银行借款成本、优先股成本、普通股成本和留存收益成本，前两者可统称为负债资本成本，后三者统称为权益资本成本。加权平均资本成本是指分别以各种资本成本为基础，以各种资本占全部资本的比重为权数计算出来的综合资本成本。它是综合反映资本成本总体水平的一项重要指标。边际资本成本是指资金每增加一个单位而增加的成本。

（3）成本习性是指成本总额与业务量之间在数量上的依存关系。成本按习性可划分为固定成本、变动成本和混合成本三类。固定成本是指其成本总额在一定时期和一定业务量范围内不随业务量发生任何变动的那部分成本。变动成本是指其总额随业务量成正比例变动的那部分成本。固定成本与变动成本都存在相关范围问题。混合成本是指其总额随业务量变动但不成正比例的那部分成本，按其与业务量的关系可主要区分为半变动成本和半固定成本两类。混合成本可按一定方法分解成变动部分和固定部分。总成本习性模型为：$y=a+bx$。其中 y 指总成本，a 指固定成本，b 指单位变动成本，x 指业务量（如销量或产量）。边际贡献指销售收入减去变动成本以后的差额，计算公式为：$M=px-bx=(p-b)x=mx$。式中 M 为边际贡献，p 为销售单价，m 为单位边际贡献。

（4）财务管理中的杠杆效应是指由于特定费用的存在而导致的，是指某一财务变量以较小幅度变动时，另一相关变量会以较大幅度变动的现象。包括经营杠杆、财务杠杆和复合杠杆三种形式。经营杠杆是指由于固定成本的存在而导致息税前利润变动大于产销业务量变动的杠杆效应。经营杠杆系数，是指息税前利润变动率相当于产销业务量变动率的倍数。经营杠杆系数、固定成本和经营风险三者呈同方向变化。

（5）财务杠杆是指由于债务的存在而导致普通股股东权益变动大于息税前利润变动的杠杆效应。财务杠杆系数是指普通股每股收益的变动率相当于息税前利润变动率的倍数。财务风险是指企业为取得财务杠杆利益而利用负债资金时，增加了破产机会或普通股收益大幅度变动的机会所带来的风险。财务杠杆会加大财务风险，企业举债比重越大，财务杠杆效应越强，财务风险越大。测试财务杠杆与财务风险的关系程度可通过计算分析不同资本结构下每股收益及其标准离差和标准离差率进行。

（6）复合杠杆是指由于固定生产经营成本和固定财务费用的存在而导致的每股收益变动大于产销业务量变动的杠杆效应。复合杠杆系数是指每股收益变动率相当于业务量变动率的倍数。由于复合杠杆作用使每股收益大幅度波动而造成的风险，称为复合风险。复合风险直接反映企业的整体风险，其大小用复合杠杆系数来衡量。通过计算分析复合杠杆系数及每股收益的标准离差和标准离差率可以了解复合杠杆同复合风险的内在联系。

（7）资本结构是指企业各种资本的构成及其比例关系。最佳资本结构是指在一定条件下使企业加权平均资本成本最低、企业价值最大的资本结构。研究资本结构，应注意其对企业的盈利能力和股东财富的影响，息税前利润（EBIT）和每股收益（EPS），则是资本结构分析的两大要素。息税前利润—每股收益分析法是将这两大要素结合起来，分析资本结构与每股收益之间的关系，进而确定合理的资本结构的方法，又称每股收益无差别点法。其程序是：测算每股收益无差别点处的息税前利润；根据预计的息税前利润与其关系确定融资方式，进而确定资本结构。若前者大于后者，宜采取负债融资；若前者小于后者，宜采取普通股筹资；若二者相等，则两种融资方式均可。企业在作出筹资决策之前，先拟定若干个备选方案，分别计算各方案的加权平均资本成本，并根据加权平均资本成本的高低来确定资本结构的方法，叫比较资本成本法。因素分析法是通过对影响资本结构因素的定性分析来确定合理的资本结构。这种方法的关键之处在于科学地分析影响资本结构的各种因素。这些因素包括：①企业销售的增长情况；②企业所有者和管理人员的态度；③贷款人和信用评级机构的影响；④行业因素；⑤企业规模；⑥企业的财务状况；⑦资产结构；⑧所得税税率的高低；⑨利率水平的变动趋势等。

习　　题

一、单项选择题

1．下列项目中，同优先股成本成反比关系的是（　　）。

A．优先股年股利　　B．发行优先股总额

C．所得税税率　　D．优先股筹资费率

2．经营杠杆给企业带来的风险是指（　　）。

A．成本上升的风险

B．利润下降的风险

C．业务量变动导致息税前利润更大变动的风险

D．业务量变动导致息税前利润同比例变动的风险

3．财务杠杆说明（　　）。

A．增加息税前利润对每股收益的影响　　B．企业经营风险的大小

C．销售收入的增加对每股收益的影响　　D．可通过扩大销售影响息税前利润

4．某公司20××年初发行普通股1 000万股，每股发行价为10元，筹资费率为6%，所得税率为25%。该年末每股发放股利1.5元，预计以后股利年增长率为3%。该公司年末留存800万元未分配利润用作发展之需。则这笔留存收益的成本为（　　）。

A．18%　　B．13%　　C．15%　　D．10%

5．若企业无负债，则财务杠杆利益将（　　）。

A．存在　B．不存在　C．增加　D．减少

6．某公司发行普通股股票600万元，筹资费用率5%，上年股利率为14%，预计股利每年增长5%，所得税率25%。则该普通股成本率为（　　）。

A．14.74%　B．9.87%　C．20.74%　D．14.87%

7．某公司利用长期债券、优先股、普通股、留存收益来筹集长期资金1 000万元，分别为300万元、100万元、500万元、100万元，资金成本率分别为6%、11%、12%、15%。则该筹资组合的综合资本成本率为（　　）。

A．10.4%　B．10%　C．12%　D．10.6%

8．下列项目中，同普通股成本负相关的是（　　）。

A．普通股股利　B．普通股金额

C．所得税税率　D．筹资费率

9．某公司本期息税前利润为6 000万元，本期实际利息费用为1 000万元，则该公司的财务杠杆系数为（　　）。

A．6　B．1.2　C．0.83　D．2

10．调整企业资本结构并不能（　　）。

A．降低财务风险　B．降低经营风险

C．降低资本成本　D．增强融资弹性

11．财务杠杆系数同企业资本结构密切相关，须支付固定性资本成本的债务资本所占比重越大，企业的财务杠杆系数（　　）。

A．越小　B．越大

C．不变　D．反比例变化

12．企业发行某普通股股票，第一年股利率为15.96%，筹资费率为4%，普通股成本率为21.625%，则股利逐年递增率为（　　）。

A．5%　B．8%　C．6%　D．12.625%

13．从资金的价值属性看，资本成本属于（　　）范畴。

A．投资　B．资金　C．成本　D．利润

14．企业全部资本中，股权资本占50%，负债资本占50%，则企业（　　）。

A．只存在经营风险

B．只存在财务风险

C．存在经营风险和财务风险

D．经营风险和财务风险可以相互抵消

15．只要企业的经营利润为正数，则经营杠杆系数（　　）。

A．恒大于1　B．与固定成本成反比

C．与销售量成正比　D．与企业的风险成反比

16．某公司负债和权益筹资额的比例为2:5，综合资本成本率为12%，若资本成本和资本结构不变，当发行100万元长期债券时，筹资总额分界点为（　　）。

A．120万元　B．200万元

C．350万元　D．100万元

17．债券成本一般要低于普通股成本，这主要是因为（　　）。
A．债券的发行量小
B．债券的筹资费用少
C．债券的利息固定
D．债券利息可以在利润总额中支付，具有抵税效应
18．比较资本成本法是根据（　　）来确定资本结构。
A．加权平均资本成本的高低
B．占比重量大的个别资本成本的高低
C．各个别资本成本代数之和的高低
D．负债资本的个别资本成本代数之和的高低
19．企业财务风险的最大承担者是（　　）。
A．债权人　　B．企业职工　　C．国家　　D．普通股股东
20．每股收益无差别点是指两种筹资方案下，普通股每股收益相等时的（　　）。
A．成本总额　　B．筹资总额　　C．资本结构　　D．息税前利润

二、多项选择题

1．下列项目中，属于酌量性固定成本的有（　　）。
A．房屋折旧费　　B．广告费　　C．职工培训费　　D．保险费
2．固定成本的特点是在相关范围内（　　）。
A．总额固定　　B．单位额固定
C．总额随业务量反比例变动　　D．单位额随业务量反比例变动
3．企业资本结构决策比较常用的方法是（　　）。
A．EBIT—EPS 分析法　　B．因素分析法
C．本量利分析法　　D．比较资本成本法
4．混合成本不包括（　　）。
A．半变动成本　　B．酌量性固定成本
C．半固定成本　　D．约束性固定成本
5．计算企业财务杠杆系数须用到的数据包括（　　）。
A．所得税率　　B．基期利润总额
C．基期利息　　D．净利润
6．边际贡献可按如下公式计算（　　）。
A．销售收入－变动成本
B．销售收入－变动成本－酌量性固定成本
C．（销售单价－单位变动成本）×产销数量
D．单位边际贡献×产销数量
7．企业债务成本过高时，可采用以下方式调整其资本结构（　　）。
A．利用税后留存归还债务，以降低债务比重
B．将可转换债券转换为普通股
C．以公积金转增资本
D．提前偿还长期债务，筹集相应的权益资本

8．复合杠杆系数（　　）。

A．指每股收益变动率相当于业务量变动率的倍数

B．等于经营杠杆系数与财务杠杆系数之积

C．反映息税前利润随业务量变动的剧烈程度

D．反映每股收益随息税前利润变动的剧烈程度

9．下列项目中，属于资本成本中筹资费用内容的是（　　）。

A．借款手续费　B．债券发行费　C．债券利息　D．股利

10．在个别资本成本中，属于权益资本成本的是（　　）。

A．优先股成本　B．长期债券成本　C．普通股成本　D．留存收益成本

11．在个别资本成本中，须考虑所得税因素的是（　　）。

A．债券成本　B．银行借款成本　C．优先股成本　D．普通股成本

12．关于经营杠杆系数，下列说法正确的是（　　）。

A．其他因素不变时，固定成本越大，经营杠杆系数越大

B．当固定成本趋于 0 时，经营杠杆系数趋于 1

C．在其他因素一定的条件下，产销量越大，经营杠杆系数越大

D．经营杠杆系数同固定成本成反比

13．下列项目中，同复合杠杆系数成正比例变动的是（　　）。

A．每股收益变动率　B．产销量变动率

C．经营杠杆系数　D．财务杠杆系数

14．资本结构中的负债比例对企业有重要影响，表现在（　　）。

A．负债比例影响财务杠杆作用大小

B．适度负债有利于降低企业资本成本

C．负债有利于提高企业净利润

D．负债比例反映企业财务风险的大小

15．影响企业综合资本成本的因素主要有（　　）。

A．资本结构　B．各个别资本成本高低

C．筹集资金总额　D．筹资期限长短

16．将息税前利润同每股收益联系起来，分析资本结构与每股收益之间的关系，进而确定合理的资本结构的方法，称为（　　）。

A．对比分析法　B．因素分析法

C．EBIT—EPS 分析法　D．每股收益无差别点法

17．下列因素中，影响资本结构的基本因素是（　　）。

A．资产结构　B．利率水平的变动趋势

C．企业的财务状况　D．企业规模

18．在资本结构决策方法中，属于定量分析方法的是（　　）。

A．EBIT—EPS 分析法　B．对比分析法

C．因素分析法　D．比较资本成本法

19．下列项目中，属于变动成本的是（　　）。

A．直接材料　B．广告费　C．直接人工　D．职工培训费

三、判断题

1．在市场经济条件下，企业举债必须向资金提供者支付一定数量的费用作为补偿，不能无偿使用资金。因此企业应尽量少举债。（ ）

2．企业应厉行节约，杜绝浪费，从绝对额上降低约束性固定成本。（ ）

3．资本成本包括筹资费用和用资费用两部分，其中筹资费用是资本成本的主要内容。（ ）

4．当预计息税前利润大于每股收益无差别点利润时，采取负债融资对企业有利，这样可降低资本成本。（ ）

5．最佳资本结构是使企业筹资能力最强、财务风险最小的资本结构。（ ）

6．一般而言，单位变动成本会随业务量变化而相应变动。（ ）

7．财务杠杆系数是由企业资本结构决定的，财务杠杆系数越大，财务风险越大。（ ）

8．资本成本是市场经济条件下，资金所有权和使用权相分离的产物。（ ）

9．在各种资金来源中，凡是须支付固定性资本成本的资金都能产生财务杠杆作用。（ ）

10．在个别资本成本一定的情况下，企业综合资本成本高低取决于资本总额。（ ）

11．经营杠杆效用产生的原因是由于经营成本中存在固定成本。（ ）

12．当经营杠杆系数和财务杠杆系数都为 1.5 时，总杠杆系数为 3。（ ）

13．如果企业的负债筹资为零且无优先股股本，则财务杠杆系数为 1。（ ）

14．在筹资额和利（股）息率相同时，企业举债筹资产生的财务杠杆作用和发行优先股产生的财务杠杆作用是相同的。（ ）

15．边际资本成本是指资金每增加一个单位而增加的成本，边际资本成本为零时，资本结构最佳。（ ）

16．发行普通股筹资没有固定的利息负担，因此其资本成本较低。（ ）

17．资本结构的变动不会引起资本总额的变动。（ ）

18．在利用净现值指标进行决策时，常以资本成本作折现率。（ ）

19．在计算债券成本时，债券筹资额应按发行价确定，而不应按面值确定。（ ）

20．除非固定成本是零或业务量无穷大，否则，息税前利润的变动率总是大于边际贡献的变动率，而边际贡献的变动率与产销量变动率相等，因此，息税前利润变动率大于产销量变动率。（ ）

21．在财务杠杆、经营杠杆、复合杠杆三项杠杆中，作用力最强、效用最大的是复合杠杆。（ ）

22．由于复合杠杆的作用，息税前利润的变动，会引起每股收益更大幅度的变动，这种风险称作复合风险。（ ）

23．因素分析法是通过分析影响资本结构的各种因素确定资本结构的方法，是一种定性分析方法。（ ）

24．被少数股东所控制的企业，为了保证少数股东的绝对控制权，一般倾向于采用优先股或负债方式筹集资金，而尽量避免普通股筹资。（ ）

25．企业的资本结构应同资产结构协调一致，比如固定资产比重大的企业应相应保持较

高比重的长期资金。（ ）

四、计算题

1. 已知某公司2008年12月31日的长期负债及所有者权益总额为18 000万元，其中，发行在外的普通股8 000万股（每股面值一元），公司债券2 000万元（按面值发行，票面年利率为8%，每年年末付息，三年后到期）。资本公积4 000万元，其余均为留存收益。2009年1月1日，该公司拟投资一个新的建设项目需追加筹资2 000万元。现在有A，B两个筹资方案：

A方案——发行普通股，预计每股发行价格为5元；

B方案——按面值发行票面年利率为8%的公司债券（每年年末付息）。

假定该建设项目投产后，2009年度公司可实现息税前利润4 000万元。公司适用的所得税税率为25%。

要求：

（1）计算A方案的增发普通股的股份数及2009年公司的全年债券利息。

（2）计算B方案下2009年公司的全年债券利息。

（3）计算A，B两方案的每股收益无差别点，并为该公司做出筹资决策。

2. 某企业只生产和销售A产品，其总成本习惯模型为$Y=10\,000+3X$。假定该企业2009年度A产品销售量为10 000件，每件售价为5元，按市场预测2010年A产品的销售数量将增长10%。

要求：

（1）计算2009年该企业的边际贡献总额。

（2）计算2009年该企业的息税前利润。

（3）计算销售量为10 000件时的经营杠杆系数。

（4）计算2010年息税前利润增长率。

（5）假定企业2009年发生负债利息5 000元，且无优先股息，计算复合杠杆系数。

3. 某公司目前发行在外普通股100万股（每股1元），已发行10%利率的债券400万元。该公司打算为一个新的投资项目融资500万元，新项目投产后公司每年息税前利润增加到200万元。现有两个方案可供选择。

方案1：按12%的利率发行债券。

方案2：按每股20元发行新股。

公司适用所得税税率为40%。

要求：

（1）计算两个方案的每股收益。

（2）计算两个方案的每股收益无差别点息税前利润。

（3）计算两个方案的财务杠杆系数。

（4）判断哪个方案更好。

4. 甲公司预计2009年公司净利润为75 000元，所得税税率为25%，该公司固定成本总额为150 000元，公司年初时发行债券，数量为100张，每张面值为1 000元，发行价格为1 100元，债券年利息为10%，发行费用占发行价格的2%，计算确定的2010年财务杠杆系数为2。

要求：

（1）计算2009年利润总额，利息总额、息税前利润总额和债券筹资成本。

（2）计算2010年经营杠杆系数。

5．某公司2009年销售产品10万件，单价50元，单位变动成本30元，固定成本总额100万元。公司负债60万元，年利息率为12%，并须每年支付优先股股利10万元，所得税率25%。

要求：

（1）计算2009年边际贡献。

（2）计算2009年息税前利润总额。

（3）计算该公司2010年的复合杠杆系数。

第四章 投 资 管 理

学习重点和要点

（1）了解投资的含义和分类、投资管理的基本原则和程序。
（2）掌握现金流量的概念、分类和计算。
（3）掌握投资决策评价方法、投资决策评价指标的计算及其应用。
（4）掌握投资风险分析决策方法以及特殊情况下的项目投资决策。
（5）掌握证券投资管理内容与决策方法。

第一节 投 资 概 述

一、投资的含义和分类

（一）投资的含义

企业投资是企业再生产过程中资金运动的重要环节，企业利用各种筹资方式从不同渠道取得一定资金后，就必须做好投资工作。在市场经济条件下，企业能否把筹集到的资金投放到收益高、回收快、风险小的项目上去，对企业的生存和发展是十分重要的。从特定企业角度看，投资是指企业为获取收益或使资金增值而发生的现金流出的经济行为。

投资，从狭义上说，是指证券投资。从广义上说，投资是指企业为取得更多的投资收益而发生多样化的资本投资，既包括购买政府债券、金融债券、公司债券和公司股票等的长短期投资，也包括用于厂房、机器设备等长期资产的新建、改建、扩建或购置等的投资，还包括以企业的多余资产采用联营方式、合资方式的对外单位的投资。

（二）投资的分类

研究投资分类，可以更好地掌握投资的性质和它们之间的相互关系，有利于企业作出正确的投资决策。投资按不同标准可分为以下几种类型。

1. 按投资回收时间的长短分类

（1）短期投资又称流动资产投资，是指能够并且也准备在1年以内收回的投资，主要指对现金、应收账款、存货、短期有价证券等的投资。此类投资具有时间短、变现能力强、周转快、波动性大等特点。

（2）长期投资，是指1年以上才能收回的投资，主要指对厂房、机器设备等固定资产的投资，也包括对无形资产和长期有价证券的投资。由于在长期投资中固定资产占的比重大，故有时也称长期投资为固定资产投资。此类投资具有投资收回期长、投资额大、变现能力差、经营风险大的特点。所以，这类投资方向是否对头、规模是否适当，不但影响到企业近期的财务状况，而且对企业今后各期的财务状况、经营成果都发生重要的影响。因此，企业进行这类投资时，要认真做好可行性研究，对资本的投向、规模，未来年度内的现金流量、流速及资产结构等做出合理的预测，以便在投资增量上依据其净现金流量值做出正确的决策。

2. 按投资方式不同分类

（1）直接投资，是指公司以现金、实物、无形资产等投入其他企业进行的投资。投资直接形成生产经营活动的能力，并为从事某种生产经营活动创造必要条件。它具有与生产经营紧密联系、投资回收期较长、投资变现速度慢、流动性差等特点。直接投资包括联营投资、兼并投资等。

（2）间接投资，是指以购买有价证券（如股票、债券等）的方式对其他企业进行的投资。投资并不直接形成自身的生产经营活动能力，被投资企业在取得资金并以一定方式投入生产经营后，才能形成生产经营的能力。随着市场经济的发展，金融工具的不断创新，公司间接投资的对象有许多，如：债券性证券，包括国库券、金融债券和其他公司债券；权益性证券，即其他公司发行的普通股股票；混合性证券如优先股股票、可转换债券还有投资基金等。

3. 按投资的方向分类

（1）对内投资，是指把资金投在公司内部，购置各种生产经营用资产的投资。对内投资都是直接投资。

（2）对外投资，是指公司以现金、实物、无形资产等方式或者以购买股票、债券等有价证券方式向其他单位的投资。对外投资主要是间接投资，也可以是直接投资。

4. 按投资方案的性质分类

（1）独立投资，是指选择或放弃某个投资方案进行投资，并不会影响其他可行方案的选择及其现金流量。即某一投资项目是否选择，不受别的投资项目是否选择的影响，只需考虑其自身是否可行的投资。在这种投资决策中，各有关备选投资项目或方案可以同时并存，它们之间既不相互冲突，也不彼此依赖。

（2）互斥投资，是指若选择某个投资方案进行投资，必须要放弃其他可行方案。例如某公司考虑是否保留现有生产设备或是改用自动化生产设备，即为一种互斥性投资项目决策。在这种投资决策中，各有关备选投资项目或方案不能同时并存，相互排斥。

5. 按投资风险程度分类

（1）确定性投资，是指风险小而未来的投资收益可确定的投资，如购买国库券的投资，因国家有无限偿还能力，利率固定，本息能按期收回，安全有保证，投资收益可确定。

（2）风险性投资，是指风险大而未来投资收益难预测的投资，如对新产品开发、企业转产或合并改组、建立分公司等的投资，尤其是对高新技术的投资。因高新技术项目开发时间长、耗资大，又不一定得到预期回报，所以风险大，失败率高。长期以来，科技界和企业界因此望而却步。但投资一旦成功，收益率可达几十倍甚至成百倍，十分诱人。从 20 世纪 80 年代开始，高新技术风险投资在全世界得到全面发展，尤其在西方发达国家。美国经济在 20 世纪 90 年代的持续高速增长，是受益于 80 年代对产业结构的调整，主要得益于对以信息技术为核心的高新技术产业的风险投资。

二、投资管理的基本原则

企业投资的根本目的是为了谋求利润，增加企业价值。企业能否实现这 目标，关键在于企业能否在复杂多变的市场环境下，抓住有利的时机，做出合理的投资决策。由于投资项目是面向未来的计划，不确定性因素多，预测难度大，对于决策人员的挑战性也比较高。为此，企业在投资管理时应遵循以下原则。

1. 及时性原则

捕捉投资机会是企业投资活动的起点，也是企业投资决策的关键。在现代市场经济条件下，投资机会可以来自企业内部，也可以来自企业外部，是不断变化的，并受到诸多因素的影响。如产品需求发生变化，促使企业去研究开发新产品。市场是不断变化的、发展的，机会也是稍纵即逝的，因此，企业要有对市场的敏感，及时抓住投资机会，从动态的角度把握市场和投资机会的关系。

2. 科学性原则

企业的投资决策都会面临一定的风险，为了保证投资决策的正确有效，必须按科学的投资决策程序，在投资之前进行市场调查和市场分析，投资项目的可行性分析，针对投资项目技术上的可行性、经济上的有效性以及社会效益进行多方面的论证，运用各种方法计算出有关指标，以便合理确定不同项目的优劣。财务部门是对企业的资金进行规划和控制的部门，财务人员必须参与投资项目的可行性分析。

3. 系统性原则

公司的投资项目，特别是大型投资项目，建设周期长，所需资金多，因此应充分考虑其对公司整体的影响，要服从公司整体战略的需要，运用系统论的分析方法。在投资项目上马之前，必须科学、系统地预测投资所需资金的数量和时间，编制计划与预算，考虑相关的各种影响。项目开工后，需要有足够的资金供应，从多方面保证投资项目顺利完成，尽快产生投资效益。

4. 风险与报酬原则

风险和报酬是共存的。一般而言，风险越大，所要求的报酬率也越高，报酬的增加是以风险的增大为代价的，而风险的增加将会引起公司价值的下降，不利于财务目标的实现。公司在进行投资时，在敢于承担风险的同时，要充分考虑报酬是否能够实现，只有在两者达到均衡时，才有可能不断增加公司价值，实现财务管理的目标。

三、投资管理的程序

企业投资的程序主要包括以下几个步骤。

1. 投资方案的提出与确定

投资决策决定着企业的前景，这需要在把握良好投资机会的情况下，根据企业的长远发展战略、中长期投资计划和投资环境的变化来确定。因此提出投资方案和评价方案的工作已经不是财务人员能单独完成的，需要集思广益，需要所有人员的参与和努力。一个经济组织内部的各个层次都能提出投资方案，如新产品方案通常来自营销部门，设备更新的建议通常来自生产部门等。一般来讲，公司的高层领导提出的大都属于战略性投资项目，其方案由生产、市场、财务等各方面专家组成的专门小组拟定；中层或基层人员主要提出战术性投资项目，其方案由主管部门组织人员写出。

2. 投资方案的评价与决策

公司投资方案的评价主要涉及以下几项工作：首先，将提出的投资方案进行分类，为分析评价做好准备；其次，计算有关方案的预计收入和成本，预测投资方案的现金流量；再次，运用各种投资评价方法，充分考虑与方案有关的风险，将各投资方案按可行性的顺序进行排列；最后，写出评价报告，提交给决策者批准。

投资方案评价后，公司当局要作出决策。一般地，投资额较小的项目，中层经理就有决策权；投资额较大的项目一般由总经理决策；投资额特别大的项目要由董事会甚至股东大会投票表决。无论哪个层次进行决策，都会产生以下可能性：①接受该方案，做出投资决策；②拒绝该方案，做出不投资决策；③返回给项目提出部门，重新调查研究之后，再进入决策程序。

3. 投资方案的执行与控制

公司管理当局决定对某方案进行投资后，公司财务部门要积极筹措资本，实施投资。在投资项目的执行过程中，公司管理当局要对工程进度、质量、施工成本等进行控制，以便使投资项目按预算规定如期完成。

4. 投资方案的再评价

在投资方案的执行过程中，应严格按决策的方案进行监督，发现问题，及时查找原因，采取措施。应注意原来作出的投资决策是否合理、正确，一旦出现新的情况而导致原决策方案科学性和合理性的丧失，就应随时根据变化的情况作出新的评价和调整，以确保该投资项目对公司未来发展的有利性。

本书将着重讨论投资的评价与决策，这也是许多初学财务管理的人，最先遇到的困难，尤其是现值和内部报酬率的计算过程很烦琐。在实际工作中，以上四个环节都是非常重要的，同时，仅仅有各种计算是不够的，决策的过程还需要运用大量的非财务信息以及经验判断。

投资与融资决策在本书中被看做是两个相对独立的过程，但两个过程在现实中是不可分割的，如资本成本作为折现率、边际成本的计算，两个过程便会联系起来。一般来说，一项投资一旦被采纳，财务经理随后就会筛选出最好的融资方式。因此，在这里我们可以主要考虑投资，而暂时不考虑具体采用什么样的融资方法。

第二节 项目投资现金流量的估计

一、项目投资概述

在企业的整个投资中，项目投资具有十分重要的地位。对企业的稳定与发展、未来盈利能力、长期偿债能力、财务状况等都有着重大影响。因此，财务管理所讨论的投资主要是指项目投资。

（一）项目投资的定义及其特点

项目投资是一种以特定建设项目为对象，直接与新建项目或更新改造项目有关的长期投资行为。与其他形式的投资相比，项目投资具有投资数额大、影响时间长（至少一年或一个营业周期以上）、发生频率低、变现能力差和投资风险大等特点。

（二）项目计算期的构成

项目计算期，是指投资项目从投资建设开始到最终清理结束整个过程的全部时间，包括建设期和运营期。其中建设期是指项目资金正式投入开始到项目建成投产为止所需要的时间，建设期的第一年初称为建设起点，建设期的最后一年末称为投产日。在实践中，通常应参照项目建设的合理工期或项目的建设进度计划合理确定建设期。项目计算期的最后一年年末称为终结点，假定项目最终报废或清理均发生在终结点（但更新改造除外）。从投产日到终结点之间的时间间隔称为运营期，又包括试产期和达产期（完全达到设计生产能力）两个阶段。试产期是指项目投入生产，但生产能力尚未完全达到设计能力时的过渡阶段。达产期是指生产运营达到设计预期水平后的时间。运营期一般应根据项目主要设备的经济使用寿命期确定。项目计算期、建设期和运营期之间的关系如图 4-1 所示。

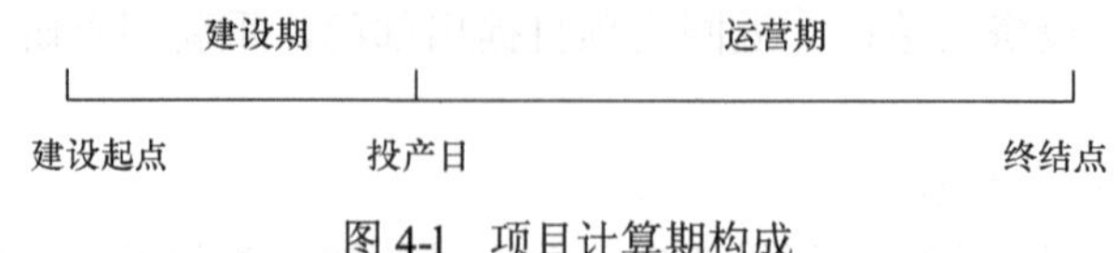

图 4-1 项目计算期构成

【例 4-1】 企业拟购建一项固定资产，预计使用寿命为 10 年。

要求：分别以两种情况确定该项目的项目计算期：

（1）在建设起点投资并投产；

（2）建设期为 1 年。

（1）项目计算期(n)＝0＋10＝10（年）

（2）项目计算期(n)＝1＋10＝11（年）

（三）项目投资资金的投入方式

从时间特征上看，项目资金的投入方式包括一次投入和分次投入两种。一次投入方式是指投资行为集中一次发生在项目计算期第一个年度的某一时间点；如果投资行为涉及两个或两个以上年度，或虽然只涉及一个年度但同时在该年的不同时间点发生，则属于分次投入方式。

（四）项目投资的内容

项目总投资是反映项目投资总体规模的价值指标，等于原始投资与建设期资本化利息之和。从项目投资的角度看，原始投资（又称初始投资）等于企业为使该项目完全达到设计生产能力、开展正常经营而投入的全部现实资金，包括建设投资和流动资金投资两项内容。

建设投资，是指在建设期内按一定生产经营规模和建设内容进行的投资，具体包括固定资产投资、无形资产投资和其他资产投资三项内容。固定资产投资，是指项目用于购置或安装固定资产应当发生的投资。固定资产原值与固定资产投资之间的关系如下：固定资产原值＝固定资产投资＋建设期资本化借款利息。无形资产投资，是指项目用于取得无形资产应当发生的投资。其他资产投资，是指建设投资中除固定资产投资和无形资产投资以外的投资，包括生产准备和开办费投资。

流动资金投资，是指项目投产前后分次或一次投放于流动资产项目的投资增加额，又称垫支流动资金或营运资金投资。

二、现金流量的概念

现金流量是指在投资决策中一个项目引起的企业现金支出和现金收入增加的数量。这里“现金”是广义的现金概念，它不仅包括各种货币资金，也包括项目需要投入的企业现有非货币资源的变现价值。例如，一个项目需要使用企业原有的厂房、设备和材料等，则相关的现金流量是指它们的变现价值，而不是其账面成本。

财务会计按权责发生制计算企业的收入、成本和利润，并用其来评价企业的经济效益。而在项目投资决策中则采用现金流量作为项目投资决策的依据。现金流量一般是以收付实现制确定。项目投资决策之所以要以现金流量作为投资评价的依据，其主要原因如下。

1. 科学地考虑时间价值因素

科学的投资决策必须考虑资金的时间价值，由于不同时点的资金具有不同的价值，因此，一定要弄清每笔预期现金收入和现金支出的具体时点，确定其价值。而利润的计算则不考虑资金的时间价值。

2. 保证评价的客观性

利润的计算在一定程度上受各种人为因素的影响，而现金流量的计算不受这些因素的影响。比如对于同一方案，计提折旧时采用直线法或加速折旧法得到的利润是不同的，但营业现金流量不受折旧方法变动的影响。由于存货计价、费用摊配、折旧和成本计算等会计处理方法的可选择性，利润的计算具有一定的主观随意性。

3. 项目现金流比盈亏更为重要

能够满足公司财务要求的是现金而不是利润，即使公司账面显示有大量的利润，但没有足够的现金来支付工资、货款、税金等，就会遭受罚息，甚至导致破产。因此，一个项目能否维持下去，不取决于利润，而取决于有无现金用于各种支付。

4. 利润往往并不反映实际现金流量

利润反映的是某一会计期间“应计”的现金流量，而不是实际的现金流量。若以未实际收到的现金收入作为收益，具有较大风险，容易高估投资项目的经济效益，存在不科学、不合理的成分。

5. 投资期内现金净流量与利润总量相等

在整个投资有效年限内，利润总计与现金净流量总计是相等的。因此，现金净流量可以取代利润作为评价净收益的指标。现金流量是运用各种项目投资决策评价方法、计算评价指标的前提，是项目投资决策的基石。

三、现金流量的种类

现金流量可以根据不同的标准，划分为不同的种类。

（一）按现金流动的方向划分

1. 现金流出量

现金流出量是指与投资方案相关的企业现金支出的增加额。投资方案的现金流出量主要包括的内容有如下几个部分。

（1）建设投资，指在建设期内按投资设计方案进行的固定资产、无形资产和开办费等投资的总和。包括土地购买或租赁的费用、土建工程费用、生产设备支出、设备安装支出、人员培训费用等。但是建设投资不一定等于固定资产的价值，有些投资支出，如开办费，就不会增加固定资产的价值。此外，在固定资产方面的投资与形成的固定资产价值也可能不一样，因为固定资产价值中可能包括建设期内资本化的利息。

（2）营运资金，指因项目投资引起的营运资金的变化。项目投资会引起现金、应收账款及原材料、在产品、半成品等流动资产和应付账款、应付费用等流动负债的变化。

垫支的营运资金与建设投资构成原始投资额，再加上资本化利息，构成项目投资总额。

（3）付现成本，指在项目经营期间需用现金支付的成本。它是项目投产后最主要的现金流出项目。企业生产经营费用并不一定都要在当期用现金支付，如固定资产折旧费。因此，在计算现金流出量时应将其剔除，以客观地反映现金流出量的情况。因此，付现成本等于生产经营费用减去折旧费用后的差额。

（4）所得税，企业缴纳的所得税属于现金流出的一部分。

2. 现金流入量

现金流入量是指与投资方案相关的现金收入的增加额。投资方案的现金流入量主要包括的内容有如下几个部分。

（1）营业现金收入。项目投产后，营业现金收入是现金流入量的主要内容。本期因营业收入而产生的现金流入量不仅包括当期现金收入，还包括收回前期的赊销收入；而当期营业收入的赊销部分会递延到以后各期收回，如出现这种情况，应对营业收入进行调整从而得出营业现金收入。

（2）收回的固定资产余值，指投资项目报废或中途转让时，固定资产报废清理或转让的变价收入扣除清理费用后的净额，它是一项现金流入。

（3）营运资金垫支的收回，主要指投资项目终结时收回的原垫付的营运资金。

为简化计算，一般在发生营运资金垫支时，我们把它视作现金流出。将项目终结时收回的营运资金作为现金流入对待。而在投资项目的使用过程中循环发生的营运资金收回和再垫支，既不作为现金流入，也不作为现金流出。

（二）按现金流动的时间划分

1. 初始现金流量

初始现金流量是指与投资方案相关的并于投资开始时发生的现金流量，有时也称初始投资，主要包括以下内容。

（1）固定资产投资额，包括固定资产的购建成本、安装费、运杂费等现金流出。

（2）流动资产投资，指由于项目投入生产而发生的购置原材料、在产品等流动资产的现金流出。

（3）机会成本，指某些原有资产用于该项投资而不能作其他用途而失去的收入。机会成本虽不需付出现金，但相对减少了现金收入，应视同现金流出。如某企业需要使用自有的一块土地兴建厂房，土地的账面价值为200万元，市场价值为300万元。在进行投资分析时，虽然企业不必购置这块土地，但是如果不用来兴建厂房，就可将该块土地出售，获得300万元的收入。土地的市场价值300万元就是兴建厂房的一项机会成本。

（4）其他投资费用，指与投资项目有关的筹建费、职工培训费、谈判费、注册费等现金流出。

（5）原有固定资产的变价收入，主要是指固定资产更新时变卖原有固定资产所得的现金收入。

2. 营业现金流量

营业现金流量是指投资项目完成投入生产后，在寿命期内，从正常的生产经营活动中取得的现金流量，一般以年为单位进行计算。

$$营业现金流量=营业收入-付现成本-所得税 \tag{4.1}$$

营业现金流量也可以按公式（4.2）计算，它可由公式（4.1）直接推导出来，即

由于 付现成本＝营业成本－折旧

$$\begin{aligned}营业现金流量&=营业收入-付现成本-所得税\\&=营业收入-（营业成本-折旧）-所得税\\&=营业利润+折旧-所得税\\&=税后净利+折旧\end{aligned} \tag{4.2}$$

由于所得税的影响，营业现金流量应当按公式（4.3）计算，它可以根据公式（4.2）直接推导出来，即

营业现金流量＝税后净利＋折旧

＝（营业收入－营业成本）×（1－税率）＋折旧

＝（营业收入－付现成本－折旧）×（1－税率）＋折旧

＝营业收入×（1－税率）－付现成本×（1－税率）＋折旧×税率（4.3）

3. 终结现金流量

终结现金流量是指项目终结（报废或转让）时发生的各种现金流量，主要包括固定资产变价净收入或残值净收入、营运资金垫支的收回。

（三）现金净流量

现金净流量（NCF）是指一定期间现金流入量和现金流出量的差额。这里“一定期间”，有时是指 1 年内，有时是指投资项目持续的整个年限内。流入量大于流出量时，净流量为正值；反之，净流量为负值。由于现金流入和现金流出在项目计算期不同阶段上发生的可能性不同，使得各阶段上的现金净流量在数值上表现出不同的特点，如初始现金净流量一般小于或等于零；营业现金净流量则多为正值。

四、现金流量的估算

由于项目投资的投入、回收及收益的形成均以现金流量的形式表现，因此，在整个项目计算期的各个阶段上，都有可能发生现金流量。企业必须逐年估算每一时点上的现金流入量和现金流出量，计算出各年的现金净流量。

在现金流量的计算中，为便于利用货币时间价值的形式，如果不作特殊说明，为统一计算口径和简化计算过程，不论现金流量具体内容所涉及的价值指标实际上是时点指标还是时期指标，均假设按照年初或年末的时点指标处理。其中，建设投资在建设期内有关年度的年初或年末一次发生，营运资金垫支则在年初发生；各年的营业现金流量（经营期内各年的收入、成本、折旧、摊销、利润等项目的确认）均在各年年末一次实现；终结现金流量在最后一年年末发生（但更新改造项目除外）。

在项目计算期数轴上，0 表示第一年的年初，1 既代表第一年的年末，又代表第二年的年初，以下依此类推。

【例 4-2】 公式法

某公司计划投资于某一项目，经预测需要投入资金 500 万元，在项目开始时一次投入，建设期为 1 年。第二年初完工投入使用，另需垫支营运资金 40 万元。预计使用寿命为 8 年，固定资产折旧采用直线法，8 年后该工程的残值收入预计为 20 万元，并可收回垫支的营运资金。在生产经营期间，每年可实现销售收入为 220 万元。每年的付现成本为 80 万元，该企业的所得税率为 25%，资本成本为 10%。试计算该项目的现金流量。

该项目的现金流量的计算有如下几步。

（1）计算初始现金流量

$$NCF_0 = -500\text{（万元）}$$

$$NCF_1 = -40\text{（万元）}$$

（2）计算营业现金流量

该项目每年的折旧额＝(500－20)/8＝60（万元）

每年的营业利润总额＝220－80－60＝80（万元）

每年的所得税额＝80×25%＝20（万元）

每年营业现金净流量＝80－20＋60＝120（万元）

即 $NCF_{2\text{-}8}$＝120（万元）

（3）计算终结现金流量为

NCF_9＝120＋20＋40＝180（万元）

【例 4-3】 列表法

A 公司准备购入一台设备以扩大生产能力，现有甲、乙两个方案可供选择。甲方案需投资 15 000 元，一年后建成投产。使用寿命为 6 年，采用直线法计提折旧，6 年后设备无残值。6 年中每年的销售收入为 6 000 元，每年的付现成本为 2 500 元。乙方案需投资 18 000 元，一年后建成投产时需另外增加营运资金 3 000 元。该方案的使用寿命也是 6 年，采用直线法计提折旧，6 年后有残值 3 000 元。6 年中每年的销售收入为 8 500 元，付现成本第一年为 3 000 元，以后每年将增加维修费 300 元。假设所得税税率为 25%，试计算两方案的现金流量。

首先，计算两方案每年的折旧额为

甲方案每年的折旧额＝15 000÷6＝2 500（元）

乙方案每年的折旧额＝(18 000－3 000)÷6＝2 500（元）

先计算两个方案的营业现金流量（表 4-1），再结合初始现金流量和终结现金流量编制两个方案的全部现金流量（表 4-2）。

表 4-1　　甲、乙两个方案的营业现金流量表　　单位：元

	第 2 年	第 3 年	第 4 年	第 5 年	第 6 年	第 7 年
甲方案：						
销售收入（1）	6 000	6 000	6 000	6 000	6 000	6 000
付现成本（2）	2 500	2 500	2 500	2 500	2 500	2 500
折旧（3）	2 500	2 500	2 500	2 500	2 500	2 500
税前利润（4）＝（1）－（2）－（3）	1 000	1 000	1 000	1 000	1 000	1 000
所得税（5）＝（4）×25%	250	250	250	250	250	250
税后利润（6）＝（4）－（5）	750	750	750	750	750	750
营业现金流量（7）＝（3）＋（6）	3 250	3 250	3 250	3 250	3 250	3 250
或＝（1）－（2）－（5）						
乙方案：						
销售收入（1）	8 500	8 500	8 500	8 500	8 500	8 500
付现成本（2）	3 000	3 300	3 600	3 900	4 200	4 500
折旧（3）	2 500	2 500	2 500	2 500	2 500	2 500
税前利润（4）＝（1）－（2）－（3）	3 000	2 700	2 400	2 100	1 800	1 500
所得税（5）＝（4）×25%	750	675	600	525	450	375
税后利润（6）＝（4）－（5）	2 250	2 025	1 800	1 575	1 350	1 125
营业现金流量（7）＝（3）＋（6）	4 750	4 525	4 300	4 075	3 850	3 625
或＝（1）－（2）－（5）						

表 4-2　　甲、乙两个方案的现金流量表　　单位：元

	第 0 年	第 1 年	第 2 年	第 3 年	第 4 年	第 5 年	第 6 年	第 7 年
甲方案：								
初始现金流量								
固定资产投资	–15 000							
营业现金流量			3 250	3 250	3 250	3 250	3 250	3 250
终结现金流量								
合　计	–15 000	0	3 250	3 250	3 250	3 250	3 250	3 250

续表

	第 0 年	第 1 年	第 2 年	第 3 年	第 4 年	第 5 年	第 6 年	第 7 年
乙方案：								
初始现金流量								
固定资产投资	−18 000							
营运资金垫支		−3 000						
营业现金流量			4 750	4 525	4 300	4 075	3 850	3 625
终结现金流量								
固定资产残值								3 000
营运资金垫支的收回								3 000
合 计	−18 000	−3 000	4 750	4 525	4 300	4 075	3 850	9 625

五、估算现金流量应注意的问题

在确定投资方案相关的现金流量时，应遵循的最基本原则是：只有增量现金流量才是与项目相关的现金流量。所谓增量现金流量，是指接受或拒绝某个投资方案后，企业总现金流量因此发生的变动。只有那些由于采纳某个项目的现金支出增加额，才是该项目的现金流出；只有那些由于采纳某个项目引起的现金流入增加额，才是该项目的现金流入。

估计投资项目各年现金流量是一项较为复杂的工作，为了能够确保估计结果较为可靠，在估计时应注意以下几个问题。

（一）区分相关成本和非相关成本

相关成本是指与特定决策有关的、在分析评价时必须加以考虑的成本。例如，差额成本、未来成本、重置成本、机会成本等都属于相关成本。与此相反，与特定决策无关的、在分析评价时不必加以考虑的成本是非相关成本，如沉没成本、历史成本、账面成本等往往是非相关成本。例如，某公司目前拟新建一条生产线，以前曾请一家公司做过可行性分析，支付咨询费 3 万元。在进行投资分析时，该笔支出与公司目前拟建项目的总现金流量无关。因为它已经发生，不管公司是否采纳新建生产线的方案，它都已经无法收回。

如果将非相关成本纳入投资方案的总成本，则一个有利方案可能因此变得不利，一个较好的方案可能变为较差的方案从而造成决策错误。

（二）不要忽视机会成本

在投资方案的选择中，如果选择了一个投资方案，则必须放弃投资于其他项目的机会。其他投资机会可能取得的收益是实行本方案的一种代价，被称为这项投资方案的机会成本。

例如，公司新建生产线的投资方案，需要使用公司拥有的一块土地。在进行投资分析时，虽然公司不必动用资金去购置土地，但该公司若不利用这块土地来兴建生产线，它可将这块土地移作他用，并取得一定的收入。只是由于在这块土地上兴建生产线才放弃了这笔收入，而这笔收入代表兴建生产线使用土地的机会成本。假设这块土地出售可净得 15 万元，它就是兴建生产线的一项机会成本。值得注意的是，不管该公司当初是以 5 万元还是 20 万元购进这块土地，都应以现行市价作为这块土地的机会成本。

机会成本不是我们通常意义上的“成本”，它不是一种支出或费用，而是失去的收益。这种收益不是实际发生的，而是潜在的。机会成本总是针对具体方案，离开被放弃的方案就无从计量确定。

机会成本在决策中的意义在于：它有助于全面考虑可能采取的各种方案，以便为既定资源寻求最为有利的使用途径。

（三）要考虑投资方案对公司其他项目的影响

当我们采纳一个新的项目后，该项目可能对公司的其他项目造成有利或不利的影响。例如，若新建流水线生产的产品上市后，原有其他产品的销量可能减少，而且整个公司的销售额也许不增加甚至减少。因此，公司在进行投资分析时，不应将新建流水线的销售收入作为增量收入来处理，而应扣除其他项目因此减少的销售收入。当然，也可能发生相反的情况，新产品上市后将促进其他部门的销售增长。这要看新项目和原有部门是竞争关系还是互补关系。

（四）要考虑投资方案对净营运资金的影响

在一般情况下，当公司开办一个新业务并使销售扩大后，对于存货和应收账款等流动资产的需求也会增加，公司必须筹措新的资金以满足这种额外需求；另一方面，公司扩充的结果，应付账款与一些应付费用等经营性流动负债也会同时增加，从而降低公司流动资金的实际需要。所谓净营运资金的需要，指增加的流动资产与增加的流动负债之间的差额。

当投资方案的寿命周期快要结束时，公司将与项目有关的存货出售，应收账款变为现金，应付账款和应付费用也随之偿付，净营运资金恢复到原有水平。通常，在进行投资分析时，假定开始投资时筹措的净营运资金在项目结束时收回。

（五）现金流量估算应由企业内众多部门的共同参与

由于项目投资涉及面广，影响深远，所以需要由企业内部的众多人员和部门参与估算投资现金流量。例如，一般由销售部门负责对产品售价和销量的预测，他们依据其所掌握的市场情况、经济形势、消费趋势、广告效果、产品价格弹性以及竞争对手的情况等资料进行预测与估算；项目工程师和技术及产品开发部门负责估计厂房建造、设备购置、产品研制等资本支出的预测；投资方案的营运成本多由采购部门、生产部门、劳资部门和会计部门负责估计。财务部门要为各部门的预测、估计建立共同的基本假设条件，如物价水平、折现率、可供资源的限制条件等。

第三节　项目投资决策评价方法

一、投资决策评价指标及其类型

（一）投资决策评价指标

投资决策评价指标是指用于衡量和比较投资项目可行性，据以进行方案决策的定量化标准与尺度。主要包括静态投资回收期、动态投资回收期、会计收益率、净现值、净现值率、获利指数、内含报酬率等。

（二）投资决策评价指标的分类

按照是否考虑资金时间价值，投资决策的评价指标可分为两类：一类是折现指标，即考虑了时间价值因素的指标，主要包括净现值、净现值率、现值指数、内含报酬率和动态投资回收期等；另一类是非折现指标，即没有考虑时间价值因素的指标，主要包括静态投资回收期、会计收益率等。

按数量特征分类，投资决策的评价指标可分为绝对量指标和相对量指标。绝对量指标包括静态投资回收期、动态投资回收期和净现值。相对量指标包括会计收益率、净现值率、现值指数、内含报酬率。

按指标性质不同，投资决策的评价指标可分为正指标和反指标。正指标意味着指标值的大小与投资项目的好坏成正相关关系，即指标值越大，该项目越好，越值得投资。如会计收益率、净现值、净现值率、现值指数、内含报酬率。反指标意味着指标值的大小与投资项目的好坏成负相关关系，即指标值越小，该项目越好，越值得投资。如静态投资回收期和动态投资回收期。

二、非折现评价方法

（一）会计收益率法

会计收益率是指项目达到设计生产能力后正常年份内的年均净收益与项目总投资的比率。这种指标计算简便，应用范围很广。它在计算时使用会计报表上的数据，以及会计的收益和成本观念。其计算公式为

$$会计收益率=\frac{年平均收益}{原始投资额}\times100\% \tag{4.4}$$

在进行项目投资决策时，会根据企业的基本情况确定一个要求达到的必要报酬率，或称平均报酬率。在利用会计收益率进行决策时，只要会计收益率高于必要报酬率，该项目就是可以接受的。当存在多个互斥方案时，选择会计收益率较高即盈利能力较强的项目。

【例 4-4】 设折现率为 10%，有三个投资方案。有关数据见表 4-3。

表 4-3　　投 资 方 案 数 据 表　　单位：元

期　间	A 方案		B 方案		C 方案	
	净收益	现金净流量	净收益	现金净流量	净收益	现金净流量
0		−20 000		−9 000		−12 000
1	1 800	11 800	−1 800	1 200	600	4 600
2	3 240	13 240	3 000	6 000	600	4 600
3			3 000	6 000	600	4 600
合　计	5 040	5 040	4 200	4 200	1 800	1 800

$$会计收益率（A）=\frac{(1\,800+3\,240)\div2}{20\,000}\times100\%=12.6\%$$

$$会计收益率（B）=\frac{(-1\,800+3\,000+3\,000)\div3}{9\,000}\times100\%=15.6\%$$

$$会计收益率（C）=\frac{600}{12\,000}\times100\%=5\%$$

如果公司确定的必要报酬率是 10%，由于会计收益率高于必要报酬率，则 A，B 方案都是可行的。如果 A，B 是两个互斥方案，则应选择会计收益率较高的项目，即选择 B 方案。

会计收益率的优点是计算简单，能够反映项目的盈利水平；缺点是没有考虑资金时间价值因素，不能正确反映建设期长短及投资方式不同和回收额的有无对项目的影响，分子、分母计算口径的可比性较差，无法直接利用净现金流量信息。

（二）静态投资回收期法

静态投资回收期，是在不考虑资金时间价值的情况下，是指以投资项目经营净现金流量

抵偿原始投资所需要的全部时间。它是反映项目财务上投资回收能力的指标，代表收回投资所需要的年限。

静态投资回收期越短，资金回收越快，项目受未来不可预见风险的影响就越小，因此静态投资回收期越短越好。将项目评价过程中计算出的静态投资回收期与行业或其他类似项目基准回收期比较，当项目静态投资回收期小于基准回收期时，该项目在财务上是可行的。

在原始投资一次支出，每年现金净流入量相等时，则

$$静态投资回收期=\frac{原始投资额}{每年现金净流入量} \tag{4.5}$$

根据［例 4-4］资料，C 方案属于这种情况，即

$$静态投资回收期(C)=\frac{12\,000}{4\,600}=2.61（年）$$

如果现金流入量每年不等，或原始投资是分几年投入的，则可使下式成立的 n 为回收期，即

$$\sum_{k=0}^{n} I_k=\sum_{k=0}^{n} O_k \tag{4.6}$$

式中：n 为投资涉及的年限；I_k 为第 k 年的现金流入量；O_k 为第 k 年的现金流出量。

A 和 B 方案则属于这种情况，A 方案和 B 方案的回收期分别为 1.62 年和 2.30 年，计算过程见表 4-4。

表 4-4　　现金流量计算表　　单位：元

A 方 案	现金流量	回 收 额	未回收额
原始投资	−20 000		
现金流入			
第 1 年	11 800	11 800	8 200
第 2 年	13 240	8 200	0
回收期＝1＋（8 200÷13 240）＝1.62（年）			
B 方 案	**现金流量**	**回 收 额**	**未回收额**
原始投资	−9 000		
现金流入			
第 1 年	1 200	1 200	7 800
第 2 年	6 000	6 000	1 800
第 3 年	6 000	1 800	0
回收期＝2＋（1 800÷6 000）＝2.30（年）			

静态投资回收期的优点是能够直观地反映原始投资的返本期限，便于理解，计算简便，可以直接利用回收期之前的净现金流量信息。缺点是没有考虑资金时间价值因素和回收期满后的现金流量，有可能把后期效益好、整体效益也不错的项目舍弃掉，进而导致错误的决策。事实上，有战略意义的长期投资往往早期收益较低，而中后期收益较高。静态投资回收期法优先考虑急功近利的项目，可能导致放弃长期成功的方案。它是过去评价投资方案最常用的方法，目前作为辅助方法使用，主要用来测定方案的流动性而非营利性。

三、折现评价方法

（一）净现值法

净现值（NPV），是指特定方案未来现金流入的现值与未来现金流出的现值之间的差额。按照这种方法，所有未来现金流入和流出都要按预定折现率折算为它们的现值，然后再计算它们的差额。如净现值为正数，即折现后现金流入大于折现后现金流出，该投资项目的报酬率大于预定的折现率，该项目为公司创造财富。如净现值为零，即折现后现金流入等于折现后现金流出，该投资项目的报酬率相当于预定的折现率。如净现值为负数，即折现后现金流入小于折现后现金流出，该投资项目的报酬率小于预定的折现率，该项目在毁损公司财富。

计算净现值的公式为

$$净现值=\sum_{k=0}^{n}\frac{I_k}{(1+i)^k}-\sum_{k=0}^{n}\frac{O_k}{(1+i)^k} \tag{4.7}$$

式中：n 为投资涉及的年限；I_k 为第 k 年的现金流入量；O_k 为第 k 年的现金流出量；i 为预定的折现率。

利用净现值进行决策时，只要项目的净现值为正，就意味着其能为公司带来财富，该项目在财务上就是可行的。如果存在多个互斥项目，应选择正的净现值最大的项目。

根据［例 4-4］的资料，三个投资方案的净现值计算为

$$净现值（A）=(11\,800\times0.909\,1+13\,240\times0.826\,4)-20\,000$$
$$=21\,668.92-20\,000=1\,668.92（元）$$

$$净现值（B）=(1\,200\times0.909\,1+6\,000\times0.826\,4+6\,000\times0.751\,3)-9\,000$$
$$=10\,557.12-9\,000=1\,557.12（元）$$

$$净现值（C）=4\,600\times2.487-12\,000=11\,440.2-12\,000=-559.8（元）$$

A，B 两项方案投资的净现值为正数，说明该方案的报酬率超过 10%。如果企业的资金成本率或要求的投资报酬率是 10%，这两个方案是有利的，因而是可以接受的。C 方案净现值为负数，说明该方案的报酬率达不到 10%，因而应予放弃。A 方案和 B 方案相比，A 方案更好些。

净现值法所依据的原理是：假设预计的现金流入在年末肯定可以实现，并把原始投资看成是按预定折现率借入的。当净现值为正数时，偿还本息后该项目仍有剩余的收益；当净现值为零时，偿还本息后一无所获；当净现值为负数时，该项目收益不足以偿还本息。

这一原理可以通过 A，C 两方案的还本付息表来说明，见表 4-5 和表 4-6。

表 4-5　　A 方案还本付息表　　单位：元

年　份	年初债款	年息 10%	年末债款	偿还现金	借款余额
1	20 000	2 000	22 000	11 800	10 200
2	10 200	1 020	11 220	13 240	（2 020）

表 4-6　　C 方案还本付息表　　单位：元

年　份	年初债款	年息 10%	年末债款	偿还现金	借款余额
1	12 000	1 200	13 200	4 600	8 600
2	8 600	860	9 460	4 600	4 860
3	4 860	486	5 346	4 600	746

A 方案在第二年末还清本息后，尚有 2 020 元剩余，折合成现值为 1 669 元（2 020×0.826 4），即为该方案的净现值。C 方案第三年末没能还清本息，尚欠 746 元，折合成现值为 560 元（746×0.751 3），即为 C 方案的净现值。可见，净现值的经济意义是投资方案的折现后净收益。

净现值法具有广泛的适用性，在理论上也比其他方法更完善。其优点是综合考虑了资金时间价值、项目计算期内的全部净现金流量和投资风险；缺点是无法从动态的角度直接反映投资项目本身的实际收益率水平，而且计算比较烦琐。

（二）净现值率法

净现值率（NPVR）是项目净现值与全部投资现值之比。用公式表示为

$$净现值率=\frac{项目净现值}{总投资的现值} \tag{4.8}$$

利用净现值率进行决策时，只要项目的净现值率为正，就意味着其能为公司带来财富，该项目在财务上就是可行的。如果存在多个互斥项目，应选择正的净现值率最大的项目。

根据［例 4-4］的资料，三个投资方案的净现值率计算为

$$净现值率（A）=\frac{1\,668.92}{20\,000}\times100\%=8.34\%$$

$$净现值率（B）=\frac{1\,557.12}{9\,000}\times100\%=17.3\%$$

$$净现值率（C）=\frac{559.8}{12\,000}\times100\%=-4.67\%$$

A 方案和 B 方案的净现值率均为正，则 A 方案和 B 方案都是可行的。若两者是互斥项目，应选择正的净现值率最大的，即选择 B 项目。

净现值率指标的优点是可以从动态的角度反映项目投资的资金投入与净产出之间的关系，计算过程比较简单；缺点是无法直接反映投资项目本身的实际收益率。

（三）现值指数法

现值指数（PI），是未来现金流入现值与现金流出现值的比率，也称现值比率、获利指数、折现后收益—成本比率等。

计算现值指数的公式为

$$现值指数=\sum_{k=0}^{n}\frac{I_k}{(1+i)^k}\div\sum_{k=0}^{n}\frac{O_k}{(1+i)^k} \tag{4.9}$$

利用现值指数进行决策时，只要项目的现值指数大于 1，就意味着其能为公司带来财富，该项目在财务上就是可行的。项目的获利指数小于 1，则拒绝该项目。如果存在多个互斥项目，应选择获利指数超过 1 最多的项目。

根据［例 4-4］的资料，三个方案的现值指数计算为

$$现值指数（A）=21\,668.92\div20\,000=1.08$$

$$现值指数（B）=10\,557.12\div9\,000=1.17$$

$$现值指数（C）=11\,440.2\div12\,000=0.95$$

A，B 两个方案的现值指数大于 1，说明其收益超过成本，即投资报酬率超过预定的折现率。C 方案的现值指数小于 1，说明其报酬率没有达到预定的折现率。如果现值指数为 1，说

明折现后现金流入等于现金流出，投资的报酬率与预定的折现率相同。

现值指数法的主要优点是，可以进行独立投资机会获利能力的比较。在前面例子中，A方案的净现值是 1 668.92 元，B 方案的净现值是 1 557.12 元。如果这两个方案之间是互斥的，当然 A 方案较好。如果两者是独立的，可以根据现值指数来选择。B 方案现值指数为 1.17，大于 A 方案的 1.08，所以 B 优于 A。现值指数可以看成是 1 元原始投资可望获得的现值净收益，因此，可以作为评价方案的一个指标。它是一个相对数指标，反映投资的效率；而净现值指标是绝对数指标，反映投资的效益。

现值指数指标的优点是可以进行独立投资机会获利能力的比较，可以从动态的角度反映项目投资的资金投入与总产出之间的关系；缺点是无法直接反映投资项目的实际收益率，计算相对复杂。

（四）内含报酬率法

内含报酬率（IRR），又称内部报酬率，内部收益率，是指能够使未来现金流入量现值等于未来现金流出量现值的折现率，或者说是使投资方案净现值为零的折现率。

净现值法和现值指数法虽然考虑了时间价值，可以说明投资方案高于或低于某一特定的投资报酬率，但没有揭示方案本身可以达到的具体报酬率是多少。内含报酬率是根据方案的现金流量计算的，是方案本身的投资报酬率。

内含报酬率的计算，通常需要“逐步测试法”。首先估计一个折现率，用它来计算方案的净现值。如果净现值为正数，说明方案本身的报酬率超过估计的折现率，应提高折现率后进一步测试；如果净现值为负数，说明方案本身的报酬率低于估计的折现率，应降低折现率后进一步测试。经过多次测试，寻找出使净现值接近于零的折现率，即为方案本身的内含报酬率。

以［例 4-4］的资料为例，已知 A 方案的净现值为正数，说明它的内含报酬率大于 10%，因此，应提高折现率进一步测试。假设以 18%为折现率进行测试，其结果净现值为－499 元。下一步降低到 16%重新测试，结果净现值为 9 元，已接近于零，可以认为 A 方案的内含报酬率是 16%。测试过程见表 4-7。B 方案用 18%作为折现率测试，净现值为－22 元，接近于零，可认为其内含报酬率为 18%。测试过程见表 4-8。

表 4-7 **A 方案内含报酬率的测试** 单位：元

年　份	现金净流量	贴现率＝18%		贴现率＝16%	
		贴现系数	现　值	贴现系数	现　值
0	（20 000）	1	（20 000）	1	（20 000）
1	11 800	0.847	9 995	0.862	10 172
2	13 240	0.718	9 506	0.743	9 837
净现值			（499）		9

表 4-8 **B 方案内含报酬率的测试** 单位：元

年　份	现金净流量	贴现率＝18%		贴现率＝16%	
		贴现系数	现　值	贴现系数	现　值
0	（9 000）	1	（9 000）	1	（9 000）
1	1 200	0.847	1 016	0.862	1 034
2	6 000	0.718	4 308	0.743	4 458
3	6 000	0.609	3 654	0.641	3 846
净现值			（22）		338

如果对测试结果的精确度不满意，可以使用内插法来改善。

$$内含报酬率（A）=16\%+\left(2\%\times\frac{9}{9+499}\right)=16.04\%$$

$$内含报酬率（B）=16\%+\left(2\%\times\frac{338}{22+338}\right)=17.88\%$$

C 方案各期现金流入量相等，符合年金形式，内含报酬率可直接利用年金现值系数表来确定，不需要进行逐步测试。

设现金流入的现值与原始投资相等，则

$$原始投资=每年现金流入量\times年金现值系数$$

$$12\,000=4\,600\times(P/A，i，3)$$

$$(P/A，i，3)=2.609$$

查阅“年金现值系数表”，寻找 $n=3$ 时系数 2.609 所指的利率。查表结果，与 2.609 接近的现值系数 2.624 和 2.577 分别指向 7%和 8%。用内插法确定 C 方案的内含报酬率为 7.32%。

$$内含报酬率（C）=7\%+\left(1\%\times\frac{2.624-2.609}{2.624-2.577}\right)=7\%+0.32\% =7.32\%$$

计算出各方案的内含报酬率以后，可以根据企业的资本成本或要求的最低投资报酬率对方案进行取舍。假设资本成本是 10%，那么，A，B 两个方案都可以接受，而 C 方案则应放弃。

内含报酬率是方案本身的收益能力，反映其内在的获利水平。如果以内含报酬率作为贷款利率，通过借款来投资本项目，那么，还本付息后将一无所获。这一原理可以通过 C 方案的数据来证明，见表 4-9。

表 4-9　C 方案还本付息表　单位：元

年　份	年初借款	利率=7.32%	年末借款	偿还现金	借款余额
1	12 000	878	12 878	4 600	8 278
2	8 278	607	8 885	4 600	4 285
3	4 285	314	4 599	4 600	–1

注　第三年末借款余额−1 是计算时四舍五入所致。

内含报酬率和现值指数法有相似之处，都是根据相对比率来评价方案，而不像净现值法那样使用绝对数来评价方案。在评价方案时要注意到，比率高的方案绝对数不一定大，反之也一样。这种不同和利润率与利润额不同是类似的。A 方案的净现值大，是靠投资 20 000 元取得的；B 方案的净现值小，是靠投资 9 000 元取得的。如果这两个方案是互斥的，那么选择 A 有利。A 方案尽管投资较大，但是在分析时已考虑到承担该项投资的应付利息。如果这两个方案是相互独立的，也就是说采纳 A 方案时不排斥同时采纳 B 方案，那就很难根据净现值来排定优先次序。内含报酬率可以解决这个问题，应优先安排内含报酬率较高的 B 方案，如有足够的资金可以再安排 A 方案。

内含报酬率法与现值指数法也有区别。在计算内含报酬率时不必事先选择折现率，根据内含报酬率就可以排定独立投资的优先次序，只是最后需要一个切合实际的资本成本或最低报酬率来判定方案是否可行。现值指数法需要一个适合的折现率，以便将现金流量折为现值，折现率的高低将会影响方案的优先次序。

内含报酬率法的优点是考虑了资金时间价值，既可以从动态的角度直接反映投资项目本身的实际收益水平，又不受基准收益率高低的影响，比较客观；缺点是计算过程复杂，尤其当经营期大量追加投资时，又有可能导致多个内部收益率出现，或偏高或偏低，缺乏实际意义。

（五）动态投资回收期

动态投资回收期，是在考虑资金时间价值的情况下，以项目的净收益抵偿全部投资所需要的时间，它是反映项目财务上投资回收能力的指标。可使下式成立的 n 为动态投资回收期，即

$$\sum_{t=0}^{n}\frac{(I_k-O_k)}{(1+i)^t}=0 \tag{4.10}$$

根据［例 4-4］的资料，A 方案和 B 方案的动态投资回收期分别为 1.85 年和 2.65 年，计算过程见表 4-10。

表 4-10　　动态投资回收期计算表　　单位：元

A 方案	现金流量	回收额	未回收额
原始投资	（20 000）		
现金流入			
第 1 年	11 800	10 727.38	9 272.62
第 2 年	13 240	10 941.54	0
回收期＝1＋（9 272.62÷10 941.54）＝1.85（年）			
B 方案	现金流量	回收额	未回收额
原始投资	（9 000）		
现金流入			
第 1 年	1 200	1 090.92	7 909.08
第 2 年	6 000	4 958.4	2 950.68
第 3 年	6 000	4 507.8	0
回收期＝2＋（2 950.68÷4 507.8）＝2.65（年）			
C 方案	现金流量	回收额	未回收额
原始投资	（12 000）		
现金流入			
第 1 年	4 600	4 181.86	7 818.14
第 2 年	4 600	3 801.44	4 016.7
第 3 年	4 600	3 455.98	560.72
回收期＞3 年			

动态投资回收期弥补了静态投资回收期没有考虑资金时间价值的缺陷，也是一种常用的方法。

20 世纪 50 年代以前，非折现现金流量法作为评价企业投资效益的主要方法，曾流行全世界。但是，后来人们日益发现其局限性，50 年代以后，使用折现现金流量法的公司不断增多，从 70 年代开始，折现现金流量法已占主导地位，并形成了以折现现金流量指标为主，以投资回收期为辅的多种指标并存的指标体系。

总之，企业在进行投资决策时，以折现评价方法为主，非折现评价方法为辅。折现评价方法中，净现值法和内含报酬率法应用最广，但是两者会产生冲突。对互斥项目进行评价时，应以净现值法为主要方法。对独立项目进行评价时，应利用多种评价方法，考虑企业的实际情况，进行综合评定。

第四节 投资风险分析决策

由于项目投资方案涉及的时间比较长，在未来各个时期内往往存在许多不确定因素，因而不同程度地存在着风险，需要通过一定的方法对可能包含的风险程度进行估量。考虑了影响投资项目的不确定性因素的投资决策叫做不确定性投资决策，又叫做风险投资决策。风险投资决策方法主要包括风险因素调整法、期望值决策法、决策树法、敏感性分析、场景概况分析以及蒙特卡洛模拟分析等。

一、风险因素调整法

为了有效地考虑风险对投资价值的影响，可以按照投资风险的大小适当地调整折现率或投资项目的净现金流入量，然后再按照确定性的情况进行投资分析。风险调整有两种基本方法：一是风险调整折现率法；二是风险调整现金流量法。前者是根据项目的风险程度调整净现值模型的分母；后者是根据项目的风险程度调整净现值模型的分子。

（一）风险调整折现率法

将与特定投资项目有关的风险报酬，加入到资本成本或企业要求达到的报酬率中，构成按风险调整的折现率，并据以进行投资决策分析的方法，叫做风险调整折现率法。风险调整折现率法是更为实际、更为常用的风险处置方法。这种方法的基本思路是对高风险的项目，应当采用较高的折现率计算净现值。

$$\text{调整后净现值}=\sum_{t=0}^{n}\frac{\text{预期现金流量}}{(1+\text{风险调整折现率})^t} \tag{4.11}$$

按风险调整的折现率有如下几种确定方法：

1. 用资本资产定价模型来调整折现率

特定投资项目按风险调整的折现率的计算公式为

$$K_j=R_F+\beta_j\times(R_m-R_F) \tag{4.12}$$

式中：K_j 为项目 j 按风险调整的折现率或项目的必要报酬率；R_F 为无风险利息率；β_j 为项目 j 的不可分散风险的 β 系数；R_m 为所有项目平均的折现率或必要报酬率。

2. 按风险报酬模型来调整折现率

在第二章讨论风险报酬时曾指出，一项投资的总报酬可分为两部分：无风险报酬和风险报酬。其计算公式为

$$K=R_F+b\times V$$

因此，特定项目按风险调整的折现率可按下式计算

$$K_i=R_F+b_i\times V_i \tag{4.13}$$

式中：K_i 为项目 i 按风险调整的折现率；R_F 为无风险报酬率；b_i 为项目 i 的风险报酬系数；V_i 为项目 i 的预期标准离差率。

3. 按投资项目的风险等级来调整折现率

这种方法是对影响投资项目风险的各种因素进行评分，根据评分来确定风险等级，并根据风险等级来调整折现率的一种方法，可通过表 4-11 来加以说明。

表 4-11 按风险等级调整的折现率表

相关因素	投资项目的风险状况及得分									
	A		B		C		D		E	
	状况	得分	状况	得分	状况	得分	状况	得分	状况	得分
市场竞争	无	1	较弱	3	一般	5	较强	7	很强	9
战略上的协调	很好	1	较好	3	一般	5	较差	7	很差	9
投资回收期	1.5 年	4	1 年	1	2.5 年	7	3 年	10	4 年	15
资源供应	一般	7	很好	1	较好	4	很差	15	较差	10
总　分	—	13	—	8	—	21	—	39	—	43

总　分	风险等级	调整后的折现率
0～8	很低	7%
8～16	较低	9%
16～24	一般	12%
24～32	较高	15%
32～40	很高	17%
40 分以上	最高	25%以上

K_A=9%　　K_B=7%　　K_C=12%　　K_D=17%　　$K_E \geqslant$25%

表 4-11 中的分数、风险等级、折现率的确定都由企业的管理人员根据以往的经验来设定，具体的评分工作则应由销售、生产、技术、财务等部门组成专家小组来进行，所列出的影响风险的因素、风险状况可能会更多。

4. 按投资项目类别调整折现率

有些企业为经常发生的特定类型的风险项目，预先根据经验按风险大小规定了高低不等的折现率，以供决策之需。例如，某公司对不同类型项目的折现率规定见表 4-12。

表 4-12 不同投资项目按风险调整的折现率（资本成本＝10%）

投资项目分组	调　整	风险调整折现率
扩充：		
第一类　新的机器和设备，生产出与目前一样的产品	资本成本＋2%	12%
第二类　新的机器和设备，可生产出与目前产品相互补充的产品	资本成本＋5%	15%
第三类　新的机器和设备，可生产出与目前产品无关的产品	资本成本＋10%	20%
更新：		
第一类　用新设备来更新与之基本相同的旧设备	资本成本－1%	9%
第二类　用新设备来更新与其性能相差较大的旧设备	资本成本＋1%	11%
第三类　用更先进的设备来更新目前现代化设备	资本成本＋9%	19%

按风险调整折现率以后，具体的评价方法与无风险时基本相同。这种方法，对风险大的项目采用较高的折现率，对风险小的项目采用较低的折现率，简单明了，便于理解，因此，被广泛采用。但这种方法把时间价值和风险价值混在一起，人为地假定风险一年比一年大，这是不合理的。

【例 4-5】 当前的无风险报酬率为 4%，市场平均报酬率为 12%，A 项目的预期股权现金流量风险大，其β值为1.5；B项目的预期股权现金流量风险小，其β值为0.75。其他有关数据见表4-13。

表4-13 **A、B项目的投资分析数据** 单位：元

年数	现金流量	现值系数（4%）	未调整现值	现值系数（16%）	调整后现值
A项目					
0	−40 000	1.000 0	−40 000	1.000 0	−40 000
1	13 000	0.961 5	12 500	0.862 1	11 207
2	13 000	0.924 6	12 020	0.743 2	9 662
3	13 000	0.889 0	11 557	0.640 7	8 329
4	13 000	0.854 8	11 112	0.552 3	7 180
5	13 000	0.821 9	10 685	0.476 2	6 191
净现值			17 874		2 569
B项目					
0	−47 000	1.000 0	−47 000	1.000 0	−47 000
1	14 000	0.961 5	13 461	0.909 1	12 727
2	14 000	0.924 6	12 944	0.826 4	11 570
3	14 000	0.889 0	12 446	0.751 3	10 518
4	14 000	0.854 8	11 967	0.683 0	9 562
5	14 000	0.821 9	11 507	0.620 9	8 693
净现值			15 325		6 070

$$A项目的风险调整折现率=4\%+1.5\times(12\%-4\%)=16\%$$

$$B项目的风险调整折现率=4\%+0.75\times(12\%-4\%)=10\%$$

如果不进行折现率调整，两个项目差不多，A项目比较好；调整以后，两个项目有明显差别，B项目要好得多。

（二）风险调整现金流量法

风险的存在使得各年的现金流量变得不确定，为此，就需要按风险情况对各年的现金流量进行调整。这种先按风险调整现金流量，然后进行长期投资决策的评价方法，叫按风险调整现金流量法，现介绍最常用的肯定当量法。

在风险投资决策中，由于各年的现金流量具有不确定性，这就必须进行调整。所谓肯定当量法就是把不确定的各年现金流量，按照一定的系数（通常称为约当系数）折算为大约相当于确定的现金流量的数量，然后，利用无风险折现率来评价风险投资项目的决策分析方法。其计算公式为

$$风险调整后净现值=\sum_{t=0}^{n}\frac{d_t\times 现金流量期望值}{(1+无风险报酬率)^t} \tag{4.14}$$

式中：d_t是t年现金流量的约当系数，它在0～1之间。

约当系数是肯定的现金流量对与之相当的、不肯定的期望现金流量的比值，通常用d表示。约当系数，是指不肯定的1元现金流量期望值相当于使投资者满意的肯定金额的系数。

它可以把各年不肯定的现金流量换算为肯定的现金流量。在进行评价时，可根据各年现金流量风险的大小，选取不同的约当系数，当现金流量为确定时，可取 d=1.00；当现金流量的风险很小时，可取 1.00>d≥0.80；当风险一般时，可取 0.80>d≥0.40；当现金流量风险很大时，可取 0.40>d>0。

约当系数的选取，可能会因人而异，敢于冒险的分析者会选用较高的约当系数，而不愿冒险的投资者可能选用较低的约当系数。为了防止因决策者的偏好不同而造成决策失误，有些企业根据标准离差率来确定约当系数。因为标准离差率是衡量风险大小的一个很好的指标，因而，用它来确定约当系数是合理的。标准离差率与约当系数的经验对照关系见表 4-14。当约当系数确定后，决策分析就比较容易了。

表 4-14 标准离差率与约当系数的经验对照关系

标准离差率	约当系数
0.01～0.07	1
0.08～0.15	0.9
0.16～0.23	0.8
0.24～0.32	0.7
0.33～0.42	0.6
0.43～0.54	0.5
0.55～0.70	0.4
…	…

【例 4-6】 假设某公司准备进行一项投资，其各年的现金流量和分析人员确定的约当系数已列示在表 4-15 中，无风险折现率为 10%，试判断此项目是否可行。

表 4-15 投资的现金流量和约当系数

	0	1	2	3	4
NCF_t（万元）	−20 000	8 000	8 000	8 000	8 000
d_t	1.0	0.95	0.9	0.8	0.8

根据以上资料，利用净现值法进行评价。

$$
\begin{aligned}
NPV &= 0.95\times 8\,000\times(P/F，10\%，1)+0.9\times 8\,000\times(P/F，10\%，2)\\
&\quad +0.8\times 8\,000\times(P/F，10\%，3)+0.8\times 8\,000\times(P/F，10\%，4)+1.0\times(-20\,000)\\
&= 7\,600\times 0.909+7\,200\times 0.826+6\,400\times 0.751+6\,400\times 0.683-20\,000\\
&= 2\,033.2\ （万元）
\end{aligned}
$$

从以上分析可以看出，按风险程度对现金流量进行调整后，计算出的净现值为正数，故可以进行投资。

【例 4-7】 某公司拟投资购买一项专利，此专利的初始投资为 150 万元，预计可使用 5 年，5 年中每年的现金净流量估计为 50 万元，但公司主要领导都认为这每年的 50 万元现金净流量存在较大的不确定性，拟用确定当量法对现金流量进行调整。公司有关领导所选用的约当系数及相关权数详见表 4-16。该公司的资本成本为 10%，试分析此项投资是否可行。

表 4-16 公司领导层对投资约当系数的选择

公司领导成员	约当系数	所确定的权数
董事长	0.90	0.30
总经理	0.80	0.20
财务副总经理	0.85	0.20
总工程师	0.70	0.20
销售处长	0.80	0.10

（1）根据以上资料，计算加权平均的约当系数为

$$0.90\times0.30+0.80\times0.20+0.85\times0.20+0.70\times0.20+0.80\times0.10=0.82$$

然后利用计算出的约当系数对每年 50 万元的现金净流量进行调整，为

$$50\times0.82=41\text{（万元）}$$

（2）计算该项无形资产投资的净现值，为

$$NPV=41\times(P/A,\ 10\%,\ 5)-150=41\times3.791-150=5.43\text{（万元）}$$

该项投资有净现值 5.43 万元，所以可进行投资。

采用肯定当量法来对现金流量调整，进而作出投资决策、克服了调整折现率法夸大远期风险的缺点，但如何准确、合理地确定约当系数却是一个十分困难的问题。

【例 4-8】 当前的无风险报酬率为 4%。公司有两个投资机会，有关资料见表 4-17。

表 4-17 A，B 投资方案的数据 单位：元

年数	现金流入量	肯定当量系数	肯定现金流量	现值系数（4%）	未调整现值	调整后现值
A 项目						
0	−40 000	1	−40 000	1.000 0	−40 000	−40 000
1	13 000	0.9	11 700	0.961 5	12 500	11 250
2	13 000	0.8	10 400	0.924 6	12 020	9 616
3	13 000	0.7	9 100	0.889 0	11 557	8 090
4	13 000	0.6	7 800	0.854 8	11 112	6 667
5	13 000	0.5	6 500	0.821 9	10 685	5 342
净现值					17 874	965
B 项目						
0	−47 000	1	−47 000	1.000 0	−47 000	−47 000
1	14 000	0.9	12 600	0.961 5	13 461	12 115
2	14 000	0.8	11 200	0.924 6	12 944	10 356
3	14 000	0.8	11 200	0.889 0	12 446	9 957
4	14 000	0.7	9 800	0.854 8	11 967	8 377
5	14 000	0.7	9 800	0.821 9	11 507	8 055
净现值					15 325	1 860

调整前 A 项目的净现值较大，调整后 B 项目的净现值较大。不进行调整，就可能导致错误的判断。

采用肯定当量法来对现金流量调整，进而作出投资决策、克服了调整折现率法夸大远期

风险的缺点，但如何准确、合理地确定约当系数却是一个十分困难的问题。因为标准离差率与约当系数之间的对照关系并没有公认的客观标准。

二、期望值决策法

期望值决策法，又称概率决策法，是指通过概率分析法计算投资项目的年期望现金流量和期望净现值来评价风险投资的一种方法。一般适用于每年的现金流量相互独立的投资项目。所谓现金流量独立，是指上下年的现金流量互不相关。计算各年期望现金流量的计算公式为

$$\overline{NCF_t}=\sum_{i=1}^{n}NCF_{t_i}P_{t_i} \tag{4.15}$$

式中：$\overline{NCF_t}$ 为第 t 年期望净现金流量；NCF_{t_i} 为第 t 年的第 i 种结果的净现金流量；P_{t_i} 为第 t 年与第 i 种结果相对应的概率；n 为第 t 年可能出现的 n 种情况。

【例 4-9】 某企业的一个投资项目各年的现金流量与其概率分布情况见表 4-18，资本成本为 15%。试判断此项目是否可行。

表 4-18　　投资项目的现金流量与概率分布　　金额单位：元

现金流出量		现金净流量					
第 0 年		第 1 年		第 2 年		第 3 年	
概率	NCF_0	概率	NCF_1	概率	NCF_2	概率	NCF_3
1.00	40 000	0.40	25 000	0.20	30 000	0.30	35 000
		0.60	15 000	0.60	20 000	0.40	25 000
				0.20	10 000	0.30	15 000

（1）计算各年期望现金流量

根据表 4-18 的资料，计算各年期望净现金流量为

$$\overline{NCF_1}=25\,000\times0.40+15\,000\times0.60=19\,000\text{（元）}$$

$$\overline{NCF_2}=30\,000\times0.20+20\,000\times0.60+10\,000\times0.20=20\,000\text{（元）}$$

$$\overline{NCF_3}=35\,000\times0.30+25\,000\times0.40+15\,000\times0.30=25\,000\text{（元）}$$

（2）再计算投资项目的期望净现值

$$\begin{aligned}\overline{NCF}&=\overline{NCF_1}\times(P/F,\ 15\%,\ 1)+\overline{NCF_2}\times(P/F,\ 15\%,\ 2)\\&\quad+\overline{NCF_3}\times(P/F,\ 15\%,\ 3)-NCF_0\\&=19\,000\times0.870+20\,000\times0.756+25\,000\times0.658-40\,000\\&=8\,100\text{（元）}\end{aligned}$$

该项目的期望净现值为正，故可以投资。

三、决策树法

决策树法是通过现金流量概率树，分别计算各现金流量的净现值，并按联合概率计算期望净现值来评价投资项目的一种方法。主要适用于每年现金流量不独立的投资项目。

【例 4-10】 某公司拟投资开发一项专有技术，其初始投资为 120 000 元，该项技术预计在 3 年内有效，3 年中每年为企业带来的现金流量是不确定的，其有关资料见表 4-19。该企业的资本成本为 15%，试对投资项目的可行性进行评价。

表 4-19　　投资项目的现金流量　　单位：元

第 1 年		第 2 年		第 3 年	
现金流量（NCF_1）	概率（P_1）	现金流量（NCF_2）	概率（P_2/P_1）①	现金流量（NCF_3）	概率（P_3/P_1P_2）②
75 000	0.60	100 000	0.70	140 000	0.60
				110 000	0.30
				75 000	0.10
		60 000	0.30	90 000	0.40
				70 000	0.40
				40 000	0.20
40 000	0.40	80 000	0.20	100 000	0.30
				90 000	0.40
				80 000	0.30
		70 000	0.40	90 000	0.70
				50 000	0.30
		50 000	0.40	75 000	0.10
				50 000	0.30
				25 000	0.60

①P_2/P_1 是指在第 1 年特定概率发生的情况下第 2 年发生的概率；

②P_3/P_1P_2 是指在第 1 年、第 2 年特定概率发生的情况下第 3 年发生的概率。

下面分步说明在此种情况下的评价方法。

（1）计算各现金流量序列的净现值

$$NPV_t = 75\,000\times(P/F，15\%，1)+100\,000\times(P/F，15\%，2)$$
$$+140\,000\times(P/F，15\%，3)-120\,000$$
$$=75\,000\times0.870+100\,000\times0.756+140\,000\times0.658-120\,000$$
$$=112\,970（元）$$

其他各项计算从略。

（2）计算联合概率

$$P_{m1}=0.60\times0.70\times0.60=0.252$$
$$P_{m2}=0.60\times0.70\times0.30=0.126$$

其他各项计算从略。

（3）计算期望净现值

$$\overline{NPV}=\sum_{i=1}^{n}NP_i\cdot P_{mi}$$

式中：$\overline{NPV}$ 为期望净现值；NP_i 为第 i 个现金流量序列的净现值；P_{mi} 为第 i 个现金流量序列的联合概率。

$$\overline{NPV}=NPV_1(P_{m1})+NPV_2(P_{m2})+\cdots+NPV_{i4}（P_{m4}）$$
$$=112\,970\times0.252+93\,230\times0.126+\cdots+(-30\,950)\times0.096$$
$$=52\,171（元）$$

将以上计算结果列示在表 4-20 中，从表中可以看出，该项目的期望净现值为 52 171 元；

净现值为负数的机会很少，其联合概率只有 0.144（即 0.048＋0.096）。看来该项目的获利能力较高而风险不大，故可以投资。

表 4-20　　　　投 资 项 目 评 价 表　　　　单位：元

初始投资		第 1 年现金流量和概率分布		第 2 年现金流量和概率分布		第 3 年现金流量和概率分布		第 4 年现金流量的净现值和联合概率分布		
NCF_0	P_0	NCF_1	P_1	NCF_2	P_2/P_1	NCF_3	P_3/P_1P_2	i	NPV_i	p_{mi}
						14 000	0.60	1	112 970	0.252
				100 000	0.70	11 000	0.30	2	93 230	0.126
						75 000	0.10	3	70 200	0.042
						90 000	0.40	4	49 830	0.072
		75 000	0.60	60 000	0.30	70 000	0.40	5	36 670	0.072
						40 000	0.20	6	19 630	0.36
−120 000	1.0					100 000	0.30	7	41 080	0.24
				80 000	0.20	90 000	0.40	8	34 500	0.32
						80 000	0.30	9	27 920	0.24
		40 000	0.40			90 000	0.70	10	26 940	0.112
				70 000	0.40	50 000	0.30	11	620	0.048
						75 000	0.10	12	1 950	0.016
				50 000	0.40	50 000	0.30	13	−14 500	0.048
						25 000	0.60	14	−30 950	0.096

四、敏感性分析

敏感性分析是研究项目的各种假定条件变动对项目结果的影响的一种分析方法。在基本分析的基础上，敏感性分析首先研究项目现金流量的所有假设变量，然后，在保持其他假设条件不变的情况下，调整某个假设变量的取值，计算改变后的评价指标。重复这一步骤，分别对各个变量进行分析，以此可以得到每一个变量的变动对 *NPV* 或 *IRR* 的影响。然后把这种变动同基本分析联系起来，根据评价指标变动的程度判断项目的风险大小，并决定项目是否可行。表 4-21 列举的是某投资项目的五个主要变量增长 1%的时候，对 *NPV* 的影响。

表 4-21　　　　主要变量对净现值的相对影响（基本状态下 *NPV*＝200 000 元）

主要变量增长 1%	*NPV* 增长量（元）	增长百分比（%）
销售增长率	2 328	1.16
营业利润率	3 644	1.82
资本投资	−1 284	−0.64
营运资金投资	−1 412	−0.71
折现率	−4 929	−2.46

敏感性分析存在一些局限性。首先，这一分析方法仅仅提供了针对于一组数值的分析结果，但是无法给出每一个数值发生的可能性。其次，在进行敏感性分析时，只允许一个假设发生变动，而其他假设必须保持不变。但是在现实经济中，这些变量通常是有联系的，会一起发生变动。最后，是对敏感性分析结果的主观性应用。针对于同一个敏感性分析结果，某决策者可能会因此而拒绝该项目，而其他决策者却可能因此而接受这一项目。这一态度上的区别，可能取决于决策者对项目风险的好恶程度。

五、场景概况分析

场景概况分析是经常使用的一种反映和评价项目风险的分析方法。场景概况分析的方法类似于敏感性分析，只是包含了各种变量在某种场景下的综合影响。场景概况分析一般设定三种情况，即乐观的、正常的及悲观的情景。在不同的场景下，各变量的预期值随场景的变化而变化。如在悲观的场景下，各变量的预期值都是最悲观的估计，由此得到的净现值和内含报酬率也是三种情景下最低的。

【例 4-11】 假设某投资方案需购买一台设备，支付现金 24 万元，设备寿命期 6 年，没有残值。采用直线折旧法，公司要求的最低收益率是 12%，所得税税率是 25%。其他信息见表 4-22。

表 4-22　　投资方案的相关信息　　单位：元

项　目	基本情况	下　限	上　限
销售量	7 000	6 000	8 000
单价	85	80	90
单位可变成本	65	63	67
每年固定成本	60 000	55 000	65 000

利用这些信息，我们可以计算在基本情况下的净现值，先计算净利。

$$每年折旧=240\ 000/6=40\ 000（元）$$

$$净利=[7\ 000\times(85-65)-60\ 000-40\ 000]\times(1-25\%)=30\ 000（元）$$

$$经营现金流量=30\ 000+40\ 000=70\ 000（元）$$

$$净现值=-240\ 000+70\ 000\times(P/A，12\%，6)=47\ 798.51（元）$$

$$IRR=18.80\%$$

从计算结果来看，由于净现值是 47 798.51 元，说明这是一个好项目。然而我们计算的只是投资方案的一个可能方面而已，我们还要知道在悲观的情形以及乐观的情形下的净现值与内含报酬率。计算过程与基本情况下相似，可以得到：在悲观的情形下，$NPV=-53\ 958.82$ 元，$IRR=3.65\%$；在乐观的情形下，$NPV=168\ 057.18$ 元，$IRR=34.31\%$。悲观的情形考虑的是项目全面失败的可能性，而乐观情形发生的可能性也是极其微小的。

场景分析有助于告诉我们会发生什么事，帮助我们对潜在的灾难进行估量。但场景概况分析存在很大的局限性：首先，一般使用该方法都假设可以清楚地描绘未来的情况，也可以辨别这些情况的结果。但是这种假设并不现实。例如，现实中的经济发展并不会被简单地分为三个阶段——繁荣、衰退和稳定，这三种状态存在于一个连续过程中的任一时刻。人为地把一个连续性的过程分为互不相干的情况将会忽略掉一些重要信息。结果，分析工作很可能是本末倒置，使得出的结论不具有可比性。其次，场景概况分析对投资分析变量预期数值的估算超出了基本分析的范畴。例如，对于具有三种未来情况的项目，如果该项目的投资分析包括 12 个变量，那么分析人员将不得不估算 36 个预期值（12×3=36）以供进行场景概况分析。最后，该方法得到的只是不同场景下的结果，缺乏明确的建议以进行项目决策。在经济衰退时某项目的净现值很低，但是这并不能成为该公司拒绝这一项目的依据。

六、蒙特卡洛模拟分析

模拟分析方法实际上就是对敏感性分析的发展。实施模拟分析的起点是对投资项目建立一个模型。建立模型的前提是确定项目主要变量之间的关系，并通过对现金流量进行模拟，提取对现金收付及其相互关系产生影响的主要变量。蒙特卡洛模拟的名字源自赌博游戏，它利用了该游戏的数学原理，然后结合敏感性分析和输入变量概率分布发展而来。

由于要指定每个不确定现金流量的概率分布，因而模拟分析要比场景概况分析复杂得多。一旦确定概率分布，就可以从其中随机选择变量值来计算项目的现金流量，进而确定项目的 *NPV* 值。由于模拟过程是一种大量的重复性计算，如计算 1 000 次 *NPV* 值进而得出 *NPV* 的概率分布，通常用计算机来完成。因此，模拟分析的结果是一个确定项目结果范围的概率分布图。这就提供了不同概率下可能出现的结果，而不是一个 *NPV* 的预测值。

这种分析方法的主要局限在于模拟所需要的信息难以取得，由于分析人员很难挑选到合适的分布来描述某个变量，也很难选择该分布的各种参数。当这些选择进行得很随意时，我们得到的模拟结果尽管有可能很吸引人，但实际上毫无用处。传统的模拟分析并不考虑变量之间的相互关系，而且模拟分析缺乏明确的决策规则。相反，个人的主观判断和风险倾向性往往决定了项目的可行性决策结果。

第五节 特殊情况下的项目投资决策

一、互斥方案的决策

在多个互斥方案的比较中，一般情况下我们可以利用投资回收期、会计收益率、净现值、现值指数法、内含报酬率等方法作出正确的决策。但当投资项目之间的投资总额或寿命期不同时，仅利用上述方法就可能作出错误的决策。

当备选方案的投资总额或寿命期不同时，决策的目的是要保证投资年收益最大。这时，可以采用差额投资内含报酬率法或年均净回收额法进行决策。

（一）差额投资内含报酬率法

差额投资内含报酬率就是使差额现金流量的净现值为零的折现率。该方法适用于项目寿命期相同但原始投资额不同的情形。它在比较计算出不同方案的差量现金净流量的基础上，再计算出差额内含报酬率，并据以判断方案优劣的方法。采用该方法时，当差额内含报酬率指标大于或等于基准报酬率或设定的折现率时，原始投资额大的方案较优；反之，则投资少的方案为优。

【例 4-12】 某企业现在有方案 A 和方案 B 两个互斥投资项目。现金净流量见表 4-23。

表 4-23　　方案 A 和方案 B 现金净流量　　单位：元

项目 / 年份	方案 A	方案 B	差 量
第 0 年	−10 000	−15 000	−5 000
第 1 年	15 000	21 000	6 000

企业所要求的投资报酬率为 10%，问企业应选择哪个方案？

通过计算，可以确定方案 A 和方案 B 的净现值和内含报酬率为

$$NPV_A = 3\,637\text{ 元} \qquad IRR_A = 50\%$$

$$NPV_B=4\ 091\text{元} \qquad IRR_B=40\%$$

增量投资的净现值为 $NPV_{增}=6\ 000\times0.909\ 1-5\ 000=454.6$（元）

另外可以计算出 $IRR_{增}=20\%$

从净现值来看，增量分析得到的净现值454.6元大于零，投资额大的方案B较优；反之，如果增量分析得到的净现值小于零，投资额小的方案A较优。

从差额内含报酬率指标来看，差额内含报酬率20%大于企业所要求的投资报酬率10%，投资大的方案B较优；反之，如果差额内含报酬率小于企业所要求的投资报酬率10%，投资小的方案A较优。

（二）年均净回收额法

年均净回收额法是指根据所有投资方案的年均净现值大小来选择最优方案的决策方法。年均净回收额的计算公式为

$$\text{年均净回收额}=NPV\div(P/A,\ i,\ n) \tag{4.16}$$

式中：NPV为方案的净现值；i为折现率或基准报酬率；n为项目寿命期。

采用该种方法时，所有方案中年均净回收额最大的方案即为最优方案。

【例4-13】 有方案C和方案D两个互斥投资方案，相关数据见表4-24，企业要求的最低报酬率为10%，要求作出决策。

表4-24　　方案C和方案D的现金流量　　单位：元

年　份	现金净流量	
	方案C	方案D
0	−4 000	−7 000
1	2 000	300
2	3 000	500
3	4 500	4 000
4		1 500
5		12 000

（1）方案C与方案D的净现值

$$NPV_C=2\ 000\times(F/P,\ 10\%,\ 1)+3\ 000\times(F/P,\ 10\%,\ 2)+4\ 500\times(F/P,\ 10\%,\ 3)-4\ 000$$
$$=3\ 675.7\text{（元）}$$

$$NPV_D=300\times(F/P,\ 10\%,\ 1)+500\times(F/P,\ 10\%,\ 2)+4\ 000\times(F/P,\ 10\%,\ 3)$$
$$+1\ 500\times(F/P,\ 10\%,\ 4)+12\ 000\times(F/P,\ 10\%,\ 5)-7\ 000$$
$$=5\ 166.2\text{（元）}$$

（2）方案C与方案D的年均净回收额

方案C　$3\ 675.5\div(P/A,\ 10\%,\ 3)=3\ 675.5\div2.486\ 9=1\ 478$（元）

方案D　$5\ 166.2\div(P/A,\ 10\%,\ 5)=5\ 166.2\div3.790\ 8=1\ 363$（元）

由计算结果可知，方案C的年均净回收额1 478元大于方案D的年均净回收额1 363元，方案C为最优方案。利用差量分析，也能得出同样的结果。

二、资本限量决策

资本限量决策是指在企业投资资金数额已定的情况下所进行的投资决策。尽管存在很多有利的投资项目，但由于企业无法筹集到足够的资金，故只能在已有资金的限制下进行决策。大公司的一个部门只能在某一个特定的预算上限之内进行资本投资，超过此上限该部门无决

策权，这是资本限量的一个例子。资本限量条件下的目标是：在预算限额内选择能提供最大净现值的投资方案组合，并争取将预算限额全部用完。在进行资本限量决策时，管理人员应该同时考虑几个期间。因为有些项目早期可以产生大量的现金净流量，这些现金流量可以减少早期的预算控制，为其他方案融通资金。实践中，如果项目是可拆分的，可将方案根据现值指数由高到低的顺序排列来选取项目组合；如果项目是不可拆分的，就要选取能产生最大净现值的方案组合。

【例 4-14】 假设企业目前正在评价三个可能的投资项目，每个项目的预期现金流量模式见表 4-25。假设企业的资本成本是 12%，该年的投资预算限额为 1 200 万元。每个项目均可拆分（即如果需要的话可以执行项目中的一部分）。企业应实施哪些投资项目？

表 4-25 **项目现金流量** 单位：万元

年份 / 项目	0	1	2	3	4
A	−800	500	200	300	400
B	−900	500	300	300	500
C	−1 100	400	400	500	650

以 12%为折现率计算这三个项目的净现值，可得到项目 A 的净现值为 280 万元；项目 B 的净现值为 320 万元；项目 C 的净现值为 360 万元。若按净现值进行排序，则项目 C 居于首位，项目 B 位列第二，项目 A 居于末位。因为本年的资金限额为 1 200 万元，所以运用这个方法的结果是实施项目 C 的全部（1 100 万元）和项目 B 的部分（100 万元）。这时，1 200 万元投资所获得的全部净现值为

$$360+320\div 9\approx 396\text{（万元）}$$

不过，396 万元并不是项目组合中最大的净现值。

当项目可拆分时，最好的方法是计算每个方案的现值指数，按其由高到低来排列方案，进而作出投资决策。

用上面的信息，可以得到每个项目的现值指数，式中的分子表示扣除投资支出前的未来现金流量，见表 4-26。

表 4-26 **A，B，C 项目的现值指数**

项 目	A	B	C
现值指数	1 080/800=1.35	1 220/900=1.36	1 460/1 100=1.33

由计算结果可以看到每个项目的现值指数都大于 1。只要项目的净现值为正，现值指数总是大于 1。项目 B 的现值指数最高，所以应排在首位。项目 A 位列第二，项目 C 则位列第三。这时投资 1200 万元所取得的全部净现值为

$$320+280\times 3\div 8=425\text{（万元）}$$

这个数字高于根据项目的净现值进行排序所获得的 396 万元。

现值指数方法只适用于项目可拆分的情况。如果情况不是这样，那么就得用不同的方法来解决资本限量问题。这时，我们必须着眼于项目组合的总净现值，并选择能在资本限量下获得最高净现值的项目组合。

在本例中，由于项目C能使可运用资金产生最大的净现值（360万元），所以建议采用项目C。

三、固定资产更新决策

固定资产更新是对技术上或经济上不宜继续使用的旧资产，用新的资产更换，或用先进的技术对原有设备进行局部改造。固定资产更新决策主要研究两个问题：①决定是否更新；②决定选择什么样的资产来更新。

更新决策不同于一般的投资决策。通常，设备更换并不改变企业的生产能力，不会增加企业的现金流入，主要是现金流出，这样我们基本上就不能用折现现金流量指标进行分析评价了，而必须求助于其他方法。如果新旧设备的投资寿命期不相等，分析时主要采用平均年成本法，以年成本较低的方案作为较优方案；若新旧设备的投资寿命期相等，可采用差额分析法，先求出对应项目的现金流量差额，再用净现值法或内含报酬率法对差额进行分析、评价。

（一）平均年成本法——投资寿命期不等时的更新决策

固定资产的平均年成本是指该资产引起的现金流出的年平均值，即平均每年的现金流出。如果不考虑时间价值，它是未来使用年限内的现金流出总额与使用年限的比值；如果考虑资金的时间价值，它是未来使用年限内现金流出总现值与年金现值系数的比值。

在使用平均年成本法时要注意两点：①平均年成本法是把继续使用旧设备和购置新设备看成是两个互斥的方案，而不是一个更换设备的特定方案。因此，不能将旧设备的变现价值作为购置新设备的一项现金流入；②平均年成本法的假设前提是将来设备再更换时，可以按原来的平均年成本找到可代替的设备。

【例4-15】 某公司正考虑用一台效率更高的新设备取代现有的旧设备。设备的账面净值为10万元，市场价值为6万元；预计尚可使用4年，预计净残值为0；税法规定的折旧年限尚有4年，税法规定无残值，直线法折旧。购买和安装新设备需要50万元，预计可以使用5年，预计净残值为2万元。按税法规定可分4年折旧，并采用直线法折旧，法定残值为原值的10%。使用该设备每年可以节约付现成本16万元。公司的所得税税率为25%。假设公司的必要报酬率为10%，问公司是否更新设备。

首先，计算新、旧设备每年的折旧额，得

$$旧设备每年的折旧额=100\,000\div4=25\,000（元）$$

$$新设备每年的折旧额=500\,000\times(1-10\%)\div4=112\,500（元）$$

将节约的付现成本作为旧机器的现金流出，分别计算两个方案的现金流出总现值，再求出净现值，之后计算平均年成本。具体计算过程见表4-27和表4-28。

表4-27 继续使用旧设备的现金流量 单位：元

项　目	现 金 流 量	时　间	折现系数	现　值
旧设备变现价值	–60 000	0年	1	−60 000
变现损失减税	(60 000−100 000)×25%=−10 000	0年	1	−10 000
每年付现成本	−160 000×(1−25%)=−120 000	1～4年	3.169 9	−380 388
每年折旧减税	25 000×25%=6 250	1～4年	3.169 9	19 811.88
旧设备流出现值合计				−430 576.12
平均年成本	430 576.12÷(*P*/*A*，10%，4)=430 576.12÷3.169 9=135 833			

表 4-28 使用新设备的现金流量 单位：元

项　目	现 金 流 量	时　间	折现系数	现　值
投资	−500 000	0 年	1	−500 000
每年折旧减税	112 500×25%=28 125	1～4 年	3.169 9	89 153.44
残值净收入	20 000	5 年	0.620 9	12 418
残值净损失减税	(50 000−20 000)×25%=7 500	5 年	0.620 9	4 656.75
新设备流出现值合计				−393 771.81
平均年成本	393 771.81÷(*P*/*A*，10%，5)=393 771.81÷3.790 8=103 876			

计算结果说明使用新设备的平均年成本为 103 876 元，小于使用旧设备的平均年成本为 135 833 元，因此应当更新设备。

（二）差额分析法——投资寿命期相等时的更新决策

在新、旧设备的投资寿命期相同的情况下，一般普遍运用的分析方法是差额分析法，用以计算两个方案（出售旧设备购置新设备和继续使用旧设备）的现金流量之差以及净现值差量，如果净现值差量大于零，则购置新设备，否则继续使用旧设备。

【例 4-16】 某公司考虑用一台新的、效率更高的设备来代替旧设备，以降低消耗、增加收益。旧设备原购置成本为 50 000 元，已经使用 5 年，估计还可使用 5 年，已提折旧 25 000 元，假定使用期满后无残值，如果现在销售可得价款 25 000 元，使用该设备每年可获收入 60 000 元，每年的付现成本为 45 000 元。该公司现准备用一台新设备来代替原有的旧设备，新设备的购置成本为 80 000 元，估计可使用 5 年，期满有残值 10 000 元，使用新设备后每年收入可达 90 000 元，每年付现成本为 50 000 元。假设该公司的资本成本为 10%，所得税率为 25%，新、旧设备均用直线折旧法折旧。试作出该公司是继续使用旧设备还是对其进行更新的决策。

在本例中，一个方案是继续使用旧设备，另一个方案是出售旧设备而购置新设备。为此，可采用差量分析法来计算一个方案比另一个方案增减的现金流量（所有增减额均用“Δ”表示）。下面，从更新设备的角度计算两个方案的差量现金流量。

（1）分别计算初始投资与折旧的现金流量的差量

Δ 初始投资=80 000−25 000=55 000（元）

Δ 年折旧额=14 000−5 000=9 000（元）

（2）利用表 4-29 来计算各年营业现金流量的差量

表 4-29 各年营业现金流量差量计算 单位：元

项　目	第 1～5 年
Δ 销售收入（1）	30 000
Δ 付现成本（2）	5 000
Δ 折旧（3）	9 000
Δ 税前利润（4）＝（1）－（2）－（3）	16 000
Δ 所得税（5）＝（4）×25%	4 000
Δ 税后利润（6）＝（4）－（5）	12 000
Δ 营业现金流量（7）＝（3）＋（6）	21 000
或＝（1）－（2）－（5）	

（3）计算终结现金流量的差量

Δ残值收入＝10 000－0＝10 000（元）

（4）利用表4-30来计算两个方案现金流量的差量

表4-30 两个方案现金流量差量计算 单位：元

项　目	第0年	第1年	第2年	第3年	第4年	第5年
Δ初始投资	－55 000					
Δ营业现金净流量		21 000	21 000	21 000	21 000	21 000
Δ终结现金流量						10 000
Δ现金流量	－55 000	21 000	21 000	21 000	21 000	31 000

（5）计算净现值的差量

$$\Delta NPV=21\,000\times(P/A，10\%，4)+31\,000\times(P/F，10\%，5)-55\,000$$
$$=21\,000\times3.170+31\,000\times0.621-55\,000$$
$$=30\,821（元）$$

净现值差量大于0，故应进行更新。

当然，也可分别计算两个项目的净现值来进行对比，其结果与差量分析法的结果是一样的。

四、投资开发时机决策

项目的净现值是正的，并不见得立即投资就是最好的选择。也许将来再启动还能产生更大的价值。类似地，当前净现值为负值的项目也许等待一段时间，就能变成有价值的投资机会。因此，任何项目都有相互排斥的两种选择：立即行动或者等待未来。

【例4-17】 某林场有一片可供采伐的森林，但通道不畅。为了便于伐木，需要投入大量资金，铺设道路，购置伐木设备。采伐等待的时间越长，所需的投资就越大。另一方面，在等待的日子里，木材的价格将有较大幅度的上升，而且树木也会长得更好。若预计采伐活动的净收益见表4-31，资本成本为10%，问何时采伐为最好？

表4-31 采伐活动的净收益表

采伐年度	0	1	2	3	4	5
净收益（万元）	7 015	9 000	11 000	12 800	14 500	15 516
净收益增长率（%）		28.3	22.2	16.4	13.3	6.9

显然，采伐越迟，净收益越大。但是林场要选择伐木时间来最大化投资净现值，即最大化对林场当前价值的贡献，因此还必须将不同伐木时间的净收益折算成净现值。各期采伐的净现值见表4-32。

表4-32 不同伐木时间的净现值表

采伐年度	0	1	2	3	4	5
净现值(万元)	7 015	8 182	9 090	9 617	9 904	9 624

由于第4年采伐的净现值最大，故应在第4年开始采伐。在第4年之前，收入的增长率均大于资本成本，投资者应继续等待。第4年后收入增长率6.9%，低于资本成本10%，应进

行采伐。将收入的增长率看作是等待的边际收益率，那么资本成本就是等待的边际成本。显然，最佳投资时机应是边际收益率等于边际成本之时。

第六节 证 券 投 资

证券投资是指投资者将资金投资于股票、债券、基金及衍生证券等资产，从而获取收益的一种投资行为。

一、证券投资的种类、目的与程序

（一）证券及其种类

证券，是指用以证明或设定权利所做成的书面凭证，它表明证券持有人或第三者有权取得该证券所拥有的特定权益。金融市场上的证券很多，其中可供企业投资的证券主要有国库券、可转让存单、短期融资券、企业债券和股票、投资基金以及期权、期货等衍生证券。证券按不同的分类标准可以分为不同种类。

（1）按证券发行主体不同，可分为政府证券、金融证券和公司证券。政府证券是中央政府或地方政府为筹集资金而发行的证券；金融证券是银行或其他金融机构为筹集资金而发行的证券；公司证券是工商企业发行的证券。

（2）按证券所体现的权益关系，可分为所有权证券和债权证券。所有权证券是指证券的持有人便是证券发行单位的所有者的证券，如股票；债权证券是指证券的持有人是证券发行单位的债权人的证券，如债券。

（3）按证券收益的决定因素，可分为原生证券和衍生证券。原生证券的收益大小主要取决于发行者的财务状况；衍生证券包括期货合约和期权合约两种基本类型，其收益取决于原生证券的价格。

（4）按证券收益稳定性的不同，可分为固定收益证券和变动收益证券。固定收益证券在证券票面规定有固定收益率；变动收益证券的收益情况随企业经营状况而改变。

（5）按证券到期日的长短，可分为短期证券和长期证券。短期证券是指到期日短于一年的证券；长期证券是到期日长于一年的证券。

（6）按募集方式的不同，可分为公募证券和私募证券。公募证券，又称公开发行证券，是指发行人向不特定的社会公众广泛发售的证券；私募证券，又称内部发行证券，是指面向少数特定投资者发行的证券。

（二）证券投资的目的

证券投资相对于实物投资而言，证券投资具有流动性强、价格不稳定、投资风险较大、交易成本低等特点。企业进行证券投资的目的有很多，概括起来，主要有以下几个方面。

（1）暂时存置闲置资金。证券投资在多数情况下都是出于预防的动机，以替代较大量的非盈利的现金余额，以便在现金流出超过现金流入时，将有价证券售出，增加现金。因为大多数企业都依赖银行信用来应付短期交易对现金的需要，但银行信用有时是不可靠的或不稳定的，因此，必须持有有价证券以防银行信用的短缺。

（2）与筹集长期资金相配合。处于成长期或扩张期的公司一般每隔一段时间就会发行长期证券，但所获得的资金一般不会一次用完，企业可将暂时不用的资金投资于有价证券，以获取一定收益，而当企业投资需要资金时，则可售出有价证券收回现金。

（3）满足未来的财务需求。企业根据未来对资金的需求，如归还到期债务或进行一项投资，可以将现金投资于有价证券，在满足未来需求的同时获得证券带来的收益。

（4）满足季节性经营对现金的需求。从事季节性经营的公司在资金有剩余的月份可以投资有价证券，而在现金短缺时出售有价证券。

（5）获得对相关企业的控制权。通过购买相关公司的股票，可实现对该企业的控制。

（三）证券投资的基本程序

1. 选择投资对象

企业进行证券投资首先要选择合适的投资对象，投资对象的选择是证券投资最关键的一步，它关系到投资的成败，投资对象选择得好，可以更好地实现投资的目标。

2. 开户与委托

投资者在进行证券买卖之前，首先要到证券营业部或证券登记机构开立证券账户。证券账户用来记载投资者进行证券买卖和拥有证券的数额和品种的情况。投资者在开户并选择好投资于何种证券后，就可以选择合适的证券经纪人，委托其买卖证券。

3. 交割与清算

投资者委托证券经纪人买卖各种证券之后，就要及时办理证券交割。所谓证券交割，是指买入证券方交付价款领取证券，卖出证券方交出证券收取价款的收交活动。

4. 过户

证券过户就是投资者从交易市场买进证券后，到证券的发行公司办理变更持有人姓名的手续。证券过户一般只限于记名股票。办理过户的目的是为了保障投资者的权益。只有及时办理过户手续，才能成为新股东，享有应有的权利。

二、债券投资

（一）债券及其基本要素

债券是指债务人依照法定程序发行，承诺按约定的利率和日期支付利息，并到期偿还本金的一种有价证券。公司债券是由公司发行的债券。一般来说，债券包括以下基本要素。

（1）债券面值。债券面值是指设定的票面金额。它代表发行人借入并承诺于未来某一特定日期偿还给债券持有人的金额。

（2）债券票面利率。债券的票面利率是指债券发行者预计一年内向投资者支付的利息占票面金额的比率。

债券的票面利率是债券的名义利率，它不同于按复利方式计算的实际利率。债券的票面利率通常在发行债券之前就已确定，并注明于债券票面上。

（3）债券的到期日。债券的到期日是指偿还本金的日期。债券一般都规定有确定的到期日，以便到期时归还本金。

（二）债券的价值

债券作为一种收益稳定的有价证券，其未来的现金流入主要是利息和归还的本金或出售时得到的现金。于是，债券的内在价值是债券未来现金流入的现值。计算现值时使用的折现率，取决于当前的利率和现金流量的风险水平。只有在债券的内在价值大于购买价格时，才值得投资；否则，不购买。因为在债券的内在价值大于其购买价格时，说明债券投资的净现值大于零，所以该投资决策可行。

1. 债券价值计算的基本模型

典型的债券是固定利率、每年计算并支付利息、到期归还本金。按照这种模式，债券的内在价值就是各年利息的现值和本金现值之和。一般情况下，债券价值计算模型是指按复利方式计算。其计算公式为

$$P=\sum_{t=1}^{n}\frac{I}{(1+K)^t}+\frac{F}{(1+K)^n}=I\times(P/A，K，n)+F\times(P/F，K，n) \tag{4.17}$$

式中：P 为债券的内在价值；I 为每年的利息；K 为贴现率，一般采用当时的市场利率或投资人要求的必要报酬率；F 为债券的面值；n 为债券的付息总期数。

【例 4-18】 某公司拟于某年 2 月 1 日发行面额为 1 000 元的债券，其票面利率为 8%，每年 2 月 1 日计算并支付一次利息，并于 5 年后的 1 月 31 日到期，同等风险投资的必要报酬率为 10%，则债券的价值为

$$\begin{aligned}P&=\frac{80}{(1+10\%)^1}+\frac{80}{(1+10\%)^2}+\frac{80}{(1+10\%)^3}+\frac{80}{(1+10\%)^4}+\frac{80+1\,000}{(1+10\%)^5}\\&=1\,000\times8\%\times(P/A，10\%，5)+1\,000\times(P/F，10\%，5)\\&=924.28（元）\end{aligned}$$

即该债券的价格低于 924.28 元时，投资者才能购买。

2. 利随本清债券价值的计算

我国大多数债券都采用利随本清即一次还本付息且不计复利方式。其价值计算公式为

$$P=\frac{F+I}{(1+K)^n}=(F+F\times i\times n)\times(P/F，K，n) \tag{4.18}$$

式中：i 为债券的票面利率。

【例 4-19】 某投资者准备购买一家公司发行的利随本清的公司债券，该债券面值 1 000 元，期限 3 年，票面利率 8%，不计复利。目前市场利率为 6%，则该债券价格为多少时，投资者才能购买。根据公式可得

$$P=(1\,000+1\,000\times8\%\times3)\times(P/F，6\%，3)=1\,240\times0.840=1\,041.60（元）$$

即当该债券价格低于 1 041.60 元时，投资者才能购买。

3. 零息债券价值的计算

零息债券又称纯贴现债券，它是以贴现方式发行的债券，一般没有票面利率，只支付终值，即到期按面值偿还。这类债券价值的计算公式为

$$P=\frac{F}{(1+K)^n}=F\times(P/F，K，n) \tag{4.19}$$

【例 4-20】 某零息债券面值为 1 000 元，期限 5 年，现有一投资者想要投资这种债券，目前市场利率为 10%，则当债券价格为多少时该投资者才能进行投资。

根据公式得

$$P=F\times(P/F，10\%，5)=1\,000\times0.621=621（元）$$

即当该债券价格低于 621 元时，投资者才能进行投资。

（三）债券到期收益率的计算

债券的收益水平通常用到期收益率来衡量。到期收益率是指以特定价格购买债券并持有

至到期日所能获得的收益率。它是使未来现金流量的现值等于债券购入价格的折现率。它的实质是债券投资的内含报酬率。

计算到期收益率的方法可根据债券价值计算的基本模型求解贴现率，即

$$P=I\times(P/A, K, n)+F\times(P/F, K, n) \tag{4.20}$$

由于我们无法直接计算收益率，所以必须先用试误法测算出收益率的范围，再用内插法求出收益率。

【例 4-21】 某公司某年 2 月 1 日用平价购买一张面额为 1 000 元的债券，其票面利率为 8%，每年 2 月 1 日计算并支付一次利息，并于 5 年后的 1 月 31 日到期。该公司持有该债券至到期日，计算其到期收益率。

$$P=I\times(P/A, K, n)+F\times(P/F, K, n)$$

$$1\,000=80\times(P/A, K, 5)+1\,000\times(P/F, K, 5)$$

解该方程要用“试误法”。

用 $K=8\%$试算，则

$$P=80\times(P/A, 8\%, 5)+1\,000\times(P/F, 8\%, 5)$$
$$=80\times3.993+1\,000\times0.681=1\,000.44\text{（元）}$$

可见，平价发行的每年付一次息的债券，其到期收益率等于票面利率。

如果债券的价格高于面值，则情况将发生变化。例如，买价是 1 105 元，则

$$1\,105=80\times(P/A, K, 5)+1\,000\times(P/F, K, 5)$$

通过前面试算已知，$K=8\%$时，等式右方为 1 000 元，小于 1 105。可判断收益率低于 8%，故应降低贴现率进一步试算。

用 $K=6\%$试算，则

$$P=80\times(P/A, 6\%, 5)+1\,000\times(P/F, 6\%, 5)$$
$$=80\times4.212+1\,000\times0.747$$
$$=1\,083.96\text{（元）}$$

由于贴现结果小于 1 105，还应降低贴现率进一步试算。用 $K=4\%$试算，则

$$P=80\times(P/A, 4\%, 5)+1\,000\times(P/F, 4\%, 5)$$
$$=80\times4.452+1\,000\times0.822$$
$$=1\,178.16\text{（元）}$$

贴现结果高于 1 105，可判断收益率高于 4%，但低于 6%，用插值法计算其近似值。

$$K=4\%+\frac{1\,178.16-1105}{1\,178.16-1\,083.96}\times(6\%-4\%)=5.55\%$$

插值法比较麻烦，可用下面的简便算法求得近似值，即

$$K=\frac{I+(F-P)\div N}{(F+P)\div 2}$$

式中的分母是平均的资金占用，分子是每年平均收益。将上例的数据代入，则

$$K=\frac{80+(1\,000-1105)\div 5}{(1\,000+1105)\div 2}\times100\%=5.6\%$$

从此例可以看出，如果买价和面值不等，则收益率和票面利率不同。

如果该债券不是定期付息、而是到期时一次还本付息或用其他方式付息，那么即使平价

发行，到期收益率也可能与票面利率不同。

到期收益率是指导选购债券的标准，它可以反映债券投资的按复利计算的真实收益率。一般当它高于投资者要求的报酬率时，就可以买进，否则就应放弃。

(四) 债券投资的优缺点

1. 债券投资的优点

(1) 本金安全性高。与股票相比，债券投资风险比较小。政府发行的债券有国家财政作后盾，其本金的安全性非常高，通常视为无风险证券。企业债券的持有者拥有优先求偿权，即当企业破产时，优先于企业分得企业资产，因此，其本金损失的可能性小。

(2) 收入稳定性强。债券票面一般都标有固定利率，债券的发行人有按时支付利息的法定义务。因此，在正常情况下，投资于债券都能获得比较稳定的收入。

(3) 市场流动性好。许多债券都具有较好的流动性。政府及大企业发行的债券一般都可在金融市场上迅速出售，流动性很好。

2. 债券投资的缺点

(1) 购买力风险较大。债券的面值和利率在发行时就已确定，如果投资期间的通货膨胀率较高，则本金和利息的购买力将不同程度的受到侵蚀，在通货膨胀率非常高时，投资者虽然名义上有收益，但实际上却有损失。

(2) 没有经营管理权。投资于债券只是获得收益的一种手段，无权对债券发行单位施以影响和控制。

三、股票投资

(一) 股票的含义及分类

股票是股份公司发行的，用以证明投资者所有权的凭证。股票持有者即为该公司股东，股东据此取得对该公司净资产的要求权，并分得股利。

股票可以按不同的方法和标准分类：按股东所享有的权利，可分为普通股和优先股；按票面是否记名，分为记名股票和无记名股票；按票面有无金额，分为面值股票和无面值股票；按能否向股份公司赎回自己的财产，分为可赎回股票和不可赎回股票。我国目前各公司发行的都是不可赎回的、记名的、有面值的普通股票，只有少量公司过去按当时的规定发行过优先股票。

(二) 股票的价值

企业进行股票投资，必须知道股票价值的计算方法。优先股的估价方法与债券基本类似，因此，以下主要介绍常见的普通股估价模型。

普通股的内在价值是由普通股带来的未来现金流量的现值决定。股票给持有者带来的未来现金流入包括股利收入和出售股票的收入。其基本计算公式是

$$P=\sum_{t=1}^{n}\frac{R_t}{(1+K)^t} \tag{4.21}$$

式中：P 为股票内在的价值；R_t 为第 t 期的现金流入量（包括股利收入和出售时的收入）；K 为折现率，即投资者要求的必要报酬率；n 为持有年限。

该公式是股票价值计算的一般模型。它用股票期望未来现金股利流量来表达。由于该模型要求无限期的预计历年的股利实际上不可能做到。因而在实际应用时模型都是采用简化方式。如假定每年股利相同或按固定比率增长等。

1. 股利固定模型（零成长股票模型）

零成长股票是指长期持有股票，股票未来股利固定不变的股票。这种股票股利的支付过程类似一个永续年金的支付。其计算公式为

$$P=\sum_{t=1}^{\infty}\frac{D}{(1+K)^t}=\frac{D}{K} \tag{4.22}$$

式中：D 为各年收到的固定股利，其他符号含义与基本公式相同。

【例 4-22】 某公司未来永续每年支付普通股股利每股 1 元。投资者要求的必要报酬率是 10%，要求计算该股票的价值。

$$P=D/K=1/10\%=10\text{（元）}$$

即该股票价值为每股 10 元。

2. 股利固定增长模型

投资者购入一种股票，至少希望股利支付额应是不断增长的。在无限期持有股票的条件下，如果发行公司预期每年每股股利以一个固定比例增长，这种股票被称为固定成长股票。

假设某公司今年的股利为 D_0，g 为股利固定增长率，则 t 年的股利 D_t 应为

$$D_t=D_0(1+g)^t$$

若 $D_0=2$，$g=10\%$，则 5 年后的每年股利为

$$D_t=D_0(1+g)^t=2\times(1+10\%)^5=2\times1.611=3.22\text{（元）}$$

将 $D_t=D_0(1+g)^t$ 代入股票估价基本模型，可得

$$P=\sum_{t=1}^{\infty}\frac{D_0(1+g)^t}{(1+K)^t} \tag{4.23}$$

当 g 为常数，并且 $K>g$ 时，对上述公式的右边求极限，上式可简化为

$$P=\frac{D_0(1+g)}{K-g}=\frac{D_1}{K-g} \tag{4.24}$$

式中：D_1 为第一年的股利。

【例 4-23】 某公司年股利增长率为 2%，$D_0=1$ 元，$D_1=1\times(1+2\%)=1.02$ 元，若投资者要求的必要报酬率为 10%，则该公司股票的每股内在价值为

$$V=(1\times1.02)/(10\%-2\%)=12.75\text{（元）}$$

这说明当股票市场上该股票的每股市场价格低于 12.75 元时才值得购买。

3. 非固定成长股票的价值

在现实生活中，每个企业的经济发展周期中都会经历高速成长期、成熟期和衰退期。在成长期，企业的经济发展速度会高于社会经济的平均增长率，成熟期与社会经济增长会大致相当，而衰退期则明显低于社会经济的增长速度。所以，大多数公司股票的股利并不都是固定不变的或以固定比率增长，而是处于变动之中。这种股票被称为非固定成长股票。该种股票由于在不同的时期未来股利预期增长率不同，因此，其内在价值的计算只能分段进行。分别计算高速增长、正常固定增长、固定不变等各阶段未来现金流量的现值之和就是非固定成长股票的内在价值。

【例 4-24】 某公司正处于高速发展期。预计在未来 3 年内股利以每年 20%的速度增长，在此后转为正常增长，股利年增长率为 10%。公司上年支付的每股股利为 2 元。若投资者要

求的投资必要收益率为15%，则该股票的内在价值计算如下所示。

（1）计算非正常增长阶段的股利现值

$$D_1=2\times(1+20\%)=2\times1.2=2.4\text{（元）}$$

$$D_2=2.4\times(1+20\%)=2.4\times1.2=2.88\text{（元）}$$

$$D_3=2.88\times(1+20\%)=2.88\times1.2=3.456\text{（元）}$$

$$\begin{aligned}P_1&=D_1(P/F,\ 15\%,\ 1)+D_2(P/F,\ 15\%,\ 2)+D_3(P/F,\ 15\%,\ 3)\\&=2.4\times0.870+2.88\times0.756+3.456\times0.658\\&=6.539\text{（元）}\end{aligned}$$

（2）计算正常增长的股票的股利现值

$$P_2=\frac{D_3(1+g)}{R_s-g}(P/F,\ 15\%,\ 3)=\frac{3.456\,(1+10\%)}{15\%-10\%}\times0.658=50.029\text{（元）}$$

（3）计算股票的内在价值

$$P=P_1+P_2=6.539+50.029=56.57\text{（元）}$$

4. 普通股估价模型的局限性

运用上述模型评价股票价值的局限性在于以下几个方面。①未来现金流量的现值只是决定股票价值的基本因素而不是全部因素，其他很多因素（如投机行为等）可能会导致股票的市场价格大大偏离根据模型计算的结果。②模型对未来期间股利收入预测数的依赖性很强，而这些数据很难准确预测。而且股利固定不变、股利固定增长等假设与现实情况可能存在一定差距。③股利固定不变、股利固定增长模型的计算结果受 D_0 或 D_t 的影响很大，而这两个数据可能具有人为性、短期性和偶然性，模型放大了这些不可靠因素的影响力。④折现率的选择有较大的主观随意性。

（三）股票投资的优缺点

1. 股票投资的优点

（1）投资收益高。股票投资是一种最具挑战性的投资，由于股票价格变动频繁，因此，其投资风险较高，但只要选择得当，都能获得优厚的投资收益。

（2）拥有一定的经营控制权。普通股股东是股份公司的所有者，有权监督和控制企业的生产经营情况，因此，收购公司股票是对这家公司实施控制的常用的有效手段。

（3）降低购买力风险。由于普通股的股利不固定，在通货膨胀率比较高时，因物价普遍上涨，股份公司盈利增加，股利的支付也会随之增加，因此，与固定收益证券相比，普通股能有效地降低购买力风险。

2. 股票投资的缺点

股票投资的缺点主要是风险大，这是因为以下几个因素。

（1）收入不稳定。普通股股利的多少，要视企业经营状况和财务状况而定，其股利有无、多寡均无法律上的保证，因此，其收入的风险远大于固定收益证券。

（2）价格不稳定。普通股的价格受众多因素的影响，如政治因素、经济因素、企业的盈利情况、投资者心理因素，等等，这使得股票投资具有较高的风险。

（3）求偿权居后。普通股对企业资产和盈利的求偿权均居于最后。企业一旦破产，股东原来的投资就有可能得不到全额补偿，甚至血本无归。

四、基金投资

（一）投资基金的含义

投资基金，是一种利益共享、风险共担的集合投资方式，即通过发行基金股份或受益凭证等有价证券聚集众多的不确定投资者的出资，交由专业投资机构经营运作，以规避投资风险并谋取投资收益的证券投资工具。

（二）投资基金的种类

（1）根据组织形态的不同，可分为契约型基金和公司型基金。①契约型基金，又称为单位信托基金，是指把受益人（投资者）、管理人、托管人三者作为基金的当事人，由管理人与托管人通过签订信托契约的形式发行受益凭证而设立的一种基金。契约型基金由基金管理人负责基金的管理操作；由基金托管人作为基金资产的名义持有人，负责基金资产的保管和处置，对基金管理人的动作实行监督。②公司型基金，是指按照公司法以公司形态组成的，它以发行股份的方式募集资金，一般投资者购买该公司的股份即为认购基金，也就成为该公司的股东，凭其持有的基金份额依法享有投资收益。

（2）根据变现方式的不同，可分为封闭式基金和开放式基金。①封闭式基金，是指基金的发起人在设立基金时，限定了基金单位的发行总额，筹集到这个总额后，基金即宣告成立，并进行封闭，在一定时期内不再接受新的投资。基金单位的流通采取在交易所上市的办法，通过二级市场进行竞价交易。②开放式基金，是指基金发起人在设立基金时，基金单位的总数是不固定的，可视经营策略和发展需要追加发行。投资者也可根据市场状况和各自的投资决策，或者要求发行机构按现期净资产值扣除手续费赎回股份或受益凭证，或者再买入股份或受益凭证，增加基金单位份额的持有比例。

另外，投资基金根据投资标的不同，可分为股票基金、债券基金、货币基金、期货基金、期权基金、认股权证基金、专门基金等。

（三）投资基金的价值

投资基金的估价涉及三个概念：基金的价值、基金单位净值、基金报价。

基金的价值取决于基金净资产的现在价值。由于投资基金不断变换投资组合，未来收益较难预测，再加上资本利得是投资基金的主要收益来源，变幻莫测的证券价格使得对资本利得的准确预计非常困难，因此基金的价值主要由基金资产的现有市场价值决定。

基金单位净值也称为单位净资产值或单位资产净值，是在某一时点每一基金单位（或基金股份）所具有的市场价值，是评价基金价值的最直观指标。基金单位净值的计算公式为

$$\text{基金单位净值}=\text{基金净资产价值总额}/\text{基金单位总份数} \tag{4.25}$$

式中，基金净资产价值总额等于基金资产总额减基金负债总额；基金负债包括以基金名义对外融资借款以及应付给投资者的分红、应付给基金管理人的经理费等。

基金的报价理论上是由基金的价值决定的。基金单位净值高，基金的交易价格也高。具体而言，封闭型基金在二级市场上竞价交易，其交易价格由供求关系和基金业绩决定，围绕基金单位净值上下波动；开放基金的柜台交易价格则完全以基金单位净值为基础，通常采用两种报价形式：认购价（卖出价）和赎回价（买入价）。

$$\text{基金认购价}=\text{基金单位净值}+\text{首次认购费} \tag{4.26}$$

$$\text{基金赎回价}=\text{基金单位净值}-\text{基金赎回费} \tag{4.27}$$

（四）基金收益率

基金收益率是反映基金增值情况的指标，它通过基金净资产的价值变化来衡量。基金净资产的价值是以市价计量的，基金资产的市场价值增加，意味着基金的投资收益增加，基金投资者的权益也随之增加。

$$基金收益率=\frac{年末持有份数\times基金单位净值年末数-年初持有份数\times基金单位净值年初数}{年初持有份数\times基金单位净值年初数} \quad (4.28)$$

式中，持有份数是指基金单位的持有份数。如果年末和年初基金单位的持有份数相同，基金收益率就简化为基金单位净值在本年内的变化幅度。年初的基金单位净值相当于是购买基金的本金投资，基金收益率也就相当于一种简便的投资报酬率。

（五）基金投资的优缺点

基金投资的最大优点是能够在不承担太大风险的情况下获得较高收益。因为投资基金具有专家理财优势和资金规模优势。缺点是无法获得很高的投资收益，在股市整体大幅度下跌时，投资人可能承担较大风险。

五、证券投资的策略与方法

（一）证券投资风险

进行证券投资，必然要承担一定风险，这是证券的基本特征之—。证券投资风险主要来源于以下几个方面。

1. 违约风险

证券发行人无法按期支付利息或偿还本金的风险，称为违约风险。一般而言，政府发行的证券违约风险小，金融机构发行的证券次之，工商企业发行的证券风险较大。造成企业证券违约的原因有以下几个方面：①政治、经济形势发生重大变化；②发生自然灾害，如水灾、火灾等；③企业经营管理不善、成本高、浪费大；④企业在市场竞争中失败，主要顾客消失；⑤企业财务管理失误，不能及时清偿到期债务。

2. 利息率风险

由于利息率的变动而引起的证券价格变动，使投资人遭受损失的风险，叫利息率风险。证券的价格，随利息率的变动而变动，一般而言，银行利率下降，则证券价格上升；银行利率上升，则证券价格下跌。不同期限的证券，利息率风险不一样，期限越长，风险越大。

3. 购买力风险

由于通货膨胀使证券到期或出售时所获得货币的购买力降低的风险，称为购买力风险。在通货膨胀时期，购买力风险对投资者有重要影响。一般而言，随着通货膨胀的发生，变动收益证券比固定收益证券要好。因此，普通股股票被认为比公司债券和其他有固定收入的证券能更好地避免购买力风险。

4. 流动性风险

在投资人想出售有价证券获取现金时，证券不能立即出售的风险，叫流动性风险。—种能在短期内按市价大量出售的资产，是流动性较高的资产，这种资产的流动性风险较小；反之，如果一种资产不能在短期内按市价大量出售，则属于流动性较低的资产，这种资产的流动性风险较大。比如，购买小公司的债券，想立即出售会比较困难，因而流动性风险就较大，但若购买国库券，几乎可以立即出售，则流动性风险就较小。

5. 期限性风险

由于证券期限长而给投资人带来的风险，叫期限性风险。一项投资，到期日越长，投资人遭受的不确定性因素就越多，承担的风险就越大。比如，同一家企业发行的十年期债券要比一年期债券的风险大，这便是证券的期限性风险。

（二）分散证券投资风险的策略

从前面的介绍我们知道，组合投资的收益不低于单项资产的收益，同时资产组合的风险也并不会超过单项资产的风险。也就是说，组合投资可以分散投资风险。

然而，如何进行组合投资，或者说，采用什么投资组合策略，才能实现既定收益下风险最小，或者既定风险下收益最大呢？在证券组合理论的发展过程中，形成了各种各样的派别，从而也形成了不同的组合策略，现介绍其中最常见的几种。

1. 保守型策略

这种策略认为，最佳证券投资组合策略是要尽量模拟市场现状，将尽可能多的证券包括进来，以便分散掉全部可分散风险，得到与市场所有证券的平均收益同样的收益。1976年，美国先锋基金公司创造的指数信托基金，便是这一策略的最典型代表。这种基金投资于标准普尔股票价格指数中所包含的全部500种投票，其投资比例与500家企业价值比重相同。这种投资组合有以下好处：①能分散掉全部可分散风险；②不需要高深的证券投资的专业知识；③证券投资的管理费比较低。但这种组合获得的收益不会高于证券市场上所有证券的平均收益。因此，此种策略属于收益不高，风险不大的策略，故称之为保守型策略。

2. 冒险型策略

这种策略认为，与市场完全一样的组合不是最佳组合，只要投资组合做得好，就能击败市场或超越市场，取得远远高于平均水平的收益。在这种组合中，一些成长型的股票比较多，而那些低风险、低收益的证券不多。另外，其组合的随意性强，变动频繁。采用这种策略的人都认为，收益就在眼前，何必死守苦等。对于追随市场的保守派，他们是不屑一顾的。这种策略收益高，风险大，称冒险型策略。

3. 适中型策略

这种策略认为，证券的价格，特别是股票的价格，是由特定企业的经营业绩来决定的。市场上股票价格的一时沉浮并不重要，只要企业经营业绩好，股票一定会升到其本来的价值水平。采用这种策略的人，一般都善于对证券进行分析，如行业分析、企业业绩分析、财务分析等，通过分析，选择高质量的股票和债券，组成投资组合。适中型策略如果做得好，可获得较高的收益，而又不会承担太大风险。但进行这种投资组合的人必须具备丰富的投资经验，及用以进行证券投资的各种专业知识。这种投资策略风险不太大，收益却比较高，所以是一种最常见的投资组合策略。各种金融机构、投资基金和企事业单位在进行证券投资时一股都采用此种策略。

（三）证券投资组合的方法

进行证券投资组合的具体方法很多，但最常见的方法通常有以下几种。

1. 选择足够数量的证券进行组合

这是一种最简单的证券投资组合方法。在采用这种方法时，不是进行有目的的组合，而是随机选择证券，随着证券数量的增加，可分散风险会逐步减少，当数量足够时，大部分可分散风险都可分散掉。根据投资专家们估计，在美国纽约证券市场上，随机的购买 40 种股票，其大多数可分散风险都能分散掉。为了有效地分散风险，每个投资者拥有股票的数量最好不少于 14 种。我国股票种类还不太多，同时投资 10 种股票就能达到分散风险的目的了。

2. 按证券的风险等级组合

即把风险大、风险中等、风险小的证券放在一起进行组合。这种组合方法又称 1/3 法，是指把全部资金的 1/3 投资于风险大的证券；1/3 投资于风险中等的证券；1/3 投资于风险小的证券。一般而言，风险大的证券对经济形势的变化比较敏感，当经济处于繁荣时期，风险大的证券可获得高收益，但当经济衰退时，风险大的证券会遭到巨额损失；相反，风险小的证券对经济形势的变化则不十分敏感，一般都能获得稳定收益，而不致遭受损失。因此，这种 1/3 的投资组合法，是一种进可攻、退可守的组合法，虽不会获得太高的收益，但也不会承担大风险，是一种常见的组合方法。

3. 把投资收益呈负相关的证券放在一起进行组合

一种股票的收益上升而另一种股票的收益下降的两种股票，称为负相关股票。把收益呈负相关的股票组合在一起，能有效地分散风险。例如，某企业同时持有一家汽车制造公司的股票和一家石油公司的股票，当石油价格大幅度上升时，这两种股票便呈负相关。因为油价上升，石油公司的收益会增加，但油价的上升，会影响汽车的销售，使汽车公司的收益降低。只要选择得当，这样的组合对降低风险有十分重要的意义。

案例分析

美国联邦百货公司的资产扩张

这是一个资产扩张的典型实例，它可以说明资本预算中现金流量的分析方法，并强调所有投资项目的现金流量必须通过公司现金流量的变化来表示。

美国联邦百货公司（Federated Department Stores）在一个中等城镇商业区有个分店。由于人口迁移到郊区，联邦百货公司发现它在这个分店的销售和收益都下降了。经过细致的调研工作，它决定在另一个地方开设一个新的分店。

除了初始投资，假定所有现金流量都是年末发生的。调研工作到目前为止共花费了$450 000。新分店的建筑物及各种配套设施的原始成本为$1 000 000，预计可使用 20 年，采用直线法折旧，预计在项目结束时该分店的建筑物及各种配套设施能以$350 000 的价格转让。分店另外还租用某设施，每年租金为$100 000。总公司为了协调管理新店将增加$200 000 的净营运资金投资，如商品存货和应收账款增加等。

在分析顾客、人口趋势、当地竞争商场及其他分店经验的基础上，估计从新分店获得的年收入为$900 000，同时，开设该新分店会使离这不远的另一个分店的年收入下降$100 000。新分店每年发生的付现经营成本为$450 000（不包括设施每年的租金$100 000）。为使新分店正常运作，相应每年净营运资金将增加$600 000，公司边际税率为 40%，税后资本成本为 8%。

案例分析如下。

第一步，计算净投资，见表 4-33。

表 4-33 **净投资计算表**

新分店原始成本	$1 000 000
加：增加的初始净营运资金	200 000
净投资	$1 200 000

新项目调研费$450 000 属于沉没成本，在进行项目分析评估时，不予考虑。

第二步，计算净现金流量，见表 4-34。

表 4-34 **净现金流量计算表**

经营收入	$900 000
减：相关分店收入减少额	100 000
付现经营成本	550 000（=450 000+100 000）
折旧	50 000
税前经营收益	$200 000
减：税款	80 000
税后经营收益	$120 000
加：折旧	50 000
净现金流量	$170 000

表 4-34 计算第 1～19 年的预计净现金流量。由于新开设的分店会导致其他分店收入减少，应作为一种相关成本予以考虑，它是经营收入的抵减。

项目结束时（第 20 年）的净现金流量还要考虑期末处理资产的残值回收和初始净营运资本的回收问题，见表 4-35。

表 4-35 **第 20 年净现金流量**

正常情况下净现金流量	$170 000
加：残值回收	350 000
减：残值回收应交税金	140 000
加：初始净营运资本回收	200 000
第 20 年净营运资本	$580 000

第三步，对项目进行评价。应用本章介绍的净现值法、内含报酬率法、现值指数法等方法进行评估。

（1）使用净现值法

$$NPV=\sum_{k=0}^{n}\frac{I_k}{(1+i)^k}-\sum_{k=0}^{n}\frac{O_k}{(1+i)^k}$$

$$=\sum_{k=1}^{19}\frac{\$170\,000}{(1+8\%)^k}+\frac{\$580\,000}{(1+8\%)^{20}}-\$120\,000$$

$$=\$170\,000\times(P/A,\ 8\%,\ 19)+\$580\,000\times(P/F,\ 8\%,\ 20)-\$1\,200\,000$$

$$=\$170\,000\times9.604+\$580\,000\times0.215-\$1\,200\,000$$

$$=\$557\,380$$

上式中第一项是从第 1～19 年每年$170 000 的现金流量以 8%资本成本贴现的现值；第二项是第 20 年的现金流量以 8%资本成本贴现的现值；第三项是初始净投资。通过计算可知，如果资本成本是 8%，新分店项目能够带来$557 380 的净现值，所以，该投资项目是可以接受的。

(2）使用内含报酬率法

根据内含报酬率法计算使净现值为零的贴现率 IRR。

令 $$NPV=\sum_{k=0}^{n}\frac{I_k}{(1+i)^k}-\sum_{k=0}^{n}\frac{O_k}{(1+i)^k}=0$$

即 $$\sum_{k=1}^{19}\frac{\$170\,000}{(1+IRR)^k}+\frac{\$580\,000}{(1+IRR)^{20}}-\$120\,000=0$$

前面我们已用 8%的资本成本进行计算，得出的净现值为正，所以用试误法求解时，需要将资本成本调高。

令资本成本为 12%，计算净现值

$$\begin{aligned}NPV_{12\%}&=\sum_{k=1}^{19}\frac{\$170\,000}{(1+12\%)^k}+\frac{\$580\,000}{(1+12\%)^{20}}-\$120\,000\\&=\$170\,000\times(P/A,\ 12\%,\ 19)+\$580\,000\times(P/F,\ 12\%,\ 20)-\$1\,200\,000\\&=\$170\,000\times7.366+\$580\,000\times0.104-\$1\,200\,000\\&=\$112\,540\end{aligned}$$

再将资本成本调高，令资本成本为 15%，计算净现值

$$\begin{aligned}NPV_{15\%}&=\sum_{k=1}^{19}\frac{\$170\,000}{(1+15\%)^k}+\frac{\$580\,000}{(1+15\%)^{20}}-\$120\,000\\&=\$170\,000\times(P/A,\ 15\%,\ 19)+\$580\,000\times(P/F,\ 15\%,\ 20)-\$1\,200\,000\\&=\$170\,000\times6.198+\$580\,000\times0.061-\$1\,200\,000\\&=-\$110\,960\end{aligned}$$

则 $$IRR=12\%+(15\%-12\%)\times\frac{\$112\,540}{\$112\,540+\$110\,960}=13.51\%$$

根据内含报酬率判断标准，$IRR=13.51\%>8\%$，即内含报酬率大于资本成本，所以，该投资项目是可以接受的。

(3）使用现值指数法。现值指数是未来净现金流现值与净投资的比率。

即 $$PI=\left[\sum_{k=1}^{19}\frac{\$170\,000}{(1+8\%)^k}+\frac{\$580\,000}{(1+8\%)^{20}}\right]\div\$120\,000=1.46$$

$$PI=1.46>1$$

根据现值指数法判断标准，现值指数大于 1 的投资项目是可以接受的，所以，该投资项目是可以接受的。

上述分析评价表明，新开设分店会给联邦百货公司带来正净现值，使公司股东财富增加。

小 结

(1）投资是实现公司财务管理目标的基本手段。从不同的角度，投资可分为短期投资和长期投资，直接投资与间接投资，对内投资和对外投资，独立投资和互斥投资。要使投资产生预计的效果，决策时应遵守投资的基本原则和程序。项目投资是一种以特定项目为对象，直接与新建项目或更新改造项目有关的长期投资行为，是企业实现财务管理目标的基本手段。

项目投资具有投资数额大、影响时间长（至少一年或一个营业周期以上）、发生频率低、变现能力差和投资风险大等特点。因此，项目投资必须按特定的程序，运用科学的方法，进行可行性分析，以保证决策的正确有效。

（2）企业投资决策中的一个基础性数据是投资项目的现金流量。它是指与投资决策有关的现金流入、流出的数量，一般由初始现金流量、营业现金流量和终结现金流量三个部分构成。投资方案现金流量的估算涉及很多变量，需要企业销售、产品开发和技术、生产和成本等有关部门的参与。在确定投资方案的相关现金流量时，应遵循的最基本的原则是，只有增量现金流量才是与项目相关的现金流量。为正确估算投资方案的增量现金流量，需正确判断哪些支出会引起企业总现金流量的变动，哪些支出不会引起企业总现金流量的变动。在进行这种判断时，应注意区分相关成本和非相关成本、不能忽视机会成本、考虑投资方案对公司其他项目的影响、考虑对净营运资金的影响等。

（3）投资决策指标作为评价投资方案是否可行或优劣的标准，分为非折现指标和折现指标。前者不考虑资金的时间价值，主要有静态投资回收期和会计收益率两个指标。后者考虑资金的时间价值，主要有净现值、净现值率、现值指数、内含报酬率和动态投资回收期等指标。由于非折现指标的固有局限，折现指标已占主导地位。在折现指标中，净现值是最好的评价指标。因为在资金无限量的情况下，利用净现值法在所有的投资评价中都能作出正确的决策。而利用内含报酬率和现值指数在采纳与否决策中也能作出正确的决策，但在互斥选择决策中有时会作出错误的决策。

（4）项目投资总会有一定的风险。因此，科学的项目投资决策必须考虑投资的风险。风险投资决策分析的方法很多，但概括起来主要有风险因素调整法（包括风险调整折现率法和风险调整现金流量法）、期望值决策法、决策树法、敏感性分析、场景概况分析以及蒙特卡洛模拟分析等。上述方法各有利弊。

（5）企业除进行内部长期投资实现价值增长，还会面临各种外部的投资机会。证券投资是指投资者将资金投资于股票、债券、基金及衍生证券等资产，从而获取收益的一种投资行为。

习　　题

一、单项选择题

1．下列各项中（　　）不属于项目投资的特征。

A．投资金额大　　B．影响时间长
C．投资风险大　　D．变现能力强

2．项目的现金流量和财务会计中的现金流量不同，项目的现金流量在计算时使用的是（　　）。

A．历史数据　　B．真实数据
C．未来数据　　D．一个会计年度的数据

3．下列各项中，属于估算现金流量时应注意的问题是（　　）。

A．要考虑全部的现金流量　　B．要考虑所有的成本
C．独立考虑本部门　　D．充分考虑机会成本

4. 已知某项目的原始总投资为 300 万元，建设期为 1 年，生产经营期为 10 年，投产后生产经营期每年净现金流量为 50 万元，则该项目包括建设期的静态投资回收期为（　　）年。

A. 6　　B. 5　　C. 8　　D. 7

5. 某投资项目建设期为 2 年，第 5 年的累计净现金流量为－100 万元，第 6 年的累计净现金流量为 100 万元，则不包括建设期的投资回收期为（　　）年。

A. 5　　B. 5.5　　C. 3.5　　D. 6

6. 包括建设期的静态投资回收期是（　　）。

A. 净现值为零的年限　　B. 净现金流量为零的年限

C. 累计净现值为零的年限　　D. 累计净现金流量为零的年限

7. 只要在净现值率（　　）时方案才是可行的。

A. 大于等于 0　　B. 大于等于 1　　C. 小于 0　　D. 小于 1

8. 净现值与现值指数的共同之处在于（　　）。

A. 都是绝对数指标

B. 都必须按预定的贴现率计算现金流量的现值

C. 都能反映投入和产出之间的关系

D. 都没有考虑资金时间价值因素

9. 某投资项目的现值指数为 1.2，则该投资项目的净现值率为（　　）。

A. 2.2　　B. 0.2　　C. 0.5　　D. 1.2

10. 项目投资的评价指标中，（　　）指标的计算不需要事先确定折现率。

A. 内含报酬率　　B. 现值指数　　C. 净现值　　D. 净现值率

11. 有一投资项目，原始投资为 100 万元，全部投资均于建设起点一次投入，建设期为零，生产经营期为 5 年，每年可获得现金净流量 25 万元，则此项目的内含报酬率为（　　）。

A. 8.42%　　B. 8.66%　　C. 7.77%　　D. 7.93%

12. 某项投资，当贴现率为 10%时，其净现值为 100 万元，当贴现率为 12%时，其净现值为－5 万元。该项投资的内含报酬率必然（　　）。

A. 小于 10%　　B. 介于 10%和 12%之间

C. 大于 12%　　D. 以上都不正确

13. 某投资方案，当贴现率为 16%时，其净现值为 338 元，当贴现率为 18%时，其净现值为－22 元。该方案的内含报酬率为（　　）。

A. 15.88%　　B. 16.12%　　C. 17.88%　　D. 18.14%

二、多项选择题

1. 生产经营期包括（　　）。

A. 建设期　　B. 试产期　　C. 达产期　　D. 计算期

2. 项目投资评价指标的静态投资回收期属于（　　）。

A. 正指标　　B. 反指标

C. 折现指标　　D. 非折现指标

3. 影响内含报酬率法计算的因素有（　　）。

A. 项目计算期　　B. 折现率

C. 各年现金净流量　　D. 原始投资总额

4．下列各项中属于无法直接反应项目的实际收益率的折现指标是（　　）。

A．投资回收期　B．净现值率　C．现值指数　D．内含报酬率

5．某投资项目终结点年度的息税前利润为100万元，所得税率为25%，折旧10万元，回收流动资金30万元，固定资产净残值收入10万元。下列表述正确的有（　　）。

A．回收额为40万元

B．经营净现金流量为85万元

C．终结点税后净现金流量为125万元

D．终结点税前净现金流量为150万元

6．下列长期投资决策评价指标中，其数值越大越好的指标是（　　）。

A．净现值率　B．投资回收期　C．内含报酬率　D．投资利润率

三、简答题

1．什么是现金流量，如何估算一个投资项目的现金流量？

2．在进行长期投资决策中，为什么使用现金流量而不使用利润指标？

3．投资项目现金流量的估算应遵循的原则是什么？在应用时应注意哪些问题？

4．非折现现金流量指标包括哪些？折现现金流量指标包括哪些？是如何计算的？试对有关的项目投资决策指标进行对比分析。

5．你认为应如何做出风险条件下的投资决策？

6．债券投资的优缺点是什么？

7．试述债券投资的估价模型，举例说明其计算方法。

8．股票估价模型有哪些？各有什么特征？

9．股票投资的优缺点是什么？

四、计算题

1．甲企业拟建造一项生产设备，预计建设期为1年，所需原始投资100万元于建设起点一次投入。该设备预计使用寿命为4年，使用期满报废清理时残值5万元。该设备折旧方法采用双倍余额递减法。该设备投产后每年增加净利润30万元。假定适用的行业基准折现率为10%。

要求：

（1）计算项目计算期内各年的净现金流量；

（2）计算该项目的净现值、净现值率、现值指数；

（3）利用净现值指标评价该投资项目的财务可行性。

2．某企业拟投资320 000元购置一台设备，可使用10年，期满后有残值20 000元。使用该设备可使该企业每年增加收入250 000元，每年除折旧以外的付现营运成本将增加178 000元。假定折旧采用直线法，贴现率为12%，所得税率为25%。

要求：分别计算该投资项目的净现值和内含报酬率，并对该投资项目进行是否可行作出决策。

3．A企业于1999年1月5日以每张1 020元的价格购买B企业发行的利随本清的企业债券。该债券的面值为1 000元，期限为3年，票面年利率为10%，不计复利。购买时市场年利率为8%，不考虑所得税。

要求：利用债券估价模型评价A企业购买此债券是否合算？

4. 企业准备投资某债券，面值2 000元，票面利率为8%，期限为5年，企业要求的必要投资报酬率为10%，就下列条件计算债券的投资价值：

（1）债券每年计息一次；

（2）债券到期一次还本付息，复利计息；

（3）债券到期一次还本付息，单利计息；

（4）折价发行，到期偿还本金。

5. 甲企业计划利用一笔长期资金投资购买股票，现有M公司股票和N公司股票可供选择，甲企业只准备投资一家公司股票。已知M公司股票现行市场价为每股9元，上年每股股利为0.15元。预计以后每年以6%的增长率增长。N公司股票现行市价为每股7元，上年每股股利为0.60元，股利分配政策将一贯坚持固定股利政策，甲企业要求的投资必要报酬率为8%。

要求：

（1）利用股票估价模型，分别计算M，N公司股票价值；

（2）代甲企业作出股票投资决策。

6. 甲公司持有A，B，C三种股票，在由上述股票组成的证券投资组合中，各股票所占的比重分别为50%，30%和20%，其β系数分别为2.0，1.0和0.5。市场收益率为15%，无风险收益率为10%。A股票当前每股市价为12元，刚收到上年度派发的每股1.2元的现金股利，预计股利以后每年将增长8%。

要求：

（1）计算以下指标，①甲公司证券组合的β系数；②甲公司证券组合的风险收益率（R_p）；③甲公司证券组合的必要投资收益率（K）；④投资A股票的必要投资收益率；

（2）利用股票估价模型分析当前出售A股票是否对甲公司有利。

第五章 营运资本管理

学习重点和要点

（1）了解营运资本的概念、营运资本管理的内容。
（2）掌握持有现金的动机和最佳现金持有量的计算方法。
（3）重点掌握应收账款信用条件的决策方法、经济订货批量的基本模型和扩展模型。

第一节 营运资本管理概述

经济学让我们领悟到资源要合理利用，优化配置，对于稀缺资源更是如此。企业让我们知道，资金就是一种稀缺资源，而企业的资金需求是相对无限的，企业要高效管理这部分资金，就必须要做好营运资本的管理。

一、营运资本的概念

营运资本又称营运资金、循环资本，是指一个企业维持日常经营所需的资金，等于流动资产减去流动负债后的差额，所以也称净营运资本。用公式表示为

$$营运资本=流动资产-流动负债 \tag{5.1}$$

营运资本是流动资产的一个有机组成部分，因其具有较强的流动性而成为企业日常生产经营活动的润滑剂和衡量企业短期偿债能力的重要指标。在客观上存在的现金流入量与流出量不同步和不确定的现实情况下，企业持有一定量的营运资本十分重要。企业应控制营运资本的持有量，因为流动资产的收益性一般低于固定资产，较高的营运资本持有量会降低企业的收益性，而较低的营运资本持有量却会降低偿债能力和支付能力，会加大企业的风险。营运资本持有量的高低，影响着企业的收益和风险。因此，企业需要在收益和风险之间进行权衡，从而将营运资本持有量控制在一定范围内。

二、营运资本的管理原则

营运资本管理是指在营运资本政策指导下，对流动资产和流动负债实施的管理活动。企业营运资本在全部资金中占有相当的比重，它具有资金周期短，形式多样，变化频繁等特点，而且营运资本还涉及企业资金占用成本和偿债风险，因此有效管理这部分资金要遵循一定的原则。

1．正确预测需要量

一般来说企业营运资本的需要量与企业生产经营的规模成正比，与资金的周转速度成反比，与企业的业务性质有关。一般来说企业规模越大，需要的周转资金也比较多；企业周转速度越快营运资本收回越快，这样营运资本的数额也要求相对减少；企业的业务性质要求必须保留大额的流动资金，则企业的营运资本需求量也会增加。因此企业财务人员应经常分析企业生产经营情况和资金周转情况，结合企业自身业务性质合理预测企业营运资本的需要量，以避免发生不必要的资金闲置或资金短缺，同时也为企业及时筹措和供应营运资本提供前提。

2. 力求节约使用资金

营运资本主要来源于企业筹措的短期负债资金。使用短期负债资金不仅有成本，而且还有较大的偿债风险，企业应在保证生产经营需要的前提下，力求节约使用资金，以降低成本和风险。当流动资产大于流动负债时，部分营运资本（也就是狭义营运资本）还来源于企业筹措的长期负债资本或权益资本，虽然这些资金来源的风险相对较小，但其成本却相对较高。所以，国外有少数企业尝试零净营运资本管理，这可以大幅度降低资金占用成本，但对企业管理水平和整个经济的协调水平提出了很高的要求，同时风险性也较大，在我国目前情况下是难以实现的。

3. 加速资金周转速度

企业资金周转速度的快慢，很大程度上取决于营运资本的周转速度。营运资本的周转是指由现金转化为存货、再由存货转化为现金的这种不断循环往复的过程。显然，当企业营运资本的周转陷于停顿时，企业其他资金的周转也必然终止。因此，在其他条件不变情况下，企业营运资本周转速度越快，企业整个资金的使用效益越好。在完成相同的业务量条件下，企业营运资本周转速度越快，企业营运资本占用也越少。

4. 确保短期偿债能力

就狭义营运资本来说，我国企业还不具备条件可以实现零净营运资本的管理模式。保持一定数量的营运资本是企业短期偿债能力高低的重要标志，也是衡量企业风险大小的标志。企业营运资本越多，企业的违约风险越小，举债能力也越强；但是另一方面，营运资本越多，资金成本也越多。这是一对矛盾，我们应在营运资本管理中，通过合理保持一定数量的营运资本，合理安排流动资产和流动负债的比例关系，既节约使用资金，又保证企业有较强的短期偿债能力。

三、营运资本管理的内容

（一）流动资产的管理内容

1. 流动资产的构成

一般企业的流动资产占到总资产的25%～80%，企业中很大一部分资金是被流动资产所占用，企业对这部分资金管理的有效与否对企业的经营业绩有很大的影响。

流动资产是指在一年内或者大于一年的一个营业周期内变现的资产。主要由以下几个部分构成。

（1）现金。它是企业内流动性最强的资产。它可以在购买物品时直接实现支付功能，支付费用，偿还债务等。它包括库存现金和银行存款，有时也将即期或到期的票据看作现金。企业极少数以货币形式持有现金，极大部分以银行存款形式存在。拥有大量现金的企业固然具有较强的偿债能力和承担风险能力，但持有的现金没有投入到企业真实的再生产领域，所以它不能给企业带来报酬或者仅是很低的利息报酬，在高通货膨胀的情况下，它的实际收益率可能为负报酬率。

（2）交易性金融资产。主要指一些有价证券，它们能够在不超过一年时间内或者随时可以变现。它既能给企业带来较好的投资收益，又能增强企业资产的流动性，降低企业的财务风险，因此适当持有有价证券是一种较好的财务策略。企业一般将资金投资于安全性和流动性强的证券，因此有价证券也视为现金等价物。

企业投资有价证券而不是直接持有现金的原因主要有以下三个因素。①获取短期投资报酬。由于直接持有现金没有收益，购买有价证券能够获得部分收益。②企业目前没有有价值的项目投资时，大批资金直接以货币形式持有，闲置造成浪费，因此以有价证券形式持有。③企业持有有价证券是为长期准备的，抵御不时的意外风险。

（3）应收和预付款项。主要指企业在生产经营过程中延期收回的款项以及预先支付的款项，包括应收票据、应收账款、预付账款、其他应收款等。

（4）存货。它是指公司在日常生产经营过程中为了生产或销售的需要而必须储备的各种物资，主要包括库存商品、半成品、在产品、原料、燃料、包装物、委托加工材料、低值易耗品等。

2. 流动资产的特点

流动资产投资又称经营性投资，与固定资产相比，有如下一些特点。

（1）过程的流动性。这是流动资产的基本特点，流动资金一经投入在生产经营过程中保持持续不断的流动状态，例如货币购买了原材料、辅助材料、包装物等经过不同阶段加工，这部分流动资产将随生产经营的活动而运动，最后实现销售将货币的形式得到补偿，并产生新价值。如果某部分流动资产在生产经营中失去流动性，则这部分资产就得不到补偿，更谈不上新价值的产生，而且也会影响其他流动资产的流动。流动资产的流动性越好则其补偿越快，产生的新价值越多，这部分资产的效益就越好。企业财务管理部门应用各种方法加速流动资产的流动，使投入同样的资金，收到更好的经济效益。

（2）形态的变动性。流动资金在生产经营活动中，一般同时占用在它的不同形态的资产上，从特定的一部分资金来看，又不断地由货币、材料、在制品、产成品、应收账款、货币之间顺序转化，也就是不同形态的流动资金在空间的并存，又在时间上的继起，这就是流动资金占有形态的变动性。企业财务管理部门应把资金合理地分配在流动资金的各种形态上，以促使流动资金的顺利周转，提高资金的流动性。

（3）数量的波动性。流动资金的占用量不是稳定不变的，易受到企业内外环境的影响，随供产销的不断变化及经营的季节特点，资金占用数量时高时低，不断波动。因此，企业在筹集流动资金时，应根据流动资金的这个特点，既要保证有一部分稳定的长期资金来源，又要合理安排一些短期资金来源。

（4）流动资产投资的回收时间短、周转速度快。企业投放在流动资产上的资金，周转一次所需时间较短，通常在一个营业周期或一年内收回，对生产经营的影响时间短，所以流动资产投资所需要的资金数额往往没有固定资产投资大，并且对所需增加资金的筹集通常由银行短期借款、商业信用等途径解决。

根据以上特点，可以看到流动资产其变现能力强，循环周转期限短，其运动周期与企业的生产经营周期具有一致性，一般不超过一年，因此，合理组织供产销过程，合理配置各种资产占用形态，合理确定流动资金来源，以便合理安排资金的供需平衡，对提高企业的经济效益十分重要。

（二）流动负债的管理内容

1. 流动负债的构成

流动负债是指企业在一年内或一个营业周期内必须偿还的债务。企业的流动负债包括应付账款、应付票据、预收账款、应付职工薪酬、应交税费、应付股利、短期借款等。通常我们将由于法定结算程序的原因，使一部分应付款项的支付时间晚于形成时间的这部分款项称为自然性流动负债，包括应付账款、应付费用等；由财务人员根据企业对短期资金的需求情况，通过人为安排所形成的负债称为人为性流动负债，像短期借款。流动负债主要由以下部分构成。

（1）应付账款，是企业以赊购方式购进其他企业或单位的物品，而形成的一项负债，此种方式称为商业信用交易。商业信用是自然性融资的主要来源，因为在规定的信用期限内，获得信用的企业不必支付利息，相当于得到一笔无息贷款。应付账款即主要是由于购买材料等引起的必须向其他公司偿付的款项，是流动负债管理的重点。企业可以对供货方推迟支付货款来占用对方的资金，但是不应该超过供应商提供的信用期，毁损企业信誉。

（2）应付票据，是购销双方按购销合同进行商品交易，延期付款而签发的、反映债权债务关系的票据。商业汇票按承兑人的不同，分为商业承兑汇票和银行承兑汇票：商业承兑汇票是由收款人签发，经付款人承兑，或由付款人签发并承兑的票据；银行承兑汇票是由收款人或承兑申请人签发，并由承兑申请人向开户银行申请，经银行审查同意，并由银行承兑的票据。商业汇票承兑后，承兑人（即付款人）负有在将来票据到期日无条件支付票款的责任；经承兑的商业汇票允许背书转让。

商业汇票的承兑期限由交易双方商定，一般为1～6个月，最长不超过9个月。商业汇票还可分为附息和不附息两种，附息商业汇票利息率通常比其他融资方式，如银行贷款的利率低。由于采用商业汇票的融资方式不仅无息或低息，而且还会免去诸如向银行贷款时经常遇到的规定额度限制，免去不能满足企业资金周转的窘境，并可节省许多申请手续费用。

（3）预收账款，是卖方企业在交付货物之前向买方预先收取部分或全部货款的信用形式。

（4）应付费用，是指在生产中预先提取但尚未支付的费用，或已经形成但尚未支付的款项，如应付职工薪酬、应交税费、应付股利等。企业使用这些自然形成的资金无须支付任何代价，故企业均乐于利用它们。一般来说，影响应付费用利用程度的因素，是应付费用的发生额和应付费用支付的间隔期。企业生产和销售规模越大，应付费用发生额也就越大，可利用的自然形成的资金也就越多；应付费用从发生到支付的间隔时间越长，企业可利用的资金时间越长。

例如，企业对应付工资的有效管理。应付工资是企业欠职工的钱，企业不可能每天都发，在某种程度上是企业的一种短期负债。因为企业占用这笔资金，而且该笔资金随时间线性增长，如图5-1所示。直至支付日，并不需要支付任何利息。企业占用一个月，每月支付一次，企业也可占用半个月，半月支付一次。其实企业就是无形中占用了职工的资金。

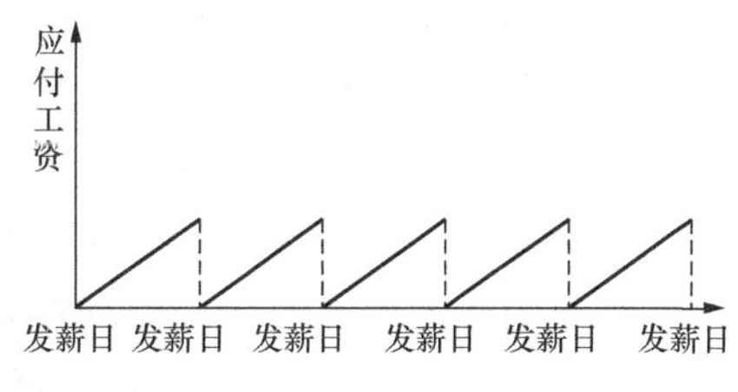

图5-1 应付工资与发薪日趋势关系图

（5）短期借款，是企业融通资金的又一项重要来源。企业需要由银行提供的短期贷款，主要有以下几种形式。

1）信用限额贷款。信用限额贷款是指企业由于季节性生产原因需要增加流动资产占用量，但企业现有资金不敷周转时而向银行申请的贷款。这种贷款一般由企业财务主管部门预估季节性资金需要量，并与银行共同协商，确定贷款额度，企业只要有足够的物资作信用保证，即可在限额内随时获得所需资金。此后，企业通过产品销售收回的货款偿还该信用限额贷款，资金占用又恢复到原来状态。

2）周转信用贷款。周转信用贷款是指有些生产企业由于资金周转不足而向银行申请的贷款。贷款额度同样可由企业与银行协商，贷款期限一般是三个月或半年。期限一到，如果企业仍有需要，则必须先偿还而后再借出，如此循环。

3）单项业务贷款。单项业务贷款是指企业由于特殊的原因，临时需要资金而向银行申请的一次性贷款。例如企业偶然接收到一大批生产订单，急需资金购买材料。单项贷款通常由银行按项目逐笔审核确定。

4）抵押短期贷款。抵押短期贷款是申请贷款企业以有价证券或其他财产作抵押品，向银行申请并由银行按抵押品价值的一定比例计算发放的贷款。银行对信誉良好的企业提供贷款一般无须抵押品；对那些信誉较差的企业，对银行认为风险较大的短期融资项目会要求企业提供抵押品。一旦抵押贷款逾期收不回来，银行可根据合同依法将抵押品拍卖，以补偿相当于贷款的本金和利息。

2. 流动负债的特点

与长期负债筹资相比，流动负债筹资具有以下几个特点。

（1）速度快。申请短期借款往往比长期借款更容易、更便捷，通常在较短时间内便可获得。

（2）弹性大。与长期债务相比，短期贷款给债务人更大的灵活性。长期债权人为保护自身利益，往往在债务契约中增加限制性条款，而短期借款限制性条款较少，使企业有更大的行动自由。

（3）成本低。与银行长期贷款和短期融资的其他来源相比，流动负债的利率水平较低，而某些“自然融资”甚至没有利息负担。

（4）筹资风险高。流动负债需在短期内偿还，因而要求筹资企业在短期内拿出足够的资金偿还债务，若公司届时财务困难，资金安排不妥，很可能陷入财务危机甚至破产。另外，短期负债利率波动大，有时可能高于长期负债利率。故综合来看，筹资风险较高。

第二节 现 金 管 理

现金是指在生产过程中暂时停留在货币形态的资金，包括库存现金、银行存款、银行本票、银行汇票，以及作为现金替代品的有价证券。

现金主要具有以下几个特点：①普遍的可接受性。这是其首要的特点，它意味着现金可以有效地立即用来购买商品、劳务或者偿还债务。②是流动性最强的资产，但同时盈利性低。这个特点决定企业要在现金的流动性和收益性之间作出合理的选择，这是现金管理的一项重要内容。③短期有价证券是现金的替代品。短期有价证券变现能力强，可随时兑换为现金。当企业现金多余时可转换为有价证券以增加收益；反之，当现金短缺时，可出让有价证券换回现金。由此有价证券就成了现金的替代品。

一、企业持有现金的动机

企业持有一定数量的现金主要基于以下三方面的动机。

1. 交易动机

交易动机是指企业必须持有一定的现金以满足日常业务支付的需求，如购买原材料、支付工资、缴纳税款、派发现金股利等。在企业的日常业务活动中，现金流入、流出经常不同步，因此保留一定的现金余额，可使企业在现金流出大于现金流入时不会造成经营中断。一般来说，持有现金的余额与销售量成正比例变动。即企业销售量扩大，销售额增加，所需现金余额也随之增加。企业应根据日常业务资金需求情况，合理保持一定量的现金余额。

2. 预防动机

预防动机是指企业为应付紧急或者意外情况而需要持有现金。如：地震、水灾、火灾等自然灾害，生产事故，主要顾客未能及时付款等，都会打破公司的现金收支计划，使得现金收支失去平衡。

预防动机所需现金余额主要取决于以下三方面：①现金收支预测的可靠程度，预期不确定性越强，持有量越多；②企业临时借款能力，临时借款能力越强，企业所持有的现金越少；③企业愿意承担风险的程度，企业愿意承受的风险能力越强，持有的现金越少。

3. 投机动机

投机动机是指企业置存现金用于不寻常的购买机会。比如市场上原材料降价、以较低价格购买预期会上升的有价证券等。通常，投机动机在制造业企业的持现动机中不是主要因素。

上述三个现金持有的动机，在理论上是可以划分的，但在现实中却很难分别确定，而且也没有必要。上述各种动机的分类只是告诉财务人员，公司必须持有一定量的现金余额以便满足各种支付需要，至于用于何种动机，取决于现金支付时的具体情况。

二、现金管理的目的

对现代企业来说，有效的现金管理至关重要，它直接关系到企业的生存和发展。从企业盈利角度看，库存现金没有收益，银行存款的利息也很低，所以应尽可能少持有现金；但从企业资产流动性的角度看，则必须持有较充分的现金，以免出现现金短缺而影响企业的生产经营活动。因此，现金管理的目的就是在现金的流动性和盈利能力之间进行权衡抉择，保证企业经营活动现金需要的同时，降低企业的现金持有，以获取最大的长期利润。

三、现金日常收支管理

现金管理的最基本原则是：加速现金的回笼和延缓现金的支付，尽可能在企业经营活动中保持低现金水平，以释放更多现金用于盈利性项目的投资。为达到这个目标企业应注意以下几方面。

1. 力争现金流量同步

如果企业能尽量使它的现金流入与现金流出发生时间一致，就可以使其所持有的交易性现金余额降到最低。公司可以通过提高预测水平和合理安排业务，使现金流入和现金流出达到流量和时间上的最佳同步，从而降低交易性现金余额。

一年中的现金流入和流出的匹配可以有如下的几种方式。

（1）在年初现金流入量 2 400 元，在一年中均匀流出，则平均现金持有量是全年现金流入量的一半，即 1 200 元。

（2）在每月初流入现金 2 000 元，在每月均匀流出现金，若每月现金流入量是相同的，则平均现金持有量是每月流入量的一半，为 1 000 元。

（3）在每日流入与流出相同的现金 80 元，若每日流入量是相同的，则平均现金持有量与现金流入量一致，为 80 元。

从上述的三种情况可以看出，现金流入和现金流出的匹配如果能建立在较短的时期内，公司持有的现金量就较低。很多公司安排好每月有规律的“账单循环”，先开账单给客户，在付自己的账单，由此达到现金流入和流出的匹配，减少现金的持有量。

2. 运用现金"浮游量"

现金浮游量是指企业账户上存款余额与银行账户上余额之间的差额。企业开出付款和客户实际到银行支取现金有时间差，像企业开出的支票，收票人收到支票，至银行将款项划出企业账户，这之间需要时间。企业账上现金已经是负值了，银行账上可能还是正的。例如，某企业平均每天开出支票金额为1万元，而根据企业出纳经验估算从支票签发日到支票银行账户兑现日平均需要4天时间，在这4天中银行账中的金额会比企业银行账高出4万。

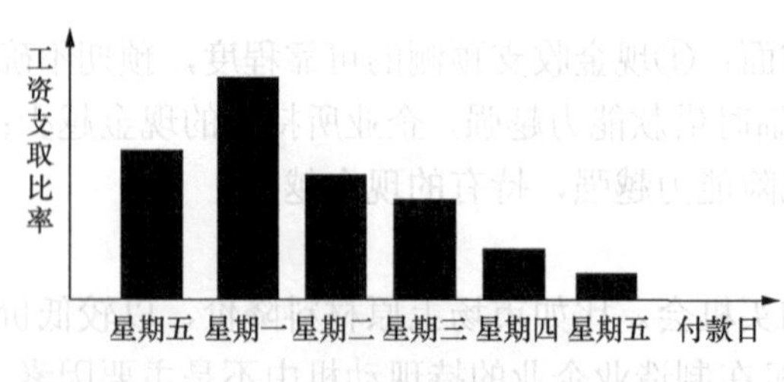

图5-2　工资支取时间和量的进程图

此外，工资这一块也是企业利用"浮游量"的重点。许多企业为支付职工工资专设一个账户，这种存款的余额也会影响公司总金额。公司可以预测职工支付工资的时间金额分布，如图5-2所示，用支票支付应付工资，分次存入适当资金，而不是一次性全额存入。

3. 加速收款

加速收款是指缩短应收账款时间，加快应收账款收回。企业发生的应收账款形成的是账面的会计利润非真实现金，不能马上用于再投资，但是在竞争激烈的市场经济中，应收账款是必需的，企业要做的是尽早且安全的将应收账款转化为现金。下面三种是国外常用的节省资金收回时间的方法。

（1）锁箱法。锁箱法是传统的现金管理技术之一。在锁箱系统中，支票被要求邮寄到受款公司在各地邮局设置的邮箱。每日，各地银行多次开启邮箱，将收到的支票取出并存入受款公司在各地银行开立的账户中。各地银行为受款公司准备了每日收款记录，再通过电子数据传输系统发给受款公司，使受款公司能够即时更新它的应收账款账户。

我们可以看到，锁箱法实际是省略了公司收取和送存支票的时间，将支票传递路线由传统的付款人到受款公司再到银行转换为付款人到银行再到受款公司，银行处理环节得以提前，提高了可用现金量，相对于传统的收款方法能为公司提前带来可用的现金。

但是，提供锁箱服务的银行一般要求补偿性余额，并且收取额外的服务费，这会减少锁箱法能够带来的效益。

（2）借记账户事先授权法。借记账户事先授权法允许资金在确定日期自动地由客户的银行账户直接转记到受款公司的银行账户。这种方式的交易称为无纸化交易。该方法省略了公司收取和送存支票以及银行清算支票的时间。保险公司广泛采用这种方法，鼓励投保人定期支付保险金。

对于付款人来说，这种方法却加速了它的现金付款速度，降低了支付现金浮游量。

（3）集中银行法。现金分散于各个收款地点，不利于公司获取现金管理的规模效益，调剂其在各个经营地的现金余缺。集中银行法解决了这个问题。集中银行法要求各地收款银行记录每日的收款数据向集中银行（一般为公司总部所在地的银行）报告，公司的财务经理再根据各地的现金需求，将各地收款银行的资金划转到集中银行处，然后统一规划资金的使用。

先进的资金转移手段降低了业务处理成本、提高了数据可靠性并加快了受款人获取现金的速度。但是，这需要银行系统事先进行大笔的投资，建设硬件设施和开发软件系统；使用先进的资金转移手段最终会减少支付现金浮游量。

此外，需要合理确定收款地点及相应的数量。因为各收款地点的银行一般要求补偿性余额，收款地点的数量越多，补偿性余额的总量越大，可以自由使用的资金越少。

4. 推迟付款

推迟付款指企业在不影响自己信誉的情况下，尽可能地推迟应付款的支付期，充分利用供货方提供信用优惠，一般不享受现金折扣就在信用期最后一天付款。

（1）集中管理法。集中管理应付账款可以让财务经理从公司总体上了解每日到期债务总量，并安排调度资金，监控应付账款状况以及浮游量。这种方法又会减慢各地经营分部的付款速度，但是减慢付款速度有可能使得债权人产生反感心理，增加公司的经营成本。这就需要在成本效益间寻求平衡。

（2）零余额账户法。零余额账户是指用来签发支票，具有零余额的付款账户。一般来说，公司常在集中银行设立多个零余额账户，当向某个零余额账户提示支票要求付款时，资金会自动从主账户划转到该零余额账户进行支付。如果这时主账户的余额是负值，公司可以通过授信额度获取贷款，或通过出售商业票据或有价证券组合中的国债满足资金需要。零账户余额简化了支付业务和现金余额的控制，降低了闲置资金（非盈利现金）的水平。

（3）限额支付账户法。限额支付账户与零余额账户不同，它能设在任何银行，而非仅在集中银行设立。限额支付账户最先起源于公司的远距离支付业务。该类账户只有在支票提示付款时才注入资金。在美国，这种方法要求设有限额支付账户的银行能够在中午 11 点（纽约时间）之前报告当天需要付款支票的总额，使得财务经理能够有充足的时间将资金转移至该账户，并且在货币资金市场处于业务高峰时，进行闲置资金的投资。

5. 适当进行证券投资

企业的库存现金没有利息收入，银行的活期存款利息很低，因此在企业有很多资金闲置时，可考虑投资于国库券、银行债券等安全性和流动性较好的证券，可以获得利息收入。

四、最佳现金持有量

企业的日常经营需要资金，但是留有过多的资金造成浪费，如何确定一个最佳现金持有量对企业日常高效财务管理非常重要。下面是几种确定最佳现金持有量的方法。

（一）成本分析模式

成本分析模式是通过分析持有现金成本，寻找持有成本最低的现金持有量。持有成本主要包括以下三个方面成本。

1. 机会成本

持有现金而放弃了现金投资于其他盈利项目而得到的最大收入就是持有现金的机会成本。它与现金持有量成正比例关系。例如某公司年持有现金 200 万，如果将这笔资金投入到某项目中去可得到 20%的回报率，则企业持有现金的机会成本就是 40 万，企业应该在保证经营所必需的资金下，尽量减少现金持有量，减少机会成本。

2. 管理成本

企业必须对所持有的现金进行管理。如管理人员的工资，保险设施的购建等。管理成本与现金持有量之间无明显的比例关系，所以可视为一种固定成本。

3. 短缺成本

现金的短缺成本是因为缺乏必要的现金，不能应付业务开支所需，而使企业蒙受损失或为此付出的代价。现金持有量越大发生现金短缺的可能性越少，因此短缺成本与现金的持有

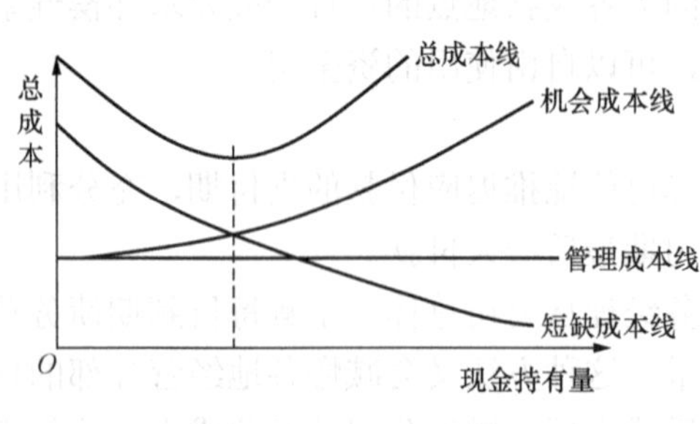

图 5-3 成本分析模式图

量成反比。

上述三项成本之和最小的现金持有量就是最佳现金持有量。现金持有量与机会成本成正比，管理成本固定不变，现金短缺成本成反比，根据三项成本与现金持有量之间的相关关系，可得图 5-3，总成本线的最低处所对应的横轴上的量就是最佳现金持有量。

最佳现金持有量的具体计算，可以先分别计算出各方案的机会成本、管理成本、短缺成本，再找出总成本之和最低的现金持有量，即最佳现金持有量。

【例 5-1】 Ice cream 公司有五种现金持有方案，每种持有方案的机会成本、管理成本和短期成本，见表 5-1。

表 5-1 现金持有量备选方案及各成本明细表 单位：元

项　目	A	B	C	D	E
现金持有量	200 000	300 000	400 000	500 000	600 000
机会成本（10%）	20 000	30 000	40 000	50 000	60 000
管理成本	40 000	40 000	40 000	40 000	40 000
短缺成本	130 000	50 000	20 000	5 000	0
总成本	190 000	120 000	100 000	95 000	100 000

通过比较可知，D 方案的现金持有成本最低，因此 Ice cream 公司的最佳现金持有量应该是 50 万。

（二）存货模式

存货模式又称鲍曼模式，它是由美国经济学家威廉·鲍曼 1952 年提出的，他发现持有现金与持有存货相类似，于是将存货模型引入到实际现金管理。其基本原理是将现金机会成本与短期有价证券的转换成本进行权衡，以求得二者相加的总成本最低时的现金持有量，即为最佳现金持有量。

该模式假定：①企业所需要的现金可通过证券变现取得，且证券变现的不确定性很小；②企业预算期内现金需要总量可以预测；③现金的支出过程比较稳定、波动性较小，而且每当现金余额降至零时，均可通过部分证券变现补足；④证券的利率或报酬率以及每次固定性交易费用可以获悉。

在此模式下，管理成本由于相对稳定并同现金余额的多少关系不大，因此不予考虑；另外，在存货模式下，多余现金以短期有价证券形式置存，在持有现金不能满足交易性需求时，可以出售有价证券换回现金，故可以不考虑短缺成本。存货模式下，只考虑机会成本和短期有价证券转换为现金的转换成本。

设 T 为一个周期内现金总需求量，F 为每次转换有价证券的固定成本，Q 为最佳现金持有量，K 为有价证券的利率，TC 为现金管理相关总成本，则

$$\text{现金管理相关总成本 } TC = \text{机会成本} + \text{固定性转换成本} = Q/2 \times K + T/Q \times F \quad (5.2)$$

企业现金持有量与转换成本成反比，与机会成本成正比。现金管理相关总成本与机会成

本、固定性转换成本的关系如图 5-4 所示。

以上两个成本构成了持有现金的总成本，两条曲线的交叉点就是总成本最低的最佳现金持有量。利用求一阶导数求最大值或从图 5-4 中可以看出，当 $Q/2\times K=T/Q\times F$ 时，总成本最小。

$$Q=\sqrt{2T\times F/K} \tag{5.3}$$

将式（5.3）代入式（5.2）可得

最低现金管理相关总成本为 $TC=\sqrt{2T\times F\times K}$ （5.4）

以下通过举例来说明鲍曼存货模式。

某企业现金的使用量均衡，每周的现金净流量为 10 万，如果公司一开始持有现金 20 万，到第二周末，现金用完，企业必须出售有价证券来补充现金使现金再次恢复到 20 万，如此循环。每两周企业的现金平均持有量为 10 万。持有现金量越多，能够减少有价债券的转换次数，减少转换成本，但增加了机会成本，如图 5-5 所示。

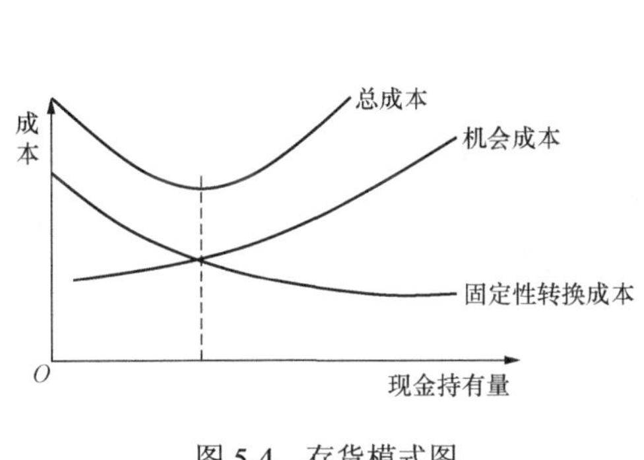

图 5-4 存货模式图

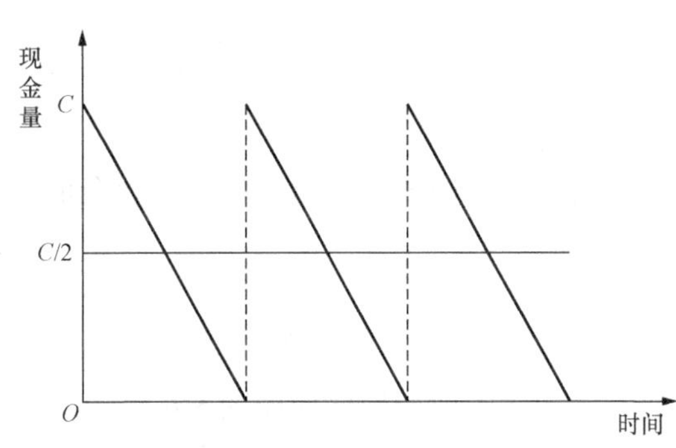

图 5-5 现金流量图

【例 5-2】 Ice cream 公司现金收支状况比较稳定，预计全年需要现金 100 万，且在年内平均支付，现金与有价证券的转换成本每次 500 元，有价证券的收益率是 10%，则

（1）最佳现金持有量 $Q=\sqrt{2T\times F/K}$

$$=\sqrt{\frac{2\times1\,000\,000\times500}{10\%}}=100\,000\text{（元）}$$

最低现金管理相关总成本 $TC=\sqrt{2T\times F\times K}=\sqrt{2\times1\,000\,000\times500\times10\%}=10\,000$（元）

（2）转换成本＝(1 900 000÷100 000)×500＝5 000（元）

机会成本＝(100 000÷2)×10%＝5 000（元）

（3）有价证券交易次数＝1 000 000÷100 000＝10（次）

有价证券交易间隔期＝360÷10＝36（天）

所以，该公司为了达到最佳现金持有量必须持有 10 万元现金，在一年期间内发生的转换成本是 5 000 元，持有现金的机会成本是 5 000 元，一年中的有价证券转换次数是 10 次，平均每 36 天转换一次。

鲍曼存货模式是一种简单直观地确定最佳现金持有量的方法。由于它假定未来净现金流量稳定不变，是确定的，在实际经营中很少有公司能严格满足，而且出售有价债券也存在一定的时滞，不可能马上就能套现，所以企业在应用此模型时，要注意适用条件和范围。

（三）现金周转模式

现金周转模式主要是考察现金周转周期，只从现金投入生产经营到最终转化为现金的过程，它大致包括以下三方面。

1. 存货周转期

它指原材料转化为产成品并出售所需的时间。

$$存货周转期=\frac{\frac{存货平均余额}{营业成本}}{360} \tag{5.5}$$

2. 应收账款周转期

它指应收账款转化为现金所需时间。

$$应收账款周转期=\frac{\frac{应收账款平均余额}{赊销收入}}{360} \tag{5.6}$$

3. 应付账款周转期

它指从收到尚未付款的材料，到现金的支付之间所用的时间。

$$应付账款周转期=\frac{\frac{应付账款平均余额}{购货成本}}{360} \tag{5.7}$$

三者构成的现金周转期如图 5-6 所示。

根据图 5-6 可以得到一个等式

$$现金周转期=存货周转期+应收账款周转期-应付账款周转期 \tag{5.8}$$

由此现金最佳持有量可得公式为

$$现金最佳持有量=\frac{企业年现金总需求量}{360}\times现金周转期 \tag{5.9}$$

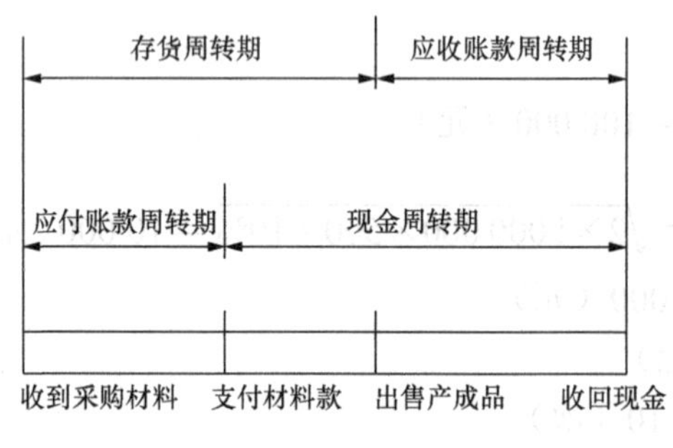

图 5-6　现金周转期图

【例 5-3】 Ice cream 公司根据过去公司的资料，预计明年公司存货周转期为 10 天，应收账款周转期为 20 天，应付账款周转期为 15 天，预计全年需要现金 180 万，确定该公司的最佳现金持有量。

根据现金周转期公式，可知

现金周转期＝10＋20－15＝15（天）

现金最佳持有量＝180÷360×15＝7.5（万元）

因此该公司必须平均持有 7.5 万元现金，才能满足企业需求。

现金周转期越短，公司对外部融资的需求就越少，从而也降低了融资成本，提高公司的利润。现金周转期是营运资本管理中决策分析常用方法。

现金周转期模型的计算方法简单，但是它存在一个假定即采购的材料全部用于生产产品，并全部出售，不存在滞留的现象，要保持材料采购和销售在量上得一致性。这个假定生产经营过程在一年中持续稳定地进行，现金的需求和供给不存在不确定因素。

（四）随机模式

随机模式也称米勒—欧尔模型。它是在现金需求量难以预知的情况下进行现金持有量控制的方法。企业现金需求量往往波动大且难以预知，但企业可以根据历史经验和现实需要，测算出一个现金持有量的控制范围，即制定出现金持有量的上限和下限，将现金量控制在上下限之内。当现金余额达到控制上限时，用现金购入有价证券，使现金持有量下降；当现金余额降到控制下限时，则出售有价证券换回现金，使现金持有量回升。如果现金余额处于上下限之内，则不需要买卖有价证券。随机模式对现金持有量的控制如图 5-7 所示。

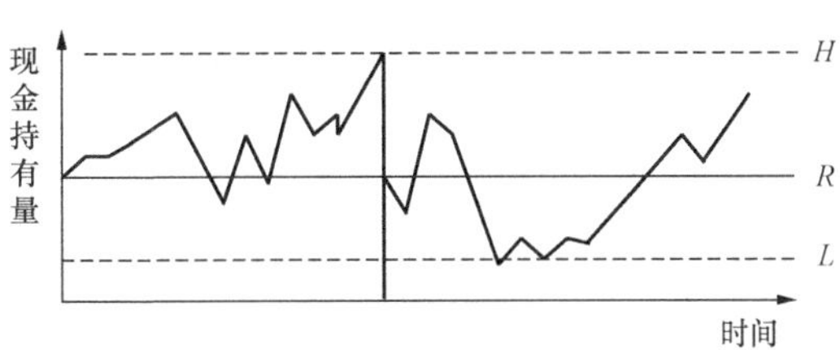

图 5-7 随机模式图

图中虚线 H 为现金存量的上限，虚线 L 为现金存量的下限，实线 R 为最佳现金返回线。当现金余额达到 H 时，企业应用现金购入（$H-R$）数量的有价证券，使现金余额返回到最佳现金返回线（R）的水平；当现金余额降到 L 时，则企业应卖出（$R-L$）数量的有价证券换回现金，使现金余额回升至最佳现金返回线（R）的水平。若现金余额在上下限之间波动属控制范围内的变化，是合理的。以上关系中的上限 H、现金返回线 R 可按下列公式计算

$$R=\sqrt[3]{\frac{3F\sigma^2}{4i}}+L \tag{5.10}$$

$$H=3R-2L \tag{5.11}$$

式中：F 为每次有价证券的固定转换成本；σ^2 为预期每日现金余额变化的方差；i 为有价证券的日利率。

而下限 L 的确定，则要受到企业每日的最低现金需要、管理人员的风险承受倾向等因素的影响。

【例 5-4】 某企业根据以往经验测算出现金余额波动的标准差为 2 000 元，有价证券的年利率为 6%，每次转换的固定成本为 12 元，公司认为任何时候其银行存款及现金余额不能低于 1 000 元。如一年按 360 天计算，则最佳现金返回线 R、最佳上限 H 各为多少？

根据已知条件可得参数数值分别为

$$\sigma=2\,000;\ F=12;\ L=1\,000;\ i=6\%/360$$

根据公式可得计算公式为

$$R=\sqrt[3]{\frac{3F\sigma^2}{4i}}+L=\sqrt[3]{\frac{3\times2\,000^2\times12}{4\times6\%\div360}}+1\,000=7\,000\text{（元）}$$

$$H=3R-2L=3\times7\,000-2\,000=19\,000\text{（元）}$$

以上计算说明，企业最佳现金持有量为 7 000 元，上限为 19 000 元，即只要现金余额在 1 000～19 000 元之间，则不必买卖有价证券；当现金余额达到 19 000 元时，则需购进 12 000 元有价证券，使现金持有量恢复到现金返回线的量；当现金余额为 1 000 元时，则需要卖出 6 000 元有价证券，使现金持有量恢复到现金返回线的量。

随机模式是建立在货币资金支出完全不确定、是随机的基础上的，实际工作中，企业货

币资金支出一部分是可预知的，也有一部分是不可预知的，因此可根据以往的经验确定一个可控的弹性区间，并根据未来货币资金支出情况予以调整。但在实施调整时应注意到下面两种情况：当预测近期内有额外的货币支出，即使实际货币余额达到上限，也可不急于购入有价证券；相反，当预测到近期没有货币支出，即使货币余额降到控制下限，也可不急于卖出有价证券。

第三节 应收账款管理

应收账款是企业因赊销商品或对外提供劳务等而应向购货或接受劳务的单位收取的款项。企业在采用赊销方式促进销售，减少存货的同时，会因持有应收账款而付出一定的代价，主要包括机会成本、管理成本、坏账成本，也会因销售增加而产生一定的收益。因此，企业财务管理人员关心的是如何做好应收账款管理。国外若干行业应收账款占总资产的比率，见表 5-2。

表 5-2 国外若干行业应收账款占总资产的比率表

行　业	应收账款占总资产的比率	行　业	应收账款占总资产的比率
建筑物	29.3%	服装、服饰—零售	11.79%
商业—零售业	18.8%	农林渔业产品加工业	9.84%
建材、园艺、房屋	16.74%	食品店	7.30%
汽车经销商和服务站	13.54%	宾馆服务业	5.64%
交通业	12.34%	全行业	20.33%

数据来源：国际收入服务，美国财政部，收入统计，1994。

一、应收账款的成本

（一）机会成本

应收账款的机会成本是指因资金投放在应收账款上而丧失的其他收入。企业资金如果不投放在应收账款上，便可用于其他投资而获得收益，如投资于有价证券便会有利息收入，投资于生产经营就会有经营利润收入。这种因投放于应收账款而放弃的其他收入，即为应收账款的机会成本。其计算公式为

$$应收账款的机会成本=维持赊销所需要的资金\times资本成本率 \tag{5.12}$$

$$应收账款平均余额=\frac{年赊销额}{360}\times平均收账天数 \tag{5.13}$$

式中，平均收账天数一般按客户各自赊销额占总赊销额比重为权数，来计算的所有客户收账天数的加权平均数。

$$\begin{aligned}维持赊销所需要的资金&=应收账款平均余额\times\frac{变动成本}{销售收入}\\&=应收账款平均余额\times变动成本率\end{aligned} \tag{5.14}$$

（二）管理成本

应收账款的管理成本是指对应收账款进行日常管理所花费的一切费用支出，主要包括财

务部门调查客户信用状况的费用、应收账款账簿记录费用、收账费用等。

（三）坏账成本

应收账款的坏账成本是指应收账款因故不能收回而给企业带来的损失。

二、信用政策的决策

制定合理的信用政策，是加强应收账款管理，提高应收账款投资效益的重要前提。信用政策是指企业对应收账款投资进行的规划与控制而确立的基本原则与行为规范，包括信用标准、信用条件和收账政策三部分内容。

（一）信用标准的确定

信用标准是指客户获得企业的交易信用所具备的条件，通常以预期的坏账损失率表示。它是企业可接受客户的财务实力和信用程度最低标准，如果客户达不到该标准则不能享受企业信用或只能享受较低的企业信用优惠。目前对客户信用标准的评价分析应用较多的是 5C 评价法和信用评分法。

1. 5C 评价法

通常根据五项标准分析客户的信誉等级，包括品质（Character）、能力（Capacity）、资本（Capital）、担保品（Collateral）、环境（Conditions），简称 5C 评价法。

（1）品质。品质指客户的信誉，忠于承诺，如期偿还货款的内在本质。这直接决定着收回款项的数量（多少）和质量（时间），它是 5C 评价法最基本的，也是最重要的。虽然品质很难量化和估计，但是信贷部门可根据客户历史上的偿还债务的记录情况，进行估计。

（2）能力。能力指客户如期偿还债务的能力。一般以客户公司流动资产的数量和质量以及流动负债的比率来估计。

（3）资本。资本指客户的财务实力和财务状况，是客户偿还债务的最终保证。

（4）担保品。担保品是指客户是否为获取商业信用提供担保资产。除了看是否有担保资产，还要考察担保资产的变现难易程度和数额的大小。一般说来有担保品对公司应收账款的顺利收回比较有利。

（5）环境。环境指未来宏观经济环境状况和企业所属行业发展势态的预期，以及企业抵抗经济环境变化的能力。抵抗力好、行业发展前景好对企业款项收回比较有利。

客户的信用状况可以从企业以往与客户交易的经验获得，也可以从专门的咨询机构中获得。可以将客户的资信情况评定成信用等级，等级划分是以购销给客户所发生的呆账概率而定，见表 5-3。

表 5-3　　信用等级分类表

损失率	0	0～0.5	0.5～1	1～2	2～5	5～10	10～20	20 以上
信用等级	1	2	3	4	5	6	7	8

企业若有剩余的生产能力，则可采取必要的信用政策，一般地对信用等级为 1～5 级的顾客，可采取一般的信用政策，对 6～7 级顾客应采取较严格的信用政策，对于信用等级为 8 级的顾客一般不给以信用。信用标准的掌握应适当，掌握严格，即只给信用等级好的顾客，这样做固然能大大减少企业应收账款的坏账损失，但也可能会因此丧失一部分销售收入，从而使利润受到影响。如果影响利润的损失大于减少的坏账损失和应收账款机会成本带来的利益，这说明公司的信用标准过严，应适当放松标准。

2. 信用评分法

信用评分法是企业建立评价指标，并依据这些指标对客户进行打分，看最终的综合得分是否能满足企业提供的最低分数线。具体评价公式为

$$信用评价分数=3.5\times 收益利息倍数+10\times 速动比率-25\times 资产负债比率+1.3\times 企业经营年限 \quad (5.15)$$

等式右边的数就是相应的权数。

按式（5.15）：信用评价分数大于50，信用风险小。信用评价分数在40～50，平均风险。信用评价分数小于50，信用风险大。

【例5-5】 某公司的收益利息倍数是4.2，速动比率是1.5，资产负债率是0.3，经营年限是20年，则求它的信用评价分数。

$$信用评价分数=3.5\times 4.2+10\times 1.5-25\times 0.3+1.3\times 20=48.2$$

根据计算结果，对照相应的等级分布，可知该公司属于平均风险类。

对信用标准进行定量分析，有利于企业提高应收账款投资决策的效果。但由于实际情况较复杂，不同企业的同一指标往往存在很大差异，难以按照统一的标准进行衡量。因此，企业对信用标准进行评价时应结合以往的经验，对各项指标进行具体的分析、判断。

（二）信用条件的决策

信用标准是企业评价客户等级，决定给予或拒绝客户信用的依据。一旦企业决定给予客户信用优惠时，就需要考虑具体的信用条件。信用条件是指企业接受客户信用定单时所提出的付款要求，主要包括信用期限、折扣期限和现金折扣。

信用条件的基本形式如：“2/10，*n*/30”，意思是若客户在10天内付款，可享受货款的2%的现金折扣，若放弃现金折扣，则必须在30天内付清全款。这里，30天为信用期限，10天为折扣期限，2%为现金折扣。

信用期限是指企业允许客户从购货到付款之间的时间间隔。例如某企业允许客户在购货后30天内付款，则信用期为30天。信用期过短，不足以吸引客户，在竞争中会是使销售额下降，信用期过长，会使因销售增长的收益被信用期间所产生的费用而抵消，甚至会造成利润的减少，因此企业必须谨慎研究，确定合适的信用期间。

信用期限的确定主要是分析改变现行信用期对收入和成本的影响。延长信用期会使销售额增长，产生有利影响；与此同时，应收账款、收款费用和坏账损失增加，会产生不利影响。当前者大于后者时，可以延长信用期，否则不宜延长。如果缩短信用期，情况与此相反。

【例5-6】 某公司现在采用30天按发票金额付款的信用政策，拟将信用期间放宽至60天，仍按发票金额付款即不给折扣。假设等风险投资的最低报酬率为15%，其他有关的数据见表5-4。

表5-4 某公司的经营数据

项目 \ 信用期（天）	30	60
销售量（件）	100 000	120 000
销售额（元）（单位5元）	500 000	600 000
销售成本（元）		

续表

项目 \ 信用期（天）	30	60
变动成本（每件 4 元）	400 000	480 000
固定成本（元）	50 000	50 000
毛利（元）	50 000	70 000
可能发生的收账费用（元）	3 000	4 000
可能发生的坏账损失（元）	5 000	9 000

在分析时，首先计算放宽期限得到的收益，然后计算增加的费用成本，最后根据两者比较结果做出判断。

（1）收益的增加

收益的增加＝销售量的增加×单位边际贡献＝(120 000－100 000)×(5－4)＝20 000（元）

（2）应收账款占用资金的应计利息增加

应收账款应计利息＝应收账款占用资金×资本成本

应收账款占用资金＝应收账款平均余额×变动成本率

$$30\text{ 天信用期应计利息}=\frac{500\,000}{360}\times 30\times\frac{400\,000}{500\,000}\times 15\%=5\,000\text{（元）}$$

$$60\text{ 天信用期应计利息}=\frac{600\,000}{360}\times 60\times\frac{480\,000}{600\,000}\times 15\%=12\,000\text{（元）}$$

应收利息增加＝12 000－5 000＝7 000（元）

（3）收账费用和坏账损失增加

收账费用增加＝4 000－3 000＝1 000（元）

坏账损失的增加＝9 000－5 000＝4 000（元）

（4）改变信用期的税前损益为

收益增加－成本费用增加＝20 000－(7 000＋1 000＋4 000)＝8 000（元）

由于收益的增加大于成本的增加，故应采用 60 天的信用期。

折扣期限是指提供给客户折扣期间的长度分布。它主要和现金折扣配合使用。现金折扣是指企业为了使客户早日付款在商品价格上所做的扣减。目的在于，吸引客户为享受优惠而提前付款，缩短公司的平均收款期。

企业究竟应当核定多长的折扣期限以及给予客户多大程度的现金折扣优惠，必须与信用期限等条件结合起来考虑。

【例 5-7】 沿用［例 5-6］资料，假定该公司在放宽信用期的同时，为了吸引顾客尽早付款，提出了 0.8/30，*n*/60 的现金折扣条件，估计会有一半的顾客（按 60 信用期所能实现的销售量计）将享受现金折扣优惠。

（1）收益的增加＝销售量的增加×单位边际贡献

＝(120 000－100 000)×(5－4)＝20 000（元）

（2）应收账款占用资金的应计利息增加

$$30\text{天信用期应计利息}=\frac{500\,000}{360}\times 30\times\frac{400\,000}{500\,000}\times 15\%=5\,000\text{（元）}$$

$$\begin{aligned}\text{提供现金折扣的应计利息}&=\frac{600\,000\times 50\%}{360}\times 60\times\frac{480\,000\times 50\%}{600\,000\times 50\%}\times 15\%\\&\quad+\frac{600\,000\times 50\%}{360}\times 30\times\frac{480\,000\times 50\%}{600\,000\times 50\%}\times 15\%\\&=6\,000+3\,000\\&=9\,000\text{（元）}\end{aligned}$$

应计利息增加＝9 000－5 000＝4 000（元）

（3）收账费用和坏账损失增加

收账费用增加＝4 000－3 000＝1 000（元）

坏账损失增加＝9 000－5 000＝4 000（元）

（4）估计现金折扣成本的变化

现金折扣成本增加＝新的销售水平×新的现金折扣率×享受现金折扣的顾客比率
－原销售水平×原现金折扣率×原享受现金折扣的顾客比率
＝600 000×0.8%×50%－500 000×0×0＝2 400（元）

（5）提供现金折扣后的税前收益

收益增加－成本费用增加＝20 000－(4 000＋1 000＋4 000＋2 400)＝8 600（元）

由于可获得税前收益，故应当放宽信用期，提供现金折扣。

企业在制定信用期限、现金折扣和折扣期限等信用条件时，要权衡收益与成本。若增加的收益大于增加的成本费用，应改变信用条件；否则，不应改变。

（三）收账政策的确定

收账政策是指当顾客违反信用条件，拖欠甚至拒付账款时企业所采取的收账策略与措施，比如发信、打电话、派专人催收、提请仲裁、诉诸法律等。

而无论何种方式，都需要付出一定的代价，即收账费用，如邮电通讯费、差旅费、法律诉讼费等。一般来说，企业加强应收账款管理，可减少坏账损失，减少应收账款上的资金占用，但会增加收账费用；反过来，如果公司催收不力，虽然收账费用少，但可能会导致坏账损失增加。即坏账损失和收账费用成反比例，但并非线性关系。它们的关系通常是刚开始发生的收账费用，仅能引起应收账款和损失小额减少。随着收账费用继续增加，应收账款和坏账损失明显减少。但当收账费用达到一定程度后，应收账款和坏账损失就不再减少了。所以，制定收账政策就是要在增加的收账费用与减少的坏账损失和应收账款上的资金占用而节约的成本之间进行权衡，若前者小于后两者之和，则说明制定的收账政策是可取的。如图 5-8 所示，企业应该针对企业业务情况和应收账款账龄情况，制定好合理的收账政策，减少坏账。

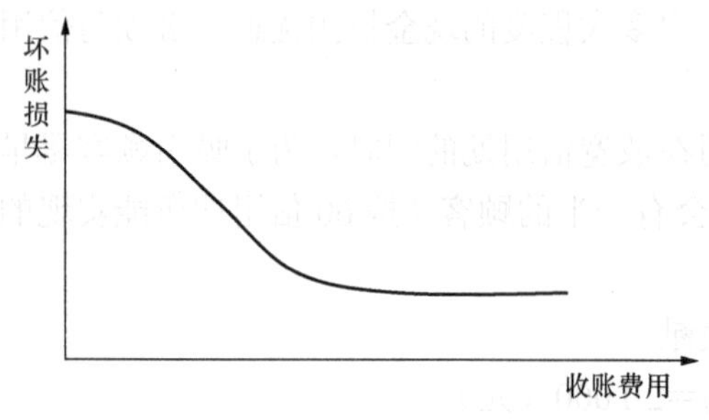

图 5-8 坏账损失与收账费用关系图

【例 5-8】 某公司应收账款原有的收账政策和准备改变的收账政策两种方案，见表 5-5。假设资本成本 20%。

表 5-5 **收账政策备选方案表**

项 目	现行收账政策	准备改变的收账政策
年收账费用（万元）	6	10
平均收账期（天）	60	30
坏账损失占赊销额（%）	3	2
赊销额（万元）	480	480
变动成本率（%）	60	60

根据表中资料，两种方案的收账总成本可计算如表 5-6。

表 5-6 **收账政策分析评价表** 单位：万元

项 目	现行收账政策	准备改变的收账政策
应收账款机会成本	480÷360×60×60%×20%=9.6	480÷360×30×60%×20%=4.8
坏账损失	480×3%=14.4	480×2%=9.6
年收账费用	6	10
收账总成本	30	24.4

计算结果表明，拟改变的收账政策发生的收账成本低于现行收账政策的收账成本。因此改变收账政策的方案是较为适宜的。

三、应收账款账龄分析

应收账款账龄分析就是考察研究应收账款的账龄结构。所谓应收账款的账龄结构就是各账龄应收账款的余额占应收账款总计余额的比重。

企业已经发生的应收账款时间长短不一，有的尚未超过信用期，有的则已经逾期拖欠。一般来讲，逾期拖欠时间越长，催收的难度越大，成为坏账的可能性就越高。因此进行账龄分析，是提高应收账款收现效率的重要环节。企业应严密监督，随时掌握回收情况，编制账龄分析表。常见的账龄分析表见表 5-7 和表 5-8。

表 5-7 **账 龄 分 析 表**

应收账款账龄	账 户 数	金额（万元）	百分比（%）
信用期内（3 个月）	100	60	50
超过信用期 3 个月内	20	20	16.7
超过信用期 4 个月内	10	25	20.8
超过信用期 5 个月内	5	5	4.2
超过信用期 6 个月以上	1	10	8.3
合 计	136	120	100

表 5-8 **账 龄 分 析 表** 金额单位：万元

客户名称	应收账款总额	未过期	过期 3 个月内	过期 4 个月内	过期 5 个月内	过期 6 个月以上
A	5	4	1			
B	3	3				
C	10					10
D	3.2		0.2	3		

续表

客户名称	应收账款总额	未过期	过期3个月内	过期4个月内	过期5个月内	过期6个月以上
…	…	…	…	…	…	…
N	20			20		
合计	120	60	20	25	5	10
比例	100%	50%	16.7%	20.8%	4.2%	8.3%

可以发现，该企业的应收账款余额中，有60万元尚在信用期内，占全部应收账款的50%。有60万元过期，占全部应收账款的50%，其中过期半年以上的有8.3%。此时，公司应分析逾期账户属于哪些顾客，发生拖欠的原因何在。对不同拖欠时间的账款及不同信用品质的顾客采用不同的收账方法，制定出经济可行的收账政策、方案。

通过应收账款账龄分析，可以对应收账款进行及时有效的控制，进而为适时地调整和修改企业信用政策提供帮助。

第四节 存 货 管 理

存货是指企业在日常生产经营过程中为了生产或销售的需要而必须储备的各种物资，主要包括产成品、半成品、在产品、原料、燃料、包装物、委托加工材料、低值易耗品等。

公司持有充足的存货，不仅有利于生产过程的顺利进行，节约采购费用与生产时间，而且能够迅速地满足顾客各种订货的需要，从而为企业的生产与销售提供较大的机动性。但是存货的增加必然会占用更多的资金，企业将付出持有成本（存货的机会成本），而且存货的储存费用也会增加，影响企业获利能力的提高。所以，存货管理的目标就是要在存货的功能（收益）与成本之间进行利弊权衡，在充分发挥存货功能的同时降低成本、增加收益，实现它们的最佳组合。

一、存货的功能与成本

（一）存货的功能

存货的功能是指存货在企业生产经营中所具有的作用。存货主要有四个功能，介绍如下。

1. 防止停工待料

适量的原材料存货、在产品和半成品存货是企业生产正常进行的前提和保障。就企业外部而言，供货方的生产和销售往往会因某些原因而暂停或推迟，从而影响材料的及时采购、入库和投产。就企业内部而言，有适量的半成品储备，能使各生产环节的生产调度更加合理，各生产工序更为协调，联系更为紧密，不至于因等待半成品而影响生产。可见，适量的存货能有效防止停工待料事件的发生，维持生产的连续性。

2. 降低进货成本

很多企业为了扩大销售规模，对购货方提供较优厚的商业折扣待遇，企业采取批量集中进货，可获得较多的商业折扣。另外，通过增加每次购货数量，减少进货次数，可以降低采购费用。

3. 适应市场变化

存货储备能增强企业在生产和销售方面的机动性以及适应市场变化的能力。企业有了足够的库存产成品，能有效地供应市场，满足顾客的需要。相反，如果某种畅销产品库存不足，将会失去目前或未来的商机，甚至蒙受信誉损害。

4. 维持均衡生产

对于那些生产季节性产品的公司，所需材料的供应是有季节性的，为实现均衡生产，降低生产成本，就必须储备一定的半成品和原材料存货。否则，这些公司若按照季节性变动组织生产活动，难免会产生忙时超负荷运转，闲时生产能力得不到充分利用的情形，这也会导致生产成本的提高。其他企业在生产过程中，同样会因为各种原因导致生产水平的高低变化，拥有合理的存货可以缓冲这种变化对企业生产活动及获利能力的影响。

（二）存货的成本

1. 取得成本

取得成本又称进货成本，是指为取得某种存货而支出的成本，通常用 TC_a 表示，主要由存货的购置成本和订货成本构成。

（1）购置成本又称进价成本，它是指存货本身的价值，即购买存货的发票价格，等于采购单价与采购数量的乘积。在一定时期购买总量既定的条件下，无论企业采购次数如何变动，存货的购买成本通常是保持相对稳定的（假设物价不变且无采购数量折扣），因此属于决策无关成本。用 D 表示年需要量，用 U 表示单价，购置成本的计算公式为

$$购置成本（进价成本）=D\times U \tag{5.16}$$

（2）订货成本，又称进货费用，它是指企业为组织进货而开支的费用，如与材料采购有关的办公费、差旅费、通讯费、运输费、检验费、入库搬运费等。订货成本中有一部分与订货次数成正比例变动，如差旅费、通讯费等，属于决策相关成本，每次订货的变动成本用 K 表示；订货次数等于存货年需要量 D 与每次进货批量 Q 之商；另一部分与订货次数无关，如专设采购机构的基本开支等，它们属于决策的无关成本，用 F_1 表示。订货成本的计算公式为

$$订货成本=D/Q\times K+F_1 \tag{5.17}$$

$$存货的取得成本\ TC_a=D\times U+D/Q\times K+F_1 \tag{5.18}$$

2. 储存成本

储存成本是指企业为持有存货而发生的费用，主要包括：存货资金占用费（以存款购买存货的利息成本）或机会成本（以现金购买存货而同时损失的证券投资收益等）、仓储费用、保险费用、存货残损霉变损失等。储存成本分为变动性储存成本和固定性储存成本两类。其中，固定性储存成本与存货储存数额的多少没有直接的联系，如仓库折旧费、仓库职工的固定月工资等，这类成本属于决策无关成本；而变动性储存成本主要有存货资金的应计利息；存货残损和变质损失、存货的保险费用等。

通常用 TC_c 表示储存成本，其中固定储存成本用 F_2 表示，单位变动储存成本用 K_c 表示。其计算公式为

$$TC_c=F_2+K_c\times Q/2 \tag{5.19}$$

3. 缺货成本

缺货成本是指因存货不足而给企业造成的损失，通常用 TC_s 表示，包括由于材料供应中断造成的停工损失、产成品供应中断导致延误发货的信誉损失及丧失销售机会的损失等。如果企业能够以替代材料解决库存材料供应中断之急的话，缺货成本便表现为替代材料紧急采购的额外开支。缺货成本能否作为决策相关成本，应视企业是否允许出现存货短缺的不同情

形而定。若允许缺货，则缺货成本与存货成本数量反向相关，属于决策的相关成本；反之，若公司不允许发生缺货情形，则缺货成本为零，无须考虑。

如果用 TC 来表示储备存货的总成本，其计算公式为

$$TC=TC_a+TC_c+TC_s=D\times U+D/Q\times K+F_1+F_2+K_c\times Q/2+TC_s \tag{5.20}$$

二、存货管理原则

（一）储存生产和销售必需的材料和产品

存货包括材料、燃料、低值易耗品、在产品、产成品、协作件和商品等。由于企业采购材料和到货有时间差，企业很难在不影响正常生产运行时实施零库存管理，因此材料必须有一定量的储备。

储备必要的产成品，有利于销售。企业的产品，一般不是生产一件出售一件，而是要组织成批生产、成批销售才经济合算。这是因为：①顾客为节约采购成本和其他费用，一般要成批采购；②为了达到运输上所需要的最低批量也应组织成批发运。另外，为了应付市场上突然到来的需求，也应适当储存一些产成品。

（二）经济性考虑

每天进行材料采购，不仅造成人力物力的浪费而且零购物资往往价格较高，批量采购价格上往往优惠。此外采购材料的价格可能会受到供需关系和宏观经济环境影响，价格上涨，造成不经济。

（三）留存保险储备

防止意外事件造成的损失，抓住意外事件带来的机遇，如由于自然事件，可能会使采购运输中断或滞后，影响材料到货，引起停工待料损失。此外产品脱销，材料供给不上，丧失机会。

三、存货决策

存货决策的内容主要包括：决定进货项目；选择供应单位；决定进货时间；决定进货批量。决定进货项目和选择供应单位是销售部门、采购部门、生产部门的职责；财务部门要做的是决定进货时间和决定进货批量。按照存货管理的目的，通过合理的进货批量和进货时间，使存货的相关总成本达到最低，这个批量叫做经济订货量或经济批量。有了经济批量，就可以找出最适宜的进货时间。下面介绍几种确定经济批量的模型。

（一）经济批量基本模型

经济批量基本模型以如下假设为前提：

（1）企业能够及时补充存货，即需要订货时即可马上取得存货。

（2）能集中到货，而不是陆续到货。

（3）不允许缺货，即无缺货成本，TC_S 为零。

（4）需求量稳定，并能预测，即 D 为已知常量。

（5）存货单价不变，即 U 为已知常量。

（6）企业现金充足，不会因现金短缺而影响进货。

（7）所需存货市场供应量充足，不会因买不到需要的存货而影响其他。

在上述条件下，经济批量基本模型推导为

总成本 $TC=TC_a+TC_c+TC_s=D\times U+D/Q\times K+F_1+F_2+K_c\times Q/2$

当 D，U，K，F_1，F_2，K_c 为常数量时，TC 的大小取决于 Q。为了求出总成本的极小值，

对上述总成本公式进行求导运算，可得出公式为

$$Q^*=\sqrt{\frac{2KD}{K_c}} \tag{5.21}$$

式（5.21）称为经济批量基本模型，求得的 Q 可使 TC 达到最小值。

这个基本模型还可以演变为其他形式

每年最佳订货次数公式为

$$N^*=\frac{D}{Q^*}=\frac{D}{\sqrt{\frac{2KD}{K_c}}}=\sqrt{\frac{DK_c}{2K}} \tag{5.22}$$

与批量有关的存货总成本公式为

$$TC(Q^*)=\frac{KD}{\sqrt{\frac{2KD}{K_c}}}+\frac{\sqrt{\frac{2KD}{K_c}}}{2}\times K_c=\sqrt{2KDK_c} \tag{5.23}$$

最佳订货周期公式为

$$t^*=\frac{1}{N^*}=\frac{1}{\sqrt{\frac{DK_c}{2K}}} \tag{5.24}$$

经济批量占用资金公式为

$$I^*=\frac{Q^*}{2}\times U=\frac{\sqrt{\frac{2KD}{K_c}}}{2}\times U=\sqrt{\frac{KD}{2K_c}}\times U \tag{5.25}$$

【例 5-9】 某 Ice cream 公司每年耗用某种材料 7 200 千克，该材料单位成本 20 元，单位储存成本 2 元，一次订货成本 50 元。则

$$Q^*=\sqrt{\frac{2K\times D}{K_c}}=\sqrt{\frac{2\times 7\,200\times 50}{2}}=600\text{（千克）}$$

$$N^*=\frac{D}{Q^*}=7\,200\div 600=12\text{（次）}$$

$$TC(Q^*)=\sqrt{2KDK_c}=\sqrt{2\times 50\times 7\,200\times 2}=1\,200\text{（元）}$$

$$t^*=\frac{1}{N^*}=\frac{1}{12}\text{（年）}=1\text{（月）}$$

$$I^*=\frac{Q^*}{2}\times U=600\div 2\times 20=6\,000\text{（元）}$$

（二）实行数量折扣的经济批量模型

经济批量基本模型的应用是假设存货的购买单价不变。但在实际中，如果企业一次购买较大批量，就有可能获得数量折扣。购买越多，所获得的优惠越大。此时，公司对经济进货批量的确定除了考虑订货成本、储存成本外，还应考虑存货的购置成本。

按照前面的推导，存在数量折扣的存货相关总成本为

$$存货相关总成本=存货购置成本+相关订货成本+相关存储成本 \tag{5.26}$$

实行数量折扣的经济批量计算步骤如下：

（1）按照经济批量基本模型确定经济批量。

（2）计算经济批量进货时的存货相关总成本。

（3）计算按给予数量折扣的进货批量进货时的存货相关总成本。

（4）比较不同进货批量的存货相关总成本，最低存货相关总成本对应的进货批量，就是实行数量折扣的最佳经济批量。

【例 5-10】 某企业的材料年需要量为 10 000 件，每次订货成本为 50 元，每件的存储成本为 4 元。当采购量小于 600 件时，单价为 10 元，采购量大于等于 600 件，但是小于 1 000 件时，单价为 9 元，大于或等于 1 000 件时，单价为 8 元。

要求：确定最佳经济批量。

由经济批量模型可得

$$Q^*=\sqrt{\frac{2KD}{K_c}}=\sqrt{\frac{2\times 50\times 10\,000}{4}}=500（件）$$

每次进货 500 件时的存货相关总成本

存货相关总成本=10×10 000+50×10 000/500+500/2×4=102 000（元）

每次进货 600 件时的存货相关总成本

存货相关总成本=9×10 000+50×10 000/600+4×600/2=92 033.33（元）

每次进货 1 000 件时的存货相关总成本

存货相关总成本=8×10 000+50×10 000/1 000+4×1 000/2=82 500（元）

计算结果表明，当每次进货 1 000 件时，存货相关总成本最低，所以最佳经济批量为 1 000 件。

（三）允许存在缺货的经济批量模型

允许缺货的情况下，企业应将缺货成本作为决策的相关成本进行考虑。即企业在确定经济批量的相关总成本时，不仅要考虑订货成本、储存成本，而且还要考虑缺货成本，能够使三项成本总和最低的批量便是经济订货批量。

设缺货量为 S，单位缺货成本为 C_s，则

$$Q=\sqrt{\frac{2K\times D}{K_c}\times\frac{K_c+C_s}{C_s}} \tag{5.27}$$

$$S=Q\times K_c/(K_c+C_s) \tag{5.28}$$

【例 5-11】 某企业的材料年需要量为 16 000 件，每次订货成本为 30 元，每件的存储成本为 4 元，单位缺货成本 8 元，则允许缺货的情况下经济批量为多少？

$$允许缺货情况下的经济批量=\sqrt{\frac{2\times 30\times 16\,000}{4}\times\frac{4+8}{8}}=600（件）$$

平均缺货量=600×4/(4+8)=200（件）

四、存货控制的 ABC 法

存货的 ABC 控制法是意大利经济学家巴雷特于 19 世纪首创的，以后经不断发展和完善，

现已经广泛用于存货管理、成本管理与生产管理。对一个大型企业来说，常有成千上万种存货，有的存货金额巨大，有的金额微小；有的数量众多，有的数量庞大，有的寥寥无几。如果不分主次，对所有存货进行周密的规划，严格的控制，就抓不住重点，不能有效地控制主要存货资金。ABC 法正是针对这一问题而提出的重点管理方法。它的基本原理是存货管理要分清主次、轻重，区别关键的少数和次要的多数，根据不同情况进行分类管理。

在此方法下，根据存货的重要程度把存货归为 A，B，C 三类。分类的标准主要有两个：一是金额标准，二是品种数量标准。其中金额标准是最基本的，品种数量标准仅作参考。最重要的为 A 类，最不重要的为 C 类。一般而言，三类存货的金额比重大致为 A:B:C＝0.7:0.2:0.1，而品种数量比重大致为 A:B:C＝0.1:0.2:0.7。运用 ABC 法控制存货资金，一般分如下几个步骤。

第一步：列示企业全部库存存货明细表。

第二步：计算每一种存货在一定时间内（一般为一年）的资金占用额。

第三步：计算每一种存货资金占用额占全部资金占用额的百分比，并按大小顺序排列，编成表格。

第四步：根据事先测定好的标准，把最重要的存货划为 A 类，一般存货划为 B 类，把不重要的存货划为 C 类，并画图表示出来。

第五步：对 A 类存货进行重点规划和控制，对 B 类存货进行次重点管理，对 C 类存货只进行一般管理。

把存货划分成 A，B，C 三大类，目的是对存货占用资金进行有效的管理。由于 A 类存货品种数量虽少，但占用金额巨大，只要能控制好它基本上就不会出现较大的问题，对它可按照每一个品种进行管理；B 类存货金额相对较小，品种数量多于 A 类存货，可采用分类的方式进行管理；C 类存货品种数量繁多，但金额小，只把握一个总金额就可以了。

但是对于 B 类和 C 类存货在符合下列条件的存货应提升为 A 类和 B 类存货进行管理，减少由于它们资金占用额低，忽视管理而造成的损失。条件如下：①进货困难，交货期不稳定；②需求量将发生较大的变化；③体积较大，占用地方多；④非常重要，不能缺少；⑤容易发生被盗、变质或陈旧。

【例 5-12】 某公司拟采用 ABC 控制法对存货进行有效的管理，存货分布情况见表 5-9，公司应该如何对存货进行管理？

表 5-9 存货状况分布一览表

存货品种	需求量	单位成本（元）	总成本（元）	存货品种	需求量	单位成本（元）	总成本（元）
I1	400	66	26 400	I10	667	43	28 681
I2	200	55	11 000	I11	56	2	112
I3	3 000	593	1 779 000	I12	76	35	2 660
I4	290	34	9 860	I13	767	45	34 515
I5	3 404	5	17 020	I14	68	223	15 164
I6	345	4	1 380	I15	6	677	4 062
I7	350	500	175 000	I16	445	56	24 920
I8	989	45	44 505	I17	245	42	10 290
I9	987	45	44 415	I18	670	56	37 520

按总成本（占用资金额）从大到小排列，分为 A，B，C 三类。分别计算各类存货的品种数量实际比重和占用资金额实际比重。公司的分类标准是数量比重和占用资金额比重分别为 11.11%和 53.04%，38.89%和 36.21%，50%和 10.75%，见表 5-10。

表 5-10　　公司 ABC 控制法存货分类表

<table>
<tr><th>存货品种</th><th>需求量</th><th>单位成本（元）</th><th>总成本（元）</th><th>资金占用额（元）</th><th>资金占用比率</th><th>品种数量比率</th><th></th></tr>
<tr><td>I3</td><td>300</td><td>593</td><td>177 900</td><td rowspan="2">352 900</td><td rowspan="2">53.04%</td><td rowspan="2">11.11%</td><td rowspan="2">A类</td></tr>
<tr><td>I7</td><td>350</td><td>500</td><td>175 000</td></tr>
<tr><td>I8</td><td>989</td><td>45</td><td>44 505</td><td rowspan="7">240 956</td><td rowspan="7">36.21%</td><td rowspan="7">38.89%</td><td rowspan="7">B类</td></tr>
<tr><td>I9</td><td>987</td><td>45</td><td>44 415</td></tr>
<tr><td>I18</td><td>670</td><td>56</td><td>37 520</td></tr>
<tr><td>I13</td><td>767</td><td>45</td><td>34 515</td></tr>
<tr><td>I10</td><td>667</td><td>43</td><td>28 681</td></tr>
<tr><td>I1</td><td>400</td><td>66</td><td>26 400</td></tr>
<tr><td>I16</td><td>445</td><td>56</td><td>24 920</td></tr>
<tr><td>I5</td><td>3 404</td><td>5</td><td>17 020</td><td rowspan="9">71 548</td><td rowspan="9">10.75%</td><td rowspan="9">50.00%</td><td rowspan="9">C类</td></tr>
<tr><td>I14</td><td>68</td><td>223</td><td>15 164</td></tr>
<tr><td>I2</td><td>200</td><td>55</td><td>11 000</td></tr>
<tr><td>I17</td><td>245</td><td>42</td><td>10 290</td></tr>
<tr><td>I4</td><td>290</td><td>34</td><td>9 860</td></tr>
<tr><td>I15</td><td>6</td><td>677</td><td>4 062</td></tr>
<tr><td>I12</td><td>76</td><td>35</td><td>2 660</td></tr>
<tr><td>I6</td><td>345</td><td>4</td><td>1 380</td></tr>
<tr><td>I11</td><td>56</td><td>2</td><td>112</td></tr>
</table>

小　　结

（1）营运资本管理是指在营运资本政策指导下，对流动资产和流动负债实施的管理活动。其管理原则是正确预测需要量；力求节约使用资金；加速资金周转速度；确保短期偿债能力。营运资本管理的内容：流动资产包括现金、交易性金融资产、应收预付款项、存货；流动负债包括应付账款、应付票据、预收账款、应付职工薪酬、应交税费、应付股利、短期借款等。

（2）企业持有现金的动机，有交易动机、预防动机、投机动机。现金管理的最基本原则是：加速现金的回笼和延缓现金的支付，尽可能在企业经营活动中保持低现金水平，以释放更多现金用于盈利性项目的投资。确定最佳现金持有量有三种方法：成本分析模式是指机会成本、管理成本、短缺成本构成了持有现金的总成本，总成本最低时即为最佳现金持有量。鲍曼存货模式是指持有现金与持有存货相类似，机会成本和交易成本两条曲线的交叉点总成本最低即为最佳现金持有量。现金周转模式是指：现金周转期＝存货周转期＋应收账款周转期－应付账款周转期。现金最佳持有量＝企业日平均现金需求量×现金周转期。随机模式是在现金需求量波动大且难以预知的情况下，企业可以根据历史经验和现实需要，测算出一个现金持有量的控制范围，即制定出现金持有量的上限和下限，将现金量控制在上下限之内。

（3）应收账款是公司销售商品或对外提供劳务采用赊销方式而形成的债权，是利用商业信用的直接结果。应收账款管理目标是扩大销售，提高竞争力，减少应收账款的机会成本，及时收账、减少坏账，应收账款的成本有：机会成本、管理成本、坏账成本。信用政策是公司预先制定的有关对应收账款进行规划和控制的一些规定。信用政策的决策有三个要点：一是信用标准，评估信贷客户可接受的财务实力和信用程度最低标准；二是信用条件，主要是确定信用期限、折扣期限和现金折扣。三是收款政策，是指信用条件被违反时，采取的收账策略，一般的程序是信函通知，电话催款，派人面谈，法律行动。

（4）存货是指企业在日常生产经营过程中为了生产或销售的需要而必须储备的各种物资。存货的功能是指存货在企业生产经营中所具有的作用，主要包括防止停工待料、降低进货成本、适应市场变化、维持均衡生产。存货成本一般包括取得成本（又分为订货成本和购货成本）、储存成本（保持存货所必须支付的成本，包括仓储费、保险费、存货破损变质，以及存货占用资金的利息成本）和缺货成本（企业由于存货投资不足，停工待料或市场脱销造成的损失）。实施存货管理的基本目标是通过合理的进货批量和进货时间，使存货的总成本最低，这个批量叫做经济订货量或经济批量。企业可以根据与存货总成本有关的变量建立适合企业的经济批量模型。对存货的管理通常采用 ABC 控制法，又称重点管理法，把存货划分成 A，B，C 三大类，目的是对存货占用资金进行有效的管理。

习　　题

一、单项选择题

1．在有关现金的成本中，具有固定成本性质的是（　　）。

A．现金的管理成本　　B．现金的机会成本

C．现金的转换成本　　D．现金的短缺成本

2．下列各项中，不属于信用条件构成要素的是（　　）。

A．信用期限　　B．现金折扣

C．收账政策　　D．折扣期限

3．企业在进行现金管理时，可利用的现金浮游量是指（　　）。

A．企业账户所记存款余额

B．银行账户所记企业存款余额

C．企业账户与银行账户所记存款余额之差

D．企业实际现金余额超过最佳现金持有量之差

4．在确定最佳现金持有量时，存货模式和成本分析模式均考虑到的因素是（　　）。

A．现金机会成本　　B．现金短缺成本

C．现金管理成本　　D．现金转换成本

5．采用 ABC 法对存货进行控制时，应当重点控制的是（　　）。

A．占用资金较多的存货　　B．数量较多的存货

C．品种较多的存货　　D．常用的存货

6．成本分析模式下的最佳现金持有量是使以下各项成本之和最小的现金持有量（　　）。

A．机会成本和短缺成本　　B．机会成本和转换成本

C．持有成本和转换成本　　D．持有成本、短缺成本和转换成本

7．某公司全年需用A材料2 400吨，每次的订货成本为240元，每吨材料年储备成本12元，则每年最佳订货次数为（　　）次。

A．12　　B．7.75　　C．3　　D．4

8．下列各项中，根据5C评价法，企业制定信用标准时一般不予考虑的因素是（　　）。

A．客户的财务实力　　B．客户的资信程度

C．客户的信用质（抵）押品　　D．客户的经理的学历

9．通常情况下，企业持有现金的机会成本（　　）。

A．与现金余额成反比　　B．与有价证券的利息率成正比

C．与持有时间成反比　　D．是决策的无关成本

10．在其他因素不变的情况下，企业采用积极的收账政策，可能导致的后果是（　　）。

A．坏账损失增加　　B．收账费用增加

C．应收账款投资增加　　D．平均收账期延长

二、简答题

1．简述营运资本筹集政策有哪些，各自有什么特点？

2．企业持有现金的动机包括哪些？

3．应收账款的成本包括哪些？

4．简述“5C”评价法的内容。

5．信用政策包括哪些内容？如何运用？

6．简述存货的成本包括哪些。

7．简述ABC控制法的内容。

三、计算题

1．某企业现金收支状况比较稳定，预计全年需要现金400 000元，一次转换成本为400元，有价证券收益率为20%。

运用确定现金持有量的存货模式计算：

（1）最佳现金持有量。

（2）确定转换成本、机会成本。

（3）最佳现金管理相关总成本。

（4）有价证券交易间隔期。

2．某公司现金收支均衡平稳，预计全年（按360天计算）现金需要量为250 000元，现金与有价证券的转换成本为每次500元，有价证券年利率为10%。

要求：

（1）计算最佳现金持有量。

（2）计算最佳现金持有量下的全年现金管理总成本、全年现金转换成本和全年现金持有机会成本。

（3）计算最佳现金持有量下的全年有价证券交易次数和有价证券交易间隔期。

3．某公司年度需耗用某材料36 000千克，该材料采购成本为200元/千克，年度储存成

本为 16 元/千克，平均每次进货成本为 20 元。

要求：

（1）计算本年度乙材料的经济进货批量。

（2）计算本年度乙材料经济进货批量下的相关总成本。

（3）计算本年度乙材料经济进货批量下的平均资金占用额。

（4）计算本年度乙材料最佳进货批次。

第六章　利润分配管理

学习重点和要点

（1）了解利润分配的基本原则、利润分配应考虑的因素和股份有限公司利润分配程序。
（2）掌握股利理论、各种股利分配政策的基本观点、优缺点和适用范围；确定利润分配政策应考虑的因素。
（3）了解股票分割的含义、目的与作用；股票回购的含义、意义与负效应。

第一节　利润分配概述

一、利润分配的基本原则

利润分配是财务管理的重要内容，有广义的利润分配和狭义的利润分配两种，广义的利润分配是指对企业收入和利润进行分配的过程；狭义的利润分配则指对企业净利润的分配。本书所讨论的利润分配是指对净利润的分配，即狭义的利润分配概念。

一个企业的利润分配不仅会影响企业的筹资和投资决策，而且还涉及国家、企业、投资者、职工等多方面的利益关系，涉及企业长远利益与近期利益、整体利益与局部利益等关系的处理与协调。为合理组织企业财务活动和正确处理财务关系，企业在进行利润分配时应遵循以下几个原则。

1. 依法分配原则

企业的利润分配必须依法进行，这是正确处理各方面利益关系的关键。为规范企业的利润分配行为，国家制定和颁布了若干法规。这些法规规定了企业利润分配的基本要求、一般程序和重大比例，企业应认真执行，不得违反。

2. 兼顾各方面利益原则

利润分配是利用价值形式对社会产品的分配，直接关系到有关各方的切身利益。因此利润分配要坚持全局观念，兼顾各方利益。除依法纳税以外，投资者作为资本投入者、企业所有者，依法享有利润分配权。企业的净利润归投资者所有，是企业的基本制度，也是企业所有者投资于企业的根本动力所在。但企业的利润离不开全体职工的辛勤工作，职工作为利润的直接创造者，除了获得工资及奖金等劳动报酬外，企业的利润分配应当考虑到职工的长远利益。可见，企业进行利润分配时，应统筹兼顾，合理安排，维护投资者、企业与职工的合法权益。

3. 分配与积累并重原则

企业进行利润分配，应正确处理长远利益和近期利益的辩证关系，将二者有机结合起来，坚持分配与积累并重的原则。考虑未来发展需要，企业除按规定提取法定盈余公积金以外，可适当留存一部分利润作为积累。这部分留存收益虽暂时未予分配，但仍归企业所有者所有。而且，这部分积累不仅为企业扩大再生产筹措了资金，同时也增强了企业抵抗风险的能力，提高了企业经营的安全系数和稳定性，有利于增加所有者的回报。通过正确处理利润分配和积累的关系，留存一部分利润以供未来分配之需，还可以达到以丰补欠，平抑利润分配数额波动，稳定投资报酬率的效果。实践证明，投资者更为青睐能够提供稳定回报的企业，而利润分配时高时低的企业因暗含不稳定信息，对投资者的吸引力难免大打折扣。因而企业在进行利润分配时应当正确处理分配与积累的关系。

4. 投资与收益对等原则

企业分配收益应当体现“谁投资谁受益”、受益大小与投资比例相适应，即投资与受益对等原则，这是正确处理投资者利益关系的关键。投资者因其投资行为而享有收益权，并且其投资收益应同其投资比例对等。这就要求企业在向投资者分配利润时，应本着平等一致的原则，按照各方投入资本的多少来进行，决不允许发生任何一方随意多分多占的现象。这样才能从根本上保护投资者的利益，鼓励投资者投资的积极性。

二、确定利润分配政策时应考虑的因素

利润分配政策的确定受到各方面因素的影响，一般说来，应考虑的主要因素有法律因素、股东因素、公司因素及其他因素。

（一）法律因素

为了保护债权人和股东的利益，国家有关法规如《公司法》对企业利润分配予以一定的硬性限制。这些限制主要体现为以下四个方面。

1. 资本保全约束

资本保全是企业财务管理应遵循的一项重要原则。它要求企业发放的股利或投资分红不得来源于原始投资（或股本），而只能来源于企业当期利润或留存收益。其目的是为了防止企业任意减少资本结构中所有者权益（股东权益）的比例，以维护债权人利益。

2. 资本积累约束

它要求企业在分配收益时，必须按一定的比例和基数提取各种公积金。另外，它要求在具体的分配政策上，贯彻“无利不分”原则，即当企业出现年度亏损时，一般不得分配利润。

3. 偿债能力约束

偿债能力是指企业按时足额偿付各种到期债务的能力。对股份公司而言，当其支付现金股利后会影响公司偿还债务和正常经营时，公司发放现金股利的数额就要受到限制。

4. 超额累积利润约束

对于股份公司而言，由于投资者接受股利交纳的所得税要高于进行股票交易的资本利得所缴纳的税金，因此许多公司通过积累利润使股价上涨方式来帮助股东避税。西方许多国家都注意到了这一点，并在法律上明确规定公司不得超额累积利润，一旦公司留存收益超过法律认可的水平，将被加征额外税款。我国法律目前对此尚未做出规定。

（二）股东因素

股东出于对自身利益的考虑，可能对公司的利润分配提出限制、稳定或提高股利发放率等不同意见。包括以下四个方面。

1. 控制权考虑

公司的股利支付率高，必然导致保留盈余减少，这又意味着将来发行新股的可能性加大，而发行新股会稀释公司的控制权。因此，公司的老股东往往主张限制股利的支付，而愿意较

多地保留盈余，以防止控制权旁落他人。

2. 避税考虑

一些高收入的股东出于避税考虑（股利收入的所得税高于交易的资本利得税），往往要求限制股利的支付，而较多地保留盈余，以便从股价上涨中获利。

3. 稳定收入考虑

一些股东往往靠定期的股利维持生活，他们要求公司支付稳定的股利，反对公司留存较多的利润。

4. 规避风险考虑

在某些股东看来，通过增加留存收益引起股价上涨而获得的资本利得是有风险的，而目前所得股利是确定的，即便是现在较少的股利，也强于未来较多但是存在较大风险的资本利得，因此他们往往要求较多地支付股利。

（三）公司因素

公司出于长期发展与短期经营考虑，需要综合考虑以下因素，并最终制订出切实可行的分配政策。这些因素主要有以下六个。

1. 公司举债能力

如果一个公司举债能力强，能够及时地从资金市场筹措到所需的资金，则有可能采取较为宽松的利润分配政策；而对于一个举债能力较弱的公司而言，宜保留较多的盈余，因而往往采取较紧的利润分配政策。

2. 未来投资机会

利润分配政策要受到企业未来投资机会的影响。主要表现在：当企业预期未来有较好的投资机会，且预期投资收益率大于投资者期望收益率时，企业经营者会首先考虑将实现的收益用于再投资，减少用于分配的收益金额。这样有利于企业的长期发展，同时也能被广大的投资者所理解。相反，如果企业缺乏良好的投资机会，保留大量盈余会造成资金的闲置，可适当增大分红数额。正因为如此，处于成长中的企业多采取少分多留政策，而陷于经营收缩的企业多采取多分少留政策。

3. 盈余稳定状况

企业盈余是否稳定，也将直接影响其收益分配。盈余相对稳定的企业对未来取得盈余的可能性预期良好，因此有可能比盈余不稳定的企业支付更高的股利；盈余不稳定的企业由于对未来盈余的把握小，不敢贸然采取多分政策，而较多采取低股利支付率政策。

4. 资产流动状况

较多地支付现金红利，会减少企业现金持有量，使资产的流动性降低，而保持一定的资产流动性是企业经营的基础和必备条件，因此，如果企业的资产流动性差，即使收益可观，也不宜分配过多的现金股利。

5. 筹资成本

一般而言，将税后的收益用于再投资，有利于降低筹资的外在成本，包括再筹资费用和资本的实际支出成本。因此，很多企业在考虑投资分红时，首先将企业的净利润作为筹资的第一选择渠道，特别是在负债资金较多、资本结构欠佳的时期。

6. 其他因素

比如，企业有意地多发股利使股价上涨，使已发行的可转换债券尽快地实现转换，从而达到调整资本结构的目的；再如，通过支付较高股利，刺激公司股价上扬，从而达到兼并、反收购目的等。

（四）其他因素

1. 债务合同限制

企业的债务合同，特别是长期债务合同，往往有限制企业现金支付程度的条款，以保护债权人的利益。通常包括：①未来的股利只能以签订合同之后的收益来发放，也就是说不能以过去的留存收益来发放；②营运资金低于某一特定金额时不得发放股利；③将利润的一部分以偿债基金的形式留存下来；④利息保障倍数低于一定水平时不得支付股利。企业出于方便未来负债筹资的考虑，一般都能自觉恪守与债权人事先签订的有关合同的限制性条款，以协调企业与债权人之间的关系。

2. 通货膨胀

通货膨胀会带来货币购买力水平下降，固定资产重置资金来源不足，此时企业往往不得不考虑留用一定的利润，以便弥补由于货币购买力水平下降而造成的固定资产重置资金缺口。因此，在通货膨胀时期，企业一般采取偏紧的利润分配政策。

第二节 股利理论

股利理论存在三大流派：股利重要论、股利无关论和股利分配的税收效应理论。

一、股利重要论

股利重要论认为，股利对于投资者非常重要，投资者一般期望公司多分配股利。支持股利重要的学术派别及其观点有“在手之鸟”理论、信号传递理论、代理理论。

（一）“在手之鸟”理论

“在手之鸟”理论认为，用留存收益再投资带给投资者的收益具有很大的不确定性，并且投资风险随着时间的推移将进一步增大，因此，投资者更喜欢现金股利，而不大喜欢将利润留给公司。这是因为：对投资者来说，现金股利是“抓在手中的鸟”，是实在的，而公司留利则是“躲在林中的鸟”，随时都可能飞走。在投资者的眼里，股利收入要比由留存收益带来的资本收益更可靠。所以投资者宁愿现在收到较少的股利，也不愿意待未来再收回风险较大的较多的股利。如果有A和B股票，它们的基本情况相同，A股票支付股利，而B股票不支付股利，那么，A股票价格要高于不支付股利B股票的价格。同理，对于基本情况相同的两种股票的价格，其股利支付率高的肯定要高于股利支付率低的。根据这种理论，公司需要定期向股东支付较高的股利。公司分配的股利越多，公司的市场价值也就越大。

（二）信号传递理论

信号传递理论认为，在信息不对称的情况下，公司可以通过股利政策向市场传递有关公司未来盈利能力的信息。一般说来，预期未来盈利能力强的公司往往愿意通过相对较高的股利支付率，把自己同预期盈利能力差的公司区别开来，以吸引更多的投资者。对市场上的投资者来说，股利政策的差异或许是反映公司预期盈利能力差异的极有价值的信号。如果公司连续保持较为稳定的股利支付率，那么，投资者就可能对公司未来的盈利能力与现金流量抱有较为乐观的预期。不过，公司以支付现金股利的方式向市场传递信息，通常也要付出较为高昂的代价。这些代价包括：①较高的所得税负担；②一旦公司因分派现金股利造成现金流量短缺，就有可能被迫重返资本市场发行新股，而这一方面会随之产生必不可少的交易成本，另一方面又会扩大股本，摊薄每股收益，对公司的市场价值产生不利影响；③如果公司因分派现金股利造成投资不足，并丧失有利的投资机会，还会产生一定的机会成本。

尽管以派现方式向市场传递利好信号需要付出很高的成本，但仍然有很多公司选择派现作为公司股利支付的主要方式，其原因主要有以下四种。一是声誉激励理论。该理论认为，由于公司未来的现金流量具有很大的不确定性，因此，为了在将来能够以较为有利的条件在资本市场上融资，公司必须在事先建立起不剥夺股东利益的良好声誉，而建立“善待股东”这一良好声誉的有效方式之一就是派现。二是逆向选择理论。该理论认为，相对于现金股利而言，股票回购的主要缺陷在于，如果某些股东拥有关于公司实际价值的信息，那么，他们就可能在股票回购过程中，充分利用这一信息优势。当股票的实际价值超过公司的回购价格时，他们就会大量竞买价值被低估的股票；反之，当股票的实际价值低于公司的回购价格时，他们就会极力回避价值被高估的股票，于是便产生了逆向选择问题，而派发现金股利则不存在这类问题。三是交易成本理论。该理论认为，市场上有相当一部分投资者出于消费等原因，希望从投资中定期获得稳定的现金流量。对于这类投资者来说，选择稳定派现的股票也许是达到上述目的最廉价的方式。这是因为：倘若投资者以出售所持股票的方式来套现，就可能因时机选择不当而蒙受损失。况且，选择在何时以何种价位出售股票还需要投入许多时间和精力，这些交易成本的存在使得投资者更加偏好现金股利。四是制度约束理论。该理论认为，公司之所以选择支付现金股利，是由于“谨慎人”所起的作用。所谓“谨慎人”，是指信托基金、保险基金、养老基金等机构投资者，出于降低风险的考虑，法律通常要求这些机构投资者只能持有支付现金股利的股票，并获得股利收入。如果公司不派现，则这种股票就会被排除在机构投资者的投资对象之外。

虽然股利分配的信号传递理论已为人们广泛接受，但也有一些学者对此持不同看法。他们的主要观点是：第一，公司目前的股利分配并不能帮助投资者预测公司未来的盈利能力；第二，高派现的公司向市场传递的并不是公司具有较好前景的利好消息，相反则是公司当前没有正现值的投资项目，或公司缺乏较好投资机会的利空消息。不过，由于上述反对意见缺乏实证考察的支持，因此未能引起人们过多的关注。

（三）代理理论

代理理论认为，股利政策有助于减缓管理者与股东之间，以及股东与债权人之间的代理冲突，也就是说，股利政策相当于是协调股东与管理者之间代理关系的一种约束机制。股利政策对管理者的这种约束体现在两个方面：一方面，从投资角度看，当企业存在大量自由现金时，管理者通过股利发放不仅减少了因过度投资而浪费资源，而且有助于减少管理者潜在的代理成本，从而增加企业价值（这样可解释股利增加宣告与股价变动正相关的现象）；另一方面，从融资角度看，企业发放股利减少了内部融资，导致进入资本市场寻求外部融资，从而可以经常接受资本市场的有效监督，这样通过加强资本市场的监督而减少代理成本（这一分析有助于解释公司保持稳定股利政策的现象）。因此，高水平股利支付政策将有助于降低企业的代理成本，但同时也增加了企业的外部融资成本。因此最优的股利政策应使两种成本之和最小化。

近年来，还有学者从法律角度来研究股利分配的代理问题。这类研究的主要结论有三条：一是股利分配是法律对股东实施有效保护的结果，即法律使得小股东能够从公司“内部人”那里获得股利；二是在法律不健全的情况下，股利分配可以在一定程度上替代法律保护，即在缺乏法律约束的环境下，公司可以通过股利分配这一方式，来建立起善待投资者的良好声誉；三是受到较好法律保护的股东，愿意耐心等待当前良好投资机会的未来回报，而受到较差法律保护的股东则没有这种耐心，因此他们为了获得当前的股利，宁愿丢掉好的投资机会。

二、股利无关论

股利无关论由美国财务专家米勒（Miller）和莫迪格莱尼（Modigliani）于1961年在他们的著名论文《股利政策，增长和股票价值》中首先提出，因此被称为MM理论。股利无关论认为，公司市场价值的高低，是由公司所选择的投资政策的好坏所决定的。由于公司对股东的分红只是盈利减去投资之后的差额部分，且分红只能采取派现或股票回购等方式，因此，一旦投资政策已定，那么，在完美且完全的资本市场上，股利政策的改变就仅仅意味着收益在现金股利与资本利得之间分配上的变化。如果投资者按理性行事的话，这种改变就不会影响公司的市场价值及股东的财富。因此，在完全资本市场的条件下，股利完全取决于投资项目需用盈余后的剩余，投资者对于盈利的留存或发放股利毫无偏好。

需要特别指出的是，“股利无关论”是建立在“完美且完全的资本市场”这一严格假设前提基础上的。这一假设包括：①完善的竞争假设，任何一位证券交易者都没有足够的力量通过其交易活动对股票的现行价格产生明显的影响；②信息完备假设，所有的投资者都可以平等地免费获取影响股票价格的任何信息；③交易成本为零假设，证券的发行和买卖等交易活动不存在经纪人费用、交易税和其他交易成本，在利润分配与不分配、或资本利得与股利之间均不存在税负差异；④理性投资者假设，每个投资者都是财富最大化的追求者，这一假设与现实世界有一定的差距。虽然米勒（Miller）和莫迪格莱尼（Modigliani）也认识到公司股票价格会随着股利的增减而变动这一重要现象，但他们认为，股利增减所引起的股票价格的变动并不能归因为股利增减本身，而应归因于股利所包含的有关企业未来盈利的信息内容。

三、股利分配的税收效应论

在考虑税赋因素，并且是在对股利和资本收益征收不同税率的假设下，布伦南创立了股价与股利关系的静态模型，由该模型得出，股利支付水平高的股票要比支付水平低的股票有更高的税前收益，在存在差别税赋的前提下，公司选择不同的股利支付方式，不仅会对公司的市场价值产生不同的影响，而且也会使公司（及个人）的税收负担出现差异。此外，继续持有股票可延缓资本收益的获得而推迟资本收益的纳税时间。考虑到纳税的影响，投资者对具有较高收益的股本要求的税前收益要高于低股利收益的股票。即股利政策不仅与股价相关，而且由于税赋的影响，企业应采用低股利政策。

奥尔巴克经过严密的数学推导，进一步提出了“税赋资本化假设”，这种观点的主要前提是，公司将现金分配给股东的唯一途径是支付应税股利，公司的市场价值等于公司预期支付的税后股利的现值，因此，未来股利所承担的税赋被资本化入股票价值，股东对于公司留存收益或支付股利是不加区分的。按这种观点，提高股利税负将导致公司权益的市场价值的直接下降。为此，公司应采用低股利政策，以实现其资本成本最小化和价值最大化。

第三节 股利分配程序与支付方式

一、利润分配顺序

按照《公司法》等法律、法规的规定，股份有限公司当年实现的利润总额，应按照国家有关规定作相应调整后，依法交纳所得税，然后按下列顺序分配。

1. 弥补以前年度亏损

以前年度亏损是指超过用所得税前的利润抵补亏损的法定期限后，仍未补足的亏损。

2. 提取法定公积金

法定公积金按照净利润扣除弥补以前年度亏损后的10%提取，法定公积金达到注册资本的50%时，可不再提取。

3. 提取任意公积金

任意公积金按照公司章程或股东会议决议提取和使用，其目的是为了控制向投资者分配利润的水平以及调整各年利润分配的波动，通过这种方法对投资者分配加以限制和调节。

4. 向投资者分配利润或股利

净利润扣除上述项目后，再加上以前年度的未分配利润，即为可供普通股分配的利润，公司应按同股同权、同股同利的原则，向普通股股东支付股利。

二、股利分配程序

（一）股利分配方案的确定

股利分配方案的确定，主要是考虑确定以下四个方面的内容：第一，选择股利政策类型；第二，确定股利支付水平的高低；第三，确定股利支付形式，即确定合适的股利分配形式；第四，确定股利发放的日期等。

就股份公司而言，股利分配方案的确定与变更，决策权都高度集中于企业最高管理当局——董事会。要完成整个股利政策的制定与决策过程，通常需要经由三个权力层面或阶段：一是企业财务部门；二是董事会；三是股东大会。财务部门提供的各种财务数据是董事会制定股利政策与方案的主要依据；董事会的职责是拟订企业整体的股利政策（草案）与具体的分配方案（预案），并提出支持理由。股东大会是企业最高的权力决策机构，在利润分配方面，主要是检查企业财务报告，审核批准董事会制定的股利政策与分配方案等的预案。股份公司分配股利必须遵循法定的程序，先由董事会提出分配预案，然后提交股东大会审议，股东大会决议通过分配预案之后，向股东宣布发放股利的方案，并确定股权登记日、除息（或除权）日和股利支付日等。制定股利政策时必须明确这些日期界限。

1. 股利宣告日

即公司董事会将股利支付情况予以公告的日期。公告中将宣布每股股利、股权登记日、除息日和股利支付日等事项。我国的股份公司通常一年派发一次股利，也有在年中派发中期股利的。

2. 股权登记日

即有权领取股利的股东资格登记截止日期。只有在股权登记日前在公司股东名册上有名的股东，才有权分享股利，证券交易所的中央清算登记系统为股权登记提供了很大的方便，一般在营业结束的当天即可打印出股东名册。

3. 除息日

即指领取股利的权利与股票相互分离的日期。在除息日前，股利权从属于股票，持有股票者即享有领取股利的权利；从除息日开始，股利权与股票相分离，新购入股票的人不能分享股利。通常在除息日之前进行交易的股票，其价格高于在除息日之后进行交易的股票价格，其原因就主要在于前种股票的价格包含应得的股利收入在内。

4. 股利支付日

即向股东发放股利的日期。

（二）选择股利政策类型

企业选择股利政策类型通常需要考虑以下几个因素：①企业所处的成长与发展阶段；②企业支付能力的稳定情况；③企业获利能力的稳定情况；④目前的投资机会；⑤投资者的态度；⑥企业的信誉状况。

公司在不同成长与发展阶段所采用的股利政策一般可用表 6-1 来描述。

表 6-1 公司股利分配政策的选择

公司发展阶段	特点	适应的股利政策
公司初创阶段	公司经营风险高，融资能力差	剩余股利政策
公司高速发展阶段	产品销量急剧上升，需要进行大规模的投资	低正常股利加额外股利政策
公司稳定增长阶段	销售收入稳定增长，公司的市场竞争力增强，行业地位已经巩固，公司扩张的投资需求减少，广告开支比例下降，净现金流入量稳步增长，每股净利呈上升态势	稳定增长型股利政策
公司成熟阶段	产品市场趋于饱和，销售收入难以增长，但盈利水平稳定，公司通常已积累了相当的盈余和资金	固定型股利政策
公司衰退阶段	产品销售收入锐减，利润严重下降，股利支付能力日绌	剩余股利政策

（三）确定股利支付水平

股利支付水平通常用股利支付率来衡量。股利支付率是当年发放股利与当年净利润之比，或每股股利除以每股收益。一般来说，公司发放股利越多，股利的分配率越高，因而对股东和潜在投资者的吸引力越大，也就越有利于建立良好的公司信誉。但过高的股利分配率政策也会产生不利效果：一是会使公司的留存收益减少；二是如果公司要维持高股利分配政策而对外大量举债，会增加资本成本，最终必定会影响公司的未来收益和股东权益。

是否对股东派发股利以及比率高低，取决于企业对下列因素的权衡：①企业所处的成长周期及目前的投资机会；②企业的再筹资能力及筹资成本；③企业的控制权结构；④顾客效应；⑤股利信号传递功能；⑥贷款协议以及法律限制；⑦通货膨胀等因素。

三、确定股利支付方式

股份有限公司支付股利的基本形式主要有现金股利和股票股利。

1. 现金股利形式

现金股利是股份公司以现金的形式发放给股东的股利。发放现金股利的多少主要取决于公司的股利政策和经营业绩。上市公司发放现金股利主要出于三个原因：投资者偏好、减少代理成本和传递公司的未来信息。

公司采用现金股利形式时，必须具备两个基本条件：第一，公司要有足够的未指明用途的留存收益（未分配利润）；第二，公司要有足够的现金。一般说来，现金流入超出现金流出的余额越多，现金的可调剂头寸与机动弹性也就越大，也就越有能力支付较高的现金股利。相反，当企业的现金头寸吃紧时，企业为了保证应付意外情况的机动性，通常是不愿意也不应当承受太大的财务风险而动用现金支付巨额的股利。

2. 股票股利形式

股票股利形式是指企业以股票形式发放的股利，即按股东股份的比例发放股票作为股利的一种形式。

当公司注册资本尚未足额投入时，公司可以以股东认购的股票作为股利支付；也可以是发行新股支付股利。实际操作过程中，有的公司增资发行新股时，预先扣除当年应分配股利，减价配售给老股东；也有的发行新股时进行无偿增资配股，即股东不须缴纳任何现金和实物，即可取得公司发行的股票。发放股票股利又称为送股或送红股。

发放股票股利的优点主要有：①企业发放股票股利可免付现金，保留下来的现金，可用于追加投资，扩大企业经营，同时减少筹资费用；②股票变现能力强，易流通，股东乐于接受；③可传递公司未来经营绩效的信号，增强经营者对公司未来的信心；④便于今后配股融通更多资金和刺激股价。

股票股利不会引起公司资产的流出或负债的增加，而只涉及股东权益内部结构的调整，即在减少未分配利润项目金额的同时，增加公司股本额，同时还可能引起资本公积的增减变化，而股东权益总额并不改变。发放股票股利会因普通股股数的增加而引起每股利润的下降，每股市价有可能因此而下跌，但发放股票股利后股东所持股份比例并未改变，因此每位股东所持股票的市场价值总额仍能保持不变。

除上述两种基本股利形式外，还有财产股利（如实物股利、证券股利)、负债股利（如公司债券股利）等形式。

第四节 股利分配政策

股利政策是指在法律允许的范围内，可供企业管理当局选择的，有关净利润分配事项的方针及对策。

可供分配的净利润既可以用于向投资者分红，也可以留存企业。在这部分净利润数额相对有限的情况下，如何合理确定分红与留存的比例，直接关系到有关短期利益与长远利益、股东与企业等关系能否得到妥善处理的问题。确定或选择正确的利润分配政策，对企业具有特别重要的意义。一方面，分配政策在一定程度上决定企业对外再筹资能力。如果企业分配政策得当，除了能直接增加企业积累能力外，还能够吸引投资者（包括潜在投资者）对企业的投资，增强其投资信心，从而为筹资提供基础；另一方面，分配政策在一定程度上还决定企业市场价值的大小。如何确定较好的分配政策，并保持一定程度上的连续性，有利于提高企业的财务形象，从而提高企业发行在外股票的价格和企业的市场价值。

企业在确定利润分配政策时，应综合考虑各种影响因素，结合自身实际情况，权衡利弊得失，从优选择。企业经常采用的股利政策主要有以下几种。

一、剩余股利政策

剩余股利政策是指公司生产经营所获得的税后利润首先应较多地考虑满足公司有利可图的投资项目的需要，即增加资本或公积金，只有当增加的资本额达到预定的目标资本结构（最佳资本结构）后，如果有剩余，再派发股利；如果没有剩余，则不派发股利。剩余股利政策的依据是股利无关理论。

剩余股利政策的具体应用程序为：①根据投资机会确定最佳资本预算水平；②利用最佳资本结构比例，预计确定企业投资项目的权益资本需要额；③尽可能地使用留存收益来满足投资所需的权益资本数额；④留存收益在满足投资需要后尚有剩余时，则派发现金股利。

剩余股利政策的优点是充分利用留存收益这一筹资成本较低的资金来源，保持理想的资本结构，使综合资本成本降低，实现企业价值的长期最大化。其缺陷表现在：完全遵照执行剩余股利政策，将使股利发放额每年随投资机会和盈利水平的波动而波动，不利于投资者安排收入与支出，也不利于公司树立良好的形象。剩余股利政策一般适用于公司初创阶段。

【例 6-1】 某公司 2008 年度净利润为 4 000 万元，2009 年度投资计划所需资金 3 500 万元，公司的目标资本结构为自有资金占 60%，借入资金 40%。则按照目标资本结构的要求，公司投资方案所需的自有资金数额为

$$3\,500\times60\%=2\,100\text{（万元）}$$

按照剩余股利政策的要求，该公司 2008 年度可向投资者分红（发放股利）数额为

$$4\,000-2\,100=1\,900\text{（万元）}$$

二、固定股利政策

固定股利政策是公司将每年派发的股利额固定在某一特定水平上，然后在一段时间内不论公司的盈利情况和财务状况如何，派发的股利额均保持不变。只有当企业对未来利润增长确有把握，并且这种增长被认为是不会发生逆转时，才增加每股股利额。采用该政策的依据是股利重要理论。

这种策略对公司而言有如下好处：①固定的股利有利于公司树立良好的形象，有利于稳定公司股票价格，从而增强投资者对公司的信心；②稳定的股利有利于投资者安排收入与支出，特别是那些对股利有较强依赖性的股东更是如此。

这种策略对公司而言的主要缺陷表现为：①公司股利支付与公司盈利相脱离，造成投资的风险与投资的收益不对称；②由于公司盈利较低时仍要支付较高的股利，容易引起公司资金短缺，导致财务状况恶化，甚至侵蚀公司留存收益和公司资本。

固定股利政策一般适用于经营比较稳定或正处于成长期、信誉一般的公司，但该政策很难被长期采用。

三、固定股利支付率政策

固定股利支付率政策是公司确定固定的股利支付率，并长期按此比率从净利润中支付股利的政策。固定股利支付率政策的理论依据是股利重要理论。

固定股利支付率政策的优点是：①使股利与企业盈余紧密结合，以体现多盈多分、少盈少分、不盈不分的原则；②由于公司的盈利能力在年度间是经常变动的，因此每年的股利也应随着公司收益的变动而变动，保持股利与利润间的一定比例关系，体现投资风险与收益的对等。

固定股利支付率政策的不足之处是：①由于股利波动容易使外界产生公司经营不稳定的印象，公司财务压力较大，不利于股票价格的稳定与上涨；②公司每年按固定比例从净利润中支付股利，缺乏财务弹性；③确定合理的固定股利支付率难度很大。

固定股利支付率政策只能适用于稳定发展的公司和公司财务状况较稳定的阶段。

四、低正常股利加额外股利政策

低正常股利加额外股利政策是公司事先设定一个较低的经常性股利额，一般情况下，公司每期都按此金额支付正常股利，只有企业盈利较多时，再根据实际情况发放额外股利。低正常股利加额外股利政策的依据是股利重要理论。

这种股利政策的优点主要有两点。①低正常股利加额外股利政策具有较大的灵活性。由于平常股利发放水平较低，故在企业净利润很少或需要将相当多的净利润留存下来用于再投资时，企业仍旧可以维持既定的股利发放水平，避免股价下跌的风险；而企业一旦拥有充裕

的现金，就可以通过发放额外股利的方式，将其转移到股东的手中，也有利于股价的提高。②它既可以在一定程度上维持股利的稳定性，又有利于企业的资本结构达到目标资本结构，使灵活性与稳定性较好地相结合，因而为许多企业所采用。

低正常股利加额外股利政策的缺点主要有两点。①股利派发仍然缺乏稳定性，额外股利随盈利的变化而变化，时有时无，给人漂浮不定的印象。②如果公司较长时期一直发放额外股利，股东就会误认为这是正常股利，一旦取消，极易造成公司“财务状况”逆转的负面影响，股价下跌在所难免。

上面所介绍的几种股利政策中，固定股利政策和低正常股利加额外股利政策是被企业普遍采用，并为广大的投资者所认可的两种基本政策。企业在进行利润分配时，应充分考虑各种政策的优缺点和企业的实际情况，选择适宜的净利润分配政策。

第五节 股票分割与股票回购

一、股票分割

股票分割又称拆股，是公司管理当局将其股票分割或拆细的行为。例如，三股换一股的股票分割是指三股新股换取一股旧股。

股票分割对公司的资本结构和股东权益不会产生任何影响，一般只会使发行在外的股票总数增加，每股面值降低，并由此引起每股收益和每股市价下跌，而资产负债表中股东权益各账户的余额都保持不变，股东权益的总额也维持不变。

【例 6-2】 某公司现有股本 1 000 万股（每股面值为 10 元），资本公积 20 000 万元，留存收益 70 000 万元，股票市价为每股 20 元。现按每股 10 元发放股票股利及按 1:2 进行股票分割对公司股东权益的影响见表 6-2。

表 6-2 股票股利与股票分割

原来普通股股东权益	
股本（1 000 万股，面值为 10 元）	10 000 万元
股本公积	20 000 万元
留存收益	70 000 万元
股东权益	100 000 万元
分配 100%股票股利	
股本（2 000 万股，面值为 10 元）	20 000 万元
股本公积	40 000 万元
留存收益	40 000 万元
股东权益	100 000 万元
1:2 股票分割	
股本（2 000 万股，面值为 5 元）	10 000 万元
股本公积	20 000 万元
留存收益	70 000 万元
股东权益	100 000 万元

股票分割的主要作用有以下几点。

（1）采用股票分割可使公司股票每股市价降低，促进股票流通和交易。

（2）股票分割能有助于公司并购政策的实施，增加对被并购方的吸引力。

例如，我们假设有甲、乙两个公司，甲公司股票每股市价为 60 元，乙公司每股市价为 6 元，甲公司准备通过股票交换的方式对乙公司实施并购，如果甲公司以 1 股股票换取乙公司 10 股股票，可能会使使乙公司的股东在心理上难以承受；相反，如果甲公司先进行股票分割，将原来 1 股分拆为 5 股，然后再以 1:2 的比例换取乙公司股票，则乙公司的股东在心理上可能会容易接受些。通过股票分割的办法改变被并购企业股东的心理差异，更有利于企业并购方案的实施。

（3）股票分割也可能会增加股东的现金股利，使股东感到满意。

（4）股票分割可向股票市场和广大投资者传递公司业绩好、利润高、增长潜力大的信息，从而能提高投资者对公司的信心。

二、股票回购

（一）股票回购的含义与方式

股票回购是指股份公司出资将其发行流通在外的股票以一定价格购回予以注销或作为库存股的一种资本运作方式。起初，股票回购产生于公司规避政府对现金股利的管制，后来为了有效规避现金股利的税收，股票回购进一步受到公司的青睐。对需要现金的股东而言，可选择出卖股票，而对于不需要现金的股东来说，可继续持有股票。从公司管理层来说，派发现金股利会对公司产生未来的派现压力，而回购股票属于非常股利政策，不会对公司产生未来的派现压力。因此，股票回购不仅有利于实现其长期的股利政策目标，也可以防止派发剩余现金造成的短期效应。

股票回购的方式主要有三种：一是在市场上直接购买；二是向股东标购；三是与少数大股东协商购买。

（二）股票回购的动机

公司回购股票的动机通常包括以下几个。

1. 提高财务杠杆比例，改善企业资本结构

若认为权益资本在资本结构中所占比重过大，则可通过举借外债回购股票。

2. 满足企业兼并与收购的需要

利用库存股票交换被兼并企业的股票，减少或消除因企业兼并而带来的每股收益的稀释效应。

3. 分配企业超额现金

实行股票回购可减少发行在外的普通股股数，有利于每股盈余增加、股价上升。

4. 满足认股权的行使

在企业发行可转换债券转换、认股权证或实行高层经理人员股票期权计划以及员工持股计划的情况下，采用股票回购的方式既不会稀释每股收益，又能满足认股权的行使，无疑是一种明智的选择。

5. 在公司的股票价值被低估时，提高其市场价值

6. 清除小股东

7. 巩固内部人控制地位

（三）影响股票回购的因素

影响股票回购的因素有以下几个。①税收因素。与现金股利相比，股票回购对投资者可

产生节税效应，也可增加投资的灵活性。②投资者对股票回购的反应。③股票回购对股票市场价值的影响。股票回购可减少流通在外的股票数量，相应提高每股收益，降低市盈率，从而推动股价上升或将股价维持在一个合理水平上。④对公司信用等级的影响。

股票回购可能对上市公司经营造成的负面影响有以下几点。

（1）股票回购需要大量资金支付回购的成本，易造成资金紧缺，资产流动性变差，影响公司发展后劲。上市公司进行股票回购首先必须要以有资金实力为前提，如果公司负债率较高，再举债进行回购，将使公司资产流动性劣化，巨大的偿债压力，则将进一步影响公司正常的生产经营和发展后劲。

（2）回购股票可能使公司的发起人股东更注重创业利润的兑现，而忽视公司长远的发展，损害公司的根本利益。

（3）股票回购容易导致内部操纵股价。股份公司拥有本公司最准确、最及时的信息，上市公司回购本公司股票，易利用内幕消息进行炒作，使大批普通投资者蒙受损失，甚至有可能出现借回购之名，行炒作本公司股票的违规之实。

小　　结

（1）企业的利润分配不仅影响其筹资、投资决策，而且还涉及企业、投资者、职工等多方面的利益关系，涉及企业长远利益与近期利益、整体利益与局部利益等关系的处理与协调。利润分配的基本原则包括：依法分配原则、兼顾各方面利益原则、分配与积累并重原则、投资与收益对等原则。

（2）利润分配政策是指在法律允许的范围内，可供管理当局选择的，有关净利润分配事项的方针及对策，对股份公司而言即股利政策。确定利润分配政策应考虑的因素包括：法律因素、股东因素、公司因素、其他因素。股利分配政策主要包括以下四个。①剩余股利政策。是指企业较多地考虑将净利润用于增加投资者权益，只有当增加的资本额达到预定的目标资金结构，即最佳资本结构时，才将剩余的利润用于向投资者分配。②固定股利政策。在这种政策下，公司在较长时期内都将分期支付固定的股利，股利不随经营状况的变化而变动，除非公司对未来盈余预期有变。它适用于盈利比较稳定或正处于成长期、信誉一般的公司。③固定股利支付率政策。采用这种政策，要求公司每年按固定比例从净利润中支付股利。④正常股利加额外股利政策。在这种政策下，企业每年按照固定的数额向股东支付正常股利，当企业年景好、盈利有较大幅度增加时，再根据实际情况，向股东临时发放一些额外股利。

（3）股份公司的股利形式包括两种。①现金股利形式。是指以现金支付股利的形式。采用现金股利形式时，企业必须具备两个基本条件：一是企业要有足够的未指明用途的留存收益；二是企业要有足够的现金。②股票股利形式。它是指企业以股票形式发放的股利，即按股东股份的比例发放股票作为股利的一种形式。其具体作法是在公司注册资本尚未足额时，以其认购的股票作为股利支付；也可以是发行新股支付股利。

（4）利润分配程序是指特定企业根据适用法律、法规或规定，对本企业一定期间实现的净利润进行分派必须经过的先后步骤。股份公司的净利润按下列顺序分配：弥补以前年度亏损，提取法定公积金，提取任意公积金，向投资者分配利润或股利。股份公司向股东支付股利需依次经过股利宣告日、股权登记日、除息日和股利支付日。

（5）股票分割对公司的资本结构和股东权益不会产生任何影响，一般只会使发行在外的股票总数增加，每股面值降低，并由此引起每股收益和每股市价下跌。股票回购不仅有利于实现其长期的股利政策目标，也可以防止派发剩余现金造成的短期效应。股票回购的方式主要有三种：一是在市场上直接购买；二是向股东标购；三是与少数大股东协商购买。

习 题

一、单项选择题

1. 股份制企业的法定盈余公积金不得低于注册资本的（　　）。

A．50%　　B．35%　　C．25%　　D．10%

2. 最常见，也是最易被投资者接受的股利支付方式为（　　）。

A．现金股利　　B．股票股利

C．财产股利　　D．负债股利

3. 下列各项股利分配政策中，能保持股利与利润间的一定比例关系，体现风险投资与风险收益的对等关系的是（　　）。

A．剩余股利政策　　B．固定股利政策

C．固定股利支付率政策　　D．正常股利加额外股利政策

4. 非股份制企业投资分红一般采用（　　）方式。

A．财产　　B．实物　　C．现金　　D．证券

5. 剩余股利政策的根本目的是（　　）。

A．调整资金结构　　B．增加留存收益

C．更多地使用自有资金进行投资　　D．降低综合资金成本

6. 法定盈余公积金达到注册资本的（　　）时，可以不再提取。

A．55%　　B．50%　　C．35%　　D．25%

7.（　　）之后的股票交易，其交易价格可能有所下降。

A．股利宣告日　　B．除息日　　C．股权登记日　　D．股利支付日

8. 下列各项目，在利润分配中优先的是（　　）。

A．法定盈余公积金　　B．公益金

C．优先股股利　　D．任意盈余公积金

9. 在通货膨胀时期，企业一般采取的收益分配政策是（　　）的。

A．很紧　　B．很松　　C．偏紧　　D．偏松

二、多项选择题

1. 在下列收益分配政策中，企业普遍采用、并为广大投资者所认可的基本政策有（　　）。

A．剩余股利政策　　B．固定股利政策

C．固定股利支付率政策　　D．正常股利加额外股利政策

2. 净利润分配政策在一定程度上决定企业的（　　）。

A．对外筹资的能力　　B．市场价值的大小

C．资本数额的多少　　D．资本结构的优劣

3．资本保全约束要求企业发放的股利或投资分红只能来源于企业的（　　）。

A．盈利　　B．净利润　　C．当期利润　　D．留存收益

4．采用固定股利政策的理由包括（　　）。

A．有利于投资者安排收入与支出　　B．有利于公司树立良好的形象

C．有利于稳定股票价格　　D．有利于保持理想的资本结构

5．下列项目中不能用于支付股利的有（　　）。

A．原始投资　　B．实收资本　　C．股本　　D．上年未分配利润

6．发放股票股利会产生下列影响（　　）。

A．引起公司资产的流出

B．引起股东权益各项目的比例发生变化

C．引起股东权益总额发生变化

D．引起每股利润下降

7．影响收益分配政策的公司因素包括（　　）。

A．公司举债能力　　B．未来投资机会

C．资产流动状况　　D．筹资成本

三、判断题

1．根据“无利不分”的原则，当企业出现年度亏损时，一般不得分配利润。（　　）

2．较多地支付现金股利，会提高企业资产的流动性，增加现金流出量。（　　）

3．不论企业的组织形式如何，法定公积金一律按净利润的10%提取。（　　）

4．与其他收益分配政策相比，剩余股利政策能使公司在股利支付上具有较大的灵活性。（　　）

5．企业的净利润归投资者所有，这是企业的基本制度，也是企业所有者投资于企业的根本动力所在。（　　）

6．正确处理投资者利益关系的关键是坚持投资与受益对等原则。（　　）

7．我国目前的企业所得税税率统一为33%。（　　）

8．企业以前年度未分配的利润，不得并入本年度的利润内向投资者分配，以免企业过度分利。（　　）

9．在除息日前，股利权从属于股票；从除息日开始，股利权与股票相分离。（　　）

10．股东出于控制权考虑，往往限制股利的支付，以防止控制权旁落他人。（　　）

11．负债资金较多、资本结构不健全的企业在选择筹资渠道时，往往将其净利润作为首选，以降低筹资的外在成本。（　　）

12．在企业的净利润与现金流量不够稳定时，采用剩余股利政策对企业和股东都是有利的。（　　）

13．采用现金股利形式的企业必须具备两个条件：一是企业要有足够的现金，二是企业要有足够的留存收益。（　　）

14．发放股票股利会引起每股利润的下降，每股市价也有可能下跌，因而每位股东所持股票的市场总价值也将下降。（　　）

四、计算题

甲公司本年销货额1 000 000元，税后净利120 000元。其他有关资料如下：

（1）财务杠杆系数为 1.5，固定营业成本为 240 000 元。

（2）法定公积金比率为 10%，所得税率 40%。

要求：

（1）要求计算复合杠杆系数。

（2）若该公司实行的是剩余股利政策，预计进行投资所需资金为 80 000 元，目标资本结构是自有资金占 50%，则本年末支付的股利为多少？

第七章　财务预算

学习重点和要点

（1）了解财务预算的概念和作用。
（2）了解财务预算在全面预算中的地位。
（3）掌握全面预算编制的程序、具体内容和编制实例。
（4）重点掌握财务预算的编制以及各种预算之间的勾稽关系。

案例分析

王庄煤矿全面预算的实施

为了完善内部约束机制、规范财务管理行为、提升矿井管理水平，王庄煤矿坚持观念创新、制度创新和管理创新，经过一年的探索实践，创建了以成本控制为中心的全面预算管理模式，实现了全员参与、全时段控制、全面考核，这一模式是内部基础管理、预算管理和信息化三者有机结合的成果，是经营行为分解、动态控制、信息化运行的模式结合。通过全面预算管理的实施，使复杂的事情简单化、简单的事情标准化、标准的事情流程化、流程的事情软件化，使矿井的管理水平迈上一个新的台阶。

王庄煤矿的全面预算管理从2007年4月起步；于5月份制定并下发了切实可行的《王庄煤矿全面预算管理实施办法》，规范了预算编制、预算执行控制流程；7月份设立了高效的预算管理组织体系，完成了全面预算管理体系的建立；9月份完成了全面预算管理信息化软件的设计、开发，并投入运行。

目前，体系化、规范化、流程化的全面预算管理体系已在王庄煤矿建立起来，该体系不仅具备了管理上的先进性，更是针对公司管控下独立矿井管理特点而贴身定制、具备可操作性的管理体系。通过该体系在我矿的推行，使预算管理做到了“事前有计划、事中可控制、事后能考评”，企业管理上了一个新台阶，企业综合效益得到明显提高。

资料来源：http://cio.zol.com.cn/84/843337.html

第一节　财务预算概述

一、财务预算的概念

财务预算是反映企业在一定预算期内预计的现金收支、财务状况和经营成果的预算，具体包括现金预算、预计利润表和预计资产负债表。

财务预算是企业全面预算的一部分。全面预算是以货币单位及其他数量形式反映企业在预算期内全部生产经营活动的各项目标或计划。简而言之，全面预算就是企业在预算期内全部行动计划的数量说明。其内容主要包括业务预算、资本预算和财务预算三大类。全面预算是以企业的经营目标为出发点，以市场需求的预测为基础，以销售预算为主导，包括生产预算、成本预算、财务预算等各方面。显然，财务预算是企业全面预算的一个重要组成部分，它和其他预算紧密联系在一起，构成一个数字相互衔接、完整的预算体系。

二、财务预算的作用

财务预算在企业经营管理中发挥着重大作用，具体来说主要表现在以下四个方面。

1. 明确工作目标

通过编制财务预算，可以将企业整体的总目标进行分解落实，形成各级部门的具体目标，从而企业各个部门能够根据具体目标安排经营活动，采取各项措施实现目标。

2. 协调部门关系

财务预算把企业各方面的工作纳入统一计划，促使企业内部各部门的预算相互协调，在保证企业总体目标最优的前提下，组织各自的生产经营活动。

3. 控制日常活动

在执行预算的过程中，各部门应通过将实际执行结果与预算数进行对比，及时揭露实际脱离预算的差异，并分析原因，以便采取必要的措施，保证预算目标的顺利完成。

4. 考核业绩标准

在评定各部门的工作业绩时，要根据企业各部门完成预算的情况，分析实际偏离预算的程度和原因，划清责任，奖惩分明，促使各部门为完成预算规定的目标而努力。

三、财务预算与全面预算的关系

正如前面提到的，全面预算主要包括业务预算、资本预算和财务预算三大类。业务预算是反映预算期内企业可能形成现金收付的经营业务活动的预算。具体包括销售预算、生产预算、直接材料预算、直接人工预算、制造费用预算、产品成本预算、销售及管理费用预算等。资本预算是反映企业在预算期内进行资本化投资活动的预算。具体包括固定资产投资预算、权益性资本投资预算和债券投资预算。

财务预算是企业全面预算的一部分，与其他预算联系在一起，构成相互衔接的整体。财务预算作为全面预算体系中的最后环节，可以从价值方面总括地反映经营期决策预算与业务预算的结果，因此，它在全面预算体系中占有举足轻重的地位，如图 7-1 所示。

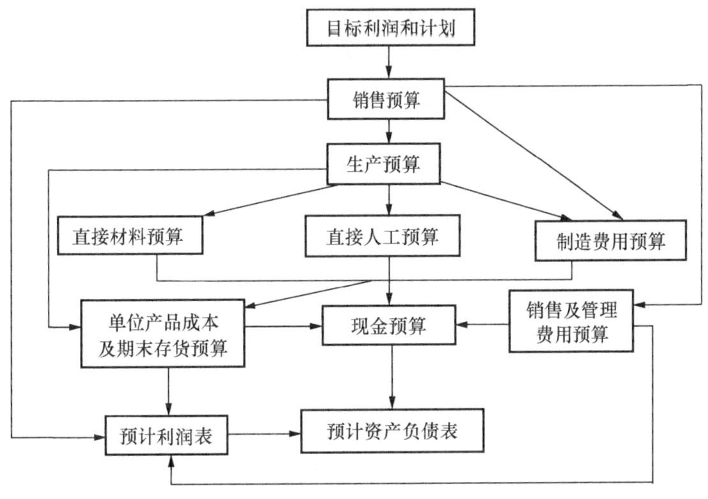

图 7-1 全面预算体系

企业应该根据本企业的目标利润和计划，结合各项专门决策预算和企业生产能力，确定本年度的销售预算，并根据企业财力确定长期资本支出预算。销售预算是年度预算的编制起点，根据“以销定产”的原则确定生产预算，同时确定所需要的销售费用。生产预算的编制，除了考虑计划销售量外，还要考虑现有存货和年末存货。根据生产预算来确定直接材料、直接人工和制造费用预算。产品成本预算和现金预算是有关预算的汇总。预计利润表和预计资产负债表是全部预算的综合。

从中我们可以看出，财务预算是以其他各项预算为基础编制的，以货币为计量单位对预算期内企业的全部经济活动加以全面的综合的反映。其中，现金预算是企业现金管理的重要工具，它有助于企业事先对其日常的现金需要进行有计划的安排。如果没有预算，无法事先对现金进行合理的平衡、调度，就有可能使企业陷入财务困境。预计利润表是整个预算过程中的一个重要环节，它可以揭示企业预期的盈利情况，从而有助于经理人员及时调整经营策略。预计资产负债表反映预算期末各账户的预期余额，它可以为企业管理者预测未来期内的经营状况，并采取适当的改进措施。

四、全面预算的编制程序

1. 明确经营目标

企业最高决策部门应根据长期规划，利用本量利分析等工具，提出企业一定时期的总目标，并由预算委员会下达规划指标。

2. 草拟分项预算

由企业内部各职能部门负责人根据企业经营的总体目标及本部门应完成的具体任务草拟分项预算，使预算较为可靠、较为符合实际。

3. 汇总上报预算草案

预算委员会从各部门的业务需要及可能条件出发，对各分项预算进行分析、汇总、审查和协调，并在此基础上汇总，编制反映企业在预算期所应达到的经营目标的全面预算。

4. 确定全面预算

预算委员会审查全面预算草案，调整平衡预算，编制、确定企业的全面预算。

5. 审议批准

企业财务管理部门在经有关预算执行单位对全面预算进行修正调整的基础上，编制出企业预算的最终方案，报预算委员会讨论。对于不符合企业发展战略的事项，企业预算委员会应反馈给有关预算单位，以便进一步修订、调整。

6. 下达执行

预算委员会将最高管理部门批准的全面预算作为正式预算，下达给各职能部门组织实施。

7. 定期对预算执行情况进行分析

企业各级管理层利用管理报告定期对预算执行情况进行分析、监控，并通过高效的管理评估机制迅速采取相应的行动方案，及时解决出现的问题。

第二节 现 金 预 算

现金预算的内容，包括现金收入、现金支出、现金多余或不足的计算，以及不足部分的筹措方案和多余部分的利用方案等。

现金预算实际上是其他预算有关现金收支部分的汇总，以及收支差额平衡措施的具体计划。它的编制，要以其他各项预算为基础，或者说其他预算在编制时要为现金预算做好数据准备。下面分别介绍各项预算，以及它们如何为编制现金预算做好数据准备。

一、销售预算

销售预算是确定企业在预算期内销售产品或提供劳务可能实现的销售量或销售收入的预算。销售预算是其他预算的起点，并且销售收入是企业现金收入的主要来源。

企业通过对未来产品销售情况所作的预测，推测下一预算期的产品销售量和销售单价，这样就可以求出销售收入其计算公式为

$$销售收入=销售量\times销售单价 \tag{7.1}$$

销售预算主要列示全年和分季度的预计销售数量和销售收入，销售预算中往往还包括一个现金收入预算表，以计算预算期内的现金收入数，作为编制现金预算表的依据之一。这是因为在销售过程中存在分期、延期付款等情况，当期现金收入不一定等于当期的销售收入。当期现金收入实际上包括当期销售产品收取的现金和当期收回的因前期赊销商品形成的应收销货款两部分。

【例 7-1】 假定 A 公司在预算年度 2009 年生产并销售一种甲产品，预算年度内四个季度的销售量分别是 100 件、150 件、200 件、180 件，平均售价预计为 200 元/件。根据以往经验，销货款在当季可收到 60%，其余部分在下一季度收到。预算年度第一季度可收回上年第四季度的应收账款 6 200 元。根据以上资料，编制销售预算表，见表 7-1。

表 7-1　　销 售 预 算 表

（2009 年度）

项目 \ 季度	一	二	三	四	全年
预计销售量（件）	100	150	200	180	630
预计单价（元/件）	200	200	200	200	200
销售收入（元）	20 000	30 000	40 000	36 000	126 000
预计现金收入					
上年应收账款	6 200				6 200
第一季度销售	12 000	8 000			20 000
第二季度销售		18 000	12 000		30 000
第三季度销售			24 000	16 000	40 000
第四季度销售				21 600	21 600
现金收入合计	18 200	26 000	36 000	37 600	117 800

第四季度末还有应收账款 36 000×40%＝14 400 元。

二、生产预算

生产预算是确定企业在预算期内所要达到的生产规模及其产品结构的预算。它是在销售预算的基础上编制的。但由于预算期内除必须备有足够的产品以供销售外，还必须考虑期初、期末的存货水平，以避免存货太多，形成资金积压，或是由于存货太少，影响下一期销售活动的正常进行。因此，预计生产量要在预计销售量的基础上进行调整，其计算公式为

$$预计生产量=预计销售量+预计期末存货数量-预计期初存货数量 \tag{7.2}$$

其中，预计销售量是根据销售预算得到的；预计期末存货数量一般按下期销售量的一定比例确定；预计期初存货等于上期期末存货数量。

【例 7-2】 接［例 7-1］，假定 A 公司各季末甲产品存货均占下季度预计销售量的 10%，预算期初存货为 10 件，预算期末存货为 20 件，各季预计的期初存货与上季末预计的期末存货量相等。根据以上资料编制该公司的预算年度分季生产预算表，见表 7-2。

表 7-2 生产预算表

（2009 年度） 单位：件

季度	一	二	三	四	全年
预计销售量	100	150	200	180	630
加：预计期末存货	15	20	18	20	20
合计	115	170	218	200	650
减：预计期初存货	10	15	20	18	10
预计生产量	105	155	198	182	640

三、直接材料预算

直接材料预算是用来确定企业在预算期内材料采购数量和采购成本的预算，它是以生产预算为基础，并考虑期初、期末材料的存货水平而编制的预算。预计材料采购量的计算公式为

$$预计材料采购量=预计生产需要量+预计期末材料库存量-预计期初材料库存量 \quad (7.3)$$

$$预计材料采购成本=预计材料采购量\times 单价 \quad (7.4)$$

在材料采购过程中，必然要发生现金支出，为此还必须在编制直接材料预算的同时，编制现金支出计算表，以反映当期材料采购支出的现金数额，其中包括前期应付购料款的偿还和本期应以现款支付的购料款项。

【例 7-3】 接［例 7-2］，假设生产单位甲产品材料消耗量为 10 公斤，每公斤材料单价为 5 元，季末预计材料存货占下季生产需用量的 20%，年末预计材料存货为 400 公斤，年初材料存货为 300 公斤，各季预计的期末材料存货等于上季末预计的期末材料存货。各季材料采购款中当期支付 50%，还有 50%下季全部付清，年初应付材料款为 2 350 元。根据以上资料，编制该公司预算年度的直接材料预算表，见表 7-3。

表 7-3 直接材料预算表

（2009 年度）

项目 \ 季度	一	二	三	四	全年
预计生产量（件）	105	155	198	182	640
单位产品材料用量（公斤）	10	10	10	10	10
生产需用量（公斤）	1 050	1 550	1 980	1 820	6 400
加：预计期末存量（公斤）	310	396	364	400	400
合计（公斤）	1 360	1 946	2 344	2 220	6 800
减：预计期初存量（公斤）	300	310	396	364	300
预计材料采购量（公斤）	1 060	1 636	1 948	1 856	6 500
单价（元/公斤）	5	5	5	5	5
预计采购金额（元）	5 300	8 180	9 740	9 280	32 500

续表

项目 \ 季度	一	二	三	四	全年
预计现金支出					
上年应付账款（元）	2 350				2 350
第一季度（元）	2 650	2 650			5 300
第二季度（元）		4 090	4 090		8 180
第三季度（元）			4 870	4 870	9 740
第四季度（元）				4 640	4 640
合计（元）	5 000	6 740	8 960	9 510	30 210

第四季度末还有应付账款＝9 280×50%＝4 640（元）。

四、直接人工预算

直接人工预算是为直接生产工人的人工耗费而编制的预算。直接人工预算也是以生产预算为基础，根据生产预算中的预计生产量及单位产品所需的直接人工小时数和每小时的工资率进行编制的。

预计直接人工成本＝预计直接人工总工时×小时工资率

＝预计生产量×单位产品定额工时×小时工资率　　(7.5)

因为直接人工需要在当期全额以现金支付，所以直接人工预算数即为当期现金支出数，无需另外编制预计现金支出表加以反映。

【例 7-4】 接［例 7-3］，假设生产单位甲产品直接人工工时消耗 10 小时，每小时直接人工成本为 2 元。根据以上资料，编制该公司预算年度人工成本预算表，见表 7-4。

表 7-4　　直 接 人 工 预 算 表

2009 年度

季度	一	二	三	四	全年
预计产量（件）	105	155	198	182	640
单位产品工时（小时）	10	10	10	10	10
人工总工时（小时）	1 050	1 550	1 980	1 820	6 400
每小时人工成本（元）	2	2	2	2	2
人工总成本（元）	2 100	3 100	3 960	3 640	12 800

五、制造费用预算

制造费用预算是用来确定企业在预算期内可能发生的各种间接费用的预算。编制制造费用预算应将制造费用按成本习性划分为变动费用和固定费用两大类。固定制造费用可以在上年的基础上，根据预期变动加以适当修正。变动制造费用应根据预计生产量和预计变动制造费用分配率计算，即

$$变动制造费用分配率=\frac{变动制造费用预算总额}{预算分配标准总数} \tag{7.6}$$

其中，预算分配标准总数为预计产量或直接人工工时。

在编制制造费用预算的同时，还要附有预计现金支出计算表。因为，制造费用项目中，虽然大部分需在当期以现金支付，但也有一部分是以前年度已经支付、需要分摊到本预算期的（如折旧费），或虽计入当期费用但要在以后支付的预提费用等。

【例 7-5】 接［例 7-4］，假定 A 公司在预算编制中采用变动成本法，变动制造费用按产品直接人工工时比例分配，折旧以外的各项制造费用均于当期付现。根据以上资料，编制该公司预算年度的制造费用预算，见表 7-5。

表 7-5 制造费用预算表

2009 年度

季 度	一	二	三	四	全 年
变动制造费用：					
间接人工	105	155	198	182	640
间接材料	105	155	198	182	640
修理费	210	310	396	364	1 280
水电费	105	155	198	182	640
小计	525	775	990	910	3 200
固定费用：					
修理费	1 000	1 000	1 000	1 000	4 000
折旧	1 000	1 000	1 000	1 000	4 000
管理人员工资	200	200	200	200	800
保险费	100	100	100	100	400
财产税	100	100	100	100	400
小计	2 400	2 400	2 400	2 400	9 600
合计	2 925	3 175	3 390	3 310	12 800
减：折旧	1 000	1 000	1 000	1 000	4 000
现金支出的费用	1 925	2 175	2 390	2 310	8 800

变动制造费用分配率＝3 200÷6 400＝0.5（元/小时）。

固定制造费用分配率＝9 600÷6 400＝1.5（元/小时）。

六、产品成本预算

产品成本预算是用来确定企业在预算期内为生产产品而发生的总成本、单位成本、销售成本和期末产品存货成本的预算。它是根据生产预算、直接材料预算、直接人工预算、制造费用预算等汇总编制而成的。产品成本预算既是前面各项预算的汇总，也为后面编制预计资产负债表、预计利润表提供了准备。

【例 7-6】 接［例 7-5］，假设 A 公司期初、期末在产品成本为 0，期初甲产品的单位成本是 80 元/件，根据以上资料编制该公司预算年度的产品成本预算表，见表 7-6。

表 7-6 产品成本预算表

2009 年度

项 目	单位用量	单 价	单位成本
直接材料	10 公斤	5 元/公斤	50
直接人工	10 小时	2 元/小时	20
变动制造费用	10 小时	0.5 元/小时	5
固定制造费用	10 小时	1.5 元/小时	15
单位产品成本			90
预计产品生产总成本（640 件）			57 600
＋期初产成本成本（10 件）			800
－期末产成品成本（20 件）			1 800
预计产品销售成本（630 件）			56 600

七、销售及管理费用预算

销售及管理费用预算是用来确定企业在预算期内为推销商品和维持一般行政管理工作而发生的各项费用的预算。这些费用的预算编制方法与制造费用预算的编制方法类似，也是按照费用的不同性态分别进行的。

销售及管理费用预算也应预计现金支出，以便为编制现金预算提供必要的资料。如果涉及折旧费的，应从预计现金支出中剔除。

【例 7-7】 根据 A 公司预算期销售及管理费用有关资料，编制销售及管理费用预算表，见表 7-7。

表 7-7　　销售及管理费用预算表

2009 年度

项目 \ 季度	一	二	三	四	全 年
变动销售及管理费用：					
销售人员工资	787.5	1 162.5	1485	1365	4 800
包装费	393.75	581.25	742.5	682.5	2 400
运输费	393.75	581.25	742.5	682.5	2 400
保管费	525	725	990	910	3 200
合计	2 100	3 100	3 960	3 640	12 800
固定销售及管理费用：					
管理人员工资	1 000	1 000	1 000	1 000	4 000
广告费	200	200	200	200	800
保险费	150	150	150	150	600
办公费	350	350	350	350	1 400
折旧费	300	300	300	300	1 200
合计	2 000	2 000	2 000	2 000	8 000
预计销售及管理费用	4 100	5 100	5 960	5 640	20 800
一折旧	300	300	300	300	1 200
预计现金支付的销售及管理费用	3 800	4 800	5 660	5 340	19 600

八、现金预算

现金预算是用来反映企业在预算期内现金收支及其结果的预算，通常包括现金收入、现金支出、现金多余或现金不足以及现金的筹集与运用四个部分组成。

1. 现金收入

包括预算期期初的现金余额和预算期内取得的现金收入。销货取得的现金收入是其主要来源。

2. 现金支出

包括预算期内可能发生的各项现金支出。主要有材料、工资和费用等方面的现金支出，还包括上缴所得税、购置设备和支付股利等方面的现金支出。

3. 现金多余或不足

表示预算期内现金收入合计数与现金支出合计数相减的差额。若差额为正，说明收入大于支出，现金有多余；如果差额为负，说明收入小于支出，现金不足。

4. 现金筹集和运用

根据预算期现金收支的差额和企业资金管理的有关政策，确定筹集和运用资金的数额。

如果现金多余，可用于偿还银行借款，进行短期投资等；如果现金不足，企业应采取措施筹集资金，如向银行借款，以减少因资金短缺造成的损失。

现金预算要在前面各个预算中预计现金收入、预计现金支出的基础上来编制，还要考虑企业设定的最低现金余额等因素。

【例 7-8】 假定 A 公司期初现金余额为 8 000 元，拟于预算期内第二季度购置设备 10 000 元，每季缴纳所得税 4 000 元，第二季度、第四季度分别支付股利 8 000 元，其他有关资料见以上各项预算。该公司现金余额最低应保持 6 000 元。当现金不足时向银行借款，多余时归还借款。借款年利息率为 10%，假定资金在期初借入，期末归还。根据以上资料，编制现金预算，见表 7-8。

表 7-8　　现金预算表

2009 年度

季度	一	二	三	四	全年
期初现金余额	8 000	9 375	6 560	7 090	8 000
加：销货现金收入（表 7-1）	18 200	26 000	36 000	37 600	117 800
可供使用现金	26 200	35 375	42 560	44 690	125 800
减去各项支出：					
直接材料（表 7-3）	5 000	6 740	8 960	9 510	30 210
直接人工（表 7-4）	2 100	3 100	3 960	3 640	12 800
制造费用（表 7-5）	1 925	2 175	2 390	2 310	8 800
销售及管理费用（表 7-7）	3 800	4 800	5 660	5 340	19 600
所得税	4 000	4 000	4 000	4 000	16 000
购买设备		10 000			10 000
股利		8 000		8 000	16 000
支出合计	16 825	38 815	24 970	32 800	113 410
现金多余或不足	9 375	−3 440	17 590	11 890	12 390
向银行借款		10 000			10 000
归还银行借款			10 000		10 000
借款利息（年利率 10%）			500		500
合计			10 500		10 500
期末现金余额	9 375	6 560	7 090	11 890	11 890

第三节　预算财务报表

预算财务报表是从总体上反映企业在预算期内一定期间的经营成果和一定日期财务状况的预算情况的报表。预算财务报表主要为企业财务管理服务，是控制企业资金、成本和利润总量的重要手段。预算财务报表包括预计利润表和预计资产负债表。

一、预计利润表

预计利润表是反映企业在预算期内利润目标的预算报表。预计利润表是在销售预算、产品成本预算、销售及管理费用预算、现金预算等的基础上汇总计算编制而成的。其内容和格式与一般财务报表中的利润表基本相同，不过在预计利润表中，所得税的金额是预计的，而不是等于应税所得额乘以相应的所得税税率。

【例 7-9】 接以上各例，假定 A 公司预算期所得税税率为 25%，要求根据前述有关资料，编制A公司预计利润表，见表7-9。

表7-9 预 计 利 润 表

2009年度 单位：元

项 目	金 额
销售收入（表7-1）	126 000
减：销货成本（表7-6）	56 600
毛利	69 400
减：销售及管理费用（表7-7）	20 800
减：利息费用（表7-8）	500
利润总额	48 100
减：所得税（表7-8）	16 000
税后利润	32 100

二、预计资产负债表

预计资产负债表是用来反映企业在预算期期末财务状况的预算报表。预计资产负债表是在预算期期初资产负债表的基础上，根据预算期内各项预算的有关资料进行调整而编制而成的。其内容和格式与一般财务报表中的资产负债表类似。

【例7-10】 假定A公司预算年度期初的资产负债表如表7-10（年初数）所示，要求根据前述有关资料，编制该公司的预计资产负债表（期末数）。

表7-10 预计资产负债表

2009年度 单位：元

项 目	年 初	年 末	项 目	年 初	年 末
库存现金	8 000	11 890	应付账款	2 350	4 640
应收账款	6 200	14 400	长期借款	9 000	9 000
原材料	1 500	2 000	普通股	20 000	20 000
产成品	800	1 800	未分配利润	16 150	32 250
土地	15 000	15 000	负债及所有者权益合计	47 500	65 890
固定资产	20 000	30 000			
累计折旧	−4 000	−9 200			
资产总额	47 500	65 890			

表7-10各项目“期末数”栏数字说明：

“库存现金”根据现金预算（表7-8）第四季度期末现金余额填列；

“应收账款”根据销售预算（表7-1）第四季度销售收入的40%填列，即36 000×40%＝14 400元；

“原材料”根据直接材料预算（表7-3）填列，即第四季度期末材料存货量400公斤×单价5元/公斤＝2 000元；

“产成品”根据产品成本预算（表7-6）填列；

“固定资产”根据预计资产负债表中年初数额20 000＋现金预算（表7-8）中购置设备10 000＝30 000填列；

“累计折旧”根据预计资产负债表中年初数额40 000＋制造费用预算（表7-5）4 000＋销

售及管理费用预算（表 7-7）1 200＝9 200 填列；

“应付账款”根据直接材料预算（表 7-3）第四季度购料款的 50%填列，即 9 280×50%＝4 640 元；

“长期借款”根据根据预计资产负债表中年初数额 9 000＋现金预算（表 7-8）向银行借款 10 000－现金预算（表 7-8）归还银行借款 10 000＝9 000 元；

“未分配利润”根据预计资产负债表中年初数额 16 150＋预计利润表（表 7-9）中净利 32 100－现金预算（表 7-8）中支付股利 16 000＝32 250 元。

小　　结

（1）全面预算是以货币单位及其他数量形式反映企业在预算期内全部生产经营活动的各项目标或计划。其主要内容包括业务预算、资本预算和财务预算三大类。财务预算是反映企业在一定预算期内预计的现金收支、财务状况和经营成果的预算，具体包括现金预算、预计利润表和预计资产负债表。

（2）财务预算是企业全面预算的一部分，与其他预算联系在一起，构成相互衔接的整体。销售预算是全面预算的关键和起点。销售预算编制的准确与否直接关系到全面预算的质量。然后根据销售预算，编制生产预算、直接材料预算、直接人工预算、制造费用预算、销售及管理费用预算等，最后是现金预算、预计的利润表和预计的资产负债表。

（3）现金预算是编制全面预算的重点。现金预算的编制以各项业务预算和资本预算为基础，应反映预算期内全部现金流入和流出的数额，并加以对比说明在现金多余时如何处理现金余额，以及在现金不足时如何及时筹措资金，从而起到控制现金和管理现金的作用。

（4）预算财务报表是从总体上反映企业在预算期内一定期间的经营成果和一定日期财务状况的预算情况。预算财务报表主要为企业财务管理服务，是控制企业资金、成本和利润总量的重要手段。预算财务报表包括预计利润表和预计资产负债表。

习　　题

一、简答题

1．说明全面预算的一般程序。

2．财务预算与全面预算的关系是什么？

3．全面预算包括哪些内容？它们之间的相互关系如何？

4．说明现金预算的构成和编制方法。

二、计算题

1．假设 A 公司只生产一种产品，销售单价为 200 元，预算年度内四个季度的销售量经测算分别为 250 件、300 件、400 件和 350 件。根据以往经验，销货款在当季可收到 60%，下一季度收到其余的 40%。预计预算年度第一季度可收回上年第四季度的应收账款 20 000 元。计算本年各季度的现金收入。

2．假设现金期末最低余额为 5 000 元，银行借款起点为 1 000 元，贷款利息每年为 5%，还本时付息。将下列现金预算的空缺数据按照其内在联系填补齐全。

表 7-11 现 金 预 算 表

季　　度	1	2	3	4	全　　年
期初现金余额	4 500				
加：现金收入	10 500		20 000		66 500
可动用现金合计					
减：现金支出					
直接材料	3 000	4 000	4 000		15 000
直接人工		1 500			
间接制造费用	1 200	1 200	1 200	1 200	
销售和管理费用	1 000	1 000	1 000		4 000
购置设备	5 000	—	—	—	
支付所得税	7 500	7 500	7 500		30 000
现金支出合计	19 000		15 300		64 800
现金节余或不足					
筹集资金					
向银行借款		1 000			
归还借款			5 000	5 000	
支付利息					
期末现金余额		5 800			

3．某企业第三季度销售预算见表 7-12（单位：元）。

表 7-12 预 计 销 售 表

项　　目	预计销售金额	预计现金收入		
		7 月	8 月	9 月
期初应收账款	52 500	（1）	（2）	
7 月份销售收入	100 000	（3）	（4）	（5）
8 月份销售收入	150 000		（6）	（7）
9 月份销售收入	170 000			（8）
期末应收账款	（9）			
合　计	（10）	（11）	（12）	（13）

该企业销售货款当月可收回 55%，次月收回 30%，第三个月收回余额。期初应收账款 52 500 元，其中 5 月份销售的应收账款为 12 000 元，6 月份销售的应收账款为 40 500 元。

要求：

（1）计算 5 月份与 6 月份的销售收入。

（2）计算第三季度的预期现金收入，填入上表各栏。

（3）计算第三季度末应收账款。

第八章 财务成本控制

学习重点和要点

（1）理解内部控制的概念、目标、原则和方法。
（2）掌握财务控制意义、特征、分类和方法。
（3）理解责任中心、成本中心、利润中心和投资中心的含义及考核指标。
（4）掌握标准成本的制定及差异分析。

第一节 内部控制概述

一、内部控制的基本概念

（一）内部控制的含义及其目标

内部控制，是指一个单位为了实现其经营目标，保护资产的安全完整、保证会计信息资料的正确可靠，确保经营方针的贯彻执行，保证经营活动的经济性、效率性和效果性而在单位内部采取的自我调整、约束、规划、评价和控制的一系列方法、手续与措施的总称。

从上述定义可知，内部控制是指经济单位和各个组织在经济活动中建立的一种相互制约的业务组织形式和职责分工制度。内部控制的目的在于改善经营管理、提高经济效益。它是因加强经济管理的需要而产生的，是随着经济的发展而发展完善的。最早的控制主要着眼于保护财产的安全完整，会计信息资料的正确可靠，侧重于从钱物分管、严格手续、加强复核方面进行控制。随着商品经济的发展和生产规模的扩大，经济活动日趋复杂化，才逐步发展成近代的内部控制系统。

（二）内部控制的基本要素

企业类型、业务规模等方面的不同，内部控制的具体内容也不尽相同，但都包括以下基本要素。

（1）内部环境。内部环境是影响、制约企业内部控制制度建立与执行的各种内部因素的总称，是实施内部控制的基础。内部环境主要包括治理结构、组织机构设置与权责分配、企业文化、人力资源政策、内部审计机制及反舞弊机制等内容。

（2）风险评估。风险评估是及时识别、科学分析影响企业战略和经营管理目标实现的各种不确定因素并采取应对策略的过程，是实施内部控制的重要环节和内容。风险评估主要包括目标设定、风险识别、风险分析和风险应对。

（3）控制措施。控制措施是根据风险评估结果、结合风险应对策略所采取的确保企业内部控制目标得以实现的方法和手段，是实施内部控制的具体方式和载体。控制措施要结合企业具体业务和事项的特点与要求制定，主要包括职责分工控制、授权控制、审核批准控制、预算控制、财产保护控制、会计系统控制、内部报告控制、经济活动分析控制、绩效考评控制和信息技术控制等。

（4）信息与沟通。信息与沟通是及时、准确、完整地收集与企业经营管理相关的各种信息，并使这些信息以适当的方式在企业有关层级之间进行及时传递、有效沟通和正确应用的过程，是实施内部控制的重要条件。信息与沟通主要包括信息的收集机制及企业内部和与企业外部有关方面的沟通机制等。

（5）监督检查。监督检查是企业对其内部控制制度的健全性、合理性和有效性进行的监督检查与评估，形成书面报告并做出相应处理的过程，是实施内部控制的重要保证。监督检查主要包括对建立并执行内部控制制度的整体情况进行持续性监督检查，对内部控制的某一方面或某些方面进行专项监督检查，以及提交相应的检查报告、提出有针对性的改进措施等。企业内部控制自我评估是内部控制监督检查工作中的一项重要内容。

二、内部控制制度设计的原则

现代企业在建立和设计内部控制框架时必须遵循和依据的客观规律和基本法则，称为内部控制的基本原则，同时，这些原则也是外部人员判断一个企业内部控制制度设计状况的基本依据。

1. 合法性原则

内部控制制度应当符合法律、行政法规的规定和有关政府监管部门的监管要求。

2. 全面性原则

内部控制制度在层次上应当涵盖企业决策层、管理层和全体员工，在对象上应当覆盖企业各项业务和管理活动，在流程上应当渗透到决策、执行、监督和反馈等各个环节，避免内部控制出现空白和漏洞。

3. 重要性原则

内部控制制度应当在兼顾各个方面的基础上突出重点，针对重要业务与事项、高风险领域与环节采取更为严格的控制措施，确保不存在重大缺陷。

4. 有效性原则

内部性控制制度应当能够为内部控制目标的实现提供合理保证。企业全体员工应当自觉维护内部控制制度的有效执行。内部控制制度的建立和实施过程中存在的问题应当能够得到及时地纠正和处理。

5. 制衡性原则

企业的机构、岗位设置和权责分配应当科学合理并符合内部控制的基本要求，确保不同部门、岗位之间权责分明和有利于相互制约、相互监督。履行内部控制监督检查职责的部门应当具有良好的独立性。任何人不得拥有凌驾于内部控制之上的特殊权力。

6. 合理性原则

内部控制制度应当合理体现企业经营规模、业务范围与特点、风险状况及所处具体环境等方面的要求。

7. 适应性原则

内部控制制度应当随着企业外部环境的变化、经营业务的调整及管理要求的提高等不断改进和完善。

8. 成本效益原则

内部控制制度应当在保证内部控制有效性的前提下合理权衡成本与效益的关系，争取以合理的成本实现更为有效的控制。

三、内部控制的一般方法

内部控制的一般方法通常包括职责分工控制、授权控制、审核批准控制、预算控制、财产保护控制、会计系统控制、内部报告控制、经济活动分析控制、绩效考评控制和信息技术控制等。

1. 职责分工控制

要求根据企业目标和职能任务，按照科学与精简、高效的原则，合理设置职能部门和工作岗位，明确各部门、各岗位的职责权限，形成各司其职、各负其责、便于考核、相互制约的工作机制。

企业在确定职责分工过程中，应当充分考虑不相容职务相互分离的制衡要求。不相容职务通常包括授权批准、业务经办、会计记录、财产保管和稽核检查等。

2. 授权控制

要求企业根据职责分工，明确各部门、各岗位办理经济业务与事项的权限范围、审批程序和相应责任等内容。企业内部各级管理人员必须在授权范围内行使职权和承担责任，业务经办人员必须在授权范围内办理业务。

授权一般包括常规性授权和临时性授权。常规性授权，是指企业在日常经营管理活动中按照既定的职责和程序进行的授权。临时性授权，是指企业在特殊情况、特定条件下进行的应急性授权。

3. 审核批准控制

要求企业各部门、各岗位按照规定的授权和程序，对相关经济业务和事项的真实性、合规性、合理性，以及有关资料的完整性进行复核与审查，通过签署意见并签字或盖章，做出批准、不予批准或者其他处理的决定。

4. 预算控制

要求企业加强预算编制、执行、分析和考核等各环节的管理，明确预算项目，建立预算标准，规范预算的编制、审定、下达和执行程序，及时分析和控制预算差异，采取改进措施，确保预算的执行。

5. 财产保护控制

要求企业限制未经授权的人员对财产的直接接触和处置，采取财产记录、实物保管、定期盘点、账实核对和财产保险等措施，确保财产的安全完整。

6. 会计系统控制

要求企业根据《中华人民共和国会计法》、《企业会计准则》和国家统一的会计制度，制定适合本企业的会计制度，明确会计凭证、会计账簿和财务会计报告以及相关信息披露的处理程序，规范会计政策的选用标准和审批程序，建立、完善会计档案保管和会计工作交接办法，实行会计人员岗位责任制，充分发挥会计的监督职能，确保企业财务会计报告真实、准确、完整。

7. 内部报告控制

要求企业建立和完善内部报告制度，明确相关信息的收集、分析、报告和处理程序，及时提供业务活动中的重要信息，全面反映经济活动情况，增强内部管理的时效性和针对性。

内部报告方式通常包括例行报告、实时报告、专题报告和综合报告等。

8. 经济活动分析控制

要求企业综合运用生产、购销、投资和财务等方面的信息，利用因素分析、对比分析及趋势分析等方法，定期对企业经营管理活动进行分析，发现存在的问题，查找原因，并提出改进意见和应对措施。

9. 绩效考评控制

要求企业科学设置业绩考核指标体系，对照预算指标、盈利水平、投资回报率和安全生产目标等业绩指标，对各部门和员工当期业绩进行考核和评价，兑现奖惩，强化对各部门和员工的激励与约束。

10. 信息技术控制

要求企业结合实际情况和计算机信息技术应用程度，建立与本企业经营管理业务相适应的信息化控制流程，提高业务处理效率，减少和消除人为操纵因素，同时加强对计算机信息系统开发与维护、访问与变更、数据输入与输出、文件储存与保管、网络安全等方面的控制，保证信息系统安全、有效运行。

第二节 财务控制

一、财务控制概述

（一）财务控制的意义与特征

财务控制，是指按照一定的程序与方法，确保企业及其内部机构和人员全面落实和实现财务预算的过程。

财务控制的特征有：以价值形式为控制手段；以不同岗位、部门和层次的不同经济业务为综合控制对象；以控制日常现金流量为主要内容。

财务控制是内部控制的一个重要组成部分，是内部控制的核心，是内部控制在资金和价值方面的体现。

（二）财务控制的目标

现代财务理论认为企业理财的目标以及它所反映的企业目标是股东财富最大化（在一定条件下也就是企业价值最大化）。

财务控制总体目标是在确保法律法规和规章制度贯彻执行的基础上，优化企业整体资源综合配置效益，厘定资本保值和增值的委托责任目标与其他各项绩效考核标准来制定财务控制目标，是企业理财活动的关键环节，也是确保实现理财目标的根本保证，所以财务控制将服务于企业的理财目标。

从工业化国家发展的经验来看，企业的财务控制存在着宏观和微观两种不同模式。其中财务的宏观控制主要借助于金融、证券或资本市场对被投资企业直接实施影响来完成，或者通过委托注册会计师对企业实施审计来进行，前者主要反映公司治理制度、资本结构以及市场竞争等对企业的影响，后者实际是外部审计控制。

（三）财务控制的种类

1. 按照财务控制的内容分类

（1）一般控制，是指对企业财务活动赖以进行的内部环境所实施的总体控制，包括组织控制、人员控制、财务预算、业绩评价和财务记录等项内容。

（2）应用控制，则是指作用于企业财务活动的具体控制，包括业务处理程序中的批准与授权、审核与复核及为保证资产安全而采取的限制措施等项控制。

2. 按照财务控制的功能分类

（1）预防性控制，是指为防范风险、错弊和非法行为的发生，或减少其发生机会所进行的控制。

（2）侦查性控制，是指为了及时识别已经存在的风险、已经发生的错弊和非法行为，或增强识别能力所进行的控制。

（3）纠正性控制，是对那些通过侦查性控制查出来的问题所进行的调整和纠正。

（4）指导性控制，是为了实现有利结果而进行的控制。

（5）补偿性控制，是针对某些环节的不足或缺陷而采取的控制措施。

3. 按照财务控制的时序分类

（1）事前控制，是指企业为防止财务资源在质和量上发生偏差，而在行为发生之前所实施的控制。

（2）事中控制，是指财务活动发生过程中所进行的控制。

（3）事后控制，是指对财务活动的结果所进行的分析、评价。

（四）财务控制的方法

财务控制是内部控制的一个重要环节，财务控制要以消除隐患、防范风险、规范经营和提高效率为宗旨，建立全方位的财务控制体系和多元的财务监控措施。

全方位的财务控制，是指财务控制必须渗透到企业的法人治理结构与组织管理的各个层次、生产业务全过程、各个经营环节中去，覆盖企业所有的部门、岗位和员工。

多元的财务监控措施，是指既有事后的监控措施，更有事前、事中的监控手段、策略；既有约束手段，也有激励的安排；既有财务上资金流量、存量预算指标的设定及会计报告反馈信息的跟踪，也有人事委派、生产经营一体化、转移价格和资金融通的策略。

二、责任中心财务控制

建立责任中心、编制和执行责任预算、考核和监控责任预算的执行情况是企业实行财务控制的一种有效的手段，又称为责任中心财务控制。

（一）责任中心的含义与特征

责任中心是指承担一定经济责任，并享有一定权利的企业内部（责任）单位。责任中心就是将企业经营体分割成拥有独自产品或市场的几个绩效责任单位，然后将总合的管理责任授权给予这些单位之后，将他们单位处于市场竞争环境之下，透过客观性的利润计算，实施必要的业绩衡量与奖惩，以期达成企业设定的经营成果的一种管理制度（Management System）。

企业为了实行有效的内部协调与控制，通常都按照统一领导、分级管理的原则，在其内部合理划分责任单位，明确各责任单位应承担的经济责任、应有的权利，促使各责任单位尽其责任协同配合实现企业预算总目标。同时，为了保证预算的贯彻落实和最终实现，必须把总预算中确定的目标和任务，按照责任中心逐层进行指标分解，形成责任预算，使各个责任中心据以明确目标和任务。

责任预算执行情况的揭示和考评可以通过责任会计来进行。责任会计围绕各个责任中心，把衡量工作成果的会计同企业生产经营的责任制紧密结合起来，成为企业内部控制体系的重要组成部分。由此可见，建立责任中心是实行责任预算和责任会计的基础。

责任中心通常具有以下几个特征。

1. 责任中心是一个责权利结合的实体

它意味着每个责任中心都要对一定的财务指标承担完成的责任；同时，赋予责任中心与其所承担责任的范围和大小相适应的权力，并规定出相应的业绩考核标准和利益分配标准。

2. 责任中心具有承担经济责任的条件

它有两方面的含义：一是责任中心要有履行经济责任中各条款的行为能力，二是责任中心一旦不能履行经济责任，能对其后果承担责任。

3. 责任中心所承担的责任和行使的权力都应是可控的

每个责任中心只能对其责权范围内可控的成本、收入、利润和投资负责，在责任预算和业绩考评中也只应包括它们能控制的项目。可控是相对于不可控而言的，不同的责任层次，其可控的范围并不一样。一般而言，责任层次越高，其可控范围也就越大。

4. 责任中心具有相对独立的经营业务和财务收支活动

它们是确定经济责任的客观对象，是责任中心得以存在的前提条件。

5. 责任中心便于进行责任会计核算或单独核算

责任中心不仅要划清责任而且要单独核算，划清责任是前提，单独核算是保证。只有既划清责任又能进行单独核算的企业内部单位，才能作为一个责任中心。

根据企业内部责任中心的权责范围及业务活动的特点不同，责任中心可以分为成本中心、利润中心和投资中心三大类型。

（二）责任中心的类型和考核指标

1. 成本中心

（1）成本中心的含义。成本中心是对成本或费用承担责任的责任中心，它不会形成可以用货币计量的收入，因而不对收入、利润或投资负责。成本中心一般包括负责产品生产的生产部门、劳务提供部门及给予一定费用指标的管理部门。

成本中心的应用范围最广，从一般意义出发，企业内部凡有成本发生，需要对成本负责，并能实施成本控制的单位，都可以成为成本中心。工业企业，上至工厂一级，下至车间、工段、班组，甚至个人都有可能成为成本中心。成本中心的规模不一，多个较小的成本中心共同组成一个较大的成本中心，多个较大的成本中心又能共同构成一个更大的成本中心。从而，在企业形成一个逐级控制，并层层负责的成本中心体系。对于这些规模大小不一和层次不同的成本中心，其控制和考核的内容也不尽相同。

（2）成本中心的类型。成本中心分为技术性成本中心和酌量性成本中心。

技术性成本是指发生的数额通过技术分析可以相对可靠地估算出来的成本，如产品生产过程中发生的直接材料、直接人工及间接制造费用等。其特点是这种成本的发生可以为企业提供一定的物质成果，投入量与产出量之间有着密切的联系。技术性成本可以通过弹性预算予以控制。

酌量性成本是否发生及发生数额的多少是由管理人员的决策所决定的，主要包括各种管理费用和某些间接成本项目，如研究开发费用、广告宣传费用和职工培训费用等。这种费用发生主要是为企业提供一定的专业服务，一般不能直接产生可以用货币计量的成果，故投入量与产出量之间没有直接关系。酌量性成本的控制应着重于预算总额的审批上。

（3）成本中心的特点。成本中心相对于其他责任中心如利润中心和投资中心有自身的特点，主要表现在以下几个方面。

1）成本中心只考评成本费用而不考评收益。成本中心一般不具备经营权和销售权，其经济活动的结果不会形成可以用货币计量的收入，有的成本中心可能有少量的收入，但从整体上讲，其产出与投入之间不存在密切的对应关系，因而，这些收入不作为主要的考核内容，也不必计算这些货币收入。概括地说，成本中心只以货币形式计量投入，不以货币形式计量产出。

2）成本中心只对可控成本承担责任。成本费用依其责任主体是否能控制分为可控成本与不可控成本。凡是责任中心能控制其发生及其数量的成本称为可控成本；凡是责任中心不能控制其发生及其数量的成本称为不可控成本。具体来说，可控成本必须同时具备以下四个条件：一是可以预计，即成本中心能够事先知道将发生哪些成本及在何时发生；二是可以计量，即成本中心能够对发生的成本进行计量；三是可以施加影响，即成本中心能够通过自身的行为来调节成本；四是可以落实责任，即成本中心能够将有关成本的控制责任分解落实，并进行考核评价。凡不能同时具备上述四个条件的成本通常为不可控成本。属于某成本中心的各项可控成本之和即构成该成本中心的责任成本。从考评的角度看，成本中心工作成绩的好坏，应以可控成本作为主要依据，不可控成本核算只有参考意义。在确定责任中心的成本责任时，应尽可能使责任中心发生的成本成为可控成本。

成本的可控与不可控是以特定的责任中心和特定的时期作为出发点的，这与责任中心所处管理层次的高低、管理权限及控制范围的大小和经营期间的长短有直接关系。首先，成本的可控与否，与责任中心的权力层次有关。某些成本对于较高层次的责任中心或高级领导来说是可控的，对于其下属的较低层次的责任中心或基层领导而言，就可能是不可控的。反之，较低层次责任中心或基层领导的不可控成本，则可能是其所属较高层次责任中心或高级领导的可控成本。对企业来说，几乎所有的成本都是可控的，而对于企业下属各层次、各部门乃至个人来说，则既有各自的可控成本，又有各自的不可控成本。其次，成本的可控与否，与责任中心的管辖范围有关。某项成本就某一责任中心来看是不可控的，而对另一个责任中心可能是可控的，这不仅取决于该责任中心的业务内容，也取决于该责任中心所管辖的业务内容的范围。如产品试制费，从产品生产部门看是不可控的，而对研发部门来说就是可控的。但如果新产品试制也归生产部门负责进行，则试制费又成为生产部门的可控成本。最后，某些从短期看属于不可控的成本，从较长的期间看，又成为可控成本。现有生产设备的折旧，在设备原价和折旧方法既定的条件下，该设备继续使用时，就具体使用它的部门来说，折旧是不可控的；但当现有设备不能继续使用，要用新的设备来代替它时，新设备的折旧则取决于设备更新所选用设备的价格及正常使用寿命，从这点看，新设备的折旧又成为可控成本。

另外，在责任控制中，应尽可能把各项成本落实到各成本中心，使之成为各成本中心的可控成本。而对那些一时难以确认为某一特定成本中心的可控成本，则可以通过各种方式与有关成本中心协商，共同承担风险，借以克服由于风险责任或难以控制而产生的种种问题和避免出现相互推诿和扯皮现象。对确实不能确认为某一成本中心的成本费用，则由企业控制或承担。

值得说明的是，成本不仅可按可控性分类，也可按其他标志分类。一般说来，成本中心的变动成本大多是可控成本，而固定成本大多是不可控成本。但也不完全如此，还应结合有关情况具体分析。管理人员工资属固定成本，但其发生额可以在一定程度上为部门负责人所决定或影响，因而也可能成为可控成本；从成本的发生同各个成本中心的关系来看，各成本中心直接发生的成本是直接成本，其他部门分配的成本是间接成本。一般而言，直接成本大多是可控成本，间接成本大多是不可控成本。尽管如此，也要具体情况具体分析，一个成本中心使用的固定资产所发生的折旧费是直接成本，但不是可控成本。从其他部门分配来的间接成本又可分为两类：一类是某些服务部门为生产部门提供服务，只为生产部门正常开展生产活动提供必要的条件，与生产活动本身并无直接联系，如人事部门所提供的服务；另一类是某些服务部门提供的服务是生产部门在生产中耗用的，可随生产部门的生产需要而改变，如动力电力部门提供的服务。一般而言，前一种间接成本属于不可控成本，后一种间接成本如果采用按各成本中心实际耗用量进行分配，就是各成本中心的可控成本。

（4）成本中心的考核指标。成本中心的考核指标主要采用相对指标和比较指标，包括成本（费用）变动额和变动率两个指标，其计算公式为

$$\text{成本（费用）变动额}=\text{实际责任成本（费用）}-\text{预算责任成本（费用）} \tag{8.1}$$

$$\text{成本（费用）变动率}=\frac{\text{成本（费用）变动额}}{\text{预算责任成本（费用）}}\times 100\% \tag{8.2}$$

在进行成本中心考核时，如果预算产量与实际产量不一致，应注意按弹性预算的方法先行调整预算指标，然后再按上述指标计算。

【例 8-1】 某企业内部某车间为成本中心，生产 A 产品，预算产量 8 000 件，单位成本 100 元，实际产量 7 000 件，单位成本 95 元。计算成本变动额和变动率。

$$\text{成本变动额}=95\times 7\,000-100\times 7\,000=-35\,000\text{（元）}$$

$$\text{成本变动率}=-35\,000/(100\times 7\,000)\times 100\%=-5\%$$

计算结果表明，该成本中心的成本降低额为 35 000 元，降低率为 5%。

2. 利润中心

（1）利润中心的含义。利润中心往往处于企业内部的较高层次，如分公司、分厂和分店等。一般具有独立的收入来源或能视同为一个有独立收入的部门，一般还具有独立的经营权。利润中心与成本中心相比，其权力和责任都相对较大，它不仅要降低成本而且更要寻求收入的增长，并使之超过成本的增长。换言之，利润中心对成本的控制是联系着收入进行的，它强调相对成本的节约。

（2）利润中心的类型。利润中心分为自然利润中心和人为利润中心两种。

1）自然利润中心。它是指可以直接对外销售产品并取得收入的利润中心。这种利润中心本身直接面对市场，具有产品销售权、价格制定权、材料采购权和生产决策权。它虽然是企业内部的一个部门，但其功能同独立企业相近。最典型的形式就是公司内部的事业部，每个事业部均有销售、生产和采购的机能，有很大的独立性，能独立地控制成本并取得收入。

2）人为利润中心。它是指只对内部责任单位提供产品或服务，而取得“内部销售收入”的利润中心。这种利润中心一般不直接对外销售产品。成为人为利润中心应具备两个条件：

一是该中心可以向其他责任中心提供产品或服务；二是能为该中心的产品确定合理的内部转移价格，以实现公平交易、等价交换。

工业企业的大多数成本中心都可以转化为人为利润中心。人为利润中心一般也应具备相对独立的经营权，即能自主决定本利润中心的产品或服务的种类、产品或服务的质量、作业方法、人员调配和资金的使用等。

（3）利润中心的成本计算。利润中心对利润负责，必然要考核和计算成本，以便正确计算利润，作为对利润中心业绩评价与考核的可靠依据。对利润中心的成本计算，通常有两种方式可供选择。

1）利润中心只计算可控成本，不分担不可控成本，亦即不分摊共同成本。

这种方式主要适应于共同成本难以合理分摊或必须进行共同成本分摊的情况，按这种方式计算出的盈利不是通常意义上的利润，而是相当于"边际贡献总额"。企业各利润中心的"边际贡献总额"之和，减去未分配的共同成本，经过调整后才是企业的利润总额。采用这种成本计算方式的"利润中心"，实质上已不是完整和原来意义上的利润中心，而是边际贡献中心。人为利润中心适合采取这种计算方式。

2）利润中心不仅计算可控成本，也计算不可控成本。这种方式适合于共同成本易于合理分摊或不存在共同成本分摊的情况。这种利润中心在计算时，如果采用变动成本法，应先计算出边际贡献，再减去固定成本，才是税前利润；如果采用完全成本法，利润中心可以直接计算出税前利润。各利润中心的税前利润之和，就是整个企业的利润总额。自然利润中心适合采取这种计算方式。

（4）利润中心的考核指标。利润中心的考核指标为利润，通过比较一定期间实际实现的利润与责任预算所确定的利润，可以评价其责任中心的业绩。但由于成本计算方式不同，各利润中心的利润指标的表现形式也不相同。

1）当利润中心不计算共同成本或不可控成本时，其考核指标是利润中心边际贡献总额，该指标等于利润中心销售收入总额与可控成本总额（或变动成本总额）的差额。值得说明的是，如果可控成本中包含可控固定成本，就不完全等于变动成本总额。但一般而言，利润中心的可控成本是变动成本。

2）当利润中心计算共同成本或不可控成本，并采取变动成本法计算成本时，其考核指标包括：利润中心边际贡献总额；利润中心负责人可控利润总额；利润中心可控利润总额等。

利润中心边际贡献总额＝该利润中心销售收入总额－该利润中心变动成本总额　（8.3）

利润中心负责人可控利润总额＝该利润中心边际贡献总额
－该利润中心负责人可控固定成本　（8.4）

利润中心可控利润总额＝该利润中心负责人可控利润总额
－该利润中心负责人不可控固定成本　（8.5）

公司利润总额＝各利润中心可控利润总额之和
－公司不可分摊的各种管理费用、财务费用等　（8.6）

为了考核利润中心负责人的经营业绩，应针对经理人员的可控成本费用进行评价和考核。这就需要将各利润中心的固定成本区分为可控成本和不可控成本。

这主要考虑有些成本费用可以划归、分摊到相关利润中心，却不能为利润中心负责人所控制，如广告费、保险费等。在考核利润中心负责人业绩时，应将其不可控的固定成本从中剔除。

【例 8-2】 某企业的甲车间是一个人为利润中心，本期实现内部销售收入 80 万元，销售变动成本为 55 万元，该中心负责人可控固定成本为 5 万元，中心负责人不可控的且应由该中心负担的固定成本为 7 万元。

则该中心实际考核指标分别为

利润中心边际贡献总额＝80－55＝25（万元）

利润中心负责人可控利润总额＝25－5＝20（万元）

利润中心可控利润总额＝20－7＝13（万元）

3. 投资中心

（1）投资中心的含义。投资中心是指既对成本、收入和利润负责，又对投资效果负责的责任中心。投资中心同时也是利润中心。它与利润中心的区别主要有两个：一是权利不同，利润中心没有投资决策权，它只是在企业投资形成后进行具体的经营；而投资中心则不仅在产品生产和销售上享有较大的自主权，而且能够相对独立地运用所掌握的资产，有权购建或处理固定资产，扩大或缩减现有的生产能力。二是考核办法不同，考核利润中心业绩时，不联系投资多少或占用资产的多少，即不进行投入产出的比较；相反，考核投资中心业绩时，必须将所获得的利润与所占用的资产进行比较。

投资中心是最高层次的责任中心，它具有最大的决策权，也承担最大的责任。投资中心的管理特征是较高程度的分权管理。一般而言，大型集团所属的子公司、分公司和事业部往往都是投资中心。在组织形式上，成本中心一般不是独立法人，利润中心可以是、也可以不是独立法人，而投资中心一般是独立法人。

由于投资中心独立性较高，它一般应向公司的总经理或董事会直接负责。对于投资中心不应干预过多，应使其享有投资权和较为充分的经营权；投资中心在资产和权益方面应与其他责任中心划分清楚。如果对投资中心干预过多，或者其资产和权益与其他责任中心划分不清，出现互相扯皮的现象，也无法对其进行准确的考核。

（2）投资中心的考核指标。为了准确地计算各投资中心的经济效益，应该对各投资中心共同使用的资产划定界限；对共同发生的成本按适当的标准进行分配；各投资中心之间相互调剂使用的现金、存货和固定资产等均应计息清偿，实行有偿使用。在此基础上，根据投资中心应按投入产出之比进行业绩评价与考核的要求，除考核利润指标外，更需要计算和分析利润与投资额的关系性指标，即投资利润率和剩余收益。

1）投资利润率。投资利润率又称投资收益率，是指投资中心所获得的利润与投资额之间的比率，可用于评价和考核由投资中心掌握、使用的全部净资产的获利能力。其计算公式为

投资利润率＝利润/投资额×100%　　（8.7）

投资利润率这一指标，还可进一步展开，其公式为

投资利润率＝销售收入/投资额×成本费用/销售收入×利润/成本费用

＝资本用转率×销售成本率×成本费用利润率　　（8.8）

以上公式中投资额是指投资中心的总资产扣除负债后的余额，即投资中心的净资产。所以，该指标也可以称为净资产利润率，它主要说明投资中心运用“公司产权”供应的每一元

资产对整体利润贡献的大小，或投资中心对所有者权益的贡献程度。

为了考核投资中心的总资产运用状况，也可以计算投资中心的总资产息税前利润率。它是投资中心的息税前利润除以总资产占用额。总资产是指生产经营中占用的全部资产。因资金来源中包含了负债，相应分子也要采用息税前利润，它是利息加利润总额。投资利润率按总资产占用额计算，主要用于评价和考核由投资中心掌握、使用的全部资产的获利能力。值得说明的是，由于利润或息税前利润是期间性指标，故上述投资额或总资产占用额应按平均投资额或平均占用额计算。

投资利润率是广泛采用的评价投资中心业绩的指标，它的优点如下：一是投资利润率能反映投资中心的综合获利能力。从投资利润率的分解公式可以看出，投资利润率的高低与收入、成本、投资额和周转能力有关，提高投资利润率应通过增收节支、加速周转，减少投入来实现；二是投资利润率具有横向可比性。投资利润率将各投资中心的投入与产出进行比较，剔除了因投资额不同而导致的利润差异的不可比因素，有利于进行各投资中心经营业绩的比较；三是投资利润率可以作为选择投资机会的依据，有利于调整资产的存量，优化资源配置；四是以投资利润率作为评价投资中心经营业绩的尺度，可以正确引导投资中心的经营管理行为，使其行为长期化。由于该指标反映了投资中心运用资产并使资产增值的能力，如果投资中心资产运用不当，会增加资产或投资占用规模，也会降低利润。

因此，以投资利润率作为评价与考核的尺度，将促使各投资中心盘活闲置资产，减少不合理资产占用，及时处理过时、变质、毁损资产等。

总的说来，投资利润率的主要优点是能促使管理者像控制费用一样地控制资产占用或投资额的多少，综合反映一个投资中心全部经营成果。但是该指标也有其局限性。一是世界性的通货膨胀，使企业资产账面价值失真、失实，以致相应的折旧少计，利润多计，使计算的投资利润率无法揭示投资中心的实际经营能力；二是使用投资利润率往往会使投资中心只顾本身利益而放弃对整个企业有利的投资机会，造成投资中心的近期目标与整个企业的长远目标相背离。各投资中心为达到较高的投资利润率，可能会采取减少投资的行为；三是投资利润率的计算与资本支出预算所用的现金流量分析方法不一致，不便于投资项目建成投产后与原定目标的比较。最后从控制角度看，由于一些共同费用无法为投资中心所控制，投资利润率的计量不全是投资中心所能控制的。为了克服投资利润率的某些缺陷，应采用剩余收益作为评价指标。

2）剩余收益。剩余收益是一个绝对数指标，是指投资中心获得的利润扣减其最低投资收益后的余额。最低投资收益是投资中心的投资额（或资产占用额）按规定或预期的最低报酬率计算的收益。其计算公式为

$$\text{剩余收益}=\text{利润}-\text{投资额}\times\text{预期的最低投资报酬率} \tag{8.9}$$

如果预期指标是总资产息税前利润率时，则剩余收益计算公式应作相应调整，其计算公式为

$$\text{剩余收益}=\text{息税前利润}-\text{总资产占用额}\times\text{预期总资产息税前利润率} \tag{8.10}$$

这里所说的预期的最低报酬率或总资产息税前利润率通常是指企业为保证其生产经营正常、持续进行所必须达到的最低报酬水平。

以剩余收益作为投资中心经营业绩评价指标时，只要投资中心的某项投资的投资利润率大于预期的最低投资报酬率，那么该项投资便是可行的（或投资中心的总资产息税前利润率

大于预期的最低总资产息税前利润率，那么资产的占用便是可行的)。

剩余收益指标具有两个特点：一是体现了投入与产出的关系。由于减少投资（或降低资产占用）同样可以达到增加剩余收益的目的，因而与投资利润率一样，该指标也可以用于全面评价与考核投资中心的业绩；二是避免本位主义。剩余收益指标避免了投资中心狭隘的本位倾向，即单纯追求投资利润率而放弃一些对企业整体有利的投资机会。以剩余收益作为衡量投资中心工作成果的尺度，投资中心将会尽量提高剩余收益，也就是说只要有利于增加剩余收益绝对额，投资行为就是可取的，而不只是尽量提高投资利润率。

（三）责任预算、责任报告与业绩考核

1. 责任预算

（1）责任预算的含义。责任预算是指以责任中心为主体，以可控成本、收入、利润和投资等为对象编制的预算，它是企业总预算的补充和具体化。

责任预算由各种责任指标组成。责任指标包括：①主要指标，上述责任中心所涉及的考核指标，也是必须实现的指标；②其他指标，为保证主要指标的完成而设定的，或是根据企业其他总目标分解的指标，通常有劳动生产率、设备完好率、出勤率、材料消耗率和职工培训等指标。

（2）责任预算的编制。责任预算的编制有两种。一是以责任中心为主体，将企业总预算在各责任中心之间层层分解而形成各责任中心的预算。它实质是由上而下实现企业的总预算目标。这种自上而下、层层分解指标的方式是一种常用的预算编制程序，其优点是使整个企业浑然一体，便于统一指挥和调度，不足之处是可能会遏制责任中心的积极性和创造性；二是各责任中心自行列示各自的预算指标、层层汇总，最后由企业专门机构或人员进行汇总和调整，确定企业总预算。这是一种由下而上、层层汇总、协调的预算编制程序，其优点是有利于发挥各责任中心的积极性，但往往各责任中心只注意本中心的具体情况或多从自身利益角度考虑，容易造成彼此协调困难、互相支持少，以致冲击企业的总体目标。而且，层层汇总和协调工作量大，协调难度也大，容易影响预算质量和编制时效。

责任预算的编制程序与企业组织机构设置和经营管理方式有着密切关系。因此，在集权组织结构形式下，公司最高层管理机构对企业的所有成本、收入、利润和投资负责，既是利润中心，也是投资中心。而公司下属各部门、各工厂、各车间、各工段及各地区都是成本中心，它们只对其权责范围内控制的成本负责。因此，在集权组织结构形式下，首先要按照责任中心的层次，从上至下把公司总预算（或全面预算）逐层向下分解，形成各责任中心的责任预算；然后建立责任预算执行情况的跟踪系统，记录预算执行的实际情况，并定期由下至上把责任预算的实际执行数据逐层汇总，直到最高层的投资中心。

在分权组织结构形式下，经营管理权分散在各责任中心，公司下属各部门、各工厂、各地区等与公司自身一样，可以都是利润中心或投资中心，它们既要控制成本、提高收入和利润，也要对所占用的全部资产负责。而在它们之下，还有许多只对各自所控制的成本负责的成本中心。在分权组织结构形式下，首先也应该按照责任中心的层次，将公司总体预算从最高层向最底层逐级分解，形成各责任中心的责任预算。然后建立责任预算的跟踪系统，记录预算执行情况，并定期从最基层责任中心把责任成本和收入的实际情况，通过编制业绩报告逐级向上汇总。

2. 责任报告

责任报告是对各个责任中心执行责任预算情况的系统概括和总结。责任报告亦称业绩报告、绩效报告，它是根据责任会计记录编制的反映责任预算实际执行情况，揭示责任预算与实际执行差异的内部会计报告。责任会计以责任预算为基础，对责任预算的执行情况进行系统地反映，用实际完成情况同预算目标对比，可以评价和考核各个责任中心的工作成果。责任中心的业绩评价和考核应通过编制责任报告来完成。

责任报告的形式主要有报表、数据分析和文字说明等。将责任预算、实际执行结果的差异用报表予以列示是责任报告的基本形式。在揭示差异时，还必须对重大差异予以定量分析和定性分析。定量分析旨在确定差异的发生程度，定性分析旨在分析差异产生的原因，并根据这些原因提出改进建议。

在企业的不同管理层次上，责任报告的侧重点应有所不同。最低层次的责任中心的责任报告应当最详细，随着层次的升高，责任报告的内容应以更为概括的形式来表现。这一点与责任预算的由上至下分解过程不同，责任预算是由总括到具体，责任报告则是由具体到总括。责任报告应能突出产生差异的重要影响因素。为此，应突出重点，使报告的使用者能把注意力集中到少数严重脱离预算的因素或项目上来。

根据责任报告，可进一步对责任预算执行差异的原因和责任进行具体分析，以充分发挥反馈作用，以使上层责任中心和本责任中心对有关生产经营的活动实行有效地控制和调节，促使各个责任中心根据自身特点，卓有成效地开展有关活动以实现责任预算。

为了编制各责任中心的责任报告，必须进行责任会计核算，即要以责任中心为对象组织会计核算工作，具体做法有两种。一种做法是由各责任中心指定专人把各中心日常发生的成本、收入及各中心相互间的结算和转账业务记入单独设置的责任会计的编号账户内，然后根据管理需要，定期计算盈亏。因其与财务会计分开核算，称为“双轨制”。另一种做法是简化日常核算，不另设专门的责任会计账户，而是在传统财务会计的各明细账户内，为各责任中心分别设户进行登记、核算，称为“单轨制”。

3. 责任业绩考核

责任业绩考核是指以责任报告为依据，分析、评价各责任中心责任预算的实际执行情况，找出差距，查明原因，借以考核各责任中心工作成果，实施奖罚，促使各责任中心积极纠正行为偏差，完成责任预算的过程。

责任中心的业绩考核有狭义和广义之分。狭义的业绩考核仅指对各责任中心的价值指标，如成本、收入、利润及资产占用等责任指标的完成情况进行考评。广义的业绩考评除这些价值指标外，还包括对各责任中心的非价值责任指标的完成情况进行考核。

（1）成本中心业绩考核。成本中心没有收入来源，只对成本负责，因而也只考核其责任成本。由于不同层次成本费用控制的范围不同，计算和考评的成本费用指标也不尽相同，越往上一层次计算和考评的指标越多，考核内容也越多。

成本中心业绩考核是以责任报告为依据，将实际成本与预算成本或责任成本进行比较，确定两者差异的性质、数额及形成的原因，并根据差异分析的结果，对各成本中心进行奖罚，以督促成本中心努力降低成本。

（2）利润中心业绩考核。利润中心既对成本负责，又对收入和利润负责。在进行考核时，应以销售收入、边际贡献和息税前利润为重点进行分析、评价。特别是应通过一定期间将实际利润与预算利润进行对比，分析差异及其形成原因，明确责任，借以对责任中心的经营得失和有关人员的功过做出正确评价和奖罚。

在考核利润中心业绩时，也只是计算和考评本利润中心权责范围内的收入和成本。凡不属于本利润中心权责范围内的收入和成本，尽管已由本利润中心实际收进或支付，仍应予以剔除不能作为本利润中心的考核依据。

（3）投资中心业绩考核。投资中心不仅要对成本、收入和利润负责，还要对投资效果负责。

因此，投资中心业绩考核，除收入、成本和利润指标外，考核重点应放在投资利润率和剩余收益两项指标上。

从管理层次看，投资中心是最高一级的责任中心，业绩考核的内容或指标涉及各个方面，是一种较为全面的考核。考核时通过将实际数与预算数的比较，找出差异，进行差异分析，查明差异的成因和性质，并据以进行奖罚。由于投资中心层次高、涉及的管理控制范围广，内容复杂，考核时应力求原因分析深入、依据确凿、责任落实具体，这样才可以达到考核的效果。

（四）责任结算与核算

1. 内部转移价格

内部转移价格是指企业内部各责任中心之间进行内部结算和责任结转时所采用的价格标准。

制定内部转移价格时，必须考虑全局性原则、公平性原则、自主性原则和重要性原则。全局性原则强调企业整体利益高于各责任中心利益，当各责任中心利益冲突时，企业和各责任中心应本着企业利润最大化或企业价值最大化的要求，制定内部转移价格。公平性原则要求内部转移价格的制定应公平合理，应充分体现各责任中心的经营能力或经营业绩，防止某些责任中心因价格优势而获得额外的利益，某些责任中心因价格劣势而遭受额外损失。自主性原则是指在确保企业整体利益的前提下，只要可能，就应通过各责任中心的自主竞争或讨价还价来确定内部转移价格，真正在企业内部实现市场模拟，使内部转移价格能为各责任中心所接受。重要性原则即内部转移价格的制定应当体现“大宗细、零星简”的要求，对原材料、半成品和产成品等重要物资的内部转移价格制定从细，而对劳保用品、修理用备件等数量繁多、价值低廉的物资，其内部转移价格制定从简。

内部转移价格的类型包括以下几个方面。

（1）市场价格。市场价格是根据产品或劳务的市场价格作为基价的价格。采用市场价格，一般假定各责任中心处于独立自主的状态，可自由决定从外部或内部进行购销，同时产品或劳务有客观的市价可采用。

（2）协商价格。协商价格也可称为议价，是企业内部各责任中心以正常的市场价格为基础，通过定期共同协商所确定的为双方所接受的价格。采用协商价格的前提是责任中心转移的产品应有在非竞争性市场买卖的可能性，在这种市场内买卖双方有权自行决定是否买卖这种中间产品。如果买卖双方不能自行决定，或当价格协商的双方发生矛盾而又不能自行解决，或双方协商订价不能导致企业最优决策时，企业高一级的管理层要进行必要的干预。协商价格的上限是市价，下限是单位变动成本，具体价格应由各相关责任中心在这一范围内协商议定。当产品或劳务没有适当的市价时，也只能采用议价方式来确定。通过各相关责任中心的讨价还价，形成企业内部的模拟“公允市价”，作为计价的基础。

（3）双重价格。双重价格就是针对责任中心各方面分别采用不同的内部转移价格所制订的价格。如对产品（半成品）的供应方，可按协商的市场价格计价；对使用方则按供应方的产品（半成品）的单位变动成本计价。其差额最终进行会计调整。之所以采用双重价格是因为内部转移价格主要是为了对企业内部各责任中心的业绩进行评价、考核，故各相关责任中心所采用的价格并不需要完全一致，可分别选用对责任中心最有利的价格为计价依据。双重价格有两种形式：一种是双重市场价格，就是当某种产品或劳务在市场上出现几种不同价格时，供应方采用最高市价，使用方采用最低市价；另一种是双重转移价格，就是供应方按市场价格或议价作为基础，而使用方按供应方的单位变动成本作为计价的基础。

双重价格的好处是既可较好地满足供应方和使用方的不同需要，还能激励双方在经营上充分发挥主动性和积极性。

（4）成本转移价格。成本转移价格就是以产品或劳务的成本为基础而制定的内部转移价格。由于成本的概念不同，成本转移价格也有多种不同形式，其中用途较为广泛的成本转移价格有三种：①标准成本，即以产品（半成品）或劳务的标准成本作为内部转移价格，它适用于成本中心产品或半成品的转移；②标准成本加成，即按产品（半成品）或劳务的标准成本加计一定的合理利润作为计价的基础；③标准变动成本，它是以产品（半成品）或劳务的标准变动成本作为内部转移价格，这种方式能够明确揭示成本与产量的关系，便于考核各责任中心的业绩，也利于经营决策。不足之处是产品（半成品）或劳务中不包含固定成本，不能反映劳动生产率变化对固定成本的影响，不利于调动各责任中心提高产量的积极性。

2. 内部结算

内部结算是指企业各责任中心清偿因相互提供产品或劳务所发生的、按内部转移价格计算的债权、债务。

按照结算的手段不同，可分别采取内部支票结算、转账通知单和内部货币结算等方式。

（1）内部支票结算方式。内部支票结算方式是指由付款一方签发内部支票通知内部银行从其账户中支付款项的结算方式。内部支票结算方式主要适用于收、付款双方直接见面进行经济往来的业务结算。它可使收付双方明确责任。

（2）转账通知单方式。转账通知单方式是由收款方根据有关原始凭证或业务活动证明签发转账通知单，通知内部银行将转账通知单转给付方，让其付款的一种结算方式。转账通知单一式三联，第一联为收款方的收款凭证，第二联为付款方的付款凭证，第三联为内部银行的记账凭证。

这种结算方式适用于质量与价格较稳定的往来业务，手续简便，结算及时，但因转账通知单是单向发出指令，付款方若有异议，可能拒付，需要交涉。

（3）内部货币结算方式。内部货币结算方式是使用内部银行发行的限于企业内部流通货币（包括内部货币、资金本票、流通券和资金券等）进行内部往来结算的一种方式。

这一结算方式比银行支票结算方式更为直观，可强化各责任中心的价值观念、核算观念和经济责任观念。但是，它也带来携带不便、清点麻烦和保管困难的问题。所以，一般情况下零星往来业务以内部货币结算，大宗业务以内部银行支票结算。

上述各种结算方式都与内部银行有关，所谓内部银行是将商业银行的基本职能与管理方法引入企业内部管理而建立的一种内部资金管理机构。它主要处理企业日常的往来结算和资金调拨、运筹，旨在强化企业资金管理，更加明确各责任中心的经济责任，完善内部责任核算，节约资金使用，降低筹资成本。

3. 责任成本的内部结转

责任成本的内部结转又称责任转账，是指在经营过程中，对于因不同原因造成的各种经济损失，由承担损失的责任中心对实际发生或发现损失的责任中心进行损失赔偿的账务处理过程。

企业内部各责任中心在生产经营过程中，常常有这样的情况：发生责任成本的中心与应承担责任成本的中心不是同一责任中心，为划清责任，合理奖罚，就需要将这种责任成本相互结转。最典型的实例是企业内的生产车间与供应部门都是成本中心，如果生产车间所耗用的原材料是由于供应部门购入不合格的材料所致，则多耗材料的成本或相应发生的损失，应由生产车间成本中心转给供应中心负担。

责任转账的目的是为了划清各责任中心的成本责任，使不应承担损失的责任中心在经济上得到合理补偿。进行责任转账的依据是各种准确的原始记录和合理的费用定额。在合理计算出损失金额后，应编制责任成本转账表，作为责任转账的依据。

责任转账的方式有直接的货币结算方式和内部银行转账方式。前者是以内部货币直接支付给损失方，后者只是在内部银行所设立的账户之间划转。

各责任中心在往来结算和责任转账过程中，有时因意见不一致而产生一些责、权、利不协调的纠纷，为此，企业应建立内部仲裁机构，从企业整体利益出发对这些纠纷做出裁决，以保证各责任中心正常、合理地行使权力，保证其权益不受侵犯。

第三节 成 本 控 制

一、成本控制的含义

成本控制就是对企业生产经营过程中发生的各种耗费进行控制。

狭义的成本控制也称成本的日常控制，主要是指对生产阶段产品成本的控制。即运用一定的方法将生产过程中构成产品成本的一切耗费限制在预先确定的计划成本范围内，然后通过分析实际成本与计划成本之间的差异，找出原因，采取对策以降低成本。

广义的成本控制就是成本经营，强调对企业生产经营的各个环节和方面进行全过程的控制。广义的成本控制包括成本预测、成本计划、成本日常控制、成本分析和考核等一系列环节。

二、成本控制的类型和内容

1. 按照成本形成的过程分类

（1）事前成本控制，是指在投产前的设计、试制阶段，对影响成本的各有关因素进行事前控制，主要是确定成本目标，制订成本计划，明确成本归口分级管理及责任，目的在于防患于未然。

（2）事中成本控制，是指产品生产过程中，从安排生产、采购原辅材料、生产准备、生产，直到产品完工入库整个过程的成本控制。主要是对制造产品实际耗费的控制，包括材料耗费的控制、人工耗费的控制、制造费用的控制及其他费用的控制。

（3）事后成本控制，是指完工后的成本控制。主要是根据事先确定的控制标准，对实际成本进行控制、分析和评价，其中还包括成本差异分析、确定责任归属，其目的是为未来的事前成本控制和事中成本控制打下基础。

2. 按照成本费用的构成分类

（1）生产成本控制，是指控制生产过程中为制造产品而发生的成本，主要包括直接材料成本控制、直接人工成本控制和制造费用的成本控制。

（2）非生产成本控制，是指控制生产成本以外的非生产成本，主要包括销售费用的控制、管理费用的控制和财务费用的控制。

三、标准成本控制

（一）标准成本的含义

标准成本，是指运用技术测定等方法制定的，在有效的经营条件下应该实现的成本，是根据产品的耗费标准和耗费的标准价格预先计算的产品成本。

标准成本控制，是成本控制中应用最为广泛和有效的一种成本控制的方法，也称为标准成本制度、标准成本会计或标准成本法。它是以标准成本为基础，把实际发生的成本与标准进行对比，揭示成本差异形成的原因和责任，采取相应措施，实现对成本的有效控制。其中标准成本的制定与成本的事先控制相联系，成本差异分析、确定责任归属、采取措施改进工作与成本的事中和事后控制相联系。

（二）标准成本的制定

一般情况下，企业在制定标准成本时可以根据自身的技术条件和经营水平，在以下三个原则中进行选择：一是理想标准成本，它是指在现有条件下所能达到的最优的成本水平，即在资源无浪费、设备无故障、产品无废品和工时全有效的假设条件下而制定的成本标准；二是以历史平均成本作为标准成本，它是指过去较长时间内所达到的成本的实际水平；三是正常标准成本，是指在正常情况下企业经过努力可以达到的成本标准，这一标准考虑了生产过程中不可避免的损失、故障和偏差。通常，正常标准成本大于理想标准成本，但小于历史平均成本。正常标准成本具有客观性、现实性、激励性和稳定性等特点，因此被广泛地运用于下列具体的标准成本的制定过程中。

1. 直接材料标准成本的制定

单位产品耗用的直接材料的标准成本是由材料的用量标准和价格标准两项标准确定的。

材料的价格标准通常采用企业编制的计划价格，企业在制订计划价格时，通常是以订货合同的价格为基础，并考虑到将来各种变动情况按各种材料分别计算的。

材料的用量标准是指单位产品耗用原料及主要材料的数量的多少，通常也称为材料消耗定额。材料用量标准应根据企业产品的设计、生产和工艺的现状，结合企业的经营管理水平的情况和成本降低任务的要求，考虑材料在使用过程中发生的必要损耗，并按照产品的零部件来制定各种原料及主要材料的消耗定额。

因此，直接材料标准成本的计算公式为

单位产品耗用的第 i 种材料的标准成本＝材料 i 的价格标准×材料 i 的用量标准（8.11）

单位产品直接材料的标准成本＝∑［材料 i 的价格标准×材料 i 的用量标准］（8.12）

【例 8-3】 假定某企业甲产品耗用 A，B，C 三种直接材料，其直接材料标准成本的计算见表 8-1。

表 8-1　　甲产品直接材料标准成本

标　　准	材料 A	材料 B	材料 C
用量标准（1）	3 千克/件	6 千克/件	9 千克/件
价格标准（2）	45 元/千克	15 元/千克	30 元/千克
成本标准（3）＝（1）×（2）	135 元/件	90 元/件	270 元/件
单位产品直接材料标准成本（4）＝∑（3）	495 元		

2. 直接人工标准成本的制定

直接人工成本是由直接人工的价格和直接人工用量两项标准决定的。

直接人工的价格标准就是标准工资率，通常由劳动工资部门根据用工情况制定，当采用计时工资时，标准工资率就是单位工时标准工资率，它是由标准工资总额与标准总工时的商来计算的。其计算公式为

$$标准工资率=\frac{标准工资总额}{标准总工时} \tag{8.13}$$

人工用量标准，就是工时用量标准，也称工时消耗定额。它是指企业在现有的生产技术条件、工艺方法和技术水平的基础上，考虑到提高劳动生产率的要求，采用一定的方法，按照产品生产加工所经过的程序，确定单位产品所需耗用的生产工人工时数。在制定工时消耗定额时，还要考虑到生产工人必要的休息和生理上所需时间，以及机器设备的停工清理时间，使制定的工时消耗定额既合理又先进，从而达到成本控制的目的。因此，直接人工的标准成本的公式为

$$单位产品直接人工标准成本=标准工资率\times工时用量标准 \tag{8.14}$$

当采用计件工资时，标准工资率就是单位产品的标准计件工资单价，所以直接人工标准成本就是单位产品标准计件工资单价。

【例 8-4】 仍按上例中的企业，甲产品直接人工标准成本的计算见表 8-2。

表 8-2　　甲产品直接人工标准成本

项　　目	标　　准	项　　目	标　　准
月标准总工时（1）	15 600 小时	单位产品工时用量标准（4）	1.5 小时/件
月标准总工资（2）	168 480 元	直接人工标准成本（5）＝（4）×（3）	16.20 元/件
标准工资率（3）＝（2）÷（1）	10.8 元/小时		

3. 制造费用标准成本的制定

制造费用的标准成本是由制造费用价格标准和制造费用用量标准两项因素决定的。制造费用价格标准，也就是制造费用的分配率标准。其计算公式为

$$制造费用分配率标准=\frac{标准制造费用总额}{标准总工时} \tag{8.15}$$

制造费用的用量标准，就是工时用量标准，其含义与直接人工用量标准相同。

$$制造费用标准成本=工时用量标准\times制造费用分配率标准 \tag{8.16}$$

成本按照其性态，可分为变动成本和固定成本。前者随着产量的变动而变动；后者相对

固定，不随产量的变动而变动。所以在制定制造费用标准时，也应分别制定变动制造费用的成本和固定制造费用的成本标准。

【例 8-5】 仍按［例 8-4］中的企业，甲产品的制造费用标准成本的计算见表 8-3。

表 8-3 甲产品的制造费用标准成本

项　　目	标　　准
月标准总工时（1）	15 600 小时
标准变动制造费用总额（2）	56 160 元
标准变动制造费用分配率（3）＝（2）÷（1）	3.6 元/小时
单位产品工时标准（4）	1.5 小时/件
变动制造费用标准成本（5）＝（4）×（3）	5.4 元/件
标准固定制造费用总额（6）	187 200 元
标准固定制造费用分配率（7）＝（6）÷（1）	12 元/小时
固定制造费用标准成本（8）＝（7）×（4）	18 元/件
单位产品制造费用标准成本（9）＝（5）＋（8）	23.4 元

4. 单位产品标准成本卡

制定了上述各项内容的标准成本后，企业通常要为每一产品设置一张标准成本卡，并在该卡中分别列明各项成本的用量标准与价格标准，通过直接汇总的方法来求得单位产品的标准成本。

【例 8-6】 根据［例 8-3］、［例 8-4］和［例 8-5］中的各种有关资料，设置甲产品标准成本卡，见表 8-4。

表 8-4 甲产品标准成本卡

成本项目		用量标准	价格标准	单位标准成本
直接材料	A	3 千克/件	45 元/千克	135 元
	B	6 千克/件	15 元/千克	90 元
	C	9 千克/件	30 元/千克	270 元
	小计	…	…	495 元
直接人工		1.5 小时/件	10.80 元/小时	16.20 元
变动制造费用		1.5 小时/件	3.60 元/小时	5.40 元
固定制造费用		1.5 小时/件	12 元/小时	18 元
甲产品单位标准成本				534.60 元

（三）成本差异的含义和类型

1. 成本差异的含义

在标准成本制度下，成本差异是指一定时期生产一定数量的产品所发生的实际成本与相关的标准成本之间的差额。

2. 成本差异的类型

成本差异按照不同标准分为以下几种类型。

（1）用量差异与价格差异。用量差异是反映由于直接材料、直接人工和变动性制造费用等要素实际用量消耗与标准用量消耗不一致而产生的成本差异。其计算公式为

用量差异＝标准价格×（实际产量下的实际用量－实际产量下的标准用量） (8.17)

这里需要注意，此处的标准用量是总量概念，与标准成本制定过程中使用的“用量标准”不同，后者是单位产品的用量标准，是单位概念。

价格差异是反映由于直接材料、直接人工和变动性制造费用等要素实际价格水平与标准价格不一致而产生的成本差异。其计算公式为

价格差异＝（实际价格－标准价格）×实际产量下的实际用量 (8.18)

其中的“标准价格”与标准成本制定过程中使用的“价格标准”相同，都属于单位概念。

（2）纯差异与混合差异。从理论上讲，任何一类差异在计算时都需要假定某个因素变动时，其他因素固定在一定基础上不变。把其他因素固定在标准的基础上，所算出的差异就是纯差异。与纯差异相对立的差异就是混合差异。混合差异又称联合差异，是指总差异扣除所有的纯差异后的剩余差异。

（3）有利差异与不利差异。成本差异按其数量特征可分为有利差异与不利差异。

有利差异是指因实际成本低于标准成本而形成的节约差。不利差异则指因实际成本高于标准成本而形成的超支差。但这里有利与不利是相对的，并不是有利差异越大越好，企业管理不能为了盲目追求成本的有利差异，而不惜以牺牲质量为代价。

（4）可控差异与不可控差异。可控差异是指与主观努力程度相联系而形成的差异，又叫主观差异，它是控制的重点所在。不可控差异是指与主观努力程度关系不大，主要受客观原因影响而形成的差异，又叫客观差异。

（四）成本差异的计算和分析

在标准成本制度下，成本差异计算与分析是实现成本反馈控制的主要手段。凡实际成本大于标准成本或预算成本的称为超支差异；凡实际成本小于标准成本或预算成本的则称为节约差异。

1. 直接材料成本差异的计算分析

直接材料成本差异是指在实际产量下直接材料实际总成本与实际产量下标准总成本之间的差额。它可分解为直接材料用量差异和直接材料价格差异两部分。有关计算公式为

直接材料成本差异＝实际产量下的实际成本－实际产量下的标准成本

＝实际用量×实际价格－标准用量×标准价格

＝（实际用量－标准用量）×标准价格

＋（实际价格－标准价格）×实际用量

＝直接材料用量差异＋直接材料价格差异 (8.19)

（1）直接材料用量差异。直接材料用量差异是指由于材料实际用量与标准用量的不同而导致的差异。其计算公式为

直接材料用量差异＝（实际产量下实际用量－实际产量下标准用量）×标准价格 (8.20)

直接材料用量差异的形成原因是多方面的，有生产部门原因，也有非生产部门的原因：人工用料的责任心强弱、人工技术状况、废品率的高低、设备工艺状况、材料质量状况及材料规格的适应程度等都会导致材料用量的差异。材料用量差异的责任需要通过具体分析才能确定，但主要责任往往应由生产部门承担。

（2）直接材料价格差异。直接材料价格差异是指实际产量下，由于材料的实际价格与标准价格的不同而导致的差异。其计算公式为

直接材料价格差异＝（实际价格－标准价格）×实际产量下实际用量　　(8.21)

材料价格差异的形成受各种主客观的影响较为复杂，如市场价格的变动、供货厂商变动、运输方式的变动和采购批量的变动等，都可以导致材料的价格差异。但由于它与采购部门的关系更为密切，所以其主要责任部门是采购部门。

【例 8-7】　假定［例 8-6］中企业本月投产甲产品 8 000 件，领用 A 种材料 32 000kg，其实际价格为 40 元/kg。根据该产品标准成本卡所列，该产品 A 材料的用量标准为 3kg/件，标准价格为 45 元/件。则其直接材料成本差异计算如下

直接材料实际成本＝32 000×40＝1 280 000（元）

直接材料标准成本＝8 000×3×45＝1 080 000（元）

直接材料成本差异＝200 000（元）

其中，　材料用量差异＝(32 000－8 000×3)×45＝360 000（元）

材料价格差异＝(40－45)×32 000＝－160 000（元）

通过以上计算可以看出，甲产品本月耗用 A'材料发生 200 000 元超支差异。由于生产部门耗用材料超过标准，导致超支 360 000 元，应该查明材料用量超标的具体原因，以便改进工作，节约材料耗费。从材料价格而言，由于材料价格降低节约了 160 000 元，从而抵消了一部分由于材料超标耗用而形成的成本超支。

这是材料采购部门的工作成绩，也应查明原因，以便巩固和发扬成绩。

2. 直接人工成本差异的计算和分析

直接人工成本差异是指在实际产量下，直接人工实际成本与实际产量下标准成本之间的差异。可分解为直接人工效率差异和工资率差异。计算公式为

直接人工成本差异＝实际产量下的实际成本－实际产量下的标准成本

＝实际工时×实际工资率－标准工时×标准工资率

＝（实际产量下实际工时－实际产量下标准工时）×标准工资率

＋（实际工资率－标准工资率）×实际工时

＝直接人工效率差异－直接人工工资率差异　　(8.22)

（1）直接人工效率差异。直接人工的效率差异即直接人工的用量差异，由于在既定产量下的人工用量的多少，反映着效率的高低。所以，人工效率差异的计算公式为

直接人工效率差异＝（实际产量下实际人工工时－实际产量下标准人工工时）

×标准工资率　　(8.23)

直接人工效率差异的形成原因是多方面的，工人技术状况、工作环境和设备条件的好坏等，都会影响效率的高低，但其主要责任部门还是在生产部门。

（2）直接人工工资率差异。工资率差异即直接人工的价格差异。人工的价格表现为小时工资率。其计算公式为

直接人工工资率差异＝（实际工资率－标准工资率）

×实际产量下实际人工工时　　(8.24)

工资率差异形成的原因也比较复杂，工资制度的变动、工人的升降级、加班或临时工的

增减等都将导致工资率的差异。一般而言，这种差异的责任不在生产部门，劳动人事部门更应对其承担责任。

【例 8-8】 假定［例 8-7］中企业本月甲产品实际生产 8 000 件，用工 10 000 小时，实际应付直接人工工资 110 000 元。根据甲产品标准成本卡所列，该产品工时标准为 1.5 小时/件，标准工资率为 10.8 元/小时，工资标准为 16.20 元/件。其直接人工成本差异计算如下

直接人工成本差异＝110 000－8 000×16.20＝－19 600（元）

其中， 直接人工效率差异＝(10 000－8 000×1.5)×10.80＝－21 600（元）

直接人工工资率差异＝(110 000÷10 000－10.80)×10 000＝2 000（元）

通过以上计算可以看出，该产品的直接人工成本总体上节约 19 600 元。其中人工效率差异节约 21 600 元。但工资效率差异超支 2 000 元。工资率超过标准，可能是为了提高产品质量，调用了一部分技术等级和工资级别较高的工人，使小时工资率增加了 0.20（计算方法为 1 100÷100－10.80）元。但也因此在提高产品质量的同时，提高了效率，使工时的耗用由标准的 12 000（计算方法为 8 000×1.5）小时降为 10 000 小时，节约工时 2 000 小时，从而导致了最终的成本节约。可见，生产部门在生产组织上的成绩是应该肯定的。

3. 变动制造费用成本差异的计算和分析

变动制造费用成本差异是指实际产量下实际发生的变动制造费用与实际产量下的标准变动制造费用的差异。可以分解为效率差异和耗费差异两部分。其计算公式为

变动制造费用成本差异＝实际产量下实际变动制造费用－实际产量下标准变动制造费用
＝实际工时×变动制造费用实际分配率－标准工时×变动制造费用标准分配率
＝（实际工时－标准工时）×标准分配率＋（实际分配率－标准分配率）×实际工时
＝变动制造费用效率差异＋变动制造费用耗费差异 (8.25)

（1）效率差异。变动制造费用效率差异即变动制造费用的用量差异，它是因实际耗用工时脱离标准而导致的成本差异。其计算公式为

变动制造费用效率差异＝（实际产量下实际工时－实际产量下标准工时）×变动制造费用标准分配率 (8.26)

式中，工时既可以是人工工时，也可以是机器工时，这取决于变动制造费用的分配方法；标准工时是指实际产量下的标准总工时。变动制造费用效率差异的形成原因与直接人工效率差异的形成原因基本相同。

（2）耗费差异。变动制造费用耗费差异即变动制造费用的价格差异，它是因变动制造费用或工时的实际耗费脱离标准而导致的成本差异，也称变动制造费用分配率差异。其计算公式为

变动制造费用耗费差异＝（变动制造费用实际分配率－变动制造费用标准分配率）×实际产量下实际工时 (8.27)

【例 8-9】 假定［例 8-8］中企业本月甲产品实际发生变动制造费用 40 000 元。根据该产品标准成本卡所示，其工时标准为 1.5 小时/件，标准费用分配率为 3.60 元/小时。其变动制造费用成本差异计算为

变动制造费用成本差异＝40 000－8 000×1.5×3.60＝－3 200（元）

其中，　　变动制造费用效率差异＝(10000－8 000×1.5)×3.60＝－7 200（元）

变动制造费用耗费差异＝(40 000÷10 000－3.60)×10 000＝4 000（元）

通过以上计算可以看出，甲产品制造费用节约 3 200 元，这是由于提高效率，工时由 12 000（计算方法为 8 000×1.5）小时降为 10 000 小时的结果。由于费用分配率由 3.60 提高为 4（40 000÷10 000）元，使变动制造费用发生超支，从而抵消了一部分变动制造费用的节约额。应该查明费用分配率提高的具体原因。

4. 固定性制造费用成本差异的计算分析

固定性制造费用成本差异是指实际产量下固定制造费用与实际产量下标准固定制造费用的差异。其计算公式为

固定制造费用成本差异＝实际产量下实际固定制造费用－实际产量下标准固定制造费用
＝实际分配率×实际工时－标准分配率
×实际产量下标准工时　　（8.28）

其中，　　标准分配率＝固定制造费用预算总额÷预算产量下标准总工时　　（8.29）

式中的成本差异是在实际产量的基础上算出的。由于固定制造费用相对固定，一般不受产量的影响，因此产量变动会对单位产品所分配的固定制造费用产生影响，所以实际产量与预算产量的差异会对单位产品所应承担的固定制造费用产生影响。这样一来，固定制造费用成本差异的分析方法与其他费用成本差异的分析方法有所区别，通常分为两差异分析法和三差异分析法。

（1）两差异法。两差异法是将总差异分解为耗费差异和能量差异两部分，它们的计算公式分别为

耗费差异＝实际产量下实际固定制造费用－预算产量下标准固定制造费用
＝实际固定制造费用－预算产量×工时标准×标准分配率
＝实际固定制造费用－预算产量下标准工时×标准分配率　　（8.30）

能量差异＝预算产量下标准固定制造费用－实际产量下标准固定制造费用
＝（预算产量下标准工时－实际产量下标准工时）×标准分配率　　（8.31）

【例 8-10】 假定［例 8-9］企业甲产品预算产量为 10 400 件，实际固定制造费用为 190 000 元。根据甲产品标准成本卡所列，工时标准为 1.5 小时/件，固定制造费用标准分配率为 12 元/小时，其固定制造费用的成本差异计算如下所示。

固定制造费用的成本差异＝190 000－8 000×1.5×12＝46 000（元）

其中，　　耗费差异＝190 000－10 400×1.5×12＝2 800（元）

能量差异＝(10 400×1.5－8 000×1.5)×12＝43 200（元）

通过以上分析可以看出，该企业甲产品固定制造费用超支 46 000 元，主要是由于生产能力利用不足，实际产量小于预算产量所致。

（2）三差异法。三差异法将固定性制造费用成本总差异分解为耗费差异、能力差异（又称产量差异）和效率差异三种，其中耗费差异与两差异法中的耗费差异概念和计算都相同，三差异法与两差异法的不同只在于它进一步将两差异法中的能量差异分解为产量差异和效率差异。相关的计算公式分别为

耗费差异＝实际产量下实际固定制造费用－预算产量下标准固定制造费用
＝实际固定制造费用－预算产量×工时标准×标准分配率

＝实际固定制造费用－预算产量下标准工时×标准分配率 （8.32）

产量差异＝（预算产量下标准工时－实际产量下实际工时）×标准分配率 （8.33）

效率差异＝（实际产量下实际工时－实际产量下标准工时）×标准分配率 （8.34）

【例 8-11】 由［例 8-10］中企业甲产品的有关数据，计算其固定制造费用成本差异如下

固定制造费用成本差异＝190 000－8 000×1.5×12＝46 000（元）

其中，耗费差异＝190 000－10 400×1.5×12＝2 800（元）

产量差异＝(10 400×1.5－10 000)×12＝67 200（元）

效率差异＝(10 000－8 000×1.5)×12＝－24 000（元）

采用三差异法，能够更好地说明生产能力利用程度和生产效率高低所导致的成本差异情况，便于分清责任。

【例 8-12】 某企业适用标准成本法控制成本，甲产品每月的正常生产量为 2 000 件，每件产品直接材料的标准用量是 0.6kg，每千克的标准价格为 100 元；每件产品标准耗用工时 3 小时，每小时标准工资率为 10 元；制造费用预算总额为 18 000 元，其中变动制造费用 6 000 元，固定制造费用 12 000 元。

本月实际生产了 1 875 件，实际材料价格为 105 元/吨，全月实际领用 1 200kg；本月实际耗用总工时 6 000 小时，每小时支付的平均工资为 9.8 元；制造费用实际发生额为 18 900 元(其中变动制造费用为 6 900 元，固定制造费用为 12 000 元)。

要求：

编制甲产品标准成本卡；计算和分解直接材料、直接人工、制造费用的成本差异。

（1）编制甲产品的标准成本卡，见表 8-5。

表 8-5 甲产品标准成本卡

项目	用量标准	价格标准	单位标准成本
直接材料	0.6 千克/件	100 元/千克	60 元
直接人工	3 小时/件	10 元/小时	30 元
变动制造费用	3 小时/件	1[6 000/(3×2 000)]	3 元
固定制造费用	3 小时/件	2[12 000/(3×2 000)]	6 元
单位标准成本			99 元

（2）计算成本差异。

1）首先列示实际单位成本，见表 8-6。

表 8-6 甲产品实际单位成本 金额单位：元

项目	实际用量	实际价格	实际单位成本
直接材料	0.64(1 200/1 875)千克/件	105 元/kg	67.2 元
直接人工	3.2(6 000/1 875)小时/件	9.8 元/小时	31.36 元
变动制造费用	3.2 小时/件	1.15(6 900/6 000)元/小时	3.68 元
固定制造费用	3.2 小时/件	2(12 000/6 000)元/小时	6.4 元
单位成本			108.64 元

2）直接材料成本差异＝67.2×1 875－60×1 875＝13 500（元）

其中，用量差异＝(1 200－1 875×0.6)×100＝7 500（元）

价格差异＝(105－100)×1 200＝6 000（元）

3）直接人工成本差异＝31.36×187 530×1 875＝2 550（元）

其中，效率差异＝(6 000－3×1 875)×10＝3 750（元）

工资率差异＝(9.8－10)×6 000＝－1 200（元）

4）变动制造费用成本差异＝6 900－3×1 875＝1 275（元）

其中，效率差异＝(6 000－3×1 875)×1＝375（元）

耗费差异＝(1.15－1)×6 000＝900（元）

5）固定制造费用成本差异＝12 000－6×1 875＝750（元）

其中，耗费差异＝12 000－6×2 000＝0

产量差异＝(2 000×3－6 000)×2＝0

效率差异＝(6 000－1 875×3)×2＝750（元）

（五）成本控制的其他方法

1. 作业成本控制

作业成本控制也称作业成本法，英文名称是 Activity Based Costing，简称 ABC 法。

所谓作业，是指企业为了达到其生产经营的目标所进行的与产品相关或对产品有影响的各种具体活动，性质相同的作业所构成的集合叫做作业中心。

作业成本的概念深化了人们对成本的认识。它是指产品消耗的作业所发生的成本和费用。传统的成本概念认为，成本是对象化的费用，是生产经营过程中所耗费的资金。这一概念虽然揭示了成本的经济实质（价值耗费）和经济形式（货币资金），但没有反映出成本形成的动态过程。作业成本法有效地弥补了这一不足。它把企业生产经营过程描述为一个为满足顾客需要而设计的一系列作业的集合（作业链），随着作业的推移，在作业链上发生的费用，就转移到了最终产品的成本上，并且这一过程也伴随着价值从企业内部逐步积累最后转移到顾客（价值链）。作业成本法通过作业这一媒介，将费用的发生与产品成本的形成联系了起来，形象地揭示了成本形成的动态过程，使成本的概念更为完整和具体。

成本动因是指导致成本发生的因素，即成本的诱因。成本动因通常以作业活动耗用的资源来进行度量，如质量检查次数、用电度数等。在作业成本法下，成本动因是成本分配的依据。

作业成本法就是以作业为基础计算和控制产品成本的方法，其基本理念是产品消耗作业和作业消耗资源。生产导致作业发生，作业导致间接成本的发生，所以作业是产品和间接成本的纽带。

在作业成本法下，将间接费用和直接费用都视为产品消耗作业而付出的代价。对于直接费用的确认和分配，作业成本法与传统的成本计算法一样；对于间接费用的分配，则与传统的方法不同，在作业成本法下，间接费用分配的对象不再是产品，而是作业。分配时，首先根据作业中心对资源的耗费情况将资源耗费的成本分配到作业中心去；然后再将上述分配给作业中心的成本按照各自的成本动因，根据作业的耗用数量分配到各产品。作业成本法下，对于不同的作业中心，由于成本动因的不同，其间接费用的分配标准也不同。

从费用分配的准确性来讲，由于作业成本法采用多样化的分配标准，使成本的归属得以提高，因此成本信息相对更为客观、真实和准确。从成本控制的角度上讲，由于作业成本法的本质是以作业作为确定分配间接费用的基础，引导管理人员将注意力集中在成本发生的动因上，而不仅仅是关注成本计算结果本身，通过对作业成本的计算和有效控制，就可以较好地克服传统成本法中间接费用责任不清的缺点，并且使以往一些不可控的间接费用在作业成本法系统中变为可控，同时可以通过对作业活动的动态跟踪，更好地发挥决策、计划和控制的作用，以促进作业管理和成本控制的不断提高。因此，作业成本法不仅仅是一种成本计算方法，更是一种成本控制和企业管理的手段。

2. 质量成本控制

质量成本是指企业为保持或提高产品质量所支出的一切费用，以及因产品质量未达到规定水平所产生的一切损失。

（1）质量成本的构成。质量成本包括两方面的内容：一是预防和检验成本；二是损失成本。

预防和检验成本也是由两部分成本构成的：预防成本和检验成本。所谓预防成本是指为保证产品质量达到一定水平而发生的各种费用。如：质量计划工作费用、新产品评审费用、工序能力研究费用、质量审核费用、质量情报费用、人员培训费用和质量奖励费用等；而所谓检验成本是指为评估和检查产品制造质量而发生的费用。如：进货检验费、工序检验费、产品检验费、破坏性试验的产品试验费用和检验设备的维护、保养费用等。

损失成本包括内部质量损失成本和外部质量损失成本两部分。所谓内部质量损失成本是指生产过程中因质量问题而发生的损失成本，包括产品在生产过程中出现的各类缺陷所造成的损失，以及为弥补这些缺陷而发生的各类费用支出，如：报废损失、返修损失、复检费用、停工损失、事故分析处理费用和产品降级损失等。所谓外部质量损失成本是指产品销售后，因产品质量缺陷而引起的一切费用支出，如：支付用户的索赔费用、退货损失、保修费用和折价损失等。

与质量有关的预防和检验成本及损失成本是两类具有不同性质的成本。预防和检验成本属于不可避免成本，随着产品质量的不断提高，这部分成本将会不断增大；损失成本则属于可避免成本，随着产品质量的不断提高，这部分成本将逐渐降低，产品质量的高低通常以产品的合格品率来表示。

（2）质量成本控制程序。

1）确定最优质量成本，并以此作为质量成本控制的总目标。最优质量既不在质量最高时，也不在质量最低时，而是在使质量成本所有四项内容之和最低时的质量水平上。

2）建立健全质量成本管理的组织体系。有了质量成本的控制标准，还应建立健全质量成本管理的组织体系，以确保目标的实现。由于质量成本涉及到企业的诸多部门，如供应、生产、销售、质检及财会等部门，因此必须划分责任，归口控制。

3）应坚持预防为主的方针。在质量成本控制中为保证一定的质量水平，应适当地增大预防检验成本占质量成本的比重，这样可减少事故成本的发生。

4）计算和分析质量成本差异。企业应及时计算实际质量成本脱离预算的差异，并对此分项逐一进行分析并寻找原因，以采取相应措施加以控制。

3. 使用寿命周期成本控制

（1）使用寿命周期成本的含义。在当今社会，企业只关心产品成本的控制是不够的，还必须从用户的角度来研究和分析使用成本的影响，也就是要研究使用寿命周期成本的控制。

所谓使用寿命周期成本也称使用成本，是用户为取得并实现所需产品或劳务的功能所付出的代价。

目前西方许多国家比较重视寿命周期成本的研究，因为客户要求生产厂商报价时，不仅要报原价，还要报使用寿命周期成本，提供产品的能源消耗、排污标准、保修期及大修理周期等参数。另外，购买单位处理报价投标时，往往以寿命周期成本为准，而不是以售价为准。我国的许多企业家已经认识到，要想在竞争日趋激烈的今天站稳脚跟并求得发展，必须重视产品寿命周期成本的研究与控制。

使用寿命周期成本包括原始成本和运行维护成本两部分。原始成本是指设计成本、开发成本和生产成本；运行维护成本是指售后的与使用该产品有关的消耗成本、维修成本及保养成本等。可见，运行维护成本是生产成本的补充。一般来说，运行维护成本的高低，常常反映出产品的功能或质量的好坏。凡质量高、功能好的产品，其运行维护成本就低，而其寿命期限却长；反之，质量低、功能差的产品，其运行维护成本必然高，而其寿命期限也相对短。因此企业要在激烈的竞争中立于不败之地，不仅要考虑产品的物美价廉，还要研究运行维护成本的降低问题。运行维护成本的降低是一个综合性问题，它牵涉到产品的许多方面，如产品的功能、产品的质量等，企业可以从生产者和使用者两个不同的角度对此加以控制。

（2）生产者角度的使用寿命周期成本控制。从生产者的角度来看，就是一切为用户着想，千方百计降低产品的寿命周期成本，减少用户的支出，从而达到扩大销量，争取更多用户，增加利润的目的。需注意的一点是：对于生产者来讲，控制寿命周期成本只是促销的一种手段，而不是像产品成本控制那样纯粹为了控制成本。

（3）使用者角度的使用寿命周期成本控制。从使用者的角度，就是决定是否购买某一产品时，不仅要考虑产品的售价，而且还要考虑该商品的使用寿命周期成本。采用的分析方法有两种：一是购买时，要求厂家提供使用寿命周期成本的资料，比较不同厂家产品的使用寿命周期成本，取其低者；二是将发生在使用期内不同时点上的运行维护成本分别折现，计算出可供选择产品的现值成本，然后进行比较，择其低者。

4. 利用 ERP 进行成本控制

企业资源计划系统，英文为 Enterprise Resource Planning，简称 ERP，是指建立在信息技术应用基础上，结合系统化的管理思想，为企业决策层及员工提供决策手段的管理平台。

ERP 系统集信息技术与先进的管理思想于一身，反映时代对企业合理调配资源、最大化地创造社会财富的要求，成为企业在信息时代生存、发展的基石。ERP 是整合了企业管理理念、业务流程、基础数据、人力物力资源、计算机硬件、软件和网络资源于一体的企业资源管理系统。

ERP 将企业内部所有资源整合在一起，对采购、生产、成本、库存、分销、运输、财务和人力资源等进行规划，以达到最佳资源组合，取得最佳效益。

因此，利用 ERP 这个工具，可以帮助企业在生产运营的各个环节：采购、生产、库存、销售和资金运作等方面控制成本。

（1）采购成本。利用 ERP 控制采购成本，就是要把整个采购过程公开化、透明化和制度化。利用计算机网络，把不同供应商的报价收集在一起，企业的领导者很容易地调出同一产品不同的供应商的报价。同时，建立起对不同供应商的同一产品的质量统计分析。由企业的检验部门、技术部门和供应部门做质量检验。

（2）生产成本。利用 ERP 控制生产过程的成本，目前大多数 ERP 提供商所提供的软件主要是控制废品率、次品率和物料的耗费。首先对于控制废品率，先要设定一个废品率，要有一个计划指标，如果实际废品率是计划成本控制之下的，就没有问题。而控制次品率的方式就是利用 ERP 明确哪一个人在哪个时间段生产了哪批产品，以明确该生产者的责任，加强责任心。其次是利用 ERP 控制物料耗用。有了物料需求计划，各个环节都有详细的物料清单，对于将要生产多少产品，需要多少原料很清楚，可以有效地避免生产环节的物料浪费。

（3）库存成本。利用 ERP 可以解决从原材料库存、半成品库存到产成品库存整个库存环节的成本控制问题。有了 ERP，使得及时生产系统在生产环节和库存管理的应用成为可能。及时生产系统的核心思想就是企业所需物料或产品在恰恰需要的时间、地点和正好需要的数量及时到位，这里面需要考虑安全库存和提前期这两个因素，如果可以忽略这两个因素的话，就能够达到理想的零库存境界。ERP 可以按照生产的节拍和节奏计算出来加工批量，并算出前一个工序在什么时候该把一个批量给下一个工序。这样一来，整个库存结构都是非常合理的。

国外有一些大型的龙头企业把它的物料需求计划公布给他的主要合作伙伴，让供货商按照它的物料需求计划安排生产计划。在忽略安全库存的前提下，大买家的原材料库里是零库存，供货商的产成品库里也是零库存，这样大家的库存与资金占用都下降了。在整个供应链上，如果库存与资金占用都下降，终端产品的价格就可以下降，大型生产厂的竞争力就会增强，这样企业与企业之间的竞争，就会演变成供应链与供应链之间的竞争。供应链所得到的好处，是一个企业得不到的，几个企业形成供应链，才能做到将成本压到极限。

（4）销售成本。利用 ERP 进行销售成本控制也是遵循了计划和控制的思想。利用 ERP 不仅可以更有效地控制和管理应收账款，还可以对销售网络中各网点的库存结构进行动态管理。对于不能按照计划收回的应收账款，ERP 系统会马上产生一个信息，来控制管理过程，促使应收账款的收回。另外，很多行业都存在分销问题，也就是产品放在分销网点销售。如何把分销网点的库存结构控制好，是企业控制销售成本的关键。当网点多，产品系列、品种和规格很多时，仅仅依靠人工很难把握销售网点的库存结构，况且网点的销售和库存是动态的，必须有 ERP 系统帮助控制。

（5）生产环节的资金运作。生产环节的资金运作也可利用 ERP 进行管理。利用 ERP，可以计划出在什么时间，将要购进什么原材料或产品，使提前的时间刚好够用，并且所支付利息的时间尽量地短。有些 ERP 软件供应商提供的软件能够做到工序级的管理，使企业通过 ERP 很清楚地知道企业计划要支出的费用，可以使企业对资金的需求计算得更精确，减少企业在资金上不合理的占用，降低财务成本。

总之，企业应根据自身的情况，分阶段、分级别地使用 ERP 这个工具。即使不能达到零库存的境界，至少也能在不同程度上控制成本。

小　　结

（1）财务控制是企业财务管理的重要内容，是内部控制的一个重要环节，加强企业财务控制是一个经久不衰的论题，也是当今企业需要解决的重要问题。

（2）内部控制是指经济单位和各个组织在经济活动中建立的一种相互制约的业务组织形

式和职责分工制度。内部控制的目的在于改善经营管理、提高经济效益。内部控制的基本原则包括：合法性、全面性、重要性、有效性、制衡性、合理性、适应性和成本效益等。内部控制的一般方法通常包括职责分工控制、授权控制、审核批准控制、预算控制、财产保护控制、会计系统控制、内部报告控制、经济活动分析控制、绩效考评控制和信息技术控制等。

（3）财务控制是内部控制的一个重要组成部分，是内部控制的核心，是内部控制在资金和价值方面的体现。财务控制，是指按照一定的程序与方法，确保企业及其内部机构和人员全面落实和实现财务预算的过程。财务控制的特征有：以价值形式为控制手段；以不同岗位、部门和层次的不同经济业务为综合控制对象；以控制日常现金流量为主要内容。

（4）建立责任中心、编制和执行责任预算、考核和监控责任预算的执行情况是企业实行财务控制的一种有效的手段，又称为责任中心财务控制。责任中心是指承担一定经济责任，并享有一定权利的企业内部责任单位。责任中心就是将企业经营体分割成拥有独自产品或市场的几个绩效责任单位，然后将总合的管理责任授权给予这些单位之后，将他们单位处于市场竞争环境之下，透过客观性的利润计算，实施必要的业绩衡量与奖惩，以期达成企业设定的经营成果的一种管理制度，责任中心通常分为三种类型。一是成本中心，考核指标主要是成本（费用）变动额和变动率；二是利润中心，考核指标包括：边际贡献总额、中心负责人可控利润总额；利润中心可控利润总额等；三是投资中心，考核指标主要是投资利润率和剩余收益。在责任中心运作过程中，要实行责任预算、责任报告与业绩考核、责任结算与核算等制度，采用内部转移价格、内部结算、责任成本的内部结转等方法。

（5）成本控制就是对企业生产经营过程中发生的各种耗费进行控制。标准成本控制，是成本控制中应用最为广泛和有效的一种成本控制的方法，它是以标准成本为基础，把实际发生的成本与标准进行对比，揭示成本差异形成的原因和责任，采取相应措施，实现对成本的有效控制。其中标准成本的制定与成本的事先控制相联系，成本差异分析、确定责任归属、采取措施改进工作与成本的事中和事后控制相联系。制定标准成本的过程是分别计算直接材料、直接人工、制造费用的标准成本，建立单位产品标准成本卡。在标准成本制度下，成本差异计算与分析是实现成本反馈控制的主要手段。凡实际成本大于标准成本或预算成本的称为超支差异；凡实际成本小于标准成本或预算成本的则称为节约差异。成本控制的其他方法还包括：作业成本控制、质量成本控制、使用寿命周期成本控制等，并可利用 ERP 进行成本控制。

习　题

一、单项选择题

1. 内部环境是影响、制约企业内部控制制度建立与执行的各种内部因素的总称，是实施内部控制的基础。内部环境不包括（　　）。

A．经济环境　　B．组织机构设置与权责分配

C．人力资源政策　　D．反舞弊机制

2. 财务控制的基本原则不包括（　　）。

A．认同性原则　　B．稳定性原则

C．经济性原则　　D．协调性原则

3．责任中心的特征不包括（　　）。

A．是一个责权利结合的实体　　B．具有承担经济责任的条件

C．责任和权利皆不可控　　D．有一定的经营业务和财务收支活动

4．对成本中心而言，下列各项中，不属于该类中心特点的是（　　）。

A．只考评成本费用　　B．只对本中心的可控成本负责

C．不考评收益　　D．只对直接成本进行控制

5．某企业内部一车间为成本中心，生产A产品，预算产量1 000件，单位成本100元；实际产量980件，单位成本102元。在计算考核指标时，下列说法不正确的是（　　）。

A．成本降低　　B．成本增加

C．预算责任成本为98 000　　D．成本变动率为2%

6．“利润中心负责人可控利润总额”的计算公式是（　　）。

A．该利润中心销售收入总额－该利润中心变动成本总额

B．该利润中心销售收入总额－该利润中心负责人可控固定成本

C．该利润中心销售收入总额－该利润中心变动成本总额－该利润中心负责人可控固定成本

D．该利润中心销售收入总额－该利润中心已销商品变动成本－该利润中心负责人可控固定成本

7．在投资中心的主要考核指标中，能使个别投资中心的利益与整个企业的利益统一起来的是（　　）。

A．投资收益率　　B．可控成本

C．利润总额　　D．剩余收益

8．内部转移价格是指企业内部各责任中心之间进行内部结算和责任结转时所采用的价格标准。制定内部转移价格时，必须考虑一些原则，下列各项中不在考虑范围之内的是（　　）。

A．全局性原则　　B．稳定性原则

C．自主性原则　　D．重要性原则

9．下列关于成本控制及标准成本的说法不正确的是（　　）。

A．狭义的成本控制主要是指对生产阶段产品成本的控制

B．广义的成本控制包括成本预测、成本计划、成本日常控制、成本分析和考核等一系列环节

C．按照成本费用的构成，成本控制分为生产成本控制和非生产成本控制

D．标准成本控制以实际成本为基础，把实际发生的成本与标准成本进行对比，揭示成本差异形成的原因和责任，并采取相应措施，实现对成本的有效控制

10．下列各项中，在制定工时消耗定额时需要考虑的内容是（　　）。

A．由于设备意外故障产生的停工工时

B．机器设备的停工清理时间

C．由于生产作业计划安排不当产生的停工工时

D．由于外部供电系统故障产生的停工工时

二、多项选择题

1．内部控制，是指由企业董事会、管理层和全体员工共同实施的、旨在合理保证实现企

业基本目标的一系列控制活动。内部控制的目标包括（　　）。

A．经营的效率和效果　　B．财务会计报告及管理信息的真实可靠

C．资产的安全完整　　D．经营目标

2．风险评估是及时识别、科学分析影响企业战略和经营管理目标实现的各种不确定因素并采取应对策略的过程，是实施内部控制的重要环节和内容，它包括（　　）。

A．目标设定　　B．风险分析　　C．风险识别　　D．风险应对

3．内部控制中的财产保护措施包括（　　）。

A．财产记录　　B．实物保管　　C．定期盘点　　D．账实核对

4．内部报告控制要求企业建立和完善内部报告制度，明确相关信息的收集、分析、报告和处理程序，及时提供业务活动中的重要信息，全面反映经济活动情况，增强内部管理的时效性和针对性。内部报告方式通常包括（　　）。

A．例行报告　　B．定期报告　　C．专题报告　　D．综合报告

5．信息技术控制要求（　　）。

A．加强对计算机信息系统开发与维护的控制

B．减少和消除人为操纵因素

C．加强网络安全控制

D．提高业务处理效率

6．财务控制是指按一定的程序和方法，确保企业及其内部机构和人员全面落实和实现财务预算的过程。下列说法正确的是（　　）。

A．以价值形式为控制手段

B．以不同岗位、部门和层次的不同经济业务为综合控制对象

C．以控制日常现金流量为主要内容

D．以成本控制为主要目标

7．按照财务控制的内容，可将财务控制分为（　　）。

A．一般控制　　B．预防性控制　　C．应用控制　　D．补偿性控制

8．责任预算主要指标包括（　　）。

A．成本（费用）变动率　　B．利润中心可控利润总额

C．投资利润率　　D．剩余收益

9．下列关于责任报告和责任预算的说法不正确的是（　　）。

A．责任预算是自下而上逐级编制的

B．责任报告是自下而上逐级编报的，随着责任中心的层次由低到高，其报告的详略程度从简单到复杂

C．分权组织结构适合按照由下而上，层层汇总的程序编制责任预算

D．按照自上而下，层层分解的程序编制责任预算，便于统一指挥和调度

10．对于业绩考核的说法正确的是（　　）。

A．以责任报告为依据

B．分析、评价各责任中心责任预算的实际情况

C．考核各责任中心工作成果

D．促使各责任中心积极纠正行为偏差

三、判断题

1. 控制措施是根据风险评估结果、结合风险应对策略所采取的确保企业内部控制目标得以实现的方法和手段，是实施内部控制的重要条件。（ ）

2. 现代企业在建立和设计内部控制框架时必须遵循和依据的客观规律和基本法则，称为内部控制的基本原则。（ ）

3. 在内部控制的一般方法中，职责分工控制要求企业根据职责分工，明确各部门、各岗位办理经济业务与事项的权限范围、审批程序和相应责任等内容。（ ）

4. 财务控制中的一般控制是指直接作用于企业的财务活动的具体控制。（ ）

5. 只要有成本费用发生，需要对成本负责，并能实施成本控制的单位，都可以称为成本中心。（ ）

6. 投资中心是只需对投资效果负责。（ ）

7. 投资中心必然是利润中心，但利润中心并不都是投资中心。（ ）

8. 投资利润率公式中投资额一般是指投资中心的资产，所以该指标也可称为资产利润率。（ ）

9. 责任预算是指以责任中心为主体，以可控成本、收入和利润为对象编制的预算。（ ）

10. 内部支票结算方式主要适用于企业内部收、付款双方直接见面进行经济往来的业务结算。（ ）

四、简答题

1. 简述财务控制和责任中心的含义。
2. 简述成本中心、利润中心和投资中心的含义及考核指标。
3. 简述标准成本差异分析。
4. 简述财务控制的种类。
5. 简述责任中心的含义及特征。
6. 简述成本中心的含义、类型、特点。
7. 简述利润中心的含义及类型。
8. 简述投资中心的含义。
9. 简述内部转移价格。
10. 简述标准成本的概念和制定。

五、计算题

1. 甲企业的 A 部门为利润中心，本期实现内部销售收入 180 万元，销售变动成本为 80 万元，利润中心负责人可控固定成本 40 万元，利润中心负责人不可控而应由该中心负担的固定成本 25 万元。

要求：

（1）计算该利润中心的边际贡献总额。

（2）计算该利润中心负责人可控利润总额。

（3）计算该利润中心可控利润总额。

2. 已知某集团公司下设三个投资中心，有关资料见表 8-7。

表 8-7 三个投资中心的资料列表

指　　标	集团公司	A 投资中心	B 投资中心	C 投资中心
净利润（万元）	600	192.8	239	168.2
净资产平均占用额（万元）	5 000	1 600	2 000	1 400
规定的最低投资报酬率			11%	

要求：

（1）计算该集团公司和各投资中心的投资利润率，并据此评价各投资中心的业绩。

（2）计算各投资中心的剩余收益，并据此评价各投资中心的业绩。

（3）综合评价各投资中心的业绩。

3．A 企业本月固定制造费用的有关资料如下：预算产量下的标准工时 2 000 小时；实际耗用工时 2 100 小时；实际产量的标准工时 1 800 小时；固定制造费用的实际数 8 600 元；预算产量下的标准固定制造费用 8 000 元。

要求：

（1）根据所给资料，计算固定制造费用的成本差异。

（2）采用三差异分析法，计算固定制造费用的各种差异，并说明是有利差异还是不利差异。

第九章 财 务 分 析

学习重点和要点

（1）了解并掌握财务分析的意义、步骤和基本方法。

（2）熟悉掌握偿债能力、营运能力、获利能力、发展能力等分析指标的计算及分析。

（3）理解杜邦财务分析体系等综合评价体系的原理并能够对企业财务状况作出综合分析评价。

第一节 财 务 分 析 概 述

一、财务分析的意义

财务分析是指以财务报表和其他资料为依据，采用专门方法，对企业的财务状况、经营成果和现金流量等数据进行分析和评价，为改进企业管理和优化经济决策提供重要的财务信息。

最早财务分析应用在银行信贷评估中，后来随着社会筹资和资本市场的发展，投资者的信息需求上升，而且分析的中心也从信贷资金的安全性转移到效益和效率等方面。更随着社会的发展，财务信息的供给呈现出量上的急剧上升，如何从大量的信息中提炼出重要的信息成为重点。

财务分析具有一些特征。

1. 财务分析的起点是财务报表

分析使用的数据大部分来源于公开发布的财务报表。因此，财务分析的前提是取得真实、可靠、完善的核算资料，只有具备科学的分析依据，才能取得对决策有用的分析结果。

2. 财务分析的结果是对财务状况的评价

它对企业的偿债能力、盈利能力、营运能力和抗风险能力做出评价，找出管理中存在的问题。

3. 财务分析是一个基于过程的评价

它是把整个财务报表的数据，分成不同部分和指标，并找出有关指标的关系，以达到认识企业偿债能力、盈利能力和抵抗风险能力的目的。

4. 财务分析需要建立在比较的基础上

它一方面和自身的过去比较，或者和最佳阶段的指标值、理想值比较，另一方面和其他可比参照物比较，分析差异或差距产生的原因，最终形成相关决策措施。

财务分析在企业的财务管理中起着重要的作用。做好财务分析工作具有以下重要意义。

（1）财务分析是开展财务预测、进行财务决策的必要前提。投资者及潜在投资者是企业外部重要的财务报表使用人。投资者通过对企业财务报表的分析，可以了解企业获利能力的高低、偿债能力的强弱及营运能力的大小，并对企业未来的财务状况进行科学的预测，从而了解投资后的收益水平和风险程度，以决定其投资方向和投资规模。

（2）财务分析是评价财务状况、衡量经营业绩的重要依据。通过对企业财务报表等核算资料进行分析，可以了解企业偿债能力、营运能力、盈利能力、发展能力，便于企业管理当局及其他报表使用者全面了解企业的财务状况和经营结果，并通过分析将影响财务状况和经营成果的主观因素和客观因素、微观因素和宏观因素区别开来，以划清经济责任，合理评价经营者的工作实绩，并据此奖优罚劣，以促使经营者不断改善工作。

（3）财务分析是企业挖掘潜力、改善管理、实现理财目标的重要手段。企业理财的根本目标是努力实现企业价值最大化。通过财务指标的设置和分析，了解企业的资产周转状况、盈利能力。不断挖掘企业改善财务状况、扩大财务成果的内部潜力，及时发现企业经营管理中的薄弱环节，形成企业的财务预警系统，充分认识未被利用的人力资源和物资资源，查找不当部分的原因。在此基础上寻求进一步提高利用效率的可能性，以便从各方面揭露矛盾，找出差距、寻求措施，促进企业生产经营活动按照企业价值最大化的目标良性运行。

二、财务分析的目的

财务分析的一般目的可以概括为：评价过去的经营业绩，衡量现在的财务状况，预测未来的发展趋势。具体来说，财务报告的使用者包括投资者、债权人、企业管理人员、政府部门中介机构等。不同主体由于利益倾向差异，在对企业财务分析时具体目的也有所不同。

（一）投资者

企业的投资者向企业投入资本金，是企业的所有者或股东。他们的利益与企业的经营成果密切相关，与企业共享利润共担亏损，这就是决定了他们必然密切关注企业的经营状况和财务成果，高度关心他们所投资资本的保值增值情况。一般投资者，关心的是企业的获利水平；拥有企业控制权的投资者，更多考虑的是如何提高企业的竞争力，扩大市场占有率，降低财务风险，追求长期利益的持续、稳定增长。证券的投资者可以通过相关的财务分析进行公司股票价值评估，利用评估价与市场价之间的差异进行相关的操作以牟取投资利润。

（二）债权人

债权人是指将资金借给企业单位和个人。债权人不考虑企业剩余收益的分配，他们最关心企业是否有足够的支付能力，以保证其债务本息能够及时足额地得以偿还。因此，全面了解企业的盈利能力和偿债能力是债权人进行财务分析的目的。债权人通过对企业盈利能力和偿债能力的分析可以对是否继续为企业提供商业信用、银行信用或资金支持进行科学决策，以利于选择最佳的信用政策和贷款政策。诸如银行的三性，依次为安全性、流动性、效益性，安全性在银行的重要位置说明了分析企业偿债能力对于贷款安全发放及收回的重要性。

（三）企业治理层和管理层

公司董事会、监事会受股东委托监督管理层，因此需要通过财务分析来进行评价治理绩效。公司管理层（如首席执行官、执行董事、财务总监等）是企业的受托者，需要承担为投资者创造价值的重要责任，他们拥有企业的剩余控制权，是企业生经营活动的指挥者，组织者和决策者。他们有责任保证企业的全部资产合理使用，并得到保值和增值，以满足不同利益主体的需要。即企业经营者在经营活动中既要保持企业足够的偿债能力和良好的营运能力，又要为投资者赚取较多的利润。因此，他们对财务分析的目的最为全面。通过对企业经营理财的各方面信息的了解和掌握，及时发现问题，采取对策规划和调整企业市场定位、策略和总体目标，搞好理财预测，科学地进行财务决策为企业经济效益的持续稳定增长奠定基础。

（四）政府及相关监管部门

在我国政府有多重身份，既是宏观经济管理者，又是国有企业的所有者和重要的市场参与者，因此政府对企业财务分析的关注点因所具有的身份的不同而异。为了有效地组织和调整社会资源的配置，保证财政收入稳定增长，满足人民日益增长的物质文化生活需要，政府经济管理部门主要关注企业对国家和社会的贡献水平，如企业的纳税情况、职工收入和就业情况；同时监督企业遵守政府法规和市场秩序，防止违法乱纪现象的发生。政府经济管理部门通过财务分析，了解企业的发展程度和对社会的贡献程度，据以制订宏观经济调控政策，保证国民经济正常运行。另外政府需要通过财务成本分析确定合同的价格，决定公用事业的费率。政府对于陷入财务困境公司的挽救以及对企业贷款做出的担保，也要以财务分析为依据。

（五）其他有关方面

其他有关方面主要包括企业的供应商、注册会计师等中介机构。如供应商作为企业原材料的供应者，其财务分析的目的是通过了解企业的财务状况和经营成果，评价企业的偿债能力和信用水平，以确定是否对企业延长信用期以及是否与企业继续长期合作。中介机构主要是指注册会计师、财务分析师等，注册会计师通过财务分析，可以确定审计的重点，审计范围以及所采用的审计程序。在一些发达国家，“财务分析师”已成为专门职业，他们为各类报表使用人提供专业咨询。

三、财务分析的内容

不同的对象在对企业进行财务分析时，其目的不同，财务分析内容的侧重点也有所不同，但概括起来，企业财务分析的内容主要包括以下几方面。

（一）偿债能力分析

偿债能力是指企业对债务的清偿能力或保证程度。偿债能力分析就是通过对企业负债水平、资产的存量、资产的变现能力等的观察，判断企业偿还到期债务能力的强弱，偿债能力大小的分析是判断企业财务状况稳定与否的重要内容。企业偿债能力强，说明企业可以通过举债筹集资金来获取收益；反之，企业偿债能力弱，说明企业资金紧张，难以清偿到期债务，甚至危及企业的生存发展。

（二）营运能力分析

营运能力即资金的利用效率。营运能力的高低决定着企业的经营水平。企业资金的多少可以表现为经营能力的大小，有效地经营可以加速资金周转速度，提高资金利用效率，从而使企业的收益额增加。因此，通过分析企业是否有效地运用了资金，可以判断企业的经营理财水平。营运能力的大小，对企业获利能力的持续增长和偿债能力的不断提高，有着决定性影响。

（三）获利能力分析

获利能力是指企业赚取利润和使企业资金增值的能力，即过去所说的盈利能力。企业获利能力的高低，是企业人力、物力、财力等资源利用效果的综合体现，与企业的各项生产经营活动紧密相关，因此，盈利是企业经营理财的核心，获利能力的大小是衡量企业经营绩效的重要标志。一般来说，经营良好，理财有方的企业，其获利能力也较强。

（四）发展能力分析

发展能力是企业在生存基础上，扩大规模、壮大实力的潜在能力。发展能力分析，这是财务管理在过去传统的偿债能力、营运能力、盈利能力基础上，面对新形势提出的新课题，分析发展能力有助于从长远的角度对企业进行理性的分析，对企业的生长和壮大提出战略规划和措施。

（五）财务状况的综合分析

财务状况的综合分析是指通过观察、分析企业经营规模、资本增值、支付能力、经营成果等情况，全方位地对企业经营状况、财务状况及企业的发展能力做出准确的评价与判断，综合分析各项财务活动的相互联系和协调情况，揭示企业财务活动的薄弱环节，改进理财工作，使企业不断提高经营理财水平，增强市场竞争实力。

四、财务分析的步骤和基本方法

（一）财务分析的步骤

对外公布的财务信息是信息的提供方按照所有使用人的一般要求设计或者按照国家规定的相关要求所涉及提供的，并不适用信息的所有使用者。不同的使用者应该根据自身的目的选用的一定的程序方法进行。

财务分析的一般步骤如下：①明确财务分析的目的；②收集相关的信息；③根据分析的目的把整体的各个部分分割开来，予以适当组织，使之符合需要；④深入研究各部分的特殊本质；⑤进一步研究各部分的联系；⑥解释结果，提供对决策有帮助的信息。

（二）财务分析方法

开展财务分析，需要运用一定的方法，选用恰当的方法，可获得事半功倍的效果，财务分析的方法有很多种，主要包括趋势分析法、比率分析法和因素分析法。

1. 趋势分析法

趋势分析法是指根据企业财务报告提供的数据资料，将其两期或连续数期的相同指标进行比较，从而揭示企业财务状况和经营成果变化趋势的一种分析方法。采用这种方法，通过了解企业财务状况和生产经营情况的变化，从而可以分析这些变化的主要原因，变动的性质，并在此基础上预测企业未来的发展趋势。

趋势分析法的具体运用，主要有以下三种方式。

（1）财务报表的项目金额比较。财务报表的项目金额比较是指将两期或两期以上的报表项目金额进行比较，得出各项目增减变化的金额和变动幅度，以反映报表上同一项目在不同时期的增减变化情况。

财务报表的项目金额比较，一般是通过编制比较财务报表进行的。它包括资产负债表比较，利润表比较和现金流量表比较等。比较时，既要计算出表中有关项目增减变动的绝对额，又要计算出其增减变动的百分比。

（2）财务报表构成比较。财务报表构成比较是以财务报表中的某个总体指标作为100%，再计算出各组成项目占该总体指标的百分比，然后再比较各个项目百分比的增减变动，以此来判断有关财务活动的变化趋势。这种方法既可以用于同一企业不同时期财务状况的纵向比较，又可以用于不同企业在某一时期的横向比较。同时，这种方法能消除企业规模差异的影响，有利于分析企业的耗费和盈利水平。

（3）财务指标与财务比率比较。财务指标与财务比率比较是将企业不同时期财务报告中的相同指标或比率进行比较，观察其指标额或比率的增减变动情况，分析其变动趋势的合理性。

财务指标与财务比率比较分析，根据其采用的基期数不同，所计算的动态比率指标有两种：即定基动态比率和环比动态比率。

定基动态比率，是以某一时期的指标数额为固定的基期数额而计算出来的动态比率。其计算公式为

$$定基动态比率=当期金额/固定基期金额\times100\% \tag{9.1}$$

环比动态比率，是以每一分析期的前期数额为基期数额而计算出来的动态比率。其计算公式为

$$环比动态比率=当期金额/前期金额\times100\% \tag{9.2}$$

2. 比率分析法

比率分析法是指把财务报表中两项相关指标的数值加以对比，计算出的比率，据以揭示企业财务状况和经营成果变动情况的一种分析方法。在财务分析中，比率分析法是最重要的分析方法。因为比率是相对数排除了规模的影响，采用这种方法，能够把在某些条件下的不可比指标变为可以比较的指标，故该方法更具有科学性和可比性。

在比率分析法中，根据分析的目的和要求的不同，比率指标主要有以下三类。

（1）构成比率。构成比率又称结构比率，它是某项经济指标的各个组成部分与总体的比率，反映部分与总体的关系。其计算公式为

$$构成比率=某个组成部分数额/总体数额 \tag{9.3}$$

利用构成比率，可以考察总体某个部分的形成和安排是否合理，以便协调各项财务活动。

（2）效率比率。效率比率是指某项经济活动中所费与所得的比率，它反映了投入与产出的关系。如将利润项目与成本费用，投资额资本等项目加以对比，可计算出成本费用利润率，投资报酬率以及资本金利润率等效率指标。以便从不同的角度反映企业的获利能力。

利用效率比率指标，可以进行得失比较，考察经营成果，评价经济效益。

（3）相关比率。相关比率是指从某个项目和与其有关但又不同的项目加以对比所得的比率，它反映经济活动的相互关系。如将流动资产与流动负债加以对比，计算出流动比率，就可以判断出企业的短期偿债能力。

利用相关比率指标，可以考察有联系的相关业务安排得是否合理以保障生产品经营能够顺利进行。

比率分析法的优点是计算简便，计算结果容易判断，而且可以使某些指标在不同规模的企业之间进行比较，甚至也能在一定程度上超越行业之间的差别进行比较。但采用这种方法时，对比率指标的使用应注意对比项目的相关性，计算比率的子项与母项两个指标口径一致性，衡量标准的科学性。

3. 因素分析法

因素分析法又叫因素替换法、连环替代法，它是用来确定各个相互联系的因素对综合财务指标或经济指标的影响程度的一种分析方法。采用这种分析方法时应注意，当有若干因素对分析对象发生影响作用时，应顺序确定每一个因素单独变化产生的影响，即分析某一因素变动对分析对象的影响时，需假定其他各个元素都无变化。因素分析法通常有以下两种。

（1）连环替代法。

连环替代法是将综合财务指标分解为各项构成因素，顺序用各项影响因素的实际数替换

基数，分析各项因素对综合指标影响程度的一种分析方法。这种方法的计算程序为：

1）确定分析对象，即将该指标的实际数与计划数进行比较，求出指标变动的总差异；

2）确定该项综合指标的各项构成因素；

3）明确各影响因素与经济指标的数量，并确定每一因素的排列顺序，建立财务指标与其影响因素的关系式即因素分析式；

4）逐项计算各个因素的影响程度，将各因素替代后所得的指标数额与该因素替代前的指标数额相抵减其差额即是该因素变动对财务指标的影响程度；

5）验证各因素影响程度计算的正确性。各因素影响程度的代数和应等于指标变动总差异。

【例 9-1】 W 公司 2009 年 3 月某种原材料费用实际数为 4 620 元，计划数为 4 000 元，原材料实际费用比计划增加 620 元。原材料费用由产品产量、单位产品材料消耗定额和材料单价三个因素的乘积构成。试了解各个因素对材料费用总额的影响程度。现假定这三个因素的有关资料如表 9-1 所示。

表 9-1　　原材料费用情况表

项　目	单　位	计 划 数	实 际 数
产品产量	件	100	110
单位产品材料消耗定额	kg	8	7
材料单价	kg	5	6
材料费用定额	元	4 000	4 620

根据表中资料分析如下。

1）确定分析对象，即将材料费用的实际数与计划数进行比较，求出其变动的总差异

材料费用实际数与计划数的总差异＝4 620－4 000＝620 元（超支）

2）确定影响材料费用的各项因素

材料费用＝产量×单位产品材料消耗定额×材料单价

3）逐项连环替代

计划指标　100×8×5＝4 000 元

第一次替代产量　110×8×5＝4 400 元

第二次替代单位产品材料消耗定额　110×7×5＝3 850 元

第三次替代材料价格　110×7×6＝4 620 元

4）计算各因素对材料费用的影响

产量增加对材料费用的影响　4 400－4 000＝400 元（超支）

单位产品材料消耗定额降低对材料费用的影响　3 850－4 400＝－550 元（节约）

材料价格提高对材料费用的影响　4 620－3 850＝770 元（超支）

5）验证各项因素的总影响

全部因素对材料费用的总影响　400－550＋770＝620 元（超支）

（2）差额分析法。

差额分析法是利用各个因素的实际数与计划数的差额，来计算各因素对指标变动影响程度的分析方法。它是因素分析法的一种简化形式。

【例 9-2】 仍以表 9-1 所列资料为例，用差额分析法确定各因素变动对材料费用的影响。

（1）产量增加对材料费用的影响为

$$(110-100)\times8\times5=400\text{ 元（超支）}$$

（2）单位产品材料消耗定额节约对材料费用的影响为

$$110\times(7-8)\times5=-550\text{ 元（节约）}$$

（3）材料价格提高对材料费用的影响为

$$110\times7\times(6-5)=770\text{ 元（超支）}$$

各种因素共同影响，使材料费用发生的总差异为

$$400-550+770=620\text{ 元（超支）}$$

在采用因素分析法时，应注意如下几个问题。

1）因素分析的关联性。即所确定的构成经济指标的各个因素，必须在客观上存在因果关系，这些因素要能反映所分析的经济指标发生差异的内在原因，否则计算结果不能说明问题。

2）因素替代的顺序性。在替代因素分析各个因素对经济指标的影响时，必须按照各因素的依存关系，排列成一定的顺序并依次逐项替代，不可随意颠倒，否则就会得出不同的计算结果。

3）顺序替代的连环性。用因素分析法在计算每一个因素变动的影响时，都是在前一次计算的基础上进行，并采用连环比较的方法确定因素变化影响结果。因为只有保持计算程序上的连环性，才能使各个因素影响之和等于分析指标变动的差异，以全面分析指标变动的原因。

4）计算结果的假定性。用因素分析法计算的各因素变动的影响数，会因替代顺序不同而有差别，因而计算结果不免带有假定性。即它只是在某种假定前提条件下的影响结果，离开了这种假定前提条件，可能就不会是这种影响结果。因此分析人员应力求使这种假定合乎逻辑，否则会妨碍分析的有效性。

五、财务分析的局限性

财务分析的局限性主要表现在资料来源的局限性、分析方法的局限性和分析指标的局限性。其中，资料来源的局限性包括数据缺乏可比性、缺乏可靠性和存在滞后性等。此外，财务分析的另一个重要局限就是它的分析建立在财务报表的几个规定的报表之上，某些其他侧面的分析很难利用那些报表中的数据得出，分析上存在不完整性。

第二节 企业偿债能力分析

企业偿债能力是指企业清偿到期债务的能力。偿债能力的高低，是反映企业财务状况好坏的重要标志。企业管理人员、投资者、债权人都非常重视企业偿债能力分析。因此，进行财务分析时首先要对企业偿债能力进行分析。偿债能力分析包括短期偿债能力分析和长期偿债能力分析。

下面将以 W 公司 2008 年度的资产负债表和利润表资料，见表 9-2 和表 9-3，举例计算 W 公司的主要财务指标，并据以分析其财务状况和经营成果。

表 9-2 资产负债表

2008 年 12 月 31 日 单位：万元

资产	期末余额	年初余额	负债及所有者权益	期末余额	年初余额
流动资产：			流动负债：		
货币资金	1 800	1 600	短期借款	4 600	4 000
交易性金融资产	1 000	2 000	应付账款	2 400	2 000
应收账款	2 600	2 400	预收款项	800	600
预付款项	140	80	其他应付款	200	200
存货	10 400	8 000	流动负债合计	8 000	6 800
其他流动资产	160	120	非流动负债：		
流动资产合计	16 100	14 200	长期负债	4 000	4 000
非流动资产：			非流动负债合计	4 000	4 000
持有到期投资	800	800	负债合计	12 000	10 800
固定资产	8 000	4 000	所有者权益：		
无形资产	1 100	1 000	实收资本	10 000	7 200
非流动资产合计	9 900	5 800	盈余公积	4 000	2 000
			未分配利润		
			所有者权益合计	14 000	9 200
资产总计	26 000	20 000	负债及所有者权益合计	26 000	20 000

表 9-3 利润表

2008 年度 单位：万元

项目	本期金额	上期金额
一、营业收入	42 000	37 200
减：营业成本	24 400	21 400
营业税金及附加	2 400	2 160
销售费用	5 200	3 640
管理费用	3 800	3 240
财务费用	1 000	1 600
加：投资收益	200	160
二、营业利润	5 400	7 320
加：营业外收入	600	600
减：营业外支出	300	200
三、利润总额	5 700	7 720
减：所得税费用（25%）	1 425	1 930
四、净利润	4 275	5 790

一、短期偿债能力分析

短期偿债能力分析是指企业偿还短期债务的能力，它是衡量企业当前财务实力，特别是流动资产变现能力的重要标志。短期偿债能力的高低，对企业尤为重要。反映企业短期偿债能力的指标主要有：营运资本、流动比率、速动比率和现金流动负债比率等。

（一）营运资本

营运资本是指流动资产减去流动负债后的差额，是反映公司短期偿债能力的绝对数指标。其计算公式为

$$营运资本=流动资产-流动负债 \tag{9.4}$$

计算营运资本使用的流动资产、流动负债可以直接取自资产负债表。如果流动负债等于流动资产时，并不足以保证偿债，因为到期债务与到期资产的现金生成时间并不能完全同步，

而且资产中诸如应收账款和存货，变现时的价值与账面价值可能存在很大的差异。企业必须保持流动资产大于流动负债，即保有一定数额的营运资本作为缓冲，以防止流动负债的“穿透”。营运资本越大，说明流动资产越大于流动负债的余额，短期偿债能力越强。财务状况越稳定，如果营运资本出现负数，必须进行额外筹资。

营运资本是一个绝对指标，不便于公司间的对比，只能用于公司自己前后各期的对比，分析公司的发展趋势。但是，在公司提高资产营运效率的情况下，营运资本的占用会减少，这很难说明公司的偿债能力下降。

【例 9-3】 根据表 9-2 资料，利用差额法计算 W 公司的营运资本。

2007 年 营运资本＝14 200－6 800＝7 400（万元）

2008 年 营运资本＝16 100－8 000＝8 100（万元）

计算结果表明，一年内可供变现的流动资产远超过流动负债，而且两年的情况相似，企业的短期偿债能力较强。

（二）流动比率

流动比率是流动资产与流动负债的比率。它表明企业每一元流动负债有多少流动资产作为偿还的保证，反映企业用于在短期内转变为现金的流动资产偿还到期流动负债的能力。流动比率是一个相对指标，有利于消除规模因素的影响，更适合同行业之间的比较和同一企业不同时期的比较。其计算公式为

$$流动比率=\frac{流动资产}{流动负债}\times 100\% \tag{9.5}$$

一般情况下，流动比率越高，反映企业短期偿债能力越强，债权人的权益越有保证。国际上通常认为，流动比率的下限为 1，流动比率等于 2 时较为适当。流动比率过低，企业可能难以如期偿还到期短期债务。对短期债权人而言，自然希望流动比率高一些。但从企业经营角度看，过高的流动比率，通常意味着企业流动资产占用过多，如可能存在闲置的现金过多，应收账款占用额过大，在产品积压、滞销等情况，势必影响资金使用效率和企业的获利能力。

在运用流动比率分析企业的短期偿债能力时，应视不同行业而言，同时还要结合企业资产结构，周转速度及现金流量等具体情况进行分析。不同的行业，由于其生产经营周期长短不一，企业资产的结构性质相差很大，评定流动比率的标准也不一样。一般而言，生产经营周期越短，其流动比率就越低。这是因为，生产周期短，就不需要储存大量的存货，故其流动比率可相应降低。另外，应收账款和存货的周转速度及变现能力也将对报表使用者评价流动比率产生影响。一般说来，应收账款和存货周转快，其流动比率可相对降低。在运用流动比率指标时，还需将计算出来的这一指标，和同行业平均流动比率、本企业历史的流动比率进行比较，以判断这一指标是高还是低。同时在运用该指标进行趋势分析时，要特别注意同一企业由于经营发展的变化以及所面临环境的变化，可能会引起可比性的降低。

【例 9-4】 根据表 9-2 资料，计算 W 公司的流动比率为

2007 年 流动比率－14 200/6 800＝2.088

2008 年 流动比率＝16 100/8 000＝2.013

计算结果表明，企业每 1 元的流动负债年初和年末分别有 2.088 元和 2.013 元的流动资产作为偿还债务的保证，这一数据接近一般公认标准 2:1，反映该公司具有较强的短期偿债能力。

如果流动比率比上年发生较大的变动，或者与行业平均值出现重大的偏离，就应该对构成流动比率的流动资产和流动负债各项目逐一进行分析，寻求形成差异的原因。

流动比率在使用时要注意其局限性，流动比率假设全部流动资产都能变为现金用于偿还负债，然而有些流动资产的账面金额与变现金额有较大的差异，而且很多流动资产是经营必需的，不能全部用于清偿负债。

（三）速动比率

为了避免资产变现的不确定性，通常我们需要将流动资产中变现不确定性的资产进行扣除，速动比率就是这样的一个指标。

速动比率是企业速动资产与流动负债的比率，表明一元流动负债有多少速动资产作为偿还担保。其计算公式为

$$速动比率=\frac{速动资产}{流动负债}\times 100\% \quad (9.6)$$

所谓速动资产，是指流动资产减去存货后的余额。主要包括：货币资金、交易性金融资产和各种应收、预付款项等。

在计算速动比率时，要从流动资产中扣除存货，主要因为：①在流动资产中存货的变现速度最慢；②某些存货可能已损坏或报废但还未作处置；③部分存货已抵押给债权人，企业无法任意处置；④存货估价存在一定的不确定性。综上所述，由于存货的变现能力较差且不稳定，在扣除了该部分资产后计算出的速动比率，较之流动比率能够更加准确、可靠地评价企业资产的流动性及其偿还短期负债的能力。

在计算速动比率时，还可以从流动资产中扣除一些可能与当期现金流量无关的项目，如预付账款等，以便计算出更具变现能力的速动比率。因为预付账款等实质属于一项费用，是企业的一项现金支出，它们不具有变现能力，不能直接转变为现金，故应另剔除，但在实务中，如果这些项目的金额在流动资产中所占比重不大，出于操作方便，计算速动比率时也可不加以考虑。由于剔除了存货等变现能力较弱且不稳定的资产，因此，速动比率较之流动比率能更准确、可靠地评价企业的短期偿债能力。另外，影响速动比率可信性的重要因素是应收账款的变现能力。

一般地，速动比率越高，反映企业短期偿债能力越强。国际上通常认为，速动比率等于1时较为适当。在实际分析中，应根据不同行业的情况做出判断。不同的行业呈现出很大的不同，像超市等企业几乎没有应收账款，速动比率低于1很正常，相反一些应收账款高的企业，速动比率可能要大于1。

【例 9-5】 根据表 9-2 的资料，W 公司的速动比率为

2007 年　速动比率＝[(14 200－8 000)/6 800]×100%＝91.18%

2008 年　速动比率＝[(16 100－10 400)/8 000]×100%＝71.25%

计算结果表明，企业每一元的流动负债年初和年末分别有 0.911 8 元和 0.712 5 元的速动资产作为偿还债务的保证，低于一般公认标准，说明该公司虽然两年流动比率都较高，但由于流动资产结构中存货比重较大，以致实际的短期偿债能力并不理想。

（四）现金流动负债比率

随着现金流量表在财务分析中的日益重视，现金流量表能较直接反映企业现金流量状况，利用现金流量表项目进行分析非常重要。

企业债务的偿还主要还是依赖于经营活动产生的现金，因此可以从现金流入和流出的动态角度对企业的实际偿债能力进行考察。

现金流动负债比率是指企业一定时期的经营现金净流量与流动负债的比率。表明每一元流动负债的经营现金流量保障程度。其计算公式为

$$现金流动负债比率=\frac{年经营现金净流量}{年末流动负债}\times 100\% \tag{9.7}$$

年经营现金净流量通常利用现金流量表中的“经营活动产生的现金流量净额”。它代表了企业产生现金的能力，已经扣除了经营活动自身所需的现金流出，是可以用来偿债的现金流量。指标值越大说明公司现金流量越多，越能保障企业按期偿还到期债务。

由于有利润的年份不一定有足够的现金来偿还负债，所以利用收付实现制为基础计量的现金流动负债比率，能充分体现企业经营活动所产生的现金净流量可以在多大程度上保证当期流动负债的偿还。因此，现金流动负债比率评价企业偿债能力体现出更大的谨慎性。

【例 9-6】 根据表 9-2 资料，同时假设该公司 2007 年和 2008 年经营现金净流量分别为 4 000 万元和 6 000 万元（这些数据可以直接从该公司的现金流量表中获得），则该公司两年度的现金流动负债比率分别为

2007 年　　现金流动负债比率＝(4 000/6 800)×100%＝58.83%

2008 年　　现金流动负债比率＝(6 000/8 000)×100%＝75%

根据上面的计算可以看出 2008 年度的现金流动负债比率较 2007 年有明显的上升趋势，表明公司的短期现金偿债能力增强。

二、长期偿债能力分析

长期偿债能力是企业偿还长期债务的能力，分析企业长期偿债能力的指标主要有资产负债率、产权比率、权益乘数、已获利息倍数、现金流量利息保障倍数、或有负债比率等。

（一）资产负债率

资产负债率又称负债比率，是企业负债总额与资产总额的比率。它表明企业资产总额中债权人资金所占的比重，以及企业资产对债权人权益的保障程度，即每一元资产所承担的负债数额。其计算公式为

$$资产负债率=\frac{负债总额}{资产总额}\times 100\% \tag{9.8}$$

一般地，资产负债率越低，表明企业的长期偿债能力越强。但是，从债权人角度看，资产负债率越低越好。这样企业的长期偿债能力越强，债权人的利益保证程度越高，风险越小。从股东角度看，如果企业的投资报酬率超过借款的利息率，说明投资形成的利润在弥补借款利息之后还有利可图，这时资产负债率越大越好，当资产负债率高到一定程度后，就没人愿意提供贷款，表示该企业举债能力已尽；反之，资产负债率越低越好。从企业经营者角度看，经营者的目标在某种程度上和股东的目标相一致，经营者的目标主要表现为谋求取得较好的经营业绩。当企业投资报酬率高于借入资金利息率时，会提高自有资金的利润率水平，此时资产负债率高一些好；但资产负债率过高，又会增加企业的财务风险，表明企业的资金实力不强，债务负担重，如果资产负债率超过 1，说明企业资不抵债，有破产的危险。因此，企业应该合理地估计预期的利润和增加的风险，以保持适度的资产负债率。

此外，企业长期负债能力与盈利能力密切相关，因此企业的经营决策者应该把偿债能力

指标（风险）与盈利能力（收益）指标结合起来分析，予以平衡考虑。保守的观点认为应该不能超过50%，而国际上认为资产负债率等于60%时较为适当。

【例9-7】 根据表9-2的资料，计算W公司的资产负债率为

2007年 资产负债率＝(10 800/20 000)×100%＝54.00 %

2008年 资产负债率＝(12 000/26 000)×100%＝46.15 %

（二）产权比率与权益乘数

产权比率是指企业负债总额与股东权益总额的比率。它表明企业股东权益对债权人权益的保障程度。权益乘数是指企业资产总额与股东权益总额的比率。它表示1元权益所拥有的资产数额。其计算公式为

$$产权比率=\frac{负债总额}{股东权益总额}\times 100\% \tag{9.9}$$

$$权益乘数=\frac{资产总额}{股东权益总额}=1+产权比率=\frac{1}{1-资产负债率} \tag{9.10}$$

一般地，产权比率越低，表明企业的长期偿债能力越强，债权人利益的保障程度越高，承担的风险小，但企业不能充分发挥负债的财务杠杆效应。权益乘数越低，表明企业的负债程度越低，债权人利益的保障程度越高。

【例9-8】 根据表9-2的资料，计算W公司的产权比率与权益乘数分别为

2007年 产权比率＝(10 800/9 200)×100%＝117.39%

2008年 产权比率＝(12 000/14 000)×100%＝85.71%

2007年 权益乘数＝(20 000/9 200)×100%＝217.39%

2008年 权益乘数＝(26 000/14 000)×100%＝185.71%

计算结果表明，W公司的产权比率与权益乘数呈现出下降趋势，说明负债程度有所降低，债权人利益的保障程度提高。

（三）已获利息倍数

已获利息倍数又称利息保障倍数，是指企业一定时期息税前利润与利息费用的比率。它表明企业偿付负债利息能力。其计算公式为

已获利息倍数＝息税前利润/利息费用

＝（净利润＋利息费用＋所得税费用）/利息费用 (9.11)

通常我们可以用“财务费用”直接代替“利息费用”，也可以从附注中寻找精确的利息费用数额。

已获利息倍数指标反映了企业息税前利润偿付债务利息的能力。已获利息倍数越大，企业长期偿债能力就越强。通常国际认为该指标为3时较为合适。从长期来看，若要维持正常的偿债能力，利息保障倍数至少应当大于1。如果已获利息倍数过小，企业将面临偿债的安全性与稳定性下降的风险。如何合理确定企业的已获利息倍数，这要根据以往历史水平并结合行业特点来判断。

【例9-9】 根据表9-3的资料，假定表中财务费用全部为利息费用，W公司的已获利息倍数为

2007年 已获利息倍数＝(5 700＋1 000)/1 000＝6.7

2008年 已获利息倍数＝(7 710＋1 600)/1 600＝5.82

计算结果表明，W 公司的已获利息倍数还是比较高的，说明公司的偿债能力较好。

（四）现金流量利息保障倍数

现金流量基础的利息保障倍数，是指经营现金流量净额为利息费用的倍数。其计算公式为

$$现金流量利息保障倍数=经营现金流量净额/利息费用 \tag{9.12}$$

它表示一元利息费用有多少倍的经营现金流量作保障。它比收益基础的利息保障倍数更可靠，因为实际用以支付利息的是现金，而不是收益。

【例 9-10】 根据表 9-2 资料，同时假设该公司 2007 年和 2008 年经营现金流量净额分别为 4 000 万元和 6 000 万元（这些数据可以直接从该公司的现金流量表中获得），则该公司两年的现金流量利息保障倍数为多少？

2007 年　现金流量利息保障倍数=4 000/1 000=4

2008 年　现金流量利息保障倍数=6 000/1 600=3.75

根据上面的分析可以看出该公司长期偿债能力 2008 年较 2007 年有所下降。

（五）或有负债比率

或有负债比率是指企业或有负债总额与股东权益总额的比率，反映企业所有者权益应对可能发生的或有负债的保障程度。其计算公式为

$$或有负债比率=\frac{或有负债总额}{股东权益总额}\times 100\% \tag{9.13}$$

或有负债总额=已贴现商业承兑汇票金额+对外担保金额

+未决诉讼、未决仲裁金额（除贴现与担保的诉讼或仲裁）

+其他或有负债金额　(9.14)

一般情况下，或有负债比率较低，表明企业的长期偿债能力越强，股东权益应对或有负债的保障程度越高；或有负债比率越高，表明企业承担的相关风险越大。

第三节　企业营运能力分析

企业营运能力是指通过企业生产经营资金周转速度的有关指标所反映出来的企业资金利用效率。企业生产经营资金周转的速度越快，表明企业资金利用的效果越好，企业资源的配置和利用效率越高，企业管理人员的经营管理能力越强。营运能力分析主要包括人力资源营运能力分析和生产资料营运能力分析。

一、人力资源营运能力分析

人作为生产力的主体和企业财富的原始创始者，其素质水平的高低对企业营运能力的形成状况具有决定性作用。而分析和评价人力资源营运能力的着重点在于如何充分调动劳动者的积极性、能动性，从而提高其经济效率。人力资源营运能力通常采用劳动效率指标来分析。

劳动效率是指企业营业收入或者净产值与平均职工人数的比率，计算公式为

$$劳动效率=营业收入或者净产值/平均职工人数 \tag{9.15}$$

对于劳动效率的考察方法主要是比较考核，比如将该指标与企业计划估计数、历史先进水平或者同行业先进水平进行比较，分析差异找出原因。

二、生产资料营运能力分析

（一）存货周转率

存货周转率是企业一定时期内营业成本与平均存货的比率。它是反映企业流动资产流动性的一个指标，也是衡量企业生产经营各个环节中存货运营效率的一个综合性指标。其计算公式为

存货周转率（周转次数）＝营业成本/平均存货余额　　(9.16)

存货周转天数＝360/存货周转率　　(9.17)

公式中的“营业成本”数据来自利润表。“平均存货余额”根据资产负债表的期初存货与期末存货的平均数确定。

存货周转率速度的快慢，不仅仅反映出企业采购、储存、生产、销售各环节管理工作状况的好坏，而且影响企业的偿债能力和获利能力。一般来说，存货周转率越高越好。因为存货周转率越高，表明存货的占用水平越低，存货变现的速度越快，流动性越强。在存货平均余额一定的条件下，存货周转率越高，表明企业的营业成本数额越多，产品销售的数量越多，企业的销售能力越强，这就要求企业在原材料购进、储备、生产过程中的投入、产品销售、现金的收回等方面相互衔接，协调一致，具有较高的存货管理水平；其次，由于存货是流动资产的主要组成部分，其质量和流动性直接影响流动比率指标，并进而影响企业的短期偿债能力；另外，存货周转率还与企业获利能力直接相关，如存货周转率高，说明企业存货资金回收速度快，资产流动性强，在企业营利的情况下，则企业的利润率会提高，反之，存货周转率低，则表明企业存货资金回收速度不快，资产流动性弱，企业的利润则较低。

存货是流动资产的重要组成部分，一般要占流动资产的50%的比重。因此，必须重视对存货的分析。通过存货周转分析，企业从不同的角度和环节找出存货管理中的问题，使存货管理在保证生产经营连续性的同时，尽可能地占用经营资金，提高资金的使用效率，增强企业短期偿债能力，促进企业管理水平的提高。

【例9-11】 根据表9-2和表9-3的资料，2006年末存货余额为7 600万元，W公司存货周转指标计算见表9-4。

表9-4　　W公司存货周转率计算表　　金额单位：万元

年　　份	2006	2007	2008
营业成本		21 400	24 400
存货年末余额	7 600	8 000	10 400
平均存货余额		7 800	9 200
存货周转率（次）		2.74	2.65
存货周转天数（天）		131.21	135.74

计算结果表明，该企业2008年存货周转率比2007年延缓，周转次数从2.74次降为2.65次，周转天数从131.21天增为135.74天。这说明该企业2008年存货管理效率不如2007年。其原因主要为2008年存货增长幅度较大。

使用存货周转率分析要注意的几个问题。

（1）存货的计价方法对存货周转率有很大影响，因此在分析不同时期周转率时要注意前后存货计价方法口径的一致。

（2）分子分母注意时间上的对应性。

（3）存货周转天数不是越低越好。存货过多浪费和占用过多资金，存货过少会引起停工损失，在特定的条件下，企业应该确定存货的最佳持有量。

（二）应收账款周转率

应收账款周转率是企业一定时期内营业收入与平均应收账款余额的比率。它是反映应收账款周转速度的指标。其计算公式为

应收账款周转率（周转次数）＝营业收入/平均应收账款余额　　（9.18）

应收账款周转天数＝360/应收账款周转率　　（9.19）

其中，　平均应收账款余额＝（期初应收账款＋期末应收账款）/2

使用应收账款周转率分析要注意的几个问题。

（1）公式的分子“营业收入”指标，从理论上来讲应收账款是赊销引起的，其对应的应该是赊销额，而非全部营业收入。因此在计算时，是使用赊销额取代营业收入。但是，企业的赊销资料作为商业机密不对外公布，因此，在进行财务报表分析时，实务中一般多采用“营业收入”来计算应收账款周转率。只要保持历史的一贯性，使用营业收入来计算该指标一般不会影响其分析和使用价值。

（2）应收账款余额的可靠性，应收账款是特定时点的存量，容易受到季节性、偶然性和人为因素的影响，因此在评价时最好使用年内多个时点的平均数，以减少这些因素的影响。

（3）减值准备问题，报表上列示的应收账款一般是提取减值准备后的净额。这样与不提准备的收入，形成不匹配，因此如果减值准备金额较大，就应当予以调整，使用未提准备的应收账款。

（4）应收票据是否也应计入应收账款周转率。大部分应收票据是由于销售引起的，因此应将其纳入应收账款周转天数的计算。

（5）应收账款周转天数是否越少越好。收现时间的长短与企业信用政策有关。改变信用政策通常会引起应收账款周转天数的变化。

（6）应收账款分析应该与营业额分析、现金分析联系起来。应收账款起点是销售，终点是现金。一般情况下，销售会引起应收账款的增加，现金的流量也会增加。如果应收账款增加，而销售额和现金不增或者出现减少，则可能出现严重的销售问题，促使放宽信用政策，甚至随意发货而现金收不回来。

一般来说，应收账款周转率越高越好。因为应收账款周转率越高，表明应收账款回收期越短，应收账款回收速度越快，资产流动性强，可以减少和避免坏账损失。

【例 9-12】 W 公司 2008 年营业收入为 42 000 万元，年初应收账款 2 400 万元，年末应收账款 2 600 万元，则

应收账款周转率＝42 000/[(2 400＋2 600)/2]＝16.8（次）

应收账款周转天数＝360/16.8＝21.4（天）

（三）流动资产周转率

流动资产周转率是指企业一定时期内营业收入与平均流动资产余额的比率，它是反映流动资产流动性的指标。其计算公式为

流动资产周转率（周转次数）＝营业收入/平均流动资产余额　　（9.20）

流动资产周转天数＝360/流动资产周转率　　（9.21）

其中，　平均流动资产余额＝（期初流动资产＋期末流动资产）/2

一般来说，流动资产周转率越高越好。因为流动资产周转率越高，表明流动资产周转速度越快，资产利用效率高，流动性强，其实现的周转额（即销售收入）越多，同时会相对节约流动资产，扩大资产投入，增强企业盈利能力；反之，则延缓周转速度，形成资金浪费，降低企业盈利。

【例 9-13】 假设 W 公司 2008 年营业收入 42 000 万元，年初流动资产为 14 200 万元，年末流动资产为 16 100 万元，则

流动资产周转率＝42 000/[(14 200＋16 100)/2]＝2.77（次）

流动资产周转天数＝360/2.77＝129.96（天）

（四）固定资产周转率

固定资产周转率，是企业一定时期内营业收入与平均固定资产净值的比率，它是反映固定资产的利用效率的指标。其计算公式为

固定资产周转率（周转次数）＝营业收入/平均固定资产净值　　（9.22）

固定资产周转天数＝360/固定资产周转率　　（9.23）

其中，　平均固定资产净值＝（期初固定资产净值＋期末固定资产净值）/2

固定资产周转率越高，说明固定资产的利用率越高，固定资产规模适当、质量较好，管理水平较高。如果固定资产周转率与同行业平均水平相比偏低，说明企业的生产效率较低，生产能力利用不够，可能会影响公司的获利能力。固定资产周转率只能在固定资产的种类、功能接近时相比才有意义。

【例 9-14】 W 公司 2008 年营业收入 42 000 万元，年初固定资产总额为 4 000 万元，年末固定资产总额为 8 000 万元，则

固定资产周转率＝42 000/[(4 000＋8 000)/2]＝7（次）

固定资产周转天数＝360/7＝51.43（天）

（五）总资产周转率

总资产周转率是企业一定时期内营业收入与平均资产总额的比率。它反映了企业资产总额的周转速度。其计算公式为

总资产周转率（周转次数）＝营业收入/平均资产总额　　（9.24）

总资产周转天数＝360/总资产周转率　　（9.25）

其中，　平均资产总额＝（期初资产总额＋期末资产总额）/2

一般来说，总资产周转率越高越好，因为总资产周转率越高，说明总资产周转速度越快，资产的利用效率越高，企业的销售能力越强。

【例 9-15】 W 公司 2008 年营业收入 42 000 万元，年初资产总额为 40 000 万元，年末资产总额为 46 000 万元，则

总资产周转率＝42 000/[(20 000＋26 000)/2]＝1.83（次）

总资产周转天数＝360/1.83＝196.72（天）

第四节　企业获利能力分析

获利能力是企业获取利润的能力，是企业资金增值的能力，通常体现为企业收益数额的大小与水平的高低。股东关心企业的盈利能力，是因为他们的股利是从利润中支付的，企业

良好的盈利能力能使股东获得较大的资本收益。债权人关心企业的盈利能力，是因为利润是企业偿还债务的重要资金来源。企业经理人员重视盈利，是因为利润是衡量他们经营业绩最重要的标准，是奖惩他们的依据。

一般说来，企业获利能力分析只涉及正常的营运状况。非正常的营业状况，也会给企业带来收益或损失，但只是特殊状况下的个别结果，并不能说明企业的获利能力。因此，在分析企业盈利能力时，应当排除各种正常经营外的非正常项目，如证券买卖，重大事故或法律更改等特别项目，会计准则和财务制度变更带来的累积影响等因素。

企业的利润主要是通过经营活动取得收入，并补偿成本费用而实现的。企业的资金筹集、运用、耗费、收回及分配等一系列经营活动都直接影响着企业的获利能力和收益水平，企业的利润通过资产、负债、所有者权益、收入、费用等要素有机统一企业资金运动过程。因此，反映企业获利能力的指标有：营业利润率、成本费用利润率、总资产报酬率、总资产净利率、净资产收益率、盈余现金保障倍数、每股收益、每股股利、市盈率等。

（一）营业利润率

营业利润率，是指企业一定期限内的营业利润与营业收入的比率。其计算公式为

营业利润率＝营业利润/营业收入×100%　　(9.26)

营业利润率越高，说明企业市场竞争能力越强，发展潜力越大，从而获利能力越强。

【例 9-16】 根据表 9-3 的资料，W 公司营业利润率的计算为

2007 年　营业利润率＝(7 320/37 200)×100%＝19.67%

2008 年　营业利润率＝(5 400/42 000)×100%＝12.86%

从上面的分析可以看出公司的营业利润率呈下降趋势。

一般来说，营业利润率指标越高越好，该比率越高，说明企业每一元营业收入可实现的经营利润越多，企业的获利能力越强。

需要说明的是，从利润表来看，企业的利润包括营业利润、利润总额和净利润三种形式。而营业收入包括主营业务收入和其他业务收入，收入来源有商品销售收入、提供劳务收入和资产使用权让渡收入等。因此在实务中经常也使用营业净利率、营业毛利率指标来分析企业的经营业务的获利水平。此外，通过考察营业利润占整个利润总额比重的升降，可以发现企业经营理财状况的稳定性、面临的危险或者可能出现的转机迹象。

营业净利率＝（净利润/营业收入）×100%　　(9.27)

营业毛利率＝［(营业收入－营业成本）/营业收入］×100%　　(9.28)

（二）成本费用利润率

成本费用利润率是企业一定时期的利润总额与成本费用总额的比率。其计算公式为

成本费用利润率＝（利润总额/成本费用总额）×100%　　(9.29)

成本费用总额＝营业成本＋营业税金及附加＋销售费用＋管理费用＋财务费用　(9.30)

成本费用利润率指标反映企业所得与所耗的关系，它是将收益与支出的比较的角度来评价企业的获利能力。一般来说，成本费用利润率指标越高越好。因为该指标越高，表明企业为取得收益付出的代价越小，也表明企业对成本费用的控制越有力，企业获利能力越强。

【例 9-17】 根据表 9-3 资料，W 公司的成本费用利润率可计算为

2007 年　成本费用利润率＝[7 720/(21 400＋2 160＋3 640＋3 240＋1 600)]×100%

＝24.09%

2008 年　成本费用利润率＝[5 700/(24 400＋2 400＋5 200＋3 800＋1 000)]×100%
＝15.49%

（三）总资产报酬率

总资产报酬率是指企业一定时期内获得的报酬总额（即息税前利润）与资产平均总额的比率。它是反映企业利用债权人和所有者权益总额所取得盈利的指标，是衡量企业资产综合利用效果的重要指标。其计算公式为

总资产报酬率＝（息税前利润/资产平均总额）×100%　(9.31)

其中，资产平均总额＝（年初资产总额＋年末资产总额）/2

息税前利润＝利润总额＋利息支出

公式中的息税前利润是指企业在未支付利息、未上交所得税之前的利润。之所以公式的分子要采用息税前利润，是因为总资产是通过所有者权益和债权人权益两方面融资渠道形成的，故与之相对应的报酬也应当是运用全部资产所得的全部报酬，既应包括企业所有者所得报酬，也应包括债权人所得报酬。利润中未扣除所得税的原因，主要是考虑保持可比性。因为所得税税率在前后年度可能会发生变化，目前我国不同企业之间所得税税率也可能存在差别，如果扣除所得税，不利于进行纵向、横向比较。

对总资产报酬率的分析有以下三点。①总资产报酬率反映企业资产利用的综合效果。它全面反映企业的获利能力和投入产出状况。一般来说，总资产报酬率指标越高越好。因为该指标越高，表明企业资产的利用效率越高，企业的投入产出越好，获利能力越高。②总资产报酬率是一个综合性指标，因为利润的多少与企业资产规模、资产的结构、经营管理水平有密切的关系，通过总资产报酬率分析，可以正确评价企业经济效益的高低，控制提高利润水平的潜力。③总资产报酬率主要取决于总资产周转速度的快慢和销售利润率的高低。企业的销售利润越高，资产周转速度越快，则总资产报酬率越高。因此，提高总资产报酬率可以从两个方面入手，一方面加强资产管理，提高资产利用率；另一方面加强销售和成本管理，提高利润水平。

【例 9-18】　根据表 9-3 的资料，假定 W 公司 2006 年年末资产总额为 18 000 万元，同时假定财务费用全部为利息支出，则 W 公司的总资产报酬率为

2007 年　总资产报酬率＝(7 720＋1 600)/[(18 000＋20 000)/2]×100%＝49.05%

2008 年　总资产报酬率＝(5 700＋1 000)/[(20 000＋26 000)/2]×100%＝29.13%

（四）总资产净利率

总资产净利率是企业净利润与资产平均总额的比率。它是反映资产综合利用效率的指标，也是衡量企业利用全部资产获取利润强弱的重要指标。其计算公式为

总资产净利率＝净利润/平均资产总额　(9.32)

对总资产净利率的分析有以下三点。①总资产净利率指标将净利润与企业的资产相比较，它反映企业资产利用的综合效果。一般来说，总资产净利率指标越高越好。因为该指标越高，表明企业资产的利用效率越好，企业的获利能力越强。②总资产净利率指标是反映企业资产利用效益的综合指标。因为影响总资产净利率指标的因素有很多，比如有产品的售价、产品销售数量、产品成本的高低、资金占用量的大小等。通过该指标的分析，可以正确评价企业经济效益的高低，挖掘提高利润水平的潜力。③可以利用总资产净利率指标分析经营中的问题，提高销售利润率，加速资金周转。

【例 9-19】 根据表 9-2 和表 9-3 的资料，计算 W 公司的总资产净利率为

2007 年　　总资产净利率＝5 790/[(18 000＋20 000)÷2]×100%＝30.47%

2008 年　　总资产净利率＝4 275/[(20 000＋26 000)÷2]×100%＝18.59%

计算结果表明，企业资产综合利用效率 2008 比 2007 有较大幅度下降，需要进一步分析资产的使用情况，以便改进管理，提高效益。

（五）净资产收益率

净资产收益率又称股东权益净利率，它是指企业一定时期净利润与平均净资产的比率。它是反映企业股东获取投资收益水平的指标，是评价企业获利能力的一个重要财务比率。

该指标是评价企业自有资本及其积累获取报酬水平的最综合性与代表性指标，反映企业资本营运的综合效益。该指标通用性强，适应范围广，不受行业局限，在国际上的企业综合评价中使用率较高。通过对该指标的综合对比分析，可以看出企业盈利能力在同行业中所处的地位，以及与同类企业的差异水平。

其计算公式为

净资产收益率＝净利润/平均净资产×100%　　　　（9.33）

其中，　　平均净资产＝（期初股东权益＋期末股东权益）/2

净资产收益率的评价有以下两点。

（1）净资产收益率是反映所有者权益的投资报酬率。一般来说，净资产收益率指标越高越好，因为该指标越高，表明企业自有资金获取收益的能力越强，对企业投资人权益的保证程度越高。

（2）净资产收益率指标是从所有者角度考察企业的盈利水平，净资产收益率的高低直接影响到投资者的权益，是投资者最为关心的问题，所以该指标是我国公开发行股票的公司对外披露的信息内容之一。

【例 9-20】 根据表 9-2 的资料，假设 W 公司 2006 年末所有者权益合计为 6 000 万元，则该公司各年的净资产收益率为

2007 年　　净资产收益率＝[5 790/(6 000＋9 200)/2]×100%＝76.18%

2008 年　　净资产收益率＝[4 275/(9 200＋14 000)/2]×100%＝33.93%

计算结果表明，该公司 2008 年净资产收益率比 2007 年净资产收益率低了。

（六）盈余现金保障倍数

盈余现金保障倍数是企业一定时期经营现金净流量与净利润的比值，反映了企业当期净利润中现金收益的保障程度，真实反映了企业盈余的质量，是评价企业盈余状况的辅助指标。其计算公式为

盈余现金保障倍数＝经营现金净流量/净利润　　　　（9.34）

盈余现金保障倍数是从动态的现金流入与流出角度对企业进行评价的，充分反映了企业当期净利润中有多少是有现金保障的。一般来说，当企业当期净利润大于 0 时，盈余现金保障倍数应当大于 1，该指标越大，说明经营活动产生的净利润对现金流量的贡献越大。

【例 9-21】 根据表 9-2 资料，同时假设该公司的 2007 年和 2008 年经营现金净流量分别为 4 000 万元和 6 000 万元（这些数据可以直接从该公司的现金流量表中获得）则该公司两年的盈余现金保障倍数为多少？

2007 年　　盈余现金保障倍数＝4 000/5 790＝0.69

2008年　　盈余现金保障倍数＝6 000/4 275＝1.4

（七）每股收益

每股收益，也称每股利润或者每股盈余，是归属于普通股股东的当期净利润与年末发行在外普通股的加权平均数的比率。它反映了企业平均每股普通股获得的收益，是用来评价普通股持有者获取报酬程度的指标。每股收益是评价上市公司获利能力的基本和核心指标。其计算公式为

基本每股收益＝归属于普通股股东的当期净利润/当期发行在外普通股的加权平均数　(9.35)

其中，当期发行在外普通股的加权平均数＝期初发行在外普通股股数＋（当期新发行普通股股数×已发行的时间－当期回购普通股股数×已回购时间）/报告期时间

计算每股收益时要注意以下三个问题。

(1) 合并报表的问题：编制合并报表的公司，应以合并会计报表数据计算该指标。

(2) 优先股问题：上市公司的每股收益是指普通股的每股净利润。如果公司发行了不可转换优先股，由于在向普通股股东分配股利之前优先股股东享有优先分配股利的权利，因此在计算时应扣除优先股股数和分配给优先股的股利。其计算公式为

每股收益＝（净利润－优先股股利）/（年度末股份总数－年度末优先股份数）　(9.36)

(3) 年度中普通股增减问题，如果年度中间普通股发生增减变化，应以流通时间为权数，计算加权平均股数。

【例9-22】 根据表9-3资料，假定W公司2008年末发行在外的普通股为10 000万股，年内股份无增减变化，则W公司2008年该指标为

每股收益＝4 275/10 000＝0.427 5（元）

（八）每股股利

每股股利是指上市公司本年发放的普通股现金股利总额与期末普通股总数的比率。其计算公式为

每股股利＝普通股股利总额/期末普通股总数　(9.37)

式中，“股利总额”是指用于分配普通股现金股利的总额。

每股股利是反映每一普通股获取股利大小的指标，该指标越高，说明股本获利能力越强。

【例9-23】 假定W公司2008年度分配的股利总额为1 000万元，期末发行在外的普通股股数为2 500万股，则该公司的每股股利为

2008年每股股利＝1 000/2 500＝0.4（元/股）

（九）市盈率

市盈率是上市公司普通股每股市价相当于每股收益的倍数，反映投资者对上市公司每元净利润愿意支付的价格，可以用来估算股票的投资报酬和风险。其计算公式为

市盈率（倍数）＝普通股每股市价/普通股每股收益　(9.38)

市盈率越高，表明市场对公司的未来越看好。在市价一定的情况下，每股收益越高，市盈率越低，投资风险越小；反之亦然。在每股收益一定的情况下，市价越高，市盈率越高，风险越大；反之亦然。

【例9-24】 假设2008年底W公司普通股每股收益为0.56元，假定该公司每股市价为5.6元，则

W公司2008年市盈率＝5.6/0.56＝10（倍）

（十）每股净资产

每股净资产是上市公司年末净资产（即股东权益）与年末普通股总数的比值。其计算公式为

每股净资产＝年末股东权益/年末普通股总数　（9.39）

【例 9-25】 假定 W 公司 2008 年期末发行在外的普通股股数为 2 500 万，则该公司的每股净资产为

2008 年每股净资产＝14 000/2 500＝5.6（元）

第五节 企业发展能力分析

发展能力是企业在生存基础上，扩大规模、壮大实力的潜在能力。分析发展能力有助于从长远的角度对企业进行理性的分析，主要指标包括营业收入增长率、营业收入三年平均增长率、资本保值增值率、资本积累率、资本三年平均增长率、总资产增长率、技术投入比率等。

（一）营业收入增长率

营业收入增长率是企业本年营业收入增长额与上年营业收入总额的比率。它反映企业营业收入的增减变动情况，是评价企业成长状况和发展能力的重要指标。其计算公式为

营业收入增长率＝（本年营业收入增长额/上年营业收入总额）×100%　（9.40）

本年营业收入增长额＝本年营业收入总额－上年营业收入总额

实务中有时也用销售增长率来代替企业经营业务收入的增减情况。营业收入增长率是衡量企业经营状况和市场占有能力、预测企业经营业务拓展趋势的重要标志。不断增加的营业收入，是企业生存的基础和发展条件。指标数值大于 0，说明企业营业收入在增长，指标值越高表明增长速度越快，反之亦然。该指标在实际操作时，应结合企业历年的营业收入水平、企业市场占有情况、行业未来发展及其他影响企业发展的潜在因素进行前瞻性预测，或者结合企业前三年的营业收入增长率做出趋势分析判断。

【例 9-26】 根据表 9-3，计算 W 公司的 2008 年度营业收入增长率为

[(42 000－37 200)/37 200]×10%＝12.9%

（二）营业收入三年平均增长率

营业收入三年平均增长率表明企业营业收入连续三年的增长情况，体现企业的持续发展势态和市场扩展能力。其计算公式为

$$营业收入三年平均增长率=\left(\sqrt[3]{\frac{本年营业收入总额}{三年前营业收入总额}}-1\right)\times 100\% \quad (9.41)$$

营业收入是企业积累和发展的基础，该指标越高，表明企业积累的基础越牢，可持续发展能力越强，发展潜力越大。利用营业收入三年平均增长率指标，能够反映企业的经营业务增长趋势和稳定程度，体现企业的连续发展状况和发展能力，避免因少数年份业务波动而对企业的发展潜力的错误判断。

（三）资本保值增值率

资本保值增值率是企业扣除客观因素后的本年末所有者权益总额与年初所有者权益总额比率，反映企业当年资本在企业自身努力下的实际增减变动情况。其计算公式为

资本保值增值率＝（扣除客观因素后的年末所有者权益总额/年初所有者权益总额）×100%　　(9.42)

一般认为，资本保值增值率越高，表明企业的资本保全状况越好，所有者权益增长越快，债权人的债务越有保障。该指标通常应当大于100%。

（四）资本积累率

资本积累率是企业本年所有者权益增长额与年初所有者权益的比率。它反映企业当年资本额累积能力，是评价企业发展潜力的重要指标。其计算公式为

资本积累率＝（本年所有者权益增长额/年初所有者权益）×100%　　(9.43)

资本积累率反映企业当年所有者权益总的增长率，反映了企业所有者权益在当年的变动水平，体现了企业资本的积累情况。如果该指标出现负数，表明企业资本正在受损。

（五）资本三年平均增长率

资本三年平均增长率表示企业资本连续三年的积累情况，在一定程度上体现了企业的持续水平和发展趋势。其计算公式为

$$资本三年平均增长率=\left(\sqrt[3]{\frac{年末所有者权益总额}{三年前年末所有者权益总额}}-1\right)\times 100\% \qquad (9.44)$$

其中三年前年末所有者权益总额指企业三年前的所有者权益年末数，比如在评价企业2009年的绩效时，则三年前所有者权益年末数就是2006年的所有者权益年末数。由于一般增长率指标在分析时具有滞后性，仅反映当期情况，而利用该指标能够反映企业资本积累或者资本扩张的历史发展状况，以及企业稳步发展的趋势。

（六）总资产增长率

资产的增长是企业发展的一个重要方面，也是企业价值增长的重要手段。总资产增长率是企业本年总资产增长额与年初资产总额的比率，反映企业本期资产规模的增长情况。其计算公式为

总资产增长率＝（本年总资产增长额/年初资产总额）×100%　　(9.45)

总资产增长率是从企业绝对量扩张方面衡量企业发展能力，表明企业规模增长对企业如发展后劲的影响。在实际分析时还要注意资产规模扩张的质和量的关系以及企业后续发展能力，避免盲目扩张。

（七）技术投入比率

技术投入增长体现了企业研究开发和技术创新的重视程度和投入情况，是评价企业发展能力的重要方面，主要是通过技术投入率。技术投入比率是指企业本年科技支出（包括用于研究开发、技术改造、科技创新等方面的支出）与本年营业收入净额的比率，反映企业在科技进步方面的投入，在一定程度可以体现企业的发展潜力。其计算公式为

技术投入比率＝（本年科技支出合计/本年营业收入净额）×100%　　(9.46)

技术投入比率越高，表明企业对新技术的投入越多，企业对市场的适应能力越强，未来的竞争优势越明显，生存发展的空间越大，发展前景越好。

第六节　企业财务状况的综合分析

财务状况的综合分析是将企业的偿债能力、营运能力和盈利能力等诸方面的分析，纳入

一个有机的整体之中，全面的对企业经营状况、财务状况进行分析，从而对企业经济效益的优劣做出准确的评价与判断的系统分析。财务状况综合分析方法主要有杜邦财务分析体系和财务比率综合评价法。

单一的财务指标很难全面分析和评价企业的财务状况和经营成果，指标之间的关联性分析以及以一定的标准科学衡量十分必要。

在进行财务综合分析时注意如下三个要点。

（1）指标要素齐全适当。也就是说所选择的评价指标必须能够涵盖企业的偿债能力、营运能力、盈利能力和发展能力等诸多方面。

（2）主辅指标功能匹配。明确在评价的诸多指标中各指标的主辅地位，通过不同层次和侧面来评价和分析企业的状况和实绩。

（3）满足多方面信息需要。指标体系必须能够提供多层次、多角度的信息资料，既能满足企业内部管理当局实施决策对充分而具体的财务信息的需要，同时又能满足外部投资者和政府凭以决策和实施宏观调控的要求。

一、杜邦财务分析体系

杜邦财务分析体系又称为杜邦体系（Du Point System），它是利用各财务指标间的内在联系，对企业财务状况和经营成果进行综合系统分析评价的方法。因其最初由美国杜邦公司创立并成功运用而得名。该体系以净资产收益率为核心，将其分解为若干财务指标，通过分析各分解指标的变动对净资产收益率的影响来揭示企业获利能力及其变动原因。

杜邦体系中主要财务指标之间的关系为

$$净资产收益率=总资产净利率\times权益乘数 \quad (9.47)$$

$$=营业净利率\times总资产周转率\times权益乘数 \quad (9.48)$$

其中，

$$权益乘数=资产总额/股东权益=1/（1-资产负债率） \quad (9.49)$$

杜邦体系通常采用杜邦分析图来表示各种财务指标之间的关系。现借助杜邦体系，以 W 公司为例，说明其主要内容。W 公司 2008 年杜邦分析图如图 9-1 所示。

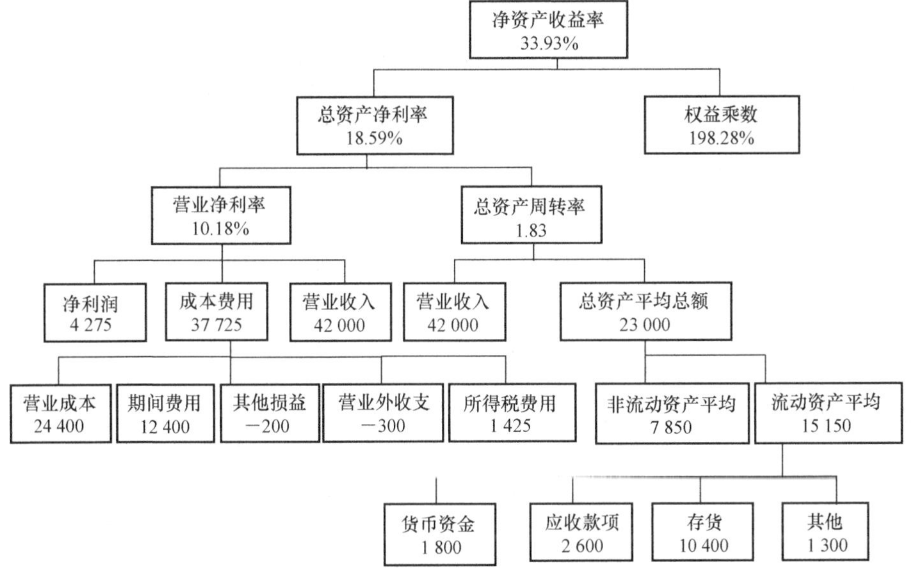

图 9-1 杜邦分析图

从图 9-1 可以看出，杜邦体系是一个多层次的财务比率分解体系。杜邦分析图在反映上述财务指标关系的基础上层层分解，从而全面系统地揭示出各个因素之间的财务关系。

（1）净资产收益率是一个综合性极强的投资报酬指标，是杜邦体系的核心。决定净资产收益率高低的因素有三方面：即营业净利率、总资产周转率和权益乘数。通过这样的分解，可以把净资产收益率这一综合性指标发生变化的原因具体化。

（2）总资产净利率是影响净资产收益率的关键指标，其综合性也较强，它受两个指标的影响：一是营业净利率；二是总资产周转率。要想提高营业净利率，一方面要扩大销售收入，另一方面要降低成本费用。总资产周转率反映了企业资产占用额与营业收入之间的关系，表明了资产的使用效率，影响总资产周转率的一个重要因素是资产总额。另外，还可以对资产各组成部分的占用分析，如：结合流动资产周转率，存货周转率、应收账款周转率的分析，来判断各资产组成部分的使用效率。由杜邦分解式和杜邦分析图可见：营业净利率越大，总资产净利率越大，资产周转率越大，资产净利率越大，而资产净利率越大，则净资产收益率越大。

（3）权益乘数对净资产收益率具有倍率影响。权益乘数越大，说明企业负债程度越高，给企业带来较大财务杠杆利益的同时，也带来了较大的财务风险。权益乘数主要受资产负债率指标的影响。在企业资产总规模一定的情况下适度负债经营，可以增加权益乘数，从而提高净资产收益率。

二、财务状况综合评价

（一）沃尔评分法

在很多时候，当所有的指标都计算出来后，但是无法判断它是偏高还是偏低，沃尔评分法通过比较可以帮助解决这个问题。在 20 世纪初，亚历山大·沃尔选择流动比率、产权比率、固定资产比率、存货周转率、应收账款周转率、固定资产周转率、自有资金周转率等七项财务比率对企业的信用水平进行评分，后来就被称为沃尔评分法。但是后来学者发现沃尔评分法存在两个缺陷：一是所选的七项指标缺乏证明力；二是当某个指标出现显著异常时，会对总评分产生不合逻辑的重大影响。沃尔评分的七个方面已经不能满足现实企业评价的需求。目前通常认为，在选择指标时，偿债能力、营运能力、获利能力、发展能力均应当选到，同时还要结合非财务指标。这种方法是评价企业总体财务状况的一种比较可取的方法，但是关键在于指标的选择、权重的制定、标准值的确定等问题上。

沃尔评分法的基本步骤：①选择评价指标并分配指标权重；②确定各评价指标的标准值；③对各项评价指标计分并计算综合分数，各项评价指标的得分＝各项指标的权重×（指标的实际值/标准值）综合分数＝∑各项评价指标得分；④形成评价结果。举例说明见表 9-5。

表 9-5　　沃尔评分法

选择的指标	分配的权重①	指标的标准值②	指标的实际值③	实际得分④
一、偿债能力指标	20			
1. 资产负债率	12	60%	28.26%	5.65
2. 已获利息倍数	8	3	15	40
二、获利能力指标	38			
1. 净资产收益率	25	25%	16.21%	16.21
2. 总资产报酬率	13	16%	20.93%	17.00

续表

选择的指标	分配的权重①	指标的标准值②	指标的实际值③	实际得分④
三、资产管理能力指标	18			
1. 总资产周转率	9	2	0.93	4.19
2. 流动资产周转率	9	5	2.64	4.75
四、发展能力指标	24			
1. 营业增长率	12	10%	11.11%	13.33
2. 资本积累率	12	15%	13.01%	10.41
综合得分	100			111.54

（二）综合评分方法

随着现代社会的不断发展，沃尔最初提出的七项指标已难以完全适用当前企业财务评价的需要。一般情况下，我们认为企业财务评价的内容应包括获利能力、偿债能力、营运能力和成长能力等。

采用财务比率综合评分法，进行企业财务状况的综合分析，应遵守如下一般程序和方法。

1. 选定财务比率

在选择财务比率时，一要有全面性，要求包括反映偿债能力、营运能力、获利能力的三大类财务比率，也可包括反映发展能力的财务比率；二要有代表性，即要选择能够说明问题的重要的财务比率。

2. 确定各项财务比率的标准评分值

各项财务比率的标准评分值之和应等于100分。各项财务比率的标准评分值应根据其重要性程度来判定，各指标重要程度的判断，需根据企业经营的行业，一定时期的管理要求，分析人员的分析目的等因素来确定。在给每个指标评分时，应规定上限和下限，即最高评分值和最低评分值。目的是避免个别财务比率的异常给总分造成不合理的影响。

3. 确定各项财务比率的标准值

财务比率的标准值是指各项财务比率在本企业现时条件下最理想的数值，亦即最优值。财务指标的标准比率通常应以本行业平均数为基础，并经过适当修正后确定。

4. 计算各项财务指标的实际值

5. 计算各项财务比率实际值和标准值的差异

即 比率差异＝实际比率－标准比率

6. 计算每分比率的差异

每分的财务比率差是指该项指标每增加一分需要提高的比率。其计算公式为

每分比率的差＝（行业最高比率－标准比率）/（最高分－标准评分值）

7. 计算每项指标的实际得分

每项指标的实际得分＝（实际比率－标准比率）/（每分比率的差＋标准得分）

在上述计算每项指标的实际得分时，不采用“乘”的关系，而采用“加”或“减”的关系来处理，以克服沃尔评分法的缺点。

8. 计算综合评价值

将各财务比率的实际得分进行加总，即为该企业财务比率综合评价值。

企业各项财务指标的综合得分，反映企业财务状况是否良好。如果综合得分超过100，

说明企业财务状况很理想；如果综合得分为 100 或接近 100，说明企业财务状况是良好的；如果综合得分低于 100 很多，说明企业财务状况较差。

【例 9-27】 假定评分标准见表 9-6，现根据某公司 2008 年的主要财务比率，选用 10 项财务指标编制其综合评分表，见表 9-7。

表 9-6 综合评分的标准

指 标	评分值	标准比率（%）	行业最高比率（%）	最高分	最低分	每分比率差（%）
盈利能力						
销售净利率	20	13.50	20.00	30.00	10.00	0.65
总资产报酬率	20	21.50	30.00	30.00	10.00	0.89
股东权益净利率	10	17.50	25.00	15.00	5.00	1.5
偿债能力						
流动比率	8	200.00	300.00	12.00	4.00	25
资产负债率	8	40.00	50.00	12.00	4.00	2.5
营运能力						
应收账款周转率	8	7 500.00	9 000.00	12.00	4.00	375
存货周转率	8	12 000.00	15 000.00	12.00	4.00	750
总资产周转率	8	41 000.00	45 000.00	12.00	4.00	1 000
发展能力						
销售增长率	5	12.00	20.00	8.00	2.00	2.7
资本积累率	5	12.50	20.00	8.00	2.00	2.5
合 计	100					

表 9-7 公司综合财务状况评分表

指 标	评分比率（%）	实际比率（%）	比率差异（%）	每分比率的差	调整分	标准评分值	实际得分
	①	②	③=②−①	④	⑤=③/④	⑥	⑦=⑤+⑥
盈利能力							
销售净利率	13.50	14.07	0.57	0.65	0.88	20	20.88
总资产报酬率	21.50	20.93	−0.57	0.85	−0.67	20	19.33
股东权益净利率	17.50	18.10	0.6	1.5	0.4	10	10.4
偿债能力							
流动比率	200	201.3	1.3	25	0.052	8	8.025
资产负债率	40	27.70	−12.3	2.5	−4.92	8	3.08
营运能力							
应收账款周转率	7 500	7 500	0	375	0	8	8
存货周转率	1 200	13 570	1 570	750	2.09	8	10.09
总资产周转率	41 000	38 700	−230	1 000	−2.3	8	5.7
发展能力							
销售增长率	1 200	11.11	−0.89	2.67	−0.33	5	4.67
资本积累率	1 250	13.01	0.51	2.5	0.204	5	5.204
合计						100	95.379

表中销售增长率和资产积累率的计算过程有如下几步。

$$销售增长率=(本年销售增长额/上年销售总额)\times 100\%$$
$$=(40\,000-36\,000)\times 100\%=11.11\%$$
$$资产积累率=(本年权益/年初权益)\times 100\%$$
$$=[(33\,000-29\,200)/29\,200]\times 100\%=13.01\%$$

计算结果表明，某公司各项财务比率的综合得分为 95.379，这说明该公司的财务状况是良好的。

小 结

（1）财务分析是指以财务报表和其他资料为依据，采用专门方法，对企业的财务状况、经营成果和现金流量等数据进行分析和评价，为改进企业管理和优化经济决策提供重要的财务信息。财务分析的一般目的可以概括为：评价过去的经营业绩，衡量现在的财务状况，预测未来的发展趋势。使用者包括投资者、债权人、企业管理人员、政府部门、中介机构等，由于利益倾向差异，具体目的有所不同。财务分析方法主要有趋势分析法、比率分析法、因素分析法。

（2）企业偿债能力是指企业清偿到期债务的能力，包括短期偿债能力分析和长期偿债能力。反映企业短期偿债能力的指标主要有：营运资本流动比率、速动比率和现金流动负债比率等。企业长期偿债能力的指标主要有：资产负债率、产权比率、已获利息倍数等。

（3）企业营运能力是指企业通过有效经营加速资金周转，提高资金利用效率的营运能力。其分析指标主要有人力资源营运能力指标——劳动效率、生产资料营运能力指标——存货周转率、应收账款周转率、流动资产周转率、总资产周转率。

（4）企业获能力分析只涉及正常营运状况，其分析指标主要有：营业利润率、成本费用利润率、总资产报酬率、总资产净利率、净资产收益率、盈余现金保障倍数、每股收益、每股股利、市盈率等。

（5）企业发展能力是企业在生存基础上，扩大规模、壮大实力的潜在能力。其分析指标主要有：营业收入增长率、营业收入三年平均增长率、资本保值增值率、资本积累率、资本三年平均增长率、总资产增长率、技术投入比率等。

（6）企业财务状况的综合分析是将企业能力的诸方面，纳入一个有机的整体之中，全面地对企业经营状况、财务状况进行分析，从而对企业经济效益的优劣做出准确的评价与判断的系统分析。财务状况综合分析方法主要有杜邦财务体系分析法和财务状况综合评价法。

习 题

计算题

1．某公司流动资产由速动资产和存货构成，年初存货为 145 万元，年初应收账款为 125 万元，年末流动比率为 300%，年末速动比率为 150%，存货周转率为 4 次，年末流动资产余额为 270 万元。一年按 360 天计算。

要求：

（1）计算该公司流动负债年末余额。

（2）计算该公司存货年末余额和年平均余额。

（3）计算该公司本年营业成本。

（4）假定本年赊销净额为 960 万元，应收账款以外的其他速动资产忽略不计，计算该公司应收账款周转天数。

2．某企业 2008 年营业收入净额为 77 万元，营业净利率 10%，按照营业收入计算的存货周转率为 7 次，期初存货余额为 8 万元；期初应收账款余额为 12 万元，期末应收账款余额为 10 万元，速动比率为 150%，流动比率为 200%，固定资产总额是 50 万元，该企业期初资产总额为 80 万元。该公司流动资产由速动资产和存货组成，资产总额由固定资产和流动资产组成（假设其他业务收入为 0）。

要求：（计算结果保留两位小数）

（1）计算应收账款周转率。

（2）计算总资产周转率。

（3）计算总资产净利率。

3．2008 年年初的负债总额 400 万元，股东权益是负债总额的 3 倍，年资本积累率 50%，2008 年年末的资产负债率 40%。2008 年该公司的固定成本总额 170 万元，实现净利润 300 万元，所得税率 25%。2008 年年末的股份总数为 600 万股，假设普通股股数在 2007 年和 2008 年年度内未发生变化，企业没有优先股，2008 年末的普通股市价为 5 元/股（计算结果保留两位小数）。

要求：

（1）计算 2008 年年初的股东权益总额、资产总额、年初的资产负债率。

（2）计算 2008 年年末的股东权益总额、负债总额、资产总额、产权比率。

（3）计算 2008 年的总资产净利率、权益乘数（使用平均数计算）、平均每股净资产、每股收益、市盈率。

第十章 企业并购、重整与清算

学习重点和要点

（1）了解并购的概念与分类、并购的动因。
（2）了解并购发展的历程。
（3）掌握并购的财务分析以及反并购措施。
（4）了解重整、清算的概念和程序。

案例分析

燕京啤酒收购山东无名和三孔酒厂

为开拓全国啤酒市场，扩大生产规模、提高市场竞争能力和全国市场占有率，国内各大啤酒厂商一直在积极进行收购活动。青岛啤酒集团采取了低成本扩张战略，向全国的中小啤酒企业伸出了橄榄枝，兼并了几十家资不抵债的中资与外资啤酒企业，2000 年，青啤又兼并收购五星和三环两个啤酒品牌。与此同时，燕京啤酒集团与山东无名啤酒公司于 2000 年 12 月 30 日在山东省邹城市签约，燕京控股 51%，注入资金 9 500 万元。2001 年 2 月 25 日，燕京又和三孔正式签约，燕京控股 52%，注入资金 1.2 亿元。至此啤酒行业的两位“老大”为争夺市场展开了“白刃战”。

2001 年 3 月 18 日燕京啤酒（山东无名）股份有限公司与燕京啤酒（曲阜三孔）有限责任公司相继挂牌成立，燕啤航母驶入齐鲁。至此，中国啤酒工业的龙头企业北京燕京啤酒集团公司已在全国兼并、收购、控股了 9 家啤酒生产企业。众所周知，青啤已在全国 11 个省市建立了 30 多个分厂，并收购了北京地区的“三环”和“五星”，把战火烧到了燕京的“后院”。如今燕啤又进入青啤老家，使啤酒行业的两位“老大”为争夺市场的“白刃战”达到了高潮。

资料来源：http://media.openedu.com.cn/media_file/netcourse/jingpin/gjcwk/htm/xxly/xxly2/alxx/alxx201.htm

第一节 企 业 并 购

一、并购的含义与分类

（一）并购的含义

企业并购是指一家企业通过取得其他企业部分或全部产权，从而实现对该企业控制的一种经济行为。“并购”是个复合词，它是“合并”和“收购”的统称。

合并是指两个或两个以上具有独立法人地位的企业按照法定程序结合成为一个企业的行为。合并按法人资格变更情况，可以分为吸收合并和新设合并。吸收合并是指一个企业吸收其他企业，同时又保持自身的法人地位，而被吸收的企业解散，其资产和负债全部并入继续存在的企业中去。新设合并是指由两个或两个以上的企业合并组成一家新的企业，原有的企业在合并后均不再存在，其一切经营活动均由新成立企业接管。

收购是指一家企业用现金、证券购买其他企业资产或股权而获得对这些企业控制权的行为。收购的实质是取得控制权，目标公司的法人实体地位并不因此消失。

（二）并购的类型

企业并购可按不同的标准分为不同的类型，以下简要介绍一下现今国际上比较通行的分类标准。

1. 按并购双方所从事业务的相关程度分类

（1）横向并购。横向并购是指两个或两个以上生产和销售相同或相似产品公司之间的并购行为。这种并购方式是企业获取自己不具备的优势资产、削减成本、扩大市场份额、进入新的市场领域的一种快捷方式。横向并购是19世纪末20世纪初西方各国企业的主要并购方式，采用横向并购的主要目的，是通过减少竞争对手，扩大市场控制能力，获得规模经济和市场垄断利润，这也是西方企业第一次并购浪潮中的主要形式。其优点是可以迅速扩大生产规模，便于提高通用设备的利用率，在更大范围内实现专业分工协作，加强技术管理和进行技术改造，也便于统一销售产品和采购原材料。但是进行横向并购以后，并购的管理幅度和管理层次的增加使管理的难度加大，影响了并购效应的发挥，并且它在一定程度上有助于消除竞争而产生垄断。

（2）纵向并购。纵向并购是指生产过程或经营环节相互衔接、密切联系的公司之间或者具有纵向协作关系的专业化公司之间的并购。纵向并购中，并购双方往往是原材料供应者和产品购买者，所以对彼此的生产状况比较熟悉，有利于并购后的相互融合。纵向并购又分为前向并购和后向并购。前向并购是企业向其产品的后加工方向并购；后向并购是企业向其产品的前加工方向并购。在20世纪20年代，纵向并购是西方企业第二次并购浪潮的主要形式。其优点是可以降低交易费用，使生产过程各环节密切配合，加速生产流程，缩短生产周期，且较少受到反垄断法的限制。缺点是企业为自己供应生产要素或为自己销售产品的成本可能高于竞争性市场中的成本，并且随着企业规模的扩大，管理的难度也会增大。

（3）混合并购。混合并购是指生产经营的产品或服务没有关联的企业之间的并购。混合并购可按其行为动机细分为三类：一是产品扩张型并购，是指优势企业以原有产品和市场为基础，通过并购其他企业进入相关产业的经营领域，达到扩大经营范围、增强企业实力的目的；二是市场扩张型并购，是指优势企业通过并购接收目标公司的销售网络从而扩张自己的市场领域，提高市场占有率；三是纯混合型并购，是指优势企业通过并购在生产和需求方面互不相关甚至是负相关的目标公司，从而达到多角化经营分散并降低风险的企业并购。混合并购的优点有：通过分散经营，减少长期经营某一行业所带来的风险；扩大企业自身的产业结构和技术结构，进入更具增长潜力和利润率较高的领域；并且能有效降低进入新行业的壁垒。

2. 按并购的支付方式分类

（1）现金购买式并购。现金购买式并购包括现金购买资产并购和现金购买股票并购。现金购买资产并购是指收购公司使用现金购买目标公司全部或绝大部分资产以实现并购。现金购买股票并购是指收购公司以现金、债券等作为支付手段，购买目标公司一部分股票，从而实现控制目标公司资产及经营权的并购方式。现金支付是并购交易中最简单的价款支付方式。

现金支付的优点在于交易简单、迅速，尤其是对一些上市的目标公司进行敌意收购时可以令目标公司的股东猝不及防。但现金支付也有弊端：一是在短期内要有大量现金支出，一旦无法通过其他途径获得必要的资金支持，将对企业构成较大的财务压力；二是可能因现金流出量太大而造成经营上的困难；三是目标公司收到现金后，账面上会有一笔投资收益，进而增加了应交的所得税。

（2）承担债务式并购。承担债务式并购是在资产与债务等价的情况下，优势企业以承担目标公司债务为条件接受其资产的方式，实现零成本收购。承担债务式并购的对象一般是那些净资产较低、经营状况不佳的企业。优势企业不必支付并购价款，但往往要承诺承担企业的所有债务和安置企业的全部职工。这种支付方式的并购好处是为拥有技术和管理优势的企业提供了低成本扩张的机会，优势企业通过注入资金、技术和新的管理方式，能够盘活一个效益差的企业，并购中不需要支付资金，从而减轻了财务负担。但是它也有弊端：一是目标公司往往债务大于净资产，并购这类企业实际并不是零成本，而是在接受一个资不抵债的企业；二是片面强调安置职工，会拖累了优势企业。

（3）股份交换式并购。股份交换式并购一般是指并购方以自己发行的股份换取被并购方股份，或者通过换取被并购企业净资产达到获取被并购方控制权目的的一种并购方式。换股并购可以是两家公司相互持股，结合成利益共同体，并且并购行为不涉及大量现金，避免了所得税的支出。但是这种方式将导致股权结构分散，可能会不利于企业统一经营管理。此外，股本扩张稀释了每股收益，对于上市公司来说有可能导致股价下降。

3. 按并购方企业对目标企业进行并购的态度分类

（1）善意并购。善意并购是指并购方企业能以较合理的价格等并购条件，与目标企业的管理层协商，取得目标企业股东和管理层的理解与配合后所进行的并购。

（2）敌意并购。并购方企业事先未与目标企业管理层协商或未达成一致意见而秘密并购目标企业的股份，使目标企业被迫出售企业。在敌意并购下，并购方企业通常得不到目标企业管理层的配合，相反会受到目标企业设置阻碍阻挠并购的反并购措施。

二、并购的历史、现状与展望

（一）并购的历史：五次并购浪潮

企业并购在经济发展的早期就已出现，但是在业主企业或家族企业时代，企业并购并不普遍。从19世纪60年代开始，伴随着企业制度演化为现代企业制度后，企业并购才开始活跃起来。在迄今为止的一百多年间，全球已发生了五次大规模企业并购浪潮。

1. 以横向并购为特征的第一次并购浪潮

19世纪下半叶，科学技术取得巨大进步，大大促进了社会生产力的发展，为以铁路、冶金、石化、机械等为代表的行业大规模并购创造了条件，各个行业中的许多企业通过资本集中组成了规模巨大的垄断公司。在1899年美国并购高峰时期，公司并购达到1 208起，是1896年的46倍，并购的资产额达到22.6亿美元。在1895年到1904年的并购高潮中，美国有75%的公司因并购而消失。在工业革命发源地——英国，并购活动也大幅增长，在1880—1981年间，有665家中小型企业通过兼并组成了74家大型企业，垄断主要的工业部门。后起的资本主义国家德国的工业革命完成比较晚，但企业并购重组发展也很快，1875年，德国出现第一个卡特尔，通过大规模的并购活动，1911年就增加到550～600个，控制了德国国民经济的主要部门。在这股并购浪潮中，大企业在各行各业的市场份额迅速提高，形成了比较大规模的垄断。

2. 以纵向并购为特征的第二次并购浪潮

20 世纪 20 年代发生了第二次并购浪潮，那些在第一次并购浪潮中形成的大型企业继续进行并购，进一步增强经济实力，巩固对市场的垄断地位，这一时期并购的典型特征是纵向并购为主，即把一个部门的各个生产环节统一在一个企业联合体内。第二次并购浪潮中有 85% 的企业并购属于纵向并购。通过这些并购，主要工业国家普遍形成了主要经济部门的市场被一家或几家企业垄断的局面。

3. 以混合并购为特征的第三次并购浪潮

20 世纪 50 年代中期，各主要工业国出现了第三次并购浪潮。战后，各国经济经过 40 年代后期和 50 年代的逐步恢复，在 60 年代迎来了经济发展的黄金时期，主要发达国家都进行了大规模的固定资产投资。随着第三次科技革命的兴起，一系列新的科技成就得到广泛应用，社会生产力实现迅猛发展。在这一时期，以混合并购为特征的第三次并购浪潮来临，其规模、速度均超过了前两次并购浪潮。

4. 以金融杠杆并购为特征的第四次并购浪潮

20 世纪 80 年代兴起的第四次并购浪潮的显著特点是以融资并购为主，规模巨大，数量繁多。1980—1988 年间企业并购总数达到 20 000 起，1985 年达到顶峰。多元化的相关产品间的“战略驱动”并购取代了“混合并购”，不再像第三次并购浪潮那样进行单纯的无相关产品的并购。此次并购的特征是：企业并购以融资并购为主，交易规模空前；并购企业范围扩展到国外企业；出现了小企业并购大企业的现象；金融界为并购提供了方便。

5. 以全球跨国并购为特征的第五次并购浪潮

20 世纪 90 年代以来，经济全球化、一体化发展日益深入。在此背景下，跨国并购作为对外直接投资的方式之一逐渐替代跨国创建而成为跨国直接投资的主导方式。从统计数据看，1987 年全球跨国并购仅有 745 亿美元，1990 年就达到 1 510 亿美元，1995 年，美国企业并购价值达到 4 500 亿美元，1996 年上半年这一数字就达到 2 798 亿美元。2000 年全球跨国并购额达到 11 438 亿美元。但是从 2001 年开始，由于受欧美等国经济增长速度的停滞和下降以及“9·11”事件的影响，全球跨国并购浪潮出现了减缓的迹象，但从中长期的发展趋势来看，跨国并购还将得到继续发展。

（二）并购在我国发展的历史、现状与展望

并购在我国的起步还是比较晚的，在 1949 年前，基本上未出现过大的并购浪潮。新中国成立以后至 20 世纪 50 年代末，实行了特殊形式的产权重组，即通过对私有工商业的利用、限制和改造，实现公有经济的“兼并收购”活动。在 20 世纪 50 年代至 80 年代之间，根本不具有企业并购的前提条件。直到 80 年代初，随着经济体制改革的不断进行，作为产权交易的并购活动才得以出现，到目前为止，我国企业购并共经历过三次大的浪潮。

1. 第一次企业并购浪潮

我国企业间真正以现代企业为主要组织形式的并购开始于 1984 年，由此开启了我国企业的第一次并购浪潮。1984 年，在全国企业根据“两权分离”的原则，广泛推行承包、租赁经营方式的同时，首先在保定和武汉出现了企业兼并，将效益差、经营不善的企业产权有偿转让给有经营优势的企业，取得了较好的经济效果。1986 年年底，企业并购开始在其他城市，如北京、南京、沈阳、无锡、成都、深圳等地陆续出现。在整个 20 世纪 80 年代，全国有 6 966

家企业被兼并，转移资产 82.25 亿元，减少亏损企业 4 095 家。

第一次并购浪潮有以下特点：并购活动都是在国有企业和集体企业之间进行的，各地政府都直接参与和干预了企业并购活动，并购主要集中于本地区之间。这一时期的企业并购具有横向性质，即并购双方产品相似、工艺相似、生产厂地基本相临。并购活动是在产权未明晰的情况下发生的，存在很多不规范之处，企业自发和政府干预现象并存。

2. 第二次企业兼并浪潮

我国企业的第二次兼并浪潮是在 1992 年邓小平南巡讲话后，在中央确定了市场经济体制改革目标的情况下，在激励和约束机制的双重压力下活跃起来的。1992 年仅北京就有 66 家企业被兼并。1993 年 11 月，中共中央十四届三中全会通过了《中共中央关于建立社会主义市场经济体制若干问题的决定》，决定明确指出，要明晰产权关系，让产权流动和重组。1993 年 9—10 月间，深圳的“宝延”风波拉开了我国股市并购战的帷幕。随即又发生了万科申华事件，中远收购众城、恒通收购棱光、大港收购爱使、光大收购玉柴等轰动全国的并购事件。

与第一次并购浪潮相比，这次发生在证券市场初具规模之时的并购活动，有以下特点：企业并购的范围、规模进一步扩大，大型合并和收购增加，强强合作增多。产权转让出现多样化，上市公司股权收购逐步占据主要地位，境外企业参与国内企业并购开始初见端倪，但承担目标企业债务式的并购仍占到 60%左右。并购范围突破了所有制和地区限制，开始向多种所有制、跨地区方向挺进。企业并购开始由以往的“政治任务”逐步转为以企业为主体，并开始向规范化方向发展。

3. 第三次企业兼并浪潮

20 世纪末 21 世纪初，全球性的企业并购此起彼伏，伴随着我国企业的不断成熟及加入 WTO 的巨大压力，第三次国内企业的并购浪潮也悄然兴起。出现了易趣与雅宝联姻，联想与赢时通结合，搜狐收购 chinaren、华润控股万科，小天鹅与科龙结成战略联盟，海信集团与浪潮电子信息产业合并，青岛海尔斥巨资收购海尔空调有限公司的大部分股份等事件。这一切表明，我国企业的战略性大并购已经第三次拉开序幕。

同前两次相比，这次并购有了明显的变化：不再是过去那种强吞弱，大吃小，而大部分是强强联手。并购的目的不带有“扶贫”色彩，而是企业的一项长期发展战略。并购的重点多是高技术的交流与合作，力图形成优势互补。行政性的干预在并购活动中的作用逐渐淡出，依据企业自身的愿望和市场的条件来实施的并购成为主流。

我国的三次并购浪潮与国外并购的发展相比较，还是有一定差距的。国外的以美国为代表的五次并购浪潮，极大的催生了一大批巨型、超巨型及跨国大公司的产生和发展，完成了资产规模的迅速扩张和增值，推动了产业升级和资产结构在社会范围的优化配置，提高了企业的规模经济效益。而我国企业的并购在产权问题、并购动因、并购效果、并购对象、并购中介、并购跨度以及股东权益保障程度上均与发达国家有很大差异。国内企业并购过程中存在很多非理性的因素，这使得企业并购很难顺利进行，也难以体现并购的真实价值，但是随着我国经济的发展，并购的趋势不可抵挡。

中银国际首席经济学家曹远征在博鳌二十一世纪经济论坛上称，中国目前处于经济转轨时期，也是企业并购重组大规模发生的时期，预计在未来的几年中中国将掀起一场包括外资在内的企业间并购的高潮。他预测，未来几年，中国企业并购将呈现出五大趋势。

一是企业并购活动将更趋于国际化，跨国并购将成为主流。

二是企业并购将与产业结构调整密切相联，工业企业并购比例将下降，高科技和第三产业比例将不断增加。

三是并购规模急剧扩大，不仅涉及金额不断上升，并购方式也将按从横向到纵向再到混合的步骤发展。

四是并购相关的立法环境将得到不断改善，并呈现出愈加宽松的态势。

五是资产剥离手段将成为主要手段，所占比重将不断增大。此外，他指出，值得注意的是，金融安排在并购中的地位越来越高，多种金融工具混合运用，如 MBO 作为一种融资安排，将在企业的并购重组中发挥更大的作用。

三、并购的动因

企业并购并不仅仅由于某一种原因而进行，并购过程实际上是一个多因素的综合平衡过程。归纳起来主要有以下几个方面。

（一）协同效应

协同效应，即指企业并购重组后，企业的总体效益大于两个独立企业效益的简单算术和（也就是 1+1>2）。根据协同理论，如果优势企业 A 具有良好的管理效率，而劣势企业 B 无效管理且存在提高效率的潜力，这种双方管理效率差异的存在，就会驱使 A 企业并购 B 企业，A 企业通过对 B 企业的改造和加强管理，使 B 企业的效益增加，而且也获得了企业间效率的差异，极大地提高了创造价值的机会。在企业并购重组中，协同效应的产生表现为财务协同效应和经营协同效应。这种为获得协同效应带来的潜在利益而进行的企业并购重组多发生在有较强相关性产业中的企业之间。

1. 财务协同效应

财务协同（Financial Synergy）是指并购对企业的财务方面所产生的有利影响。

（1）自由现金流量的充分利用。产品处于成熟阶段的企业，其产品的销路已经相当稳定，市场发展空间已经变得相对狭小，导致营业活动产生的大量现金流量往往超过企业内部投资机会所需，从而形成大量的自由现金流量。这时就要为这笔冗资寻求一个良好的出路，而这种“自由现金流量”一般有以下出路：支付额外股息；投资于有价证券；重新购置公司股票；从事回购活动。如果支付额外股息，公司股东就必须缴纳分配收益的普通税。投资于有价证券，股票有较高风险，债券的收益率又低于股东要求的回报率。从事回购活动，虽然可使剩下的股东获取资本利益，但是回购过程中股价会暂时性地超出它的均衡价格，以至于公司不得不支付更多的资金购回公司股票，这不利于仍然持有公司股票的股东。同时，单纯为了避免支付额外股息而重新购置股票，会遭到国内税收部门的反对。因而进行并购是充分利用自由现金流量的一个很好的出路。并且市场上还存在另外一些处于发展阶段的企业，虽然具有较多有利可图的投资机会，但却面临严重的现金短缺。若上述两种企业合二为一，自由现金流量就可得到充分有效地利用。这种并购在我国很常见，不少中外合资企业都是这样产生的。

（2）获得节税利益。税收对企业财务决策有着重大的影响。不同类型的资产所征收的税率是不同的，股息收入和利息收入、营业收入和资本收入所征收的税率是不同的。正是由于这种区别，使企业能够采用某些财务处理方法达到合理避税的目的，主要有以下几种形式。

1）利用税法中亏损递延条款。企业可以利用税法中亏损递延条款来达到避税目的，减少纳税义务。所谓亏损递延指的是，若某公司在某一年度出现了营业净亏损，那么，它不仅可免付当年所得税，而且其亏损还可以向后结转若干年（即未来年度），从而从政府取得退税款；

或者向前（如果以前年度有盈利的话）递延若干年，以盈亏相抵后的净收益向政府纳税。这一规定促成了为数众多的企业并购。一个盈利丰厚、发展前景良好的企业与一个拥有大量累积亏损而无法使其得以利用的企业合并，可以带来巨额的税收利益。

2）采取换股方式进行并购。在企业并购中，如果是采取换股方式，也可以达到免税实现并购目的。假设收购公司把公司的股票按照一定的比例换取目标公司股票从而达到并购目的。在整个并购过程中，收购公司由于没有获取现金，也没有资本性收益，因此不需纳税；目标公司在实现资产的流动和转移的同时也不需纳税。

3）向被兼并企业发行可转换债券。如果兼并企业向被兼并企业发行可转换债券，同样可以起到减少纳税义务的作用，因为公司付给这些债券的利息可以从收入中扣除，而且收购公司还可以保留这些债券的资本性收益直到债券转化为股票为止，通过资本性收益的延迟支付，公司可以减少资本收益税的支付。

4）内部转移价格控制。通过内部转移价格控制利润水平，从而减少需缴纳的所得税。转移价格是指同一跨国集团的两家公司发生交易时所支付的价格。例如可以通过高价买进原材料，而低价卖出产品。

5）采用“购买法”对合并企业进行会计处理。如果收购企业采用“购买法”对合并企业进行会计处理，也可以达到避税的效果。因为按照规定，被并购企业的净资产应按购买日的“公平市价”进行重新估价。在通货膨胀条件下，这可能会导致一些资产项目的“升值”。根据某些国家的税法，资产“升值”的摊销可以冲抵应税利息。因而“购买法”可带来显著的抵税效果。

（3）资本需求量的减少。合并可能会降低两个企业总的资金占用水平，例如，通过现金、应收账款和存货的集中管理，可以降低营运资本的占用水平。此外，合并之后，企业还可以出售一些多余或重复的资产，所得现金可用于偿还债务、购买股份等，以降低企业的资本成本。

（4）融资成本的降低和举债能力的提高。合并扩大了企业的规模。一般情况下，大企业更容易进入资本市场。它们可以大批量发行证券，从而使证券的发行成本相对降低。此外，合并可能降低企业经营收益和现金流量的可变性，从而降低企业的财务风险，这样企业的举债成本会随之降低，举债能力会随之提高。这在混合并购中表现得尤为明显。

2. 追求经营协同效应

经营协同效应（Operating Synergy）主要指兼并给企业生产经营活动的效率所带来的变化以及效率的提高所产生的效益。

（1）企业兼并对企业效率的最明显作用表现为规模经济的取得。而这一作用主要体现在生产规模经济和经营规模经济两个层次上。规模经济指企业生产和经营规模扩大而引起企业投资和经营成本降低从而获得较多利润的现象。

兼并首先能给生产规模经济带来以下一些好处。①企业可以通过兼并对其资产进行补充和调整，达到最佳经济规模的要求，从而保持尽可能低的生产成本。②兼并能使企业在保持整体产品结构的情况下，在各个工厂中实现产品的单一化生产，避免由于产品品种的转换带来的生产时间的浪费，从而达到专业化生产的要求。③在某些情况下兼并又能解决由于专业化带来的一系列问题。在很多生产领域要求实行连续化生产，各生产流程之间的密切配合有着极其重要的意义。企业通过兼并，特别是纵向兼并，可以有效解决由于专业化引起的各生产流程的分离。将它们纳入同一工厂中，可以减少生产过程中的环节间隔，降低操作成本、运输成本，充分利用生产能力。

兼并还能给经营规模经济带来另外一些好处。①可以集中足够的经费用于研究和开发、生产工艺的改进等方面，迅速推出新产品采用新技术。②企业规模的相对扩大，使它的融资活动变得相对容易起来，从而有充足的财力去采用各种新发明、新设备、新技术，并适应环境的变化。③节省管理费用。④可以节约营销费用，企业兼并可以使不同的产品服务利用同一销售渠道来推销。⑤兼并后企业规模增大，实力增强，信誉提高，融资或贷款相对容易，相对节约了成本。

（2）并购能使公司之间的优势互补。每家公司都有自己的特点和优势，并购可以使各家公司的优势加以组合，从而大大提高效率。

（3）并购可以大大降低交易费用。科斯认为，交易中存在费用，如寻求交易伙伴、契约费用、讨价还价的费用等，而这部分费用对于减少公司的支出方面往往能起到很大作用。通过并购可以使得很多费用内部化，从而减少交易费用和交易风险，提高利润。

（二）获得低价资产

收购公司的收购动机是多种多样的，如果动机在于获得低价资产，当企业股票市值低于其每股账面净资产时，这意味着收购者可以低于企业净资产价值的价格获得一个企业，这在财务上是可行的，因为企业可以至少以净资产的价值将该企业卖掉以获利，对这样一个价值被市场低估的企业进行重整或注入优质资产往往更加有利可图。对具有重整潜力的上市公司的发现比对股票市值低于每股账面净资产价值的企业的发现更要有敏锐的眼光，而其潜在收益也更大。

（三）追求企业的快速发展

企业的成长有两种基本方式：一是通过内部积累不断发展而成长；二是通过外部扩张而成长。一般而言，通过兼并实现企业外部成长比企业依靠内部积累的成长速度更快、效率更高。首先，兼并有效地降低了进入新行业核心市场的壁垒。通过并购可以较方便地解决诸如原有企业的抵制、生产设备的专用性等不利因素，节省进入时间。其次，兼并可以大幅度减少原料来源、销售渠道和市场等方面的不确定性，降低企业发展的风险和成本。再次，兼并不仅可以获取原有企业的生产能力和多种资产，而且还可以获取原有企业积累的有关生产经营方面的各种经验，这不仅可以降低成本，还可以使兼并企业很快在市场上形成竞争优势。不少大公司就是靠外部扩张而成长实现几何级数式的爆炸性增长的。美国经济学家施蒂格勒曾经说过：没有一家美国大公司不是通过某种程度、某种方式的兼并收购而成长起来的，几乎没有一家大公司主要是靠内部扩张成长起来的。中国国际信托投资（香港）公司就是从 1990 年收购泰富发展为起始点，通过一系列并购活动，在 3 年以后以 305.72 亿港元的市值荣登香港正榜第 10 财阀宝座。

（四）扩大市场占有率

市场份额是衡量一个企业某种产品的生产规模、生产能力和发展潜力的重要指标。市场份额与规模经营是相辅相成的，没有市场就不可能实现规模经营，市场份额的扩大必须要有规模经营来保证。企业并购重组是企业规模扩大、增加市场份额的重要途径。通过企业并购可以提高企业产品市场占有率，提高企业对市场的控制能力，从而提高其产品对市场的垄断程度，获得更多的超额利润即垄断利润。垄断利润的获得既提高了企业的竞争能力又为企业进一步扩张提供了动力。在下列两种情况下特别可能导致以增强控制市场能力为目标的并购活动。①需求下降造成生产能力过剩和降价竞争的危险。在这种情况下，为实现本产业结构的合理化，几家企业可能会合并起来。②为了提高企业的国际竞争能力和占领国际产品市场，企业并购就很有必要了。

（五）满足企业家的价值追求

在现代市场经济中，由于股东所有权与经理管理权逐渐分离出来，经理实际上在很大程度上控制着公司大部分经营管理权，尤其是在股权分散的大型上市公司中，经理几乎享有公司经营管理和发展的一切决策权。但是企业股东与经理的目标是不一致的，股东的目标是利润最大化，而经理的目标主要是谋求企业的快速发展和增长率，因为企业的快速发展可以使经理得到更高的工资、地位和在职消费。美国经济学家辛格 1975 年的研究成果表明，并购后企业的平均增长率高于产业的平均增长率，而并购后企业的利润有暂时下降的趋势。

（六）实现战略目标

战略是并购活动的起点。有些并购行为是公司出于公司发展战略的考虑，为了进行战略收缩、战略防御、战略进攻或战略转移，而不是仅仅考虑短期的财务目标等因素。收购公司只有将并购纳入它未来发展的总体和长远规划的体系内，并且各个方面的条件也都满足了，并购才可能给公司带来深远的利益。战略性并购往往会使收购公司的整体盈利水平下降，产生相当大的财务风险，而且可能会受到证券市场的压力，甚至受到投资者的抵制，最后迫使收购公司放弃并购的企图或在完成并购后又将目标公司吐出转售。

一般来说，收购公司希望通过战略性收购达到以下四个目的。

1. 分散化经营以使收益能够比较平衡

在市场经济的条件下，企业的经营环境是不断变化的，任何一项投资都是有风险的。在经营环境不确定的情况下，如果企业把资金或经营范围单一地集中在某一个方面，那么一旦经营环境朝着对企业不利的方向发展，就很可能导致企业投资和经营的失败，把企业推向危险的境地。组合投资能够降低投资风险，同样企业可以通过兼并其他行业的企业，把资金分散于不同的行业，实行多元化经营，这样可以避免因经营环境对某一行业的不利变化而导致企业投资和经营的整体失败。在实行多元化经营的情况下，当经营环境的变化导致企业在某一行业的投资和经营失败时，企业还可以从其他行业的投资和经营中得到补偿，这在一定程度上降低了企业的投资和经营风险。而且多元化经营满足管理者和其他职员分散风险的需要，对声誉资本起到了保护作用。

2. 多元化经营实现战略转移

任何产品和产业不仅在长期里有由萌芽期、发展期、成熟期、衰退期构成的生命周期，在中短期也有比较显著的价格周期，所以有时公司可以通过并购来撤出老产业，进军新产业，以实现战略转移。

3. 获取关键的高新技术

获取关键的高新技术一般可以通过购买许可证或通过其他技术转让等途径达到，但是技术转让涉及很多问题。如技术的评估定价、技术的保密等，通过并购可以省掉不少麻烦。而且通过技术转让等方法获得的技术大多不是最先进的。为掌握其他公司的最尖端的技术，收购公司往往会采取直接收购该公司，从而增强本公司在技术上的竞争力。

4. 平抑收益的波动

一家注重自身名誉的公司一般不愿意看到自己的收益乃至股价上下剧烈波动，那么选择行业周期不同、相关性不高的公司并购，将有助于平抑收益的波动。

（七）打破壁垒，进入新市场

企业在进入一个新的领域或地域往往面临着许多方面的障碍，不仅有培养人才、开拓市场、技术开发的成本，更重要的是有进入产业的市场壁垒。如进入产业中的大型企业垄断对中小企业的壁垒、技术壁垒、最低经济规模的投资额壁垒、行业管制等以及地区封锁、部门垄断和进入的国外市场的关税及非关税壁垒。如果企业在进入新的领域或地域时，采取投资新建的方式，将会遇到很大的障碍和市场风险。如果通过并购的方式进入新领域，不仅可以规避进入壁垒，而且还可以低成本迅速进入目标市场，既降低了投资风险，同时也赢得了时间和机遇。因此，并购重组成为企业在寻求新领域或新地域扩展时，最常用的手段和最易接受的投资方式。

上述这些并购动因一般不是单独发挥作用的，引起企业并购行为常常是多种因素综合作用的结果。

四、并购的财务分析

（一）目标企业价值评估

目标企业价值评估的确定对于并购出资额的订立是至关重要的，而出资额的订立又直接影响了并购的成败。因此，对目标企业价值的评估是并购的一项核心工作。价值评估通过对目标公司的资产价值、经营成果和现金流量进行详细的审查、鉴定与科学的估算、评价，为并购决策提供可靠的依据。对目标企业价值评估的方法有很多种，没有一种方法是完美无缺的，他们各有各的适用条件，比较常用的有以下几种。

1. 账面价值评估法

财务报表上的净值，即为公司的账面价值，因此账面价值评估法是公司评价的基本依据。实际上，买方应委托会计师事务所审查卖方提供的资产负债表的真实性。审查过的报表，可反映当时真实的财务状况，但若欲估算目标公司真正的价值，仍需对各项资产和负债作必要的调整。

2. 股票市价法

股票公开上市的公司，其股票的市场价格代表了投资者对该公司未来经营业绩及风险的预期，因此股票市价就可以作为股票公开上市公司价值的最佳评估值。但是这种方法的运用必须建立在证券市场相对完善的基础之上，因为只有在完善的证券市场上，股票价格才能真实反映企业的市场价值，否则股票价格有可能背离企业的真实价值。而且股票市价法也只适用于对股票公开上市公司的价值评估，对于股票未公开上市的公司或者其他公司的价值评估应考虑运用市场比较法。

市场比较法通常是在股票市场上选择一家与目标公司经营行业、经营特点、产品类型、市场领域、经营业绩、未来盈利能力等基本相似的公司，以其股票的最近平均交易价格作为估算评估公司价值的参照，并结合评估公司与参照公司的差异，适当调整参照公司的价值，从而获得评估公司的价值。参照公司可以选择多家，使用这多家公司股票市值的平均价作为参照价，使评估更为合理。

3. 市盈率法

市盈率是根据市盈率和目标企业被并购后所带来的预期年税后利润（或并购时的年税后

利润，但需扣除非常项目带来的利润）测算目标企业价值的一种评估方法。它主要适用于对上市公司的并购，尤其是采用股票交换方式进行的并购。

市盈率的计算公式为

市盈率＝股票市价/每股收益

在确定目标公司的税后收益总额后，利用市盈率就可以估算出目标公司的价值

目标公司价值＝目标公司的税后利润×市盈率 （10.1）

市盈率反映投资者愿意为取得公司的获利能力付出多大的代价。高的市盈率表明投资者对该上市公司的前景抱乐观态度，认为该公司股票未来的预期投资收益可能会迅速增长，因此愿意支付更多的投资成本；低的市盈率表明，投资者对该上市公司的前景抱悲观失望的心理，认为该公司股票未来的投资收益可能不景气，因此不愿意支付较多的投资成本。一般来说，一个预期收益较快增长的公司，其股票的市盈率就较高；反之，一个前途黯淡的公司，其股票的市盈率就较低。

【例 10-1】 甲公司对乙公司实施并购，现正对乙公司的价值进行评估。经估算，下一年度乙公司的税后利润可达 1 500 万元，乙公司的市盈率根据市场同类公司的数据及实际的市场状况，确定乙公司的市盈率为 12，因此，乙公司的估算价值应为

乙公司的估算价值＝税后利润×市盈率＝1 500×12＝18 000（万元）

当然，这仅是一个大致估算值，实际中还要根据具体的项目内容进行必要的调整，以使得目标公司的估值更真实的反映实际情况。

4. 现金流量折现法

现金流量折现法是企业并购中评估企业价值最常用的科学方法。该方法的基本原理在于：将目标公司并入并购企业后预期每年产生的净现金流量，按一定的折现率折成现值，从而得出目标公司的价值。

其中涉及的主要问题有以下三个。

（1）预测自由现金流量。这里我们必须对自由现金流量的概念有清楚的了解。如果依据现金流量的口径不同来划分，现金流量可以分为企业自由现金流量、股东自由现金流量和经营性现金流量三种类型。

企业自由现金流量是指扣除税收、必要的资本性支出和营运资本净增加量后，所能够支付给所有的债权人和股东的现金流量。经营性现金流量是指企业销售商品或提供劳务等经营活动所产生的现金流量。它不反映企业发生的融资性支出、资本性支出或营运资本净增加等变动。股东自由现金流量是指满足债务清偿、资本性支出和营运资本支出等所有的需要之后剩余的可用来发放股利的现金流量。

根据上述分析，我们可以认为，自由现金流量是指并购目标企业在履行了所有的财务责任（例如偿付债务本金和利息、支付股息等）并且满足了企业所有的再投资需要之后的“现金流量”。即便这部分现金流量全部支付给普通股股东也不会引发目标企业生存和发展的危机。如果企业在持续经营的基础上，除了维持正常的资产增长外，还可以产生更多的现金流量，就意味着该企业有正的自由现金流量。

自由现金流量的计算公式为

$$CF_t = S_{t-1}(1+g_t) \times P_t(1-T_t) - (S_t - S_{t-1}) \times (F_t + W_t) \quad (10.2)$$

式中：CF 为现金流量；S 为年销售额；g 为销售额年增长率；P 为销售利润率；T 为所得税

税率；F 为销售额每增加 1 元所需追加的固定资本投资。可根据历史数据来确定：F=［过去若干年（一般为 5～10 年）的资本支出总额－同期的折旧总额］/该时期内销售收入的增加额；W 为销售额每增加 1 元所需追加的营运资本投资；t 为预测期内某一年度。

（2）预测期的选择。确定预测期的通常做法是：逐期预测现金流量，直到其不确定性的程度使得管理部门难以做出更进一步的预测为止。这种方法随着目标企业的行业背景、管理部门政策和收购具体环境的不同而有所差异，具有一定的主观性，但一般认为对目标企业现金流量的预测期为 5～10 年，预测期越长，预测的准确性越低。此外，企业的现金流量模式，往往会影响预测期的选择。例如，目标公司正处于进行巨额的资本投资情况下，当前及未来几年的自由现金流量很小甚至为负数——这段时期为投资持续期；接下来的几年可以称为现金流量的迅速成长期，其特征是伴随着投资所形成的生产经营能力得以利用，自由现金流量将逐年增加；最后一阶段是成熟期或稳定期，这时自由现金流量渐趋稳定，或者开始按照固定比率增长。在上面情况发生时，所确定的预测期最好能够涵盖投资持续期和迅速成长期，这种处理方法可以简化目标公司预测期后现金流量的计算，使预测期后的自由现金流量可以按照永续增长模型直接资本化。

（3）折现率的选择。折现率的确定首先应当遵循现金流量和折现率相匹配的原则，即股权现金流量应按照股权成本来折现，总资本现金流量应按照加权平均资本成本来折现，名义现金流量应当按照名义折现率来折现，税后现金流量应当按照税后折现率来折现。此外，还必须保证现金流量和折现率在时间上的一致性。如果预测并购目标公司的未来风险与收购方总的风险水平相同，则可以将目标公司现金流量的贴现率作为收购方的资本成本，它是包括债务成本和权益成本的加权平均资本成本。

根据目标企业自由现金流量对其估价的计算公式为

$$V_0=\sum_{t=1}^{n}\frac{NCF_t}{(1+r_w)^t}+\frac{V_n}{(1+r_w)^n} \tag{10.3}$$

式中：V_0 为目标企业所产生的各年现金流量的现值，即企业价值现值；NCF_t 为目标企业的各年现金净流量；r_w 为折现率，并购后目标企业股权资金和债务资金的加权平均成本率；V_n 为预测期末的价值；n 为折现年限（目标公司的存续期限）。

这种方法以现金流量预测为基础，充分考虑了目标企业未来创造现金流量的能力对其价值的影响，思维严密，科学性较强，对企业并购决策具有现实指导意义。但是它对现金流量估计和预测具有固有的不确定性。由于必须对许多有关市场、产品、定价、竞争、管理、经济状况、利率之类作出假定，准确性因而减弱。在我国信息披露的真实性、完整性和充分性较差的情况下，很难对目标企业进行客观、全面的评价，所以这种方法实行起来较为困难。不过，在每次并购中，人们都应该使用现金流量折现法，尤其是将它用于为买方确定最高定价时，具有重要的参考价值。

（二）并购成本与风险分析

1. 并购成本的全面衡量观

计算并购成本的高低，需要全面的度量。整个并购成本不仅包括前期谈判，合同的签订和执行成本，还包括并购后的技术改造、网络建设、组织结构和人事调整、资源再配置等资产重组成本。特别要考虑到长期维持与发展成本，企业扩张成本的高低必须与能否实施正确的发展战略相比较。在涉及企业长远发展、战略方针贯彻时，高成本扩张可能带来理想的收益，这种扩张的成本从长期看就是低的。相反，如果妨碍了实施正确的战略规划，或执行了错误的战略，低成本扩张的结果可能是惨重的代价。

2. 并购风险分析

公司并购的过程中，主要存在以下几种风险。

（1）财务风险。财务风险主要包含两种含义：一是并购方在寻找目标公司的时候得到的财务状况中有虚假成分，并购结束后才发现自己先前看中的对象只是一个有名无实的空壳而已；二是并购需要大量的资金。收购公司可以通过债务融资、权益融资或两者皆用的方法得到所需的大量资金，但是无论用哪种方法，都会存在一定的风险。因为在收购中所付代价过高，举债过于沉重而导致猎手公司在收购“成功”后付不出本息而最后破产的公司也屡见不鲜。所以在收购的时候还要考虑交易所带来的额外的财务风险的程度。在考虑这种财务风险时，起决定性的因素有：一是用以交易融资的负债数额；二是将要由购买方承担的目标公司的债务。

（2）营运风险。营运风险即公司对未来经营环境的影响因素无法全部正确预计而造成的预计报酬偏离实际的风险。经营风险与买主管理被收购企业的特定能力有关。在股权转让后，收购公司与目标公司就要开始真正的合并了。产品系列被合并，资产重新安排，目标公司的人员被分配到收购公司的不同部门。在这个过程中很容易出现融合的不理想，甚至使目标公司蜕化为一个独立的单元，并不断地从买方吸取资本、管理专家和其他资源。

当买方收购竞争对手、扩充产品系列或扩大市场份额时，其经营风险较小。在这些交易中，买方仍处于一个熟悉的环境中，比较容易与目标公司融合。战略性或者杠杆收购的营运风险则较大，因为他们往往对目标公司的业务只是有一个肤浅的认识，而很可能使管理层在进行决策时犯下比较大的错误。

营运风险还体现在并购之后的新公司因规模过大而产生规模不经济。在一些体积较大的公司中很可能会出现效率和规模成反比的现象。当这种不经济的现象反映到股价时，就会引起股东的不满，从而给敌意收购者提供机会，很多公司因此被迫分拆以突出核心竞争力，提高效率。

（3）多付风险。在收购的过程中收购公司往往要支付高于目标公司的市价的买价。当收购的成本相对于收购公司的价值很大时，过高的买价会在很长一段时间内对收购公司产生不良影响。而如果在收购后下一年的每股收益呈递减状况的话，投资者就会对目标公司在合理的时期内恢复每股收益的能力表示怀疑，因为即使有未来经营协同的证据，过高的每股收益稀释仍常会使收购企业的股价受到影响。

（4）信息风险。在并购过程中，涉及众多信息的传输和处理。在这个过程当中完全可能发生信息失息的问题，或者是因为并购一方（往往是目标公司）不愿意提供充分、完全、翔实的信息，收购公司就可能在收购后发现目标公司与收购目的相去甚远，甚至会使收购公司不得不放弃控制权。

（5）反收购风险。目标公司在面临敌意收购时，可能会为了保持自己的控制权而不惜一切的布置反收购的战略，而有些反收购策略对目标公司会产生巨大的杀伤力，如各式各样的“毒丸”、“金保护伞”、债务扩张计划等。由于目标公司采取了有效的反收购措施而使并购失败的风险，称为反收购风险。

（6）法律风险。各国政府出于维持公平竞争的考虑，制定了一些反垄断法案，这些法案可能会制约并购，甚至使收购公司被官司缠身而影响公司自身的经营和声誉。还有一些关于收购的法律、法规通过增加收购成本而提高了收购难度。现在的法律还要求收购的股份达到一定的比例，就得先停止收购并向社会公告，延长了收购的战线，而且往往因为信息的披露招致更多的收购竞争者，无疑加大了收购的成本。

五、并购的战略策略

企业并购是一项十分复杂的系统工程，需要采取一系列行之有效的战略策略，主要包括以下几个方面。

（一）企业并购的目标选择

企业并购的目标选择是指选择什么样的企业作为并购对象。并购企业在确定并购目标前要进行广泛的市场调查，以了解以下几个方面的信息资料：①同行业企业等待并购的数量及分布范围；②不同行业企业希望被并购的情况；③等待并购企业的规模、组织模式以及企业管理当局的态度；④并购成功的可能性；⑤并购后善后措施的大概情况。了解相关信息资料后，还需要对所了解的信息资料进行加工处理，以便进行目标企业的选择。

一般来说，并购企业选择的并购目标应具备以下一些条件。

1. 投资环境良好

尽管目标企业存在这样那样的劣势，但只要目标企业的投资环境良好，便可能成为并购企业确定的并购目标。良好的投资环境，诸如价格低廉的水、电条件，并不昂贵的土地使用价格，优越的地理位置，优惠的投资政策，便利的交通等。没有良好的投资环境，并购成功的可能性较小。

2. 行业相同或相近

同行业更为熟悉，并购操作相对简单，并购后企业一般不需要作大的调整和改造，能很快得心应手地经营管理；同时，产、供、销环节与渠道更为扩展，使并购后的企业能更快地、高效地扩大企业规模，利用1+1>2的协同效应，谋取企业的更快发展。

3. 规模大小适中

优势企业并购劣势企业，在企业规模上也是有明确要求的。规模太大，并购后无法消化，反而遭受损失；规模过小，从效益上讲不合算，无法满足自己发展的需要。只有目标企业规模与并购企业的现有能力及发展规模相适应，并购才是既高效又合适的。

4. 可利用价值大

对并购企业而言，目标企业的可利用价值越大，并购成功的可能性越大。目标企业的可利用价值主要是指目标企业有一定面积的闲置土地；有可利用的厂房、办公楼等建筑；在产品结构、新科技项目、技术力量、行业竞争能力等方面具有潜在的可利用性。

5. 其他条件

选择并购目标的其他条件主要包括：①相对于资产重置成本或其潜在盈利能力为低的股份或账面价值；②具有大量多余现金、有价值的证券组合和巨大的未用负债能力；③相对于当前股价为好的现金流；④可廉价出售而不严重影响现金流的分支机构或特殊资产；⑤现任管理者支配相对较小的股权比例。

（二）企业并购的资金筹措

企业并购的资金筹措方式主要有企业内部留存、增资扩股、金融机构信贷、发行企业债券、卖方融资、杠杆收购等。在具体的企业并购运作中，有些可单独运用，有些则可组合运用，应视并购双方的具体情况而定。

1. 增资扩股

并购企业选择增资扩股方式取得现金来并购目标企业时，最重要的是考虑股东对现金增资意愿的强弱。就上市公司而言，拥有经营权的大股东可能会考虑其认购资金来源的资金成本和小股东的认购愿望。对于非上市公司，若股东资金不足而需要由新股东认购时，大股东可能担心股权稀释，所以宁愿增加借款而不愿扩股。

2. 股权置换

在企业并购活动中，并购企业若将其自身的股票支付给目标公司股东，可以通过下列三种方式实现：①由并购企业出资收购目标企业全部股权或部分股权，目标企业股东取得现金后再购买并购企业的新增股票；②由并购企业收购目标企业的全部资产或部分资产，再由目标企业股东认购并购企业的新增股票；③直接用并购企业的新增股票置换目标企业股票。

3. 金融机构信贷

金融机构信贷是企业并购的一项重要资金来源。由于这种贷款不同于一般的商业贷款，要求并购企业提前向可能提供贷款的金融机构提出申请，并就各种可能出现的情况交换意见。即使并购意图需要保密，也需要在并购初期向金融机构提出融资要求，因为这种贷款与一般的商业贷款相比金额大、偿债期长、风险高，故需要较长的商讨时间。

4. 卖方融资

卖方融资是指并购企业推迟支付被并购企业的全部或部分并购款项。这种方式在被并购方急于脱手的情况下，完全可能实现。不过，采取这种方式一般会要求并购企业有极佳的经营计划。这种方式对被并购企业也有一定好处，因为付款分期支付、税负自然也可分期支付，使其享有税负延后的好处，而且还可以要求并购企业支付较高的利息。

5. 杠杆收购

杠杆收购是指并购企业为筹集并购所需资金，以目标企业的资产或未来的现金流入为担保向金融机构举债，或发行高利率、高风险债券。与其他的企业并购融资方式相比。杠杆收购有下列特征：①并购企业用以并购的自有资金远远小于并购总资金，一般仅为并购总资金的 10%～20%；②目标企业将支付其自身售价；③债权人只能向目标企业求偿，并购企业除支付少量资金外，不承担偿债义务。

（三）企业并购后的重组管理

企业并购本身只是社会资源的一种重新布局，一种优化组合，但企业经营的好坏并不是通过并购就能解决的。当并购协议签订以后，并购企业就必须根据其战略计划将被并购企业的人员、资产进行重新组织，以提高并购后的资源利用效率。

1. 经营业务重组

经营业务的重组就是要追求经营上的协同效应。这个过程是并购企业按照并购动机，从战略角度对被并购企业进行资产、管理一体化的重新组合。企业并购行为发生前，并购企业与被并购企业分别是两个独立的企业，它们可能生产同一类产品，也可能处在同一产品的不同生产阶段，还可能是两个在产品、技术上毫不相关的企业，因此必须针对具体情况，对它们进行科学的重组。

经营业务重组追求的目标就是合理利用资源，把资源配置到利用效率最高的位置。因此，在经营业务重组时，要分析并购双方产品的市场地位，分别判断产品各处于哪个周期。其重组的原则就是使新的企业或企业集团有一个稳定的现金流，能够在产品的不断引进和退出中使企业稳步过渡，健康发展。

按照经济学的观点，单位产品的生产成本随着市场规模呈先减后增的规律。企业并购后，在生产经营、行政管理、调查研究、原料采购和产品推销等方面的活动，都可以统一协调，减少重复的固定成本，节约物料消耗，这明显是有利的。另外，分工和专业化将导致多次重复某项工作，并不断使用专业工具和先进技术等，又能从深层次上节约生产费用。

总之，并购后在经营业务上的调整与重组要结合并购双方的并购动机来进行，更多的要符合并购企业的战略规划，考虑把并购双方资产的潜在优势结合起来，把解决并购双方的困难结合起来，把并购企业的市场战略结合起来。充分考虑这些因素，可以提高资源的利用效率，促进并购企业在战略目标上取得成功。

2. 资产整合

资产整合是指企业并购后将原有的资产和并购进来的资产进行有效配置，使企业资产得到充分利用。企业并购后的资产整合是非常必要的。

对于被并购企业的资产，应按照下列程序进行处置。①确定新企业或企业集团的生产经营目标。②判定被并购企业资产是否符合新企业或企业集团的生产经营目标，若不符合，可作出售处理。③对符合生产经营目标的资产，应进行成本收益分析。只有那些在使用过程中预期收益超过预期成本，有利可图的资产，才可选择使用。对于那些尽管目前仍具有价值和使用价值，但因为功能效率低、使用寿命短，或是因为科技进步已有更优良的替代品，亦或因为与并购企业现有资产不相容的资产，则不应选择使用。④对保留下来的资产应进行协调性分析。资产在投入一体化生产过程中，必须与其他相关资产协调，互相配合。根据这个原则，再对那些在上一步骤中保留下来的预期收益大于预期成本的设备进行取舍，对于不满足协调性要求的资产，作出售处理。⑤汇集资产出售收入、加上其他渠道筹集的资金，购置新的急需设备，保证被并购企业尽快投入生产，恢复正常经营。

3. 人员处置

人力资源作为企业的活资源，在企业的生产经营活动中起着决定性作用。企业并购后，要对被并购企业重新审定劳动定额，设置工作岗位，在此基础上进行定员定编。对编外人员应按照内部吸收为主的原则，先进行职业培训，然后进行岗位考核，对于不合格者可以考虑另行从事其他非技术性工作。对一些冗员或已退休的人员，目前大体有以下几种方法：①给退职职工发一定数额的补偿金，退休职工由社会保险机构发放退休金；②通过向社会保险机构交纳一次性保障金，由社会保障机构对有关职工负责保障，进行彻底剥离，以减轻并购企业在以后经营的负担；③并购企业负责职工的接收、安排，所花费用根据职工的数量从并购企业应上交的土地使用费或其他应上交的费用中予以核减、冲销。

4. 组织结构的调整

组织结构是企业资产和人力资源的配置结构，是企业资源有效发挥作用的保证。一个由优良资产、优良人才组成的企业如果缺乏与之相适应的有效的组织结构，企业是无法产生良好经济效益的。由企业并购导致的企业生产经营目标及发展战略的调整，需要通过组织结构的调整来实现。

组织结构调整的内容，需要根据并购企业目标和发展战略的调整情况来确定，主要包括：①各级班子中人员搭配、正副职人数、年龄结构、知识结构的调整；②组织体系中上下沟通渠道的调整；③组织结构中部门增减、权责增减、分布搭配的调整；④各部门力量搭配的调整；⑤车间、班组的划分及相应力量搭配的调整；⑥综合性调整等。

六、反并购的策略

在收购公司发出收购要约后，目标公司可以通过一些措施防御被收购。

1. 劝说股东抵抗收购

要进行有效的反收购，公司首先要提高管理素质和经营效率，给股东以较好的回报，使股东充分信任公司高层管理人员的能力。当遇到收购公司的袭击时，目标公司的董事会可以发表“拒绝被收购声明”或刊登广告说明反对收购的原因，当然关键是说明股东出售股票会吃亏或股东保留股票将会得到好处等，以期得到股东的帮助和支持，从而可使收购公司知难而退。

2. 资产剥离

收购公司之所以要收购目标公司有时是因为它拥有收购公司想得到的资产，而如果把这些资产（常称为“皇冠上的明珠”）出售给特定人，收购公司就没必要再收购该目标公司，等到危险期过后，特定人再把这些资产卖回给目标公司。但是要避免按低于公平市场价值的价格出售有盈利能力的皇冠明珠，否则董事会就可能因有损股东利益而承担责任，出售的行为也会无效，最终难逃被接管的厄运。这种措施通常会降低目标公司的质量和股票价格。

3. 公司分拆和公司上市

公司分拆（Split-ups）指的是公司出售不再符合战略计划的部门或将公司分裂成几个相对独立的单位。子公司上市（Split-offs）则是母公司在面临被收购的危险情形下，让子公司上市，将部分或全部的子公司股权售出或配给母公司股东，这两种做法一般均能吸引市场的注意力。由于市场会认为分离后的公司的价值大于整个公司的价值，股价会上涨，增加收购公司的收购成本，而且通过分拆或上市能筹集大量资金，可以用来对抗敌意收购。

4. 杠杆资本调整

杠杆资本调整（Leveraged Recapitalization）就是当公司面临被收购时便大量举债，并将所得全部投入股票的增购中，从而巩固它们的控制权。同时，经过杠杆资本调整，目标公司的高财务杠杆率也足以吓退收购者。杠杆资本调整是一种很极端的反收购方式，极大地损害了股东利益，也将使公司以前的经营化为泡影，所以在很多国家都限制这种行为，采用这种方案的公司极少。

5. “白衣骑士”

当敌意收购发生时，目标公司的友好人士或公司作为第三方出面来解救目标企业、驱逐敌意收购者。这种方法可使得目标公司避免面对面与敌意收购者展开大范围的收购与反收购之争，但是，“白衣骑士”最终也会得到公司的控制权。通常，如果敌意收购者的收购出价不是很高，那么目标公司被“白衣骑士”拯救的可能性就大；如果敌意收购者提出的收购价很高，那么“白衣骑士”的成本也会很高，目标公司获得拯救的可能性也就减小了。

6. “白护卫”计划

“白护卫”（White Squire）计划即目标公司为了维持自己的独立性，与充任“白护卫”的友好公司签订不变动的协议，该协议允许白护卫在目标公司遭到收购时以优惠价格认购股票或得到更高的投资回报率，从而避免公司被收购的危机。

7. 诉诸法律

目标公司为阻止公开收购时，常以收购者违反各种法令的名义向反垄断委员会等政府机构提出诉讼，要求法律对其违法行为进行处罚，这是一个行之有效的措施。如目标公司可以根据证券法规定的一家公司拥有另一家上市公司5%以上的股票必须向证监会和被收购公司报告的条款，依据收购公司的收购行为向法院控诉收购公司的目的，不是在于取得目标公司的经营权，而是勒索赎金，炒作股票牟利或散布谣言，以期哄抬股价，拉高出货。诉诸法律可以使收购公司知难而退或者迫使收购公司提高收购价格，即使无效也可以拖延收购，使目标公司争取一些宝贵时间部署下一步的反收购计划和构筑反收购攻势。

第二节 企 业 重 整

财务失败是一个企业无力偿还到期债务所面临的困难和危机。每个企业在其经营过程中，随时都必须考虑预警财务危机和失败，考虑在企业一旦出现财务困难和财务失败时，如何处理企业的财务事宜，如何保护各相关主体的利益。所以，重整、清算等财务管理问题成为现代财务管理的重要内容。

一、企业重整概述

企业重整是指经利害关系人申请，在法院的主持和利害关系人的参与下，对已具破产条件或有产生破产原因而又有再生希望的债务人进行生产经营上的整顿和债权债务关系上的清理，以期使之摆脱经营和财务困境，重焕生机的特殊法律程序。实际上就是给濒临破产的企业一次新生的机会。其功能在于使那些本来可能走向破产的企业通过进行减债、重组等手段最终使债务人、债权人、股东、职工等方面利益都得到保护的一种制度。

重整主要起到以下几个作用：①重整可减少债权人和股东的损失。通过重整和改组，企业能够改善内部经营管理并在一定时期内恢复生机，而债权人可能如数收回债权，企业所有者亦有机会从中获益。②对已达到破产界限的企业来说，重整可给企业带来最后的生存机会。重整为企业提供了一种较为宽松的外部环境。企业可以根据同债权人达成的和解协议，获得宽限债务偿还的期限或减免部分债务的惠益。这样，企业就有了重新站起来的机会。③对整个社会而言，能尽量减少社会财富的损失和因破产而失业的人口的数量。无数的重整的经验证明，大部分企业经过重整可以起死回生从而使社会财富的损失减少到最小的程度；同时，也能减少因企业破产而失业的职工人数。

企业重整制度首创于英国，始称为整理制度，后来传至美日等国，逐渐成为西方国家继和解制度之后防止破产的又一法律制度。其目的不在于将债务人的财产公平分配给债权人而使其从主体上归于消灭，因而有异于破产程序；其手段为积极调整债权人、股东及其他利害关系人与重整企业的利益关系，并限制担保物权的行使，故又异于只能消极避免债务人受破产宣告的和解程序。

我国原破产法没有重整制度的规定，只有和解和整顿制度，在运行及操作过程中使债务人得以从积重难返中解脱出来，获得新生，得到再次走向辉煌的机会。但我国企业破产法所规定的整顿制度不尽完善，和解与整顿的分界不明、行政干预色彩较浓。因此，正确分析我国破产法中和解、整顿制度的特征、优势及不足，借鉴先进立法经验，建立破产重整制度，是适应我国改革开放形势，健全与社会主义市场经济相适应的法律体系的必然。2006年8月

27 日，全国人大常委会颁布了新的《企业破产法》（自 2007 年 6 月 1 日起施行，以下简称“新破产法”）。专门辟出一章 3 节共计 25 个法条谈重整，篇幅占整个破产法的近 1/5，是新破产法中法律条文最多、法律规定最翔实的一章。破产法中重整制度的引入，填补了中国市场经济法律的一个空白，也顺应了国际破产法发展的主要潮流。

二、企业重整的程序

企业重整的一般程序包括下列几个步骤。

（一）向法院提出企业重整申请

在向法院提出企业重整申请时，必须阐明对企业实施重整的必要性，以及未能实施债务重组的原因。同时要满足一定的条件，如企业发生财务危机或者在债务到期时企业无法偿还；企业有三个或三个以上的债权人的债权合计达到一定的数额。只有企业重整的申请符合有关规定，法院才批准该重整申请。

（二）制订重整计划

当失败企业或其债权人向法院提出的重整申请被批准后，将由法院指定一个托管人来制订企业重整计划，并经管债务人的业务，直至企业重整计划被批准。

托管人经常与失败企业的所有债权人和股东举行会议，以了解各债权人和股东们的要求，并以此为基础，结合企业的业务和财务状况，制订重整计划，并提交法院审批。

（三）提交法院审批

法院在接受托管人提交的重整计划后，要对该计划的公平合理性和切实可行性进行审核，并做出批复。

公平合理性是指各种权利必须按其法律和契约规定的优先顺序加以确认并要求做到各类债权人所得到的赔偿大体上接近他们各自对债务人所提出的赔偿要求；若达不到赔偿要求，则按债权人的优先地位实施按比例减少赔偿的办法。贯彻执行公平合理性原则，必须包括如下步骤：①对未来销售作出预测；②对经营状况加以分析，并据此预测未来销售的盈利能力；③确定一个适用于未来盈利预测的资本化率；④根据预测的未来盈利和资本化率计算确定企业的产权价值；⑤确定支付给各种要求权的金额。

切实可行性是指从财务上要求对压缩固定性开支和对负债企业的偿债要求作出计划，目的在于保证企业重整后能够有一个合理的生存机会。亦即要求企业提高盈利能力，降低固定开支，以使企业能在持续经营中足以弥补其固定性开支。为提高企业的盈利能力，企业必须采取以下措施：①延展债务到期日，并将部分非担保负债转换成普通股；②如果属于经营管理不善导致财务危机的，必须引进管理人才，提高经营管理水平；③及时清理处置过时存货；④改良企业厂房设备，促使企业的生产经营更有竞争力；⑤改进生产、销售、广告等职能，进一步提高企业生产经营的生机与活力；⑥开发新产品，保证企业的长远健康发展等。

（四）提请债权人和股东认可

在法院批准企业重整计划后，就要将企业重整计划提供给债权人和股东，得到他们的认可。债权人的认可要求每类债权人所代表的债权额占总债权额的 2/3 以上。股东的认可只需每种股东的简单多数即可。无论哪一类债权人和股东，只要他们投票赞成，即对该类所有成员都起约束作用。

（五）付诸实施

经法院、债权人和股东等各个方面审核批准后，即可付诸实施。

第三节 企 业 清 算

一、企业清算概述

企业清算是企业在终止过程中，为终结企业现存的各种经济关系，对企业的财产进行清查、估价和变现，清理债权和债务，分配剩余财产的行为。任何企业不论出于何种原因终止，都应当进行清算工作。清算是企业终止阶段的主要工作，企业的经济法律关系只有通过清算才能予以了结。

清算一般可以按照下列方法进行分类。

1. 按清算的性质不同分类

（1）自愿清算，是企业法人自愿终止其经营活动而进行的清算。这种清算一般是企业内部人员组成清算机构自行清算。在企业经营期满或者出现企业章程规定的解散事由时，如果企业决定终止，就可以进行自愿清算。

（2）行政清算，是企业法人被依法撤销所进行的清算，如企业违反国家法律、法规被撤销所进行的清算。行政清算通常是由企业的主管机关负责组织清算组，并监督清算工作的进行。

（3）司法清算。也称破产清算，是企业因不能清偿到期的债务，由法院依据债权人或债务人的申请宣告企业破产所进行的清算。破产清算应当依法组成清算组对企业进行清算。

2. 按企业清算的原因不同分类

（1）解散清算，是企业因经营期满，或者因其他原因致使企业不能继续经营下去而进行的清算。解散清算可分为期满清算和提前清算。期满清算是指企业的经营期限已满，并决定不再延长经营期限而进行的清算；提前清算是指企业经营期未满，而是因其他原因而终止所进行的清算。解散清算一般是由企业自行组成清算组，或者根据企业主管机关的决定组成清算组，对企业进行自行清算。

（2）破产清算，是企业因资不抵债，法院依法宣告企业破产而进行的清算。在这种情况下，法院应当依据有关法律的规定组织清算组对企业进行清算。破产清算有比较严格的法律程序，必须依法进行。

二、企业清算的程序

企业清算既是一项经济工作，也是一项法律程序，清算工作必须依法进行。通常企业的清算要遵循以下基本程序。

（一）成立清算组

清算组是企业在清算中执行清算事务的工作组，必须依法成立。清算组可以由企业的董事会成员组成，董事会成员不能或不适于担任清算组成员的，可以由股东大会根据企业章程选出清算组成员执行清算工作。对于特别清算，一般由法院根据企业债权人或者股东的申请指派清算组成员。

为了保证清算的各项工作顺利进行，提高清算效率，减少清算损失，维护债权人、股东及其他利益相关人的合法权益，赋予清算组一定的职权是非常必要的。清算组在清算期间可以行使下列职权：①清理公司财产，分别编制资产负债表和财产清单；②通知、公告债权人；③处理与清算有关的公司未了结的业务；④清缴所欠税款以及清算过程中产生的税款；⑤清理债权、债务；⑥处理公司清偿债务后的剩余财产；⑦代表公司参与民事诉讼活动。

（二）开展清算工作

清算组成立之后就可以进行清算工作，通常清算组的工作主要包括以下几项。

1. 发布清算公告

清算组应在成立之日起 10 日内通知债权人，并于 60 日内至少公告三次，要求债权人向清算组申报其债权。债权人应当在接到通知书之日起 30 日内，未接到通知书的自第一次公告之日起 90 日内，向清算组申报其债权。清算组应对债权人申报的债权进行审查，查明其真实性、合法性和具体金额。

2. 清算企业财产、制订清算方案

（1）调查和清理企业财产。清算组在催告债权人申报债权的同时，应当调查和清理企业的财产。根据债权人的申请和调查清理的情况编制企业资产负债表、财产清单和债权、债务目录。应当指出的是，清算组在编制资产负债表时，不得将企业财产价值低估。

（2）制订清算方案。编制企业财务会计报告之后，清算组应当制订清算方案，提出收取债权和清偿债务的具体安排。

（3）提交股东会通过或者报主管机关确认。清算方案是企业清算的总方案。因此，股份有限公司的清算组应将清算方案提交股东大会通过。但是，有限责任公司的清算组成员是由股东组成的，所以，无须提交股东会另行通过。将清算方案提交有关主管机关确认的规定，适用于因违法而解散的清算企业。

（4）另外，如果企业清算组在清理企业财产、编制资产负债表和财产清单时，发现企业财产不足清偿债务的，清算组有责任立即向有管辖权的人民法院申请宣告破产。经人民法院裁定宣告破产后，清算组应当将清算事务移交人民法院。

3. 了结企业债权、债务

（1）处理企业未了结的业务。清算期间，企业不得开展新的经营活动。但是，企业清算组为了清算的目的，有权处理企业尚未了结的业务。

（2）收取企业债权。清算组应当及时向企业债务人要求清偿已经到期的企业债权。对于未到期的企业债权，应当尽可能要求债务人提前清偿，如果债务人不同意提前清偿的，清算组可以通过转让债权等方法变相清偿。

（3）清偿企业债务。企业清算组通过清理企业财产、编制资产负债表和财产清单之后，确认企业现有的财产和债权大于所欠债务，并且足以偿还企业全部债务时，应当按照法定的顺序向债权人清偿债务。首先，应当支付企业清算费用，包括企业财产的评估、保管、变卖和分配等所需的费用，公告费用，清算组成员的报酬，委托注册会计师、律师的费用，以及诉讼费用等；其次，支付职工工资和劳动保险费用；再次，缴纳所欠税款；最后是偿还其他企业债务。在清偿企业债务时，应注意以下几点：第一，偿还企业债务，一向没有严格先后顺序之分，但是，企业财产必须能够清偿企业债务；第二，在催告债权人申报的期限届满前，企业一般不得先行清偿债务；第三，在企业清偿全部企业债务前，不得向企业股东分配企业财产。

4. 分配企业剩余财产

清算组在全面清查企业的财产、债权和债务之后，应当按照有关规定清偿企业债务，并分配剩余财产。企业的财产应当先支付清算费用、职工工资劳动保险费、税金后，才能用于偿付其他债务。财产余额不足清偿债务的，应当按比例偿付。企业财产在偿付全部债务后还有剩余的，即为企业的剩余财产，除法律或企业章程另有规定外，应在企业出资者之间分配。

（三）编制清算报告，办理停业登记

清算工作结束以后，清算组应当就清算的情况编制清算报告。企业的清算报告应全面反映企业在清算期间的财务状况和清算情况，主要由清算报表和文字说明两部分组成。清算报表包括货币收支表、清算费用表、清算损益表、债务清偿表、剩余财产分配表等。清算报告的文字说明部分要对企业的清算概况做出简要介绍，并真实、准确地说明企业的清算结果。清算报告经股东大会或有关机构确认后，应当报送企业登记机关，申请企业注销登记，经核准后要公告企业终止。

小　结

（1）企业并购是两个或两个以上的企业，依照法律规定的程序，组成为一个企业的法律行为。这是企业扩充和发展的重要形式。并购作为现代经济史上一个十分突出的现象，正以更大的规模、更广的范围不断涌现，并购越来越引起公司高层管理者的关注，成为他们实现企业战略目标的一个重要手段。并购按照并购双方所从事业务的相关程度，分为横向并购、纵向并购和混合并购；按照并购的支付方式，分为现金购买式、承担债务式、股份交换式；按并购方企业对目标企业进行并购的态度，分为善意并购和敌意并购。企业并购的动因是多种多样、复杂多变的，不仅仅由于某一种原因而进行，而是一个多因素的综合平衡过程。归纳起来主要是追求协同效应、获得低价资产、追求企业的快速发展、扩大市场占有率、满足企业家的价值追求、实现战略目标、打破壁垒，进入新市场等。

（2）企业重整是指经利害关系人申请，在法院的主持和利害关系人的参与下，对已具破产条件或有产生破产原因而又有再生希望的债务人进行生产经营上的整顿和债权债务关系上的清理，以期使之摆脱经营和财务困境，重焕生机的特殊法律程序。实际上就是给濒临破产的企业一次新生的机会。其功能在于使那些本来可能走向破产的企业通过进行减债、重组等手段最终使债务人、债权人、股东、职工等方面利益都得到保护。企业重整的一般程序包括向法院提出企业重整申请、制订重整计划、提交法院审批、提请债权人和股东认可，最后付诸实施。

（3）企业清算是企业在终止过程中，为终结企业现存的各种经济关系，对企业的财产进行清查、估价和变现，清理债权和债务，分配剩余财产的行为。按清算的性质可分为：自愿清算、行政清算、司法清算；按清算的原因可分为解散清算、破产清算。企业清算的基本程序是：成立清算组，开展清算工作（包括发布清算公告，清算公司财产、制订清算方案，了结企业债权、债务，分配企业剩余财产），最后编制清算报告，办理停业登记。

习　题

简答题

1. 什么是企业并购？并购的具体形式有哪些？
2. 企业并购的动因主要有哪些？

3．并购主要经过了哪几个阶段的发展，各个阶段有什么特点？

4．对目标企业价值的评估有哪些方法？

5．目标公司的反并购策略有哪些？

6．什么是企业重整？重整的基本程序有哪些？

7．什么是清算？清算的基本程序有哪些？

附　录

附录 A

复利终值系数表

期数	1%	2%	3%	4%	5%	6%	7%	8%	9%	10%	11%	12%	13%	14%	15%
1	1.010 0	1.020 0	1.030 0	1.040 0	1.050 0	1.060 0	1.070 0	1.080 0	1.090 0	1.100 0	1.110 0	1.120 0	1.130 0	1.140 0	1.150 0
2	1.020 1	1.040 4	1.060 9	1.081 6	1.102 5	1.123 6	1.144 9	1.166 4	1.188 1	1.210 0	1.232 1	1.254 4	1.276 9	1.299 6	1.322 5
3	1.030 3	1.061 2	1.092 7	1.124 9	1.157 6	1.191 0	1.225 0	1.259 7	1.295 0	1.331 0	1.367 6	1.404 9	1.442 9	1.481 5	1.520 9
4	1.040 6	1.082 4	1.125 5	1.169 9	1.215 5	1.262 5	1.310 8	1.360 5	1.411 6	1.464 1	1.518 1	1.573 5	1.630 5	1.689 0	1.749 0
5	1.051 0	1.104 1	1.159 3	1.216 7	1.276 3	1.338 2	1.402 6	1.469 3	1.538 6	1.610 5	1.685 1	1.762 3	1.842 4	1.925 4	2.011 4
6	1.061 5	1.126 2	1.194 1	1.265 3	1.340 1	1.418 5	1.500 7	1.586 9	1.677 1	1.771 6	1.870 4	1.973 8	2.082 0	2.195 0	2.313 1
7	1.072 1	1.148 7	1.229 9	1.315 9	1.407 1	1.503 6	1.605 8	1.713 8	1.828 0	1.948 7	2.076 2	2.210 7	2.352 6	2.502 3	2.660 0
8	1.082 9	1.171 7	1.266 8	1.368 6	1.477 5	1.593 8	1.718 2	1.850 9	1.992 6	2.143 6	2.304 5	2.476 0	2.658 4	2.852 6	3.059 0
9	1.093 7	1.195 1	1.304 8	1.423 3	1.551 3	1.689 5	1.838 5	1.999 0	2.171 9	2.357 9	2.558 0	2.773 1	3.004 0	3.251 9	3.517 9
10	1.104 6	1.219 0	1.343 9	1.480 2	1.628 9	1.790 8	1.967 2	2.158 9	2.367 4	2.593 7	2.839 4	3.105 8	3.394 6	3.707 2	4.045 6
11	1.115 7	1.243 4	1.384 2	1.539 5	1.710 3	1.898 3	2.104 9	2.331 6	2.580 4	2.853 1	3.151 8	3.478 6	3.835 9	4.226 2	4.652 4
12	1.126 8	1.268 2	1.425 8	1.601 0	1.795 9	2.012 2	2.252 2	2.518 2	2.812 7	3.138 4	3.498 5	3.896 0	4.334 5	4.817 9	5.350 3
13	1.138 1	1.293 6	1.468 5	1.665 1	1.885 6	2.132 9	2.409 8	2.719 6	3.065 8	3.452 3	3.883 3	4.363 5	4.898 0	5.492 4	6.152 8
14	1.149 5	1.319 5	1.512 6	1.731 7	1.979 9	2.260 9	2.578 5	2.937 2	3.341 7	3.797 5	4.310 4	4.887 1	5.534 8	6.261 3	7.075 7
15	1.161 0	1.345 9	1.558 0	1.800 9	2.078 9	2.396 6	2.759 0	3.172 2	3.642 5	4.177 2	4.784 6	5.473 6	6.254 3	7.137 9	8.137 1
16	1.172 6	1.372 8	1.604 7	1.873 0	2.182 9	2.540 4	2.952 2	3.425 9	3.970 3	4.595 0	5.310 9	6.130 4	7.067 3	8.137 2	9.357 6
17	1.184 3	1.400 2	1.652 8	1.947 9	2.292 0	2.692 8	3.158 8	3.700 0	4.327 6	5.054 5	5.895 1	6.866 0	7.986 1	9.276 5	10.761 3
18	1.196 1	1.428 2	1.702 4	2.025 8	2.406 6	2.854 3	3.379 9	3.996 0	4.717 1	5.559 9	6.543 6	7.690 0	9.024 3	10.575 2	12.375 5

续表

期数	1%	2%	3%	4%	5%	6%	7%	8%	9%	10%	11%	12%	13%	14%	15%
19	1.208 1	1.456 8	1.753 5	2.106 8	2.527 0	3.025 6	3.616 5	4.315 7	5.141 7	6.115 9	7.263 3	8.612 8	10.197 4	12.055 7	14.231 8
20	1.220 2	1.485 9	1.806 1	2.191 1	2.653 3	3.207 1	3.869 7	4.661 0	5.604 4	6.727 5	8.062 3	9.646 3	11.523 1	13.743 5	16.366 5
21	1.232 4	1.515 7	1.860 3	2.278 8	2.786 0	3.399 6	4.140 6	5.033 8	6.108 8	7.400 2	8.949 2	10.803 8	13.021 1	15.667 6	18.821 5
22	1.244 7	1.546 0	1.916 1	2.369 9	2.925 3	3.603 5	4.430 4	5.436 5	6.658 6	8.140 3	9.933 6	12.100 3	14.713 8	17.861 0	21.644 7
23	1.257 2	1.576 9	1.973 6	2.464 7	3.071 5	3.819 7	4.740 5	5.871 5	7.257 9	8.954 3	11.026 3	13.552 3	16.626 6	20.361 6	24.891 5
24	1.269 7	1.608 4	2.032 8	2.563 3	3.225 1	4.048 9	5.072 4	6.341 2	7.911 1	9.849 7	12.239 2	15.178 6	18.788 1	23.212 2	28.625 2
25	1.282 4	1.640 6	2.093 8	2.665 8	3.386 4	4.291 9	5.427 4	6.848 5	8.623 1	10.834 7	13.585 5	17.000 1	21.230 5	26.461 9	32.919 0
26	1.295 3	1.673 4	2.156 6	2.772 5	3.555 7	4.549 4	5.807 4	7.396 4	9.399 2	11.918 2	15.079 9	19.040 1	23.990 5	30.166 6	37.856 8
27	1.308 2	1.706 9	2.221 3	2.883 4	3.733 5	4.822 3	6.213 9	7.988 1	10.245 1	13.110 0	16.738 7	21.324 9	27.109 3	34.389 9	43.535 3
28	1.321 3	1.741 0	2.287 9	2.998 7	3.920 1	5.111 7	6.648 8	8.627 1	11.167 1	14.421 0	18.579 9	23.883 9	30.633 5	39.204 5	50.065 6
29	1.334 5	1.775 8	2.356 6	3.118 7	4.116 1	5.418 4	7.114 3	9.317 3	12.172 2	15.863 1	20.623 7	26.749 9	34.615 8	44.693 1	57.575 5
30	1.347 8	1.811 4	2.427 3	3.243 4	4.321 9	5.743 5	7.612 3	10.062 7	13.267 7	17.449 4	22.892 3	29.959 9	39.115 9	50.950 2	66.211 8
期数	16%	17%	18%	19%	20%	21%	22%	23%	24%	25%	26%	27%	28%	29%	30%
1	1.160 0	1.170 0	1.180 0	1.190 0	1.200 0	1.210 0	1.220 0	1.230 0	1.240 0	1.250 0	1.260 0	1.270 0	1.280 0	1.290 0	1.300 0
2	1.345 6	1.368 9	1.392 4	1.416 1	1.440 0	1.464 1	1.488 4	1.512 9	1.537 6	1.562 5	1.587 6	1.612 9	1.638 4	1.664 1	1.690 0
3	1.560 9	1.601 6	1.643 0	1.685 2	1.728 0	1.771 6	1.815 8	1.860 9	1.906 6	1.953 1	2.000 4	2.048 4	2.097 2	2.146 7	2.197 0
4	1.810 6	1.873 9	1.938 8	2.005 3	2.073 6	2.143 6	2.215 3	2.288 9	2.364 2	2.441 4	2.520 5	2.601 4	2.684 4	2.769 2	2.856 1
5	2.100 3	2.192 4	2.287 8	2.386 4	2.488 3	2.593 7	2.702 7	2.815 3	2.931 6	3.051 8	3.175 8	3.303 8	3.436 0	3.572 3	3.712 9
6	2.436 4	2.565 2	2.699 6	2.839 8	2.986 0	3.138 4	3.297 3	3.462 8	3.635 2	3.814 7	4.001 5	4.195 9	4.398 0	4.608 3	4.826 8
7	2.826 2	3.001 2	3.185 5	3.379 3	3.583 2	3.797 5	4.022 7	4.259 3	4.507 7	4.768 4	5.041 9	5.328 8	5.629 5	5.944 7	6.274 9
8	3.278 4	3.511 5	3.758 9	4.021 4	4.299 8	4.595 0	4.907 7	5.238 9	5.589 5	5.960 5	6.352 8	6.767 5	7.205 8	7.668 6	8.157 3

续表

期数	16%	17%	18%	19%	20%	21%	22%	23%	24%	25%	26%	27%	28%	29%	30%
9	3.803 0	4.108 4	4.435 5	4.785 4	5.159 8	5.559 9	5.987 4	6.443 9	6.931 0	7.450 6	8.004 5	8.594 8	9.223 4	9.892 5	10.604 5
10	4.411 4	4.806 8	5.233 8	5.694 7	6.191 7	6.727 5	7.304 6	7.925 9	8.594 4	9.313 2	10.085 7	10.915 3	11.805 9	12.761 4	13.785 8
11	5.117 3	5.624 0	6.175 9	6.776 7	7.430 1	8.140 3	8.911 7	9.748 9	10.657 1	11.641 5	12.708 0	13.862 5	15.111 6	16.462 2	17.921 6
12	5.936 0	6.580 1	7.287 6	8.064 2	8.916 1	9.849 7	10.872 2	11.991 2	13.214 8	14.551 9	16.012 0	17.605 3	19.342 8	21.236 2	23.298 1
13	6.885 8	7.698 7	8.599 4	9.596 4	10.699 3	11.918 2	13.264 1	14.749 1	16.386 3	18.189 9	20.175 2	22.358 8	24.758 8	27.394 7	30.287 5
14	7.987 5	9.007 5	10.147 2	11.419 8	12.839 2	14.421 0	16.182 2	18.141 4	20.319 1	22.737 4	25.420 7	28.395 7	31.691 3	35.339 1	39.373 8
15	9.265 5	10.538 7	11.973 7	13.589 5	15.407 0	17.449 4	19.742 3	22.314 0	25.195 6	28.421 7	32.030 1	36.062 5	40.564 8	45.587 5	51.185 9
16	10.748 0	12.330 3	14.129 0	16.171 5	18.488 4	21.113 8	24.085 6	27.446 2	31.242 6	35.527 1	40.357 9	45.799 4	51.923 0	58.807 9	66.541 7
17	12.467 7	14.426 5	16.672 2	19.244 1	22.186 1	25.547 7	29.384 4	33.758 8	38.740 8	44.408 9	50.851 0	58.165 2	66.461 4	75.862 1	86.504 2
18	14.462 5	16.879 0	19.673 3	22.900 5	26.623 3	30.912 7	35.849 0	41.523 3	48.038 6	55.511 2	64.072 2	73.869 8	85.070 6	97.862 2	112.455 4
19	16.776 5	19.748 4	23.214 4	27.251 6	31.948 0	37.404 3	43.735 8	51.073 7	59.567 9	69.388 9	80.731 0	93.814 7	108.890 4	126.242 2	146.192 0
20	19.460 8	23.105 6	27.393 0	32.429 4	38.337 6	45.259 3	53.357 6	62.820 6	73.864 1	86.736 2	101.721 1	119.144 6	139.379 7	162.852 4	190.049 6
21	22.574 5	27.033 6	32.323 8	38.591 0	46.005 1	54.763 7	65.096 3	77.269 4	91.591 5	108.420 2	128.168 5	151.313 7	178.406 0	210.079 6	247.064 5
22	26.186 4	31.629 3	38.142 1	45.923 3	55.206 1	66.264 1	79.417 5	95.041 3	113.573 5	135.525 3	161.492 4	192.168 3	228.359 6	271.002 7	321.183 9
23	30.376 2	37.006 2	45.007 6	54.648 7	66.247 4	80.179 5	96.889 4	116.900 8	140.831 2	169.406 6	203.480 4	244.053 8	292.300 3	349.593 5	417.539 1
24	35.236 4	43.297 3	53.109 0	65.032 0	79.496 8	97.017 2	118.205 0	143.788 0	174.630 6	211.758 2	256.385 3	309.948 3	374.144 4	450.975 6	542.800 8
25	40.874 2	50.657 8	62.668 6	77.388 1	95.396 2	117.390 9	144.210 1	176.859 3	216.542 0	264.697 8	323.045 4	393.634 4	478.904 9	581.758 5	705.641 0
26	47.414 1	59.269 7	73.949 0	92.091 8	114.475 5	142.042 9	175.936 4	217.536 9	268.512 1	330.872 2	407.037 3	499.915 7	612.998 2	750.468 5	917.333 3
27	55.000 4	69.345 5	87.259 8	109.589 3	137.370 6	171.871 9	214.642 4	267.570 4	332.955 0	413.590 3	512.867 0	634.892 9	784.637 7	968.104 4	1 192.533 3
28	63.800 4	81.134 2	102.966 6	130.411 2	164.844 7	207.965 1	261.863 7	329.111 5	412.864 2	516.987 9	646.212 4	806.314 0	1 004.336 3	1 248.854 6	1 550.293 3
29	74.008 5	94.927 1	121.500 5	155.189 3	197.813 6	251.637 7	319.473 7	404.807 2	511.951 6	646.234 9	814.227 6	1 024.018 7	1 285.550 4	1 611.022 5	2 015.381 3
30	85.849 9	111.064 7	143.370 6	184.675 3	237.376 3	304.481 6	389.757 9	497.912 9	634.819 9	807.793 6	1 025.926 7	1 300.503 8	1 645.504 6	2 078.219 0	2 619.995 6

附录B

复利现值系数表

期数	1%	2%	3%	4%	5%	6%	7%	8%	9%	10%	11%	12%	13%	14%	15%
1	0.990 1	0.980 4	0.970 9	0.961 5	0.952 4	0.943 4	0.934 6	0.925 9	0.917 4	0.909 1	0.900 9	0.892 9	0.885 0	0.877 2	0.869 6
2	0.980 3	0.961 2	0.942 6	0.924 6	0.907 0	0.890 0	0.873 4	0.857 3	0.841 7	0.826 4	0.811 6	0.797 2	0.783 1	0.769 5	0.756 1
3	0.970 6	0.942 3	0.915 1	0.889 0	0.863 8	0.839 6	0.816 3	0.793 8	0.772 2	0.751 3	0.731 2	0.711 8	0.693 1	0.675 0	0.657 5
4	0.961 0	0.923 8	0.888 5	0.854 8	0.822 7	0.792 1	0.762 9	0.735 0	0.708 4	0.683 0	0.658 7	0.635 5	0.613 3	0.592 1	0.571 8
5	0.951 5	0.905 7	0.862 6	0.821 9	0.783 5	0.747 3	0.713 0	0.680 6	0.649 9	0.620 9	0.593 5	0.567 4	0.542 8	0.519 4	0.497 2
6	0.942 0	0.888 0	0.837 5	0.790 3	0.746 2	0.705 0	0.666 3	0.630 2	0.596 3	0.564 5	0.534 6	0.506 6	0.480 3	0.455 6	0.432 3
7	0.932 7	0.870 6	0.813 1	0.759 9	0.710 7	0.665 1	0.622 7	0.583 5	0.547 0	0.513 2	0.481 7	0.452 3	0.425 1	0.399 6	0.375 9
8	0.923 5	0.853 5	0.789 4	0.730 7	0.676 8	0.627 4	0.582 0	0.540 3	0.501 9	0.466 5	0.433 9	0.403 9	0.376 2	0.350 6	0.326 9
9	0.914 3	0.836 8	0.766 4	0.702 6	0.644 6	0.591 9	0.543 9	0.500 2	0.460 4	0.424 1	0.390 9	0.360 6	0.332 9	0.307 5	0.284 3
10	0.905 3	0.820 3	0.744 1	0.675 6	0.613 9	0.558 4	0.508 3	0.463 2	0.422 4	0.385 5	0.352 2	0.322 0	0.294 6	0.269 7	0.247 2
11	0.896 3	0.804 3	0.722 4	0.649 6	0.584 7	0.526 8	0.475 1	0.428 9	0.387 5	0.350 5	0.317 3	0.287 5	0.260 7	0.236 6	0.214 9
12	0.887 4	0.788 5	0.701 4	0.624 6	0.556 8	0.497 0	0.444 0	0.397 1	0.355 5	0.318 6	0.285 8	0.256 7	0.230 7	0.207 6	0.186 9
13	0.878 7	0.773 0	0.681 0	0.600 6	0.530 3	0.468 8	0.415 0	0.367 7	0.326 2	0.289 7	0.257 5	0.229 2	0.204 2	0.182 1	0.162 5
14	0.870 0	0.757 9	0.661 1	0.577 5	0.505 1	0.442 3	0.387 8	0.340 5	0.299 2	0.263 3	0.232 0	0.204 6	0.180 7	0.159 7	0.141 3
15	0.861 3	0.743 0	0.641 9	0.555 3	0.481 0	0.417 3	0.362 4	0.315 2	0.274 5	0.239 4	0.209 0	0.182 7	0.159 9	0.140 1	0.122 9
16	0.852 8	0.728 4	0.623 2	0.533 9	0.458 1	0.393 6	0.338 7	0.291 9	0.251 9	0.217 6	0.188 3	0.163 1	0.141 5	0.122 9	0.106 9
17	0.844 4	0.714 2	0.605 0	0.513 4	0.436 3	0.371 4	0.316 6	0.270 3	0.231 1	0.197 8	0.169 6	0.145 6	0.125 2	0.107 8	0.092 9
18	0.836 0	0.700 2	0.587 4	0.493 6	0.415 5	0.350 3	0.295 9	0.250 2	0.212 0	0.179 9	0.152 8	0.130 0	0.110 8	0.094 6	0.080 8
19	0.827 7	0.686 4	0.570 3	0.474 6	0.395 7	0.330 5	0.276 5	0.231 7	0.194 5	0.163 5	0.137 7	0.116 1	0.098 1	0.082 9	0.070 3
20	0.819 5	0.673 0	0.553 7	0.456 4	0.376 9	0.311 8	0.258 4	0.214 5	0.178 4	0.148 6	0.124 0	0.103 7	0.086 8	0.072 8	0.061 1

续表

期数	1%	2%	3%	4%	5%	6%	7%	8%	9%	10%	11%	12%	13%	14%	15%
21	0.811 4	0.659 8	0.537 5	0.438 8	0.358 9	0.294 2	0.241 5	0.198 7	0.163 7	0.135 1	0.111 7	0.092 6	0.076 8	0.063 8	0.053 1
22	0.803 4	0.646 8	0.521 9	0.422 0	0.341 8	0.277 5	0.225 7	0.183 9	0.150 2	0.122 8	0.100 7	0.082 6	0.068 0	0.056 0	0.046 2
23	0.795 4	0.634 2	0.506 7	0.405 7	0.325 6	0.261 8	0.210 9	0.170 3	0.137 8	0.111 7	0.090 7	0.073 8	0.060 1	0.049 1	0.040 2
24	0.787 6	0.621 7	0.491 9	0.390 1	0.310 1	0.247 0	0.197 1	0.157 7	0.126 4	0.101 5	0.081 7	0.065 9	0.053 2	0.043 1	0.034 9
25	0.779 8	0.609 5	0.477 6	0.375 1	0.295 3	0.233 0	0.184 2	0.146 0	0.116 0	0.092 3	0.073 6	0.058 8	0.047 1	0.037 8	0.030 4
26	0.772 0	0.597 6	0.463 7	0.360 7	0.281 2	0.219 8	0.172 2	0.135 2	0.106 4	0.083 9	0.066 3	0.052 5	0.041 7	0.033 1	0.026 4
27	0.764 4	0.585 9	0.450 2	0.346 8	0.267 8	0.207 4	0.160 9	0.125 2	0.097 6	0.076 3	0.059 7	0.046 9	0.036 9	0.029 1	0.023 0
28	0.756 8	0.574 4	0.437 1	0.333 5	0.255 1	0.195 6	0.150 4	0.115 9	0.089 5	0.069 3	0.053 8	0.041 9	0.032 6	0.025 5	0.020 0
29	0.749 3	0.563 1	0.424 3	0.320 7	0.242 9	0.184 6	0.140 6	0.107 3	0.082 2	0.063 0	0.048 5	0.037 4	0.028 9	0.022 4	0.017 4
30	0.741 9	0.552 1	0.412 0	0.308 3	0.231 4	0.174 1	0.131 4	0.099 4	0.075 4	0.057 3	0.043 7	0.033 4	0.025 6	0.019 6	0.015 1
期数	16%	17%	18%	19%	20%	21%	22%	23%	24%	25%	26%	27%	28%	29%	30%
1	0.862 1	0.854 7	0.847 5	0.840 3	0.833 3	0.826 4	0.819 7	0.813 0	0.806 5	0.800 0	0.793 7	0.787 4	0.781 3	0.775 2	0.769 2
2	0.743 2	0.730 5	0.718 2	0.706 2	0.694 4	0.683 0	0.671 9	0.661 0	0.650 4	0.640 0	0.629 9	0.620 0	0.610 4	0.600 9	0.591 7
3	0.640 7	0.624 4	0.608 6	0.593 4	0.578 7	0.564 5	0.550 7	0.537 4	0.524 5	0.512 0	0.499 9	0.488 2	0.476 8	0.465 8	0.455 2
4	0.552 3	0.533 7	0.515 8	0.498 7	0.482 3	0.466 5	0.451 4	0.436 9	0.423 0	0.409 6	0.396 8	0.384 4	0.372 5	0.361 1	0.350 1
5	0.476 1	0.456 1	0.437 1	0.419 0	0.401 9	0.385 5	0.370 0	0.355 2	0.341 1	0.327 7	0.314 9	0.302 7	0.291 0	0.279 9	0.269 3
6	0.410 4	0.389 8	0.370 4	0.352 1	0.334 9	0.318 6	0.303 3	0.288 8	0.275 1	0.262 1	0.249 9	0.238 3	0.227 4	0.217 0	0.207 2
7	0.353 8	0.333 2	0.313 9	0.295 9	0.279 1	0.263 3	0.248 6	0.234 8	0.221 8	0.209 7	0.198 3	0.187 7	0.177 6	0.168 2	0.159 4
8	0.305 0	0.284 8	0.266 0	0.248 7	0.232 6	0.217 6	0.203 8	0.190 9	0.178 9	0.167 8	0.157 4	0.147 8	0.138 8	0.130 4	0.122 6
9	0.263 0	0.243 4	0.225 5	0.209 0	0.193 8	0.179 9	0.167 0	0.155 2	0.144 3	0.134 2	0.124 9	0.116 4	0.108 4	0.101 1	0.094 3

续表

期数	16%	17%	18%	19%	20%	21%	22%	23%	24%	25%	26%	27%	28%	29%	30%
10	0.226 7	0.208 0	0.191 1	0.175 6	0.161 5	0.148 6	0.136 9	0.126 2	0.116 4	0.107 4	0.099 2	0.091 6	0.084 7	0.078 4	0.072 5
11	0.195 4	0.177 8	0.161 9	0.147 6	0.134 6	0.122 8	0.112 2	0.102 6	0.093 8	0.085 9	0.078 7	0.072 1	0.066 2	0.060 7	0.055 8
12	0.168 5	0.152 0	0.137 2	0.124 0	0.112 2	0.101 5	0.092 0	0.083 4	0.075 7	0.068 7	0.062 5	0.056 8	0.051 7	0.047 1	0.042 9
13	0.145 2	0.129 9	0.116 3	0.104 2	0.093 5	0.083 9	0.075 4	0.067 8	0.061 0	0.055 0	0.049 6	0.044 7	0.040 4	0.036 5	0.033 0
14	0.125 2	0.111 0	0.098 5	0.087 6	0.077 9	0.069 3	0.061 8	0.055 1	0.049 2	0.044 0	0.039 3	0.035 2	0.031 6	0.028 3	0.025 4
15	0.107 9	0.094 9	0.083 5	0.073 6	0.064 9	0.057 3	0.050 7	0.044 8	0.039 7	0.035 2	0.031 2	0.027 7	0.024 7	0.021 9	0.019 5
16	0.093 0	0.081 1	0.070 8	0.061 8	0.054 1	0.047 4	0.041 5	0.036 4	0.032 0	0.028 1	0.024 8	0.021 8	0.019 3	0.017 0	0.015 0
17	0.080 2	0.069 3	0.060 0	0.052 0	0.045 1	0.039 1	0.034 0	0.029 6	0.025 8	0.022 5	0.019 7	0.017 2	0.015 0	0.013 2	0.011 6
18	0.069 1	0.059 2	0.050 8	0.043 7	0.037 6	0.032 3	0.027 9	0.024 1	0.020 8	0.018 0	0.015 6	0.013 5	0.011 8	0.010 2	0.008 9
19	0.059 6	0.050 6	0.043 1	0.036 7	0.031 3	0.026 7	0.022 9	0.019 6	0.016 8	0.014 4	0.012 4	0.010 7	0.009 2	0.007 9	0.006 8
20	0.051 4	0.043 3	0.036 5	0.030 8	0.026 1	0.022 1	0.018 7	0.015 9	0.013 5	0.011 5	0.009 8	0.008 4	0.007 2	0.006 1	0.005 3
21	0.044 3	0.037 0	0.030 9	0.025 9	0.021 7	0.018 3	0.015 4	0.012 9	0.010 9	0.009 2	0.007 8	0.006 6	0.005 6	0.004 8	0.004 0
22	0.038 2	0.031 6	0.026 2	0.021 8	0.018 1	0.015 1	0.012 6	0.010 5	0.008 8	0.007 4	0.006 2	0.005 2	0.004 4	0.003 7	0.003 1
23	0.032 9	0.027 0	0.022 2	0.018 3	0.015 1	0.012 5	0.010 3	0.008 6	0.007 1	0.005 9	0.004 9	0.004 1	0.003 4	0.002 9	0.002 4
24	0.028 4	0.023 1	0.018 8	0.015 4	0.012 6	0.010 3	0.008 5	0.007 0	0.005 7	0.004 7	0.003 9	0.003 2	0.002 7	0.002 2	0.001 8
25	0.024 5	0.019 7	0.016 0	0.012 9	0.010 5	0.008 5	0.006 9	0.005 7	0.004 6	0.003 8	0.003 1	0.002 5	0.002 1	0.001 7	0.001 4
26	0.021 1	0.016 9	0.013 5	0.010 9	0.008 7	0.007 0	0.005 7	0.004 6	0.003 7	0.003 0	0.002 5	0.002 0	0.001 6	0.001 3	0.001 1
27	0.018 2	0.014 4	0.011 5	0.009 1	0.007 3	0.005 8	0.004 7	0.003 7	0.003 0	0.002 4	0.001 9	0.001 6	0.001 3	0.001 0	0.000 8
28	0.015 7	0.012 3	0.009 7	0.007 7	0.006 1	0.004 8	0.003 8	0.003 0	0.002 4	0.001 9	0.001 5	0.001 2	0.001 0	0.000 8	0.000 6
29	0.013 5	0.010 5	0.008 2	0.006 4	0.005 1	0.004 0	0.003 1	0.002 5	0.002 0	0.001 5	0.001 2	0.001 0	0.000 8	0.000 6	0.000 5
30	0.011 6	0.009 0	0.007 0	0.005 4	0.004 2	0.003 3	0.002 6	0.002 0	0.001 6	0.001 2	0.001 0	0.000 8	0.000 6	0.000 5	0.000 4

附录C 年金终值系数表

期数	1%	2%	3%	4%	5%	6%	7%	8%	9%	10%	11%	12%	13%	14%	15%
1	1.000 0	1.000 0	1.000 0	1.000 0	1.000 0	1.000 0	1.000 0	1.000 0	1.000 0	1.000 0	1.000 0	1.000 0	1.000 0	1.000 0	1.000 0
2	2.010 0	2.020 0	2.030 0	2.040 0	2.050 0	2.060 0	2.070 0	2.080 0	2.090 0	2.100 0	2.110 0	2.120 0	2.130 0	2.140 0	2.150 0
3	3.030 1	3.060 4	3.090 9	3.121 6	3.152 5	3.183 6	3.214 9	3.246 4	3.278 1	3.310 0	3.342 1	3.374 4	3.406 9	3.439 6	3.472 5
4	4.060 4	4.121 6	4.183 6	4.246 5	4.310 1	4.374 6	4.439 9	4.506 1	4.573 1	4.641 0	4.709 7	4.779 3	4.849 8	4.921 1	4.993 4
5	5.101 0	5.204 0	5.309 1	5.416 3	5.525 6	5.637 1	5.750 7	5.866 6	5.984 7	6.105 1	6.227 8	6.352 8	6.480 3	6.610 1	6.742 4
6	6.152 0	6.308 1	6.468 4	6.633 0	6.801 9	6.975 3	7.153 3	7.335 9	7.523 3	7.715 6	7.912 9	8.115 2	8.322 7	8.535 5	8.753 7
7	7.213 5	7.434 3	7.662 5	7.898 3	8.142 0	8.393 8	8.654 0	8.922 8	9.200 4	9.487 2	9.783 3	10.089 0	10.404 7	10.730 5	11.066 8
8	8.285 7	8.583 0	8.892 3	9.214 2	9.549 1	9.897 5	10.259 8	10.636 6	11.028 5	11.435 9	11.859 4	12.299 7	12.757 3	13.232 8	13.726 8
9	9.368 5	9.754 6	10.159 1	10.582 8	11.026 6	11.491 3	11.978 0	12.487 6	13.021 0	13.579 5	14.164 0	14.775 7	15.415 7	16.085 3	16.785 8
10	10.462 2	10.949 7	11.463 9	12.006 1	12.577 9	13.180 8	13.816 4	14.486 6	15.192 9	15.937 4	16.722 0	17.548 7	18.419 7	19.337 3	20.303 7
11	11.566 8	12.168 7	12.807 8	13.486 4	14.206 8	14.971 6	15.783 6	16.645 5	17.560 3	18.531 2	19.561 4	20.654 6	21.814 3	23.044 5	24.349 3
12	12.682 5	13.412 1	14.192 0	15.025 8	15.917 1	16.869 9	17.888 5	18.977 1	20.140 7	21.384 3	22.713 2	24.133 1	25.650 2	27.270 7	29.001 7
13	13.809 3	14.680 3	15.617 8	16.626 8	17.713 0	18.882 1	20.140 6	21.495 3	22.953 4	24.522 7	26.211 6	28.029 1	29.984 7	32.088 7	34.351 9
14	14.947 4	15.973 9	17.086 3	18.291 9	19.598 6	21.015 1	22.550 5	24.214 9	26.019 2	27.975 0	30.094 9	32.392 6	34.882 7	37.581 1	40.504 7
15	16.096 9	17.293 4	18.598 9	20.023 6	21.578 6	23.276 0	25.129 0	27.152 1	29.360 9	31.772 5	34.405 4	37.279 7	40.417 5	43.842 4	47.580 4
16	17.257 9	18.639 3	20.156 9	21.824 5	23.657 5	25.672 5	27.888 1	30.324 3	33.003 4	35.949 7	39.189 9	42.753 3	46.671 7	50.980 4	55.717 5
17	18.430 4	20.012 1	21.761 6	23.697 5	25.840 4	28.212 9	30.840 2	33.750 2	36.973 7	40.544 7	44.500 8	48.883 7	53.739 1	59.117 6	65.075 1
18	19.614 7	21.412 3	23.414 4	25.645 4	28.132 4	30.905 7	33.999 0	37.450 2	41.301 3	45.599 2	50.395 9	55.749 7	61.725 1	68.394 1	75.836 4
19	20.810 9	22.840 6	25.116 9	27.671 2	30.539 0	33.760 0	37.379 0	41.446 3	46.018 5	51.159 1	56.939 5	63.439 7	70.749 4	78.969 2	88.211 8
20	22.019 0	24.297 4	26.870 4	29.778 1	33.066 0	36.785 6	40.995 5	45.762 0	51.160 1	57.275 0	64.202 8	72.052 4	80.946 8	91.024 9	102.443 6

续表

期数	1%	2%	3%	4%	5%	6%	7%	8%	9%	10%	11%	12%	13%	14%	15%
21	23.239 2	25.783 3	28.676 5	31.969 2	35.719 3	39.992 7	44.865 2	50.422 9	56.764 5	64.002 5	72.265 1	81.698 7	92.469 9	104.768 4	118.810 1
22	24.471 6	27.299 0	30.536 8	34.248 0	38.505 2	43.392 3	49.005 7	55.456 8	62.873 3	71.402 7	81.214 3	92.502 6	105.491 0	120.436 0	137.631 6
23	25.716 3	28.845 0	32.452 9	36.617 9	41.430 5	46.995 8	53.436 1	60.893 3	69.531 9	79.543 0	91.147 9	104.602 9	120.204 8	138.297 0	159.276 4
24	26.973 5	30.421 9	34.426 5	39.082 6	44.502 0	50.815 6	58.176 7	66.764 8	76.789 8	88.497 3	102.174 2	118.155 2	136.831 5	158.658 6	184.167 8
25	28.243 2	32.030 3	36.459 3	41.645 9	47.727 1	54.864 5	63.249 0	73.105 9	84.700 9	98.347 1	114.413 3	133.333 9	155.619 6	181.870 8	212.793 0
26	29.525 6	33.670 9	38.553 0	44.311 7	51.113 5	59.156 4	68.676 5	79.954 4	93.324 0	109.181 8	127.998 8	150.333 9	176.850 1	208.332 7	245.712 0
27	30.820 9	35.344 3	40.709 6	47.084 2	54.669 1	63.705 8	74.483 8	87.350 8	102.723 1	121.099 9	143.078 6	169.374 0	200.840 6	238.499 3	283.568 8
28	32.129 1	37.051 2	42.930 9	49.967 6	58.402 6	68.528 1	80.697 7	95.338 8	112.968 2	134.209 9	159.817 3	190.698 9	227.949 9	272.889 2	327.104 1
29	33.450 4	38.792 2	45.218 9	52.966 3	62.322 7	73.639 8	87.346 5	103.965 9	124.135 4	148.630 9	178.397 2	214.582 8	258.583 4	312.093 7	377.169 7
30	34.784 9	40.568 1	47.575 4	56.084 9	66.438 8	79.058 2	94.460 8	113.283 2	136.307 5	164.494 0	199.020 9	241.332 7	293.199 2	356.786 8	434.745 1
期数	16%	17%	18%	19%	20%	21%	22%	23%	24%	25%	26%	27%	28%	29%	30%
1	1.000 0	1.000 0	1.000 0	1.000 0	1.000 0	1.000 0	1.000 0	1.000 0	1.000 0	1.000 0	1.000 0	1.000 0	1.000 0	1.000 0	1.000 0
2	2.160 0	2.170 0	2.180 0	2.190 0	2.200 0	2.210 0	2.220 0	2.230 0	2.240 0	2.250 0	2.260 0	2.270 0	2.280 0	2.290 0	2.300 0
3	3.505 6	3.538 9	3.572 4	3.606 1	3.640 0	3.674 1	3.708 4	3.742 9	3.777 6	3.812 5	3.847 6	3.882 9	3.918 4	3.954 1	3.990 0
4	5.066 5	5.140 5	5.215 4	5.291 3	5.368 0	5.445 7	5.524 2	5.603 8	5.684 2	5.765 6	5.848 0	5.931 3	6.015 6	6.100 8	6.187 0
5	6.877 1	7.014 4	7.154 2	7.296 6	7.441 6	7.589 2	7.739 6	7.892 6	8.048 4	8.207 0	8.368 4	8.532 7	8.699 9	8.870 0	9.043 1
6	8.977 5	9.206 8	9.442 0	9.683 0	9.929 9	10.183 0	10.442 3	10.707 9	10.980 1	11.258 8	11.544 2	11.836 6	12.135 9	12.442 3	12.756 0
7	11.413 9	11.772 0	12.141 5	12.522 7	12.915 9	13.321 4	13.739 6	14.170 8	14.615 3	15.073 5	15.545 8	16.032 4	16.533 9	17.050 6	17.582 8
8	14.240 1	14.773 3	15.327 0	15.902 0	16.499 1	17.118 9	17.762 3	18.430 0	19.122 9	19.841 9	20.587 6	21.361 2	22.163 4	22.995 3	23.857 7

续表

期数	16%	17%	18%	19%	20%	21%	22%	23%	24%	25%	26%	27%	28%	29%	30%
9	17.518 5	18.284 7	19.085 9	19.923 4	20.798 9	21.713 9	22.670 0	23.669 0	24.712 5	25.802 3	26.940 4	28.128 7	29.369 2	30.663 9	32.015 0
10	21.321 5	22.393 1	23.521 3	24.708 9	25.958 7	27.273 8	28.657 4	30.112 8	31.643 4	33.252 9	34.944 9	36.723 5	38.592 6	40.556 4	42.619 5
11	25.732 9	27.199 9	28.755 1	30.403 5	32.150 4	34.001 3	35.962 0	38.038 8	40.237 9	42.566 1	45.030 6	47.638 8	50.398 5	53.317 8	56.405 3
12	30.850 2	32.823 9	34.931 1	37.180 2	39.580 5	42.141 6	44.873 7	47.787 7	50.895 0	54.207 7	57.738 6	61.501 3	65.510 0	69.780 0	74.327 0
13	36.786 2	39.404 0	42.218 7	45.244 5	48.496 6	51.991 3	55.745 9	59.778 8	64.109 7	68.759 6	73.750 6	79.106 6	84.852 9	91.016 1	97.625 0
14	43.672 0	47.102 7	50.818 0	54.840 9	59.195 9	63.909 5	69.010 0	74.528 0	80.496 1	86.949 5	93.925 8	101.465 4	109.611 7	118.410 8	127.912 5
15	51.659 5	56.110 1	60.965 3	66.260 7	72.035 1	78.330 5	85.192 2	92.669 4	100.815 1	109.686 8	119.346 5	129.861 1	141.302 9	153.750 0	167.286 3
16	60.925 0	66.648 8	72.939 0	79.850 2	87.442 1	95.779 9	104.934 5	114.983 4	126.010 8	138.108 5	151.376 6	165.923 6	181.867 7	199.337 4	218.472 2
17	71.673 0	78.979 2	87.068 0	96.021 8	105.930 6	116.893 7	129.020 1	142.429 5	157.253 4	173.635 7	191.734 5	211.723 0	233.790 7	258.145 3	285.013 9
18	84.140 7	93.405 6	103.740 3	115.265 9	128.116 7	142.441 3	158.404 5	176.188 3	195.994 2	218.044 6	242.585 5	269.888 2	300.252 1	334.007 4	371.518 0
19	98.603 2	110.284 6	123.413 5	138.166 4	154.740 0	173.354 0	194.253 5	217.711 6	244.032 8	273.555 8	306.657 7	343.758 0	385.322 7	431.869 6	483.973 4
20	115.379 7	130.032 9	146.628 0	165.418 0	186.688 0	210.758 4	237.989 3	268.785 3	303.600 6	342.944 7	387.388 7	437.572 6	494.213 1	558.111 8	630.165 5
21	134.840 5	153.138 5	174.021 0	197.847 4	225.025 6	256.017 6	291.346 9	331.605 9	377.464 8	429.680 9	489.109 8	556.717 3	633.592 7	720.964 2	820.215 1
22	157.415 0	180.172 1	206.344 8	236.438 5	271.030 7	310.781 3	356.443 2	408.875 3	469.056 3	538.101 1	617.278 3	708.030 9	811.998 7	931.043 8	1 067.279 6
23	183.601 4	211.801 3	244.486 8	282.361 8	326.236 9	377.045 4	435.860 7	503.916 6	582.629 8	673.626 4	778.770 7	900.199 3	1 040.358 3	1 202.046 5	1 388.463 5
24	213.977 6	248.807 6	289.494 5	337.010 5	392.484 2	457.224 9	532.750 1	620.817 4	723.461 0	843.032 9	982.251 1	1 144.253 1	1 332.658 6	1 551.640 0	1 806.002 6
25	249.214 0	292.104 9	342.603 5	402.042 5	471.981 1	554.242 2	650.955 1	764.605 4	898.091 6	1 054.791 2	1 238.636 3	1 454.201 4	1 706.803 1	2 002.615 6	2 348.803 3
26	290.088 3	342.762 7	405.272 1	479.430 6	567.377 3	671.633 0	795.165 3	941.464 7	1 114.633 6	1 319.489 0	1 561.681 8	1 847.835 8	2 185.707 9	2 584.374 1	3 054.444 3
27	337.502 4	402.032 3	479.221 1	571.522 4	681.852 8	813.675 9	971.101 6	1 159.001 6	1 383.145 7	1 650.361 2	1 968.719 1	2 347.751 5	2 798.706 1	3 334.842 6	3 971.777 6
28	392.502 8	471.377 8	566.480 9	681.111 6	819.223 3	985.547 9	1 185.744 0	1 426.571 9	1 716.100 7	2 063.951 5	2 481.586 0	2 982.644 4	3 583.343 8	4 302.947 0	5 164.310 9
29	456.303 2	552.512 1	669.447 5	811.522 8	984.068 0	1 193.512 9	1 447.607 7	1 755.683 5	2 128.964 8	2 580.939 4	3 127.798 4	3 788.958 3	4 587.680 1	5 551.801 6	6 714.604 2
30	530.311 7	647.439 1	790.948 0	966.712 2	1 181.881 6	1 445.150 7	1 767.081 3	2 160.490 7	2 640.916 4	3 227.174 3	3 942.026 0	4 812.977 1	5 873.230 6	7 162.824 1	8 729.985 5

附录D　年金现值系数表

期数	1%	2%	3%	4%	5%	6%	7%	8%	9%	10%	11%	12%	13%	14%	15%
1	0.990 1	0.980 4	0.970 9	0.961 5	0.952 4	0.943 4	0.934 6	0.925 9	0.917 4	0.909 1	0.900 9	0.892 9	0.885 0	0.877 2	0.869 6
2	1.970 4	1.941 6	1.913 5	1.886 1	1.859 4	1.833 4	1.808 0	1.783 3	1.759 1	1.735 5	1.712 5	1.690 1	1.668 1	1.646 7	1.625 7
3	2.941 0	2.883 9	2.828 6	2.775 1	2.723 2	2.673 0	2.624 3	2.577 1	2.531 3	2.486 9	2.443 7	2.401 8	2.361 2	2.321 6	2.283 2
4	3.902 0	3.807 7	3.717 1	3.629 9	3.546 0	3.465 1	3.387 2	3.312 1	3.239 7	3.169 9	3.102 4	3.037 3	2.974 5	2.913 7	2.855 0
5	4.853 4	4.713 5	4.579 7	4.451 8	4.329 5	4.212 4	4.100 2	3.992 7	3.889 7	3.790 8	3.695 9	3.604 8	3.517 2	3.433 1	3.352 2
6	5.795 5	5.601 4	5.417 2	5.242 1	5.075 7	4.917 3	4.766 5	4.622 9	4.485 9	4.355 3	4.230 5	4.111 4	3.997 5	3.888 7	3.784 5
7	6.728 2	6.472 0	6.230 3	6.002 1	5.786 4	5.582 4	5.389 3	5.206 4	5.033 0	4.868 4	4.712 2	4.563 8	4.422 6	4.288 3	4.160 4
8	7.651 7	7.325 5	7.019 7	6.732 7	6.463 2	6.209 8	5.971 3	5.746 6	5.534 8	5.334 9	5.146 1	4.967 6	4.798 8	4.638 9	4.487 3
9	8.566 0	8.162 2	7.786 1	7.435 3	7.107 8	6.801 7	6.515 2	6.246 9	5.995 2	5.759 0	5.537 0	5.328 2	5.131 7	4.946 4	4.771 6
10	9.471 3	8.982 6	8.530 2	8.110 9	7.721 7	7.360 1	7.023 6	6.710 1	6.417 7	6.144 6	5.889 2	5.650 2	5.426 2	5.216 1	5.018 8
11	10.367 6	9.786 8	9.252 6	8.760 5	8.306 4	7.886 9	7.498 7	7.139 0	6.805 2	6.495 1	6.206 5	5.937 7	5.686 9	5.452 7	5.233 7
12	11.255 1	10.575 3	9.954 0	9.385 1	8.863 3	8.383 8	7.942 7	7.536 1	7.160 7	6.813 7	6.492 4	6.194 4	5.917 6	5.660 3	5.420 6
13	12.133 7	11.348 4	10.635 0	9.985 6	9.393 6	8.852 7	8.357 7	7.903 8	7.486 9	7.103 4	6.749 9	6.423 5	6.121 8	5.842 4	5.583 1
14	13.003 7	12.106 2	11.296 1	10.563 1	9.898 6	9.295 0	8.745 5	8.244 2	7.786 2	7.366 7	6.981 9	6.628 2	6.302 5	6.002 1	5.724 5
15	13.865 1	12.849 3	11.937 9	11.118 4	10.379 7	9.712 2	9.107 9	8.559 5	8.060 7	7.606 1	7.190 9	6.810 9	6.462 4	6.142 2	5.847 4
16	14.717 9	13.577 7	12.561 1	11.652 3	10.837 8	10.105 9	9.446 6	8.851 4	8.312 6	7.823 7	7.379 2	6.974 0	6.603 9	6.265 1	5.954 2
17	15.562 3	14.291 9	13.166 1	12.165 7	11.274 1	10.477 3	9.763 2	9.121 6	8.543 6	8.021 6	7.548 8	7.119 6	6.729 1	6.372 9	6.047 2
18	16.398 3	14.992 0	13.753 5	12.659 3	11.689 6	10.827 6	10.059 1	9.371 9	8.755 6	8.201 4	7.701 6	7.249 7	6.839 9	6.467 4	6.128 0
19	17.226 0	15.678 5	14.323 8	13.133 9	12.085 3	11.158 1	10.335 6	9.603 6	8.950 1	8.364 9	7.839 3	7.365 8	6.938 0	6.550 4	6.198 2
20	18.045 6	16.351 4	14.877 5	13.590 3	12.462 2	11.469 9	10.594 0	9.818 1	9.128 5	8.513 6	7.963 3	7.469 4	7.024 8	6.623 1	6.259 3

续表

期数	1%	2%	3%	4%	5%	6%	7%	8%	9%	10%	11%	12%	13%	14%	15%
21	18.857 0	17.011 2	15.415 0	14.029 2	12.821 2	11.764 1	10.835 5	10.016 8	9.292 2	8.648 7	8.075 1	7.562 0	7.101 6	6.687 0	6.312 5
22	19.660 4	17.658 0	15.936 9	14.451 1	13.163 0	12.041 6	11.061 2	10.200 7	9.442 4	8.771 5	8.175 7	7.644 6	7.169 5	6.742 9	6.358 7
23	20.455 8	18.292 2	16.443 6	14.856 8	13.488 6	12.303 4	11.272 2	10.371 1	9.580 2	8.883 2	8.266 4	7.718 4	7.229 7	6.792 1	6.398 8
24	21.243 4	18.913 9	16.935 5	15.247 0	13.798 6	12.550 4	11.469 3	10.528 8	9.706 6	8.984 7	8.348 1	7.784 3	7.282 9	6.835 1	6.433 8
25	22.023 2	19.523 5	17.413 1	15.622 1	14.093 9	12.783 4	11.653 6	10.674 8	9.822 6	9.077 0	8.421 7	7.843 1	7.330 0	6.872 9	6.464 1
26	22.795 2	20.121 0	17.876 8	15.982 8	14.375 2	13.003 2	11.825 8	10.810 0	9.929 0	9.160 9	8.488 1	7.895 7	7.371 7	6.906 1	6.490 6
27	23.559 6	20.706 9	18.327 0	16.329 6	14.643 0	13.210 5	11.986 7	10.935 2	10.026 6	9.237 2	8.547 8	7.942 6	7.408 6	6.935 2	6.513 5
28	24.316 4	21.281 3	18.764 1	16.663 1	14.898 1	13.406 2	12.137 1	11.051 1	10.116 1	9.306 6	8.601 6	7.984 4	7.441 2	6.960 7	6.533 5
29	25.065 8	21.844 4	19.188 5	16.983 7	15.141 1	13.590 7	12.277 7	11.158 4	10.198 3	9.369 6	8.650 1	8.021 8	7.470 1	6.983 0	6.550 9
30	25.807 7	22.396 5	19.600 4	17.292 0	15.372 5	13.764 8	12.409 0	11.257 8	10.273 7	9.426 9	8.693 8	8.055 2	7.495 7	7.002 7	6.566 0
期数	16%	17%	18%	19%	20%	21%	22%	23%	24%	25%	26%	27%	28%	29%	30%
1	0.862 1	0.854 7	0.847 5	0.840 3	0.833 3	0.826 4	0.819 7	0.813 0	0.806 5	0.800 0	0.793 7	0.787 4	0.781 3	0.775 2	0.769 2
2	1.605 2	1.585 2	1.565 6	1.546 5	1.527 8	1.509 5	1.491 5	1.474 0	1.456 8	1.440 0	1.423 5	1.407 4	1.391 6	1.376 1	1.360 9
3	2.245 9	2.209 6	2.174 3	2.139 9	2.106 5	2.073 9	2.042 2	2.011 4	1.981 3	1.952 0	1.923 4	1.895 6	1.868 4	1.842 0	1.816 1
4	2.798 2	2.743 2	2.690 1	2.638 6	2.588 7	2.540 4	2.493 6	2.448 3	2.404 3	2.361 6	2.320 2	2.280 0	2.241 0	2.203 1	2.166 2
5	3.274 3	3.199 3	3.127 2	3.057 6	2.990 6	2.926 0	2.863 6	2.803 5	2.745 4	2.689 3	2.635 1	2.582 7	2.532 0	2.483 0	2.435 6
6	3.684 7	3.589 2	3.497 6	3.409 8	3.325 5	3.244 6	3.166 9	3.092 3	3.020 5	2.951 4	2.885 0	2.821 0	2.759 4	2.700 0	2.642 7
7	4.038 6	3.922 4	3.811 5	3.705 7	3.604 6	3.507 9	3.415 5	3.327 0	3.242 3	3.161 1	3.083 3	3.008 7	2.937 0	2.868 2	2.802 1
8	4.343 6	4.207 2	4.077 6	3.954 4	3.837 2	3.725 6	3.619 3	3.517 9	3.421 2	3.328 9	3.240 7	3.156 4	3.075 8	2.998 6	2.924 7
9	4.606 5	4.450 6	4.303 0	4.163 3	4.031 0	3.905 4	3.786 3	3.673 1	3.565 5	3.463 1	3.365 7	3.272 8	3.184 2	3.099 7	3.019 0

续表

期数	16%	17%	18%	19%	20%	21%	22%	23%	24%	25%	26%	27%	28%	29%	30%
10	4.833 2	4.658 6	4.494 1	4.338 9	4.192 5	4.054 1	3.923 2	3.799 3	3.681 9	3.570 5	3.464 8	3.364 4	3.268 9	3.178 1	3.091 5
11	5.028 6	4.836 4	4.656 0	4.486 5	4.327 1	4.176 9	4.035 4	3.901 8	3.775 7	3.656 4	3.543 5	3.436 5	3.335 1	3.238 8	3.147 3
12	5.197 1	4.988 4	4.793 2	4.610 5	4.439 2	4.278 4	4.127 4	3.985 2	3.851 4	3.725 1	3.605 9	3.493 3	3.386 8	3.285 9	3.190 3
13	5.342 3	5.118 3	4.909 5	4.714 7	4.532 7	4.362 4	4.202 8	4.053 0	3.912 4	3.780 1	3.655 5	3.538 1	3.427 2	3.322 4	3.223 3
14	5.467 5	5.229 3	5.008 1	4.802 3	4.610 6	4.431 7	4.264 6	4.108 2	3.961 6	3.824 1	3.694 9	3.573 3	3.458 7	3.350 7	3.248 7
15	5.575 5	5.324 2	5.091 6	4.875 9	4.675 5	4.489 0	4.315 2	4.153 0	4.001 3	3.859 3	3.726 1	3.601 0	3.483 4	3.372 6	3.268 2
16	5.668 5	5.405 3	5.162 4	4.937 7	4.729 6	4.536 4	4.356 7	4.189 4	4.033 3	3.887 4	3.750 9	3.622 8	3.502 6	3.389 6	3.283 2
17	5.748 7	5.474 6	5.222 3	4.989 7	4.774 6	4.575 5	4.390 8	4.219 0	4.059 1	3.909 9	3.770 5	3.640 0	3.517 7	3.402 8	3.294 8
18	5.817 8	5.533 9	5.273 2	5.033 3	4.812 2	4.607 9	4.418 7	4.243 1	4.079 9	3.927 9	3.786 1	3.653 6	3.529 4	3.413 0	3.303 7
19	5.877 5	5.584 5	5.316 2	5.070 0	4.843 5	4.634 6	4.441 5	4.262 7	4.096 7	3.942 4	3.798 5	3.664 2	3.538 6	3.421 0	3.310 5
20	5.928 8	5.627 8	5.352 7	5.100 9	4.869 6	4.656 7	4.460 3	4.278 6	4.110 3	3.953 9	3.808 3	3.672 6	3.545 8	3.427 1	3.315 8
21	5.973 1	5.664 8	5.383 7	5.126 8	4.891 3	4.675 0	4.475 6	4.291 6	4.121 2	3.963 1	3.816 1	3.679 2	3.551 4	3.431 9	3.319 8
22	6.011 3	5.696 4	5.409 9	5.148 6	4.909 4	4.690 0	4.488 2	4.302 1	4.130 0	3.970 5	3.822 3	3.684 4	3.555 8	3.435 6	3.323 0
23	6.044 2	5.723 4	5.432 1	5.166 8	4.924 5	4.702 5	4.498 5	4.310 6	4.137 1	3.976 4	3.827 3	3.688 5	3.559 2	3.438 4	3.325 4
24	6.072 6	5.746 5	5.450 9	5.182 2	4.937 1	4.712 8	4.507 0	4.317 6	4.142 8	3.981 1	3.831 2	3.691 8	3.561 9	3.440 6	3.327 2
25	6.097 1	5.766 2	5.466 9	5.195 1	4.947 6	4.721 3	4.513 9	4.323 2	4.147 4	3.984 9	3.834 2	3.694 3	3.564 0	3.442 3	3.328 6
26	6.118 2	5.783 1	5.480 4	5.206 0	4.956 3	4.728 4	4.519 6	4.327 8	4.151 1	3.987 9	3.836 7	3.696 3	3.565 6	3.443 7	3.329 7
27	6.136 4	5.797 5	5.491 9	5.215 1	4.963 6	4.734 2	4.524 3	4.331 6	4.154 2	3.990 3	3.838 7	3.697 9	3.566 9	3.444 7	3.330 5
28	6.152 0	5.809 9	5.501 6	5.222 8	4.969 7	4.739 0	4.528 1	4.334 6	4.156 6	3.992 3	3.840 2	3.699 1	3.567 9	3.445 5	3.331 2
29	6.165 6	5.820 4	5.509 8	5.229 2	4.974 7	4.743 0	4.531 2	4.337 1	4.158 5	3.993 8	3.841 4	3.700 1	3.568 7	3.446 1	3.331 7
30	6.177 2	5.829 4	5.516 8	5.234 7	4.978 9	4.746 3	4.533 8	4.339 1	4.160 1	3.995 0	3.842 4	3.700 9	3.569 3	3.446 6	3.332 1

习题参考答案

第一章

简答题 略

第二章

一、单项选择题

1. D 2. A 3. D 4. A 5. A 6. B 7. C 8. C 9. A 10. C 11. D 12. B

二、多项选择题

1. ABCD 2. ACD 3. ABD 4. AC 5. AB

三、判断题

1. √ 2. × 3. × 4. × 5. × 6. √ 7. √ 8. √ 9. × 10. ×

四、简答题 略

五、计算题

1．单利 F＝500(1＋5×2%)＝550（元）

复利 F＝500(F/P，2%，5)＝552.05（元）

2．单利 P＝10 000/(1＋3×3%)＝9 174.31（元）

复利 P＝10 000(P/F，3%，3)＝10 927（元）

3．A＝20 000/[(F/A，10%，2)＋1]＝5 493（元）

4．F＝5000[(F/A，10%，5)－1]＝25 525.5（元）

5．P(F/P，i/2，8)＝2P(F/P，9%，8)＝1.992 6，(F/P，10%，8)＝2.143 6

i＝18.10%

6.（1）A 方案 P＝200[(P/A，10%，4)＋1]＝200×(3.169 9＋1)＝833.98（万元）

（2）B 方案 P＝300[(P/A，10%，10)－(P/A，10%，5)]＝300×(6.144 6－3.790 8)＝706.14（万元）

应选择 B 方案

7.（1）P＝1 000(P/F，8%，5)＋100(P/A，8%，5)＝1 079.87（元）＞1 020 元购买

（2）P＝(1 000＋1 000×10%×5)(P/F，8%，5)＝1 020.9（元）＞1 010 元购买

（3）P＝1 000(P/F，8%，5)＝680.6（元）＜700 元不购买

8.（1）期望值＝0.15×(－10%)＋0.25×14%＋0.4×20%＋0.2×25%＝15%

（2）标准离差＝$[(-10\%-15\%)^2\times0.15+(14\%-15\%)^2\times0.25+(20\%-15\%)^2\times0.4+(25\%-15\%)^2\times0.2]^{\frac{1}{2}}=11\%$

（3）标准离差率＝标准离差/期望值＝11%/15%＝0.73

第 三 章

一、单项选择题

1. B 2. C 3. A 4. A 5. B 6. C 7. A 8. B 9. B 10. B 11. B 12. A 13. C 14. C 15. A 16. C 17. D 18. A 19. A 20. D

二、多项选择题

1. BC 2. AD 3. ABD 4. BD 5. BC 6. ACD 7. ABD 8. AB 9. AB 10. ACD 11. AB 12. AB 13. ACD 14. ABD 15. AB 16. CD 17. ABCD 18. AD 19. AC

三、判断题

1. × 2. × 3. × 4. × 5. × 6. × 7. √ 8. √ 9. √ 10. × 11. √ 12. × 13. √ 14. × 15. × 16. × 17. × 18. √ 19. √ 20. √ 21. √ 22. × 23. √ 24. √ 25. √

四、计算题

1.（1）增发普通股的股份数＝2 000/5＝400（万股）

2008 年公司的全年债券利息＝2 000×8%＝160（万元）

（2）计算 B 方案下 2005 年公司的全年债券利息＝2 000×8%＋2 000×8%＝320（万元）

（3）计算 A，B 两方案的每股利润无差别点

$(EBIT-2\,000\times8\%-2\,000\times8\%)(1-25\%)/8\,000$

$=(EBIT-2\,000\times8\%)(1-25\%)/(8\,000+400)$

$EBIT=3\,520$（万元）

因为预计可实现息税前利润 4 000 万元大于无差别点息税前利润 3 520 万元，所以进行发行债券筹资较为有利，故选择 B 方案。

2.（1）2009 年该企业的边际贡献总额＝$S-V$＝10 000×5－10 000×3＝20 000（元）

（2）2009 年该企业的息税前利润＝边际贡献总额－固定成本＝20 000－10 000＝10 000（元）

（3）销售量为 10 000 件时的经营杠杆系数＝边际贡献总额/息税前利润总额＝20 000/10 000＝2

（4）2010 年息税前利润增长率＝2×10%＝20%

复合杠杆系数＝(5－3)×1 000/[(5－3)×10 000－10 000－5 000]＝4

3.（1）计算每个方案的每股收益

项目	方案 1	方案 2
息税前利润	200	200
目前利息	40	40
新增利息	60	0
税前利润	100	160
税后利润	60	96
普通股数	100（万股）	125（万股）

每股利润 0.6（元） 0.77（元）

（2）$(EBIT-40-60)\times(1-40\%)/100=(EBIT-40)\times(1-40\%)/125$

$EBIT=340$（万元）

（3）财务杠杆系数①＝200/(200－40－60)＝2

财务杠杆系数②＝200/(200－40)＝1.25

（4）由于方案 2 每股利润大于方案 1，且其财务杠杆系数小于方案 1，即方案 2 收益性高，风险低，所以方案 2 优于方案 1。

4.（1）利润总额＝75 000/(1－25%)＝100 000（元）

$DFL=EBIT/(EBIT-I)=2$

$EBIT-I=100\,000$（元）

得 $EBIT=200\,000$ 元

$I=200\,000-100\,000=100\,000$（元）

息税前利润 $EBIT=200\,000$ 元

债券筹资成本＝1 000×10%×(1－25%)/[1 100×(1－2%)×100%＝6.96%

（2）经营杠杆系数＝(200 000＋150 000)/200 000＝1.75

5.（1）边际贡献＝（销售单价－单位变动成本）×产销量＝(50－30)×10＝200（万元）

（2）息税前利润总额＝边际贡献－固定成本＝200－100＝100（万元）

（3）复合杠杆系数＝边际贡献/［息税前利润总额－利息费用－优先股利/（1－所得税税率）］＝200/[100－60×12%－10/(1－25%)]＝2.52

第 四 章

一、单项选择题

1. D 2. C 3. D 4. D 5. C 6. D 7. A 8. B 9. B 10. A 11. D 12. B 13. C

二、多项选择题

1. BC 2. BD 3. ACD 4. BC 5. ABCD 6. ACD

三、简答题 略

四、计算题

1.（1）第 0 年净现金流量(NCF_0)＝－100（万元）

第 1 年净现金流量(NCF_1)＝0（万元）

经营期第 1 年的折旧额＝100×2/4＝50（万元）

经营期第 2 年的折旧额＝(100－50)×2/4＝25（万元）

经营期第 3 年的折旧额＝(100－50－25－5)/2＝10（万元）

经营期第 4 年的折旧额＝(100－50－25－5)/2＝10（万元）

经营期第 1 年的净现金流量(NCF_2)＝30＋50＝80（万元）

经营期第 2 年的净现金流量(NCF_3)＝30＋25＝55（万元）

经营期第 3 年的净现金流量(NCF_4)＝30＋10＝40（万元）

经营期第 4 年的净现金流量(NCF_5)=30+10+5=42（万元）

（2）净现值=−100+80×(P/F，10%，2)+55×(P/F，10%，3)+40×(P/F，10%，4)+42×(P/F，10%，5)
=−100+66.112+41.321 5+27.32+26.077 8
=60.83（万元）

净现值率=[80×(P/F，10%，2)+55×(P/F，10%，3)+40×(P/F，10%，4)+42×(P/F，10%，5)]−100/100=0.61

现值指数=1+净现值率=1.61

（3）因为净现值大于 0，故该投资方案可行。

2．年折旧额=(320 000−20 000)/10=30 000 元

NCF_0=−320 000 元

NCF_{1-9}=(250 000−178 000−30 000)×(1−25%)+30 000=61 500 元

NCF_{10}=61 500+20 000=81 500 元

当 i=12%时　NPV=61 500×(P/A，12%，9)+81 500×(P/F，12%，10)−320 000
=61 500×5.328 2+81 500×0.322 0−320 000
=33 927.3 元

当 i=14%时　NPV=61 500×(P/A，14%，9)+81 500×(P/F，14%，10)−320 000
=61 500×4.946 4+81 500×0.269 7−320 000
=6 184.15 元

当 i=15%时　NPV=61 500×(P/A，15%，9)+81 500×(P/F，15%，10)−320 000
=61 500×4.771 6+81 500×0.247 2−320 000
=−6 399.8 元

则　IRR=14%+[6 184.15/(6 399.8+6 184.15)]×(15%−14%)=14.49%

因为 NPV=33 927.3>0，IRR=14.49%>资本成本率 12%，所以该方案可行。

3．债券估价

P=(1 000+1 000×10%×3)/(1+8%)^3=1 031.98（元）

由于其投资价值（1 031.98 元）大于购买价格（1 020 元），故购买此债券合算。

4.（1）每年计息一次的债券投资价值
=2 000×(P/F，10%，5)+2 000×8%×(P/A，10%，5)
=2 000×0.620 9+2 000×8%+3.790 8=1 848.33（元）

（2）一次还本付息复利计息的债券投资价值
=2 000×(F/P，8%，5)×(P/A，10%，5)
=2 000×1.469 3×0.620 9=1 824.58（元）

（3）一次还本付息单利计息的债券投资价值
=2 000×(1+8%×5)×(P/F，10%，5)
=2 000×1.4×0.620 9=1 738.52（元）

（4）折价发行无息的债券投资价值

$=2\,000\times(P/F,\ 10\%,\ 5)$

$=2\,000\times0.620\,9=1\,241.80$（元）

5.（1）计算M，N公司股票价值

M公司股票价值(V_m)＝7.95（元）

N公司股票价值(V_n)＝7.5（元）

（2）分析与决策

由于M公司股票现行市价为9元，高于其投资价值7.95元，故M公司股票目前不宜投资购买。N公司股票现行市为7元，低于其投资价值7.50元，故N公司股票值得投资，甲企业应购买N公司股票。

6.（1）①$\beta=50\%\times2+30\%\times1+20\%\times0.5=1.4$

②$R_P=1.4\times(15\%-10\%)=7\%$

③$K=10\%+1.4\times5\%=17\%$

④$K_A=10\%+2\times5\%=20\%$

（2）$V_A=10.8$元

A股票当前每股市价12元大于A股票的价值，而出售A股票对甲公司有利。

第　五　章

一、单项选择题

1. A　2. C　3. C　4. A　5. A　6. A　7. B　8. D　9. B　10. B

二、简答题 略

三、计算题

1.（1）最佳现金持有量＝4 000（元）

（2）转换成本＝4 000（元）

机会成本＝4 000（元）

（3）最佳现金管理相关总成本＝8 000（元）

（4）有价证券交易次数＝10（次）

有价证券交易间隔期＝36（天）

2.（1）最现金持有量＝50 000（元）

（2）最低现金管理总成本＝5 000（元）

转换成本＝2 500（元）

机会成本＝2 500（元）

（3）有价证券交易次数＝5（次）

有价证券交易间隔期＝72（天）

3.（1）计算本年度乙材料的经济进货批量＝300（千克）

（2）计算本年度乙材料经济进货批量下的相关总成本＝4 800（元）

（3）计算本年度乙材料经济进货批量下的平均资金占用额＝30 000（元）

（4）计算本年度乙材料最佳进货批次＝120（次）

第　六　章

一、单项选择题

1. C　2. A　3. C　4. C　5. D　6. B　7. B　8. A　9. C

二、多项选择题

1. BD　2. AB　3. CD　4. ABC　5. ABC　6. BD　7. ABCD

三、判断题

1. √　2. ×　3. ×　4. ×　5. √　6. √　7. ×　8. ×　9. √　10. √　11. √　12. ×　13. ×　14. ×

四、计算题

（1）税前利润＝120 000/（1－40%）＝200 000（元）

$EBIT$＝税前利润＋利息＝200 000＋I

1.5＝$EBIT/(EBIT-I)$＝200 000/(200 000＋I)

利息 I＝100 000（元）

$EBIT$＝300 000（元）

边际贡献＝300 000＋240 000＝540 000（元）

经营杠杆系数＝540 000/300 000＝1.8

复合杠杆系数＝1.8×1.5＝2.7

（2）投资所需要的自有资金＝80 000×50%＝40 000（元）

提取公积金和公益金后的净利润＝120 000×(1－10%)＝108 000（元）

本年支付的股利＝108 000－40 000＝68 000（元）

第　七　章

一、简答题 略

二、计算题

1. 本年各季度的现金收入见表

季　度	1	2	3	4	全　年
销售单价	200	200	200	200	200
销售量（件）	250	300	400	350	1300
销售收入	50 000	60 000	80 000	70 000	260 000
收到当季销货款	30 000	36 000	48 000	42 000	156 000
收到上季应收款	20 000	20 000	24 000	32 000	96 000
现金收入	50 000	56 000	72 000	74 000	252 000

2.

季　度	1	2	3	4	全　年
期初现金余额	4 500	**5 000**	**5 800**	**5 312.5**	**4 500**
加：现金收入	10 500	**15 000**	20 000	**21 000**	66 500

续表

季　度	1	2	3	4	全　年
可动用现金合计	15 000	20 000	25 800	26 312.5	71 000
减：现金支出					
直接材料	3 000	4 000	4 000	4 000	15 000
直接人工	1 300	1 500	1 600	1 600	6 000
间接制造费	1 200	1 200	1 200	1 200	4 800
销售和管理费	1 000	1 000	1 000	1 000	4 000
购置设备	5 000	—	—		5 000
支付所得税	7 500	7 500	7 500	7 500	30 000
现金支出合计	19 000	15 200	15 300	15 300	64 800
现金节余或不足	−4 000	4 800	10 500	11 012.5	6 200
筹集资金					
向银行借款	9 000	1 000			10 000
归还借款			5 000	5 000	10 000
支付利息			187.5	237.5	425
期末现金余额	5 000	5 800	5 312.5	5 775	5 775

3.（1）5 月份销售收入＝12 000/15%＝80 000

6 月份销售收入＝40 500/45%＝90 000

（2）

项　目	预计销售金额	预计现金收入		
		7 月	8 月	9 月
期初应收账款	52 500	39 000	13 500	
7 月份销售收入	100 000	55 000	30 000	15 000
8 月份销售收入	150 000		82 500	45 000
9 月份销售收入	170 000			93 500
期末应收账款	99 000			
合　计	472 500	94 000	126 000	153 500

（3）期末应收账款＝8 月份未收回部分＋9 月份未收回部分

＝150 000×15%＋170 000×45%＝99 000

第　八　章

一、单项选择题

1. D　2. B　3. C　4. D　5. A　6. C　7. D　8. B　9. D　10. C

二、多项选择题

1. ABC　2. ABCD　3. ABCD　4. ACD　5. ABCD　6. ABC　7. AC　8. ABCD　9. ABC　10. ABCD

三、判断题

1. × 2. √ 3. × 4. × 5. √ 6. × 7. √ 8. × 9. × 10. √

四、简答题 略

五、计算题

1.（1）利润中心的边际贡献总额＝180－80＝100（万元）

（2）利润中心负责人可控利润总额＝100－40＝60（万元）

（3）利润中心可控利润总额＝60－25＝35（万元）

2.（1）集团公司投资利润率＝600÷5 000＝12%

A 投资中心投资利润率＝192.8÷1 600＝12.05%

B 投资中心投资利润率＝239÷2 000＝11.95%

C 投资中心投资利润率＝168.2÷1 400＝12.01%

评价略

（2）A 投资中心剩余收益＝192.5－1 600×11%＝16.5

B 投资中心剩余收益＝239－2 000×11%＝19

C 投资中心剩余收益＝168.2－1 400×11%＝14.2

评价略

（3）综合评价略

3.（1）固定制造费用的成本差异＝8 600－8 000＝600（元）

（2）耗费差异＝8 600－2 000×(8 000÷2 000)＝600（元）

产量差异＝(2 000－2 100)×(8 000÷2 000)＝－400（元）

效率差异＝(2 100－1 800)×(8 000÷2 000)＝1 200（元）

第 九 章

计算题

1.（1）流动负债年末余额＝270/300%＝90（万元）

（2）存货年末余额＝270－90×150%＝135（万元）

存货年平均余额＝(145＋135)/2＝140（万元）

（3）本年主营业务成本＝140×4＝560（万元）

（4）应收账款年末余额＝270－135＝135（万元）

应收账款平均余额＝(135＋125)/2＝130（万元）

应收账款周转天数＝130×360/960＝48.75（天）

2.（1）应收账款周转率

应收账款平均余额＝（期初应收账款＋期末应收账款）÷2

＝(12＋10)÷2＝11（万元）

应收账款周转率－主营业务收入净额÷应收账款平均余额＝77÷11＝7（次）

（2）总资产周转率

因为：存货周转率＝主营业务收入净额÷存货平均余额

＝主营业务收入净额÷［(期初存货＋期末存货）÷2］

所以，期末存货＝2×主营业务收入净额÷存货周转率－期初存货

＝2×77÷7－8＝14（万元）

因为，期末速动比率＝（期末流动资产－期末存货）÷期末流动负债×100%

期末流动比率＝期末流动资产÷期末流动负债×100%

所以，可得以下两个方程

150%＝（期末流动资产－14）÷期末流动负债

200%＝期末流动资产÷期末流动负债

解方程可得期末流动资产为56（万元）

因此，期末资产总额＝56＋50＝106（万元）

最后，计算总资产周转率

总资产周转率＝主营业务收入净额÷资产平均占用额

＝主营业务收入÷［（期初资产＋期末资产）÷2］

＝77÷［（80＋106）÷2］＝0.83（次）

（3）总资产净利率

净利润＝主营业务收入×主营业务净利率＝77×10%＝7.7（万元）

总资产净利率＝净利润÷平均资产总额

＝净利润÷［（期初资产＋期末资产）÷2］

＝7.7÷［（80＋106）÷2］×100%＝8.28%

3.（1）2008年年初的股东权益总额＝400×3＝1 200（万元）

2008年年初的资产总额＝1 200＋400＝1 600（万元）

2008年年初的资产负债率＝400/(400＋1 200)×100%＝25%

（2）2008年年末的股东权益总额＝1 200＋1 200×50%＝1 800（万元）

2008年年末的负债总额＝1 800/(1－40%)×40%＝1 200（万元）

2008年年末的资产总额＝1 800＋1 200＝3 000（万元）

2008年年末的产权比率＝1 200/1 800×100%＝66.67%

（3）总资产净利率＝300/[(1 600＋3 000)/2]×100%＝13.04%

使用平均数计算的权益乘数＝[(1 600＋3 000)/2]/[(1 200＋1 800)/2]＝1.53

平均每股净资产＝[(1 200＋1 800)/2］/普通股总数＝1 500/600＝2.5（元/股）

每股收益＝净利润/普通股股数＝300/600＝0.5（元/股）

2008年年末的市盈率＝普通股每股市价/普通股每股收益＝5/0.5＝10

第 十 章

简答题 略

参 考 文 献

[1] 汤谷良，王化成．企业财务管理学 [M]．北京：经济科学出版社，2000.
[2] 傅元略．财务管理 [M]．厦门：厦门大学出版社，2003.
[3] 陆正飞．财务管理学 [M]．大连：东北财经大学出版社，2001.
[4] 余绪缨．公司理财学 [M]．沈阳：辽宁人民出版社，2004.
[5] 荆新，王化成．财务管理学 [M]．北京：中国人民大学出版社，2002.
[6] 中国注册会计师协会．财务成本管理 [M]．北京：中国财经经济出版社，2009.
[7] 郭复初，王庆成．财务管理学 [M]．2 版．北京：高等教育出版社，2005.
[8] 张鸣．财务管理学 [M]．上海：上海财经大学出版社，2002.
[9] 财政部会计资格评价中心．财务管理 [M]．北京：中国财经经济出版社，2008.
[10] 王庆成，王化成．西方财务管理 [M]．北京：中国人民大学出版社，2001.
[11] 刘建民．财务管理学 [M]．北京：中国电力出版社，2006.
[12] 谷祺．财务管理 [M]．大连：东北财经大学出版社，2006.
[13] 陈四清，等．财务管理学 [M]．2 版．长沙：国防科技大学出版社，2005.
[14] 孔玉生，朱乃平．财务管理 [M]．镇江：江苏大学出版社，2008.
[15] 王化成．高级财务管理学 [M]．北京：中国人民大学出版社，2003.
[16] 吴晓求．证券投资学 [M]．北京：中国人民大学出版社，2004.
[17] 曹凤歧，刘力，姚长辉．证券投资学 [M]．北京：北京大学出版社，2000.
[18] 高雷，李建标．财务学基础 [M]．北京：清华大学出版社，2008.
[19] 王艾敏，杨惠贞．财务管理学 [M]．成都：西南财经大学出版社，2008.
[20] 成凤艳，孙伟．财务管理 [M]．北京：北京航空航天大学出版社，2008.
[21] 郑磊．企业并购财务管理 [M]．北京：清华大学出版社，2004.
[22] 席彦群．企业并购与资源配置 [M]．大连：东北财经大学出版社，2001.
[23] 朱宝宪．公司并购与重组 [M]．北京：清华大学出版社，2006.
[24] 孙茂竹．管理会计学 [M]．北京：中国人民大学出版社，2005.
[25] 温素彬．管理会计：理论、模型、案例 [M]．北京：机械工业出版社，2008.
[26] 斯蒂芬 A．罗斯，伦道夫 .W 韦斯特菲尔德，等．公司理财基础 [M]．5 版．大连：东北财经大学出版社，2002.
[27] 斯蒂芬 A．罗斯，伦道夫 .W 韦斯特菲尔德，等．公司理财 [M]．5 版．北京：机械工业出版社，2000.
[28] 道格拉斯 R，爱默瑞，约翰 D 芬尼特．公司财务管理 [M]．荆新，王化成，李焰，等，译校．北京：中国人民大学出版社，1999.
[29] 凯斯特，等．财务案例 [M]．冯梅，等，译．北京：北京大学出版社，1999.
[30] 斯蒂芬 A．罗斯，等．公司理财精要 [M]．吴世农，译．北京：机械工业出版社，2000.
[31] 詹姆斯．C．范霍恩．财务管理与政策 [M]．刘志远，译．11 版．大连：东北财经大学出版社，2000.

教 学 建 议

《财务管理》是经济管理类本科专业的必修课之一。通过本课程的学习，可以树立正确的理财观念，掌握财务管理基本理论与方法，借鉴西方财务管理原理并了解中国社会主义市场经济下财务管理发展趋势，为从事经济管理和财务会计工作奠定基础。

本课程教学目的：

使学生具备从事中、高级财务管理的基本素质，在熟练掌握企业筹资、投资和收益分配等财务基本技能的基础上，能灵活地根据企业的特点、资本市场的理财环境、投资对象的风险状况提出合理的财务建议，提高企业的资本价值并谋取最大的资本收益。

教学计划表：

学 时 分 配			
课 程 内 容	理论教学	实践教学	总学时数
第一章 财务管理概论	3		3
第二章 财务管理的价值观念	4	2	6
第三章 筹资管理	8	2	10
第四章 投资管理	12	6	18
第五章 营运资本管理	4	2	6
第六章 利润分配管理	3		3
第七章 财务预算	4	2	6
第八章 财务成本控制	4		4
第九章 财务分析	4	2	6
第十章 企业并购、重整与清算	2		2
总计	48	16	64

教学对象和适用范围：适用于经济管理类本科财务管理、会计学、市场营销、工商管理、电子商务等专业。

教学特点和方法：实用性强，涉及面广。运用传统课堂教学与CAI课件教学、模拟实验教学、财务电算化与网络教学、案例教学、研讨式教学、课程小论文等多种教学方法与手段。

先修课程：高等数学、统计学、基础会计、财务会计、西方经济学、管理学、经济法等。

本教材的使用方法：重点精读与一般阅读相结合，注重提高实际处理业务的能力。

主要参考教材：[1] 郭复初，王庆成．财务管理学［M］．2版．北京：高等教育出版社，2005．[2] 刘建民．财务管理学［M］．北京：中国电力出版社，2006．[3] 财政部会计资格评价中心．财务管理［M］．北京：中国财经经济出版社，2008．[4] 中国注册会计师协会．财务成本管理［M］．北京：中国财经经济出版社，2008．

本课程考核方法：本课程为考试课。总评成绩以期末考核成绩为主，结合平时和课内成绩进行综合评定。